21 世纪高等教育工程管理系列规划教材

房地产会计与财务管理

主　编　包红霏
副主编　何　敏　岳　红
参　编　张慧彦　杨丽明　贾婷婷　高　红
主　审　刘亚臣

机械工业出版社

本书整体结构分为两大部分。第1篇（1~6章）为房地产会计，介绍会计学的基本理论，以会计要素为线索全面系统地介绍房地产开发企业主要会计事项的处理方法和基本的财务报表；第2篇（7~12章）为房地产财务管理，针对房地产开发企业财务管理的工作流程，介绍筹资管理、项目投资管理、营运资金管理、利润分配管理等内容。本书共分12章，主要内容包括总论、资产、负债与所有者权益、开发产品成本、收入与利润、财务报告、房地产开发企业财务管理概述、财务管理价值观念、筹资管理、项目投资管理、营运资金管理、利润分配管理。在各个章节中结合房地产企业特点设置了大量例题，通过具体例题强化理论知识的学习，增强了本书的实用性和可读性。

本书既可作为高等院校会计学、房地产经营管理、工程管理等专业本科教材，也可作为房地产企业会计人员及相关机构人员的自学或培训教材。

图书在版编目（CIP）数据

房地产会计与财务管理/包红霏主编.—北京：机械工业出版社，2018.7
21世纪高等教育工程管理系列规划教材
ISBN 978-7-111-60111-1

Ⅰ.①房⋯ Ⅱ.①包⋯ Ⅲ.①房地产业－会计－高等学校－教材②房地产企业－财务管理－高等学校－教材 Ⅳ.①F293.342

中国版本图书馆CIP数据核字（2018）第116715号

机械工业出版社（北京市百万庄大街22号 邮政编码100037）
策划编辑：冷 彬 责任编辑：冷 彬 马碧娟 商红云
责任校对：刘志文 封面设计：张 静
责任印制：张 博
三河市宏达印刷有限公司印刷
2018年7月第1版第1次印刷
184mm×260mm·22.75印张·558千字
标准书号：ISBN 978-7-111-60111-1
定价：54.80元

凡购本书，如有缺页、倒页、脱页，由本社发行部调换
电话服务 网络服务
服务咨询热线：010-88379833 机 工 官 网：www.cmpbook.com
读者购书热线：010-88379649 机 工 官 博：weibo.com/cmp1952
教育服务网：www.cmpedu.com
封面无防伪标均为盗版 金 书 网：www.golden-book.com

序

随着 21 世纪我国建设进程的加快,特别是经济的全球化大发展和我国加入 WTO(世界贸易组织)以来,国家工程建设领域对从事项目决策和全过程管理的复合型高级管理人才的需求逐渐扩大,而这种扩大又主要体现在对应用型人才的需求上,这使得高校工程管理专业人才的教育培养面临新的挑战与机遇。

工程管理专业是教育部将原本科专业目录中的建筑管理工程、国际工程管理、投资与工程造价管理、房地产经营管理(部分)等专业进行整合后,设置的一个具有较强综合性和较大专业覆盖面的新专业。应该说,该专业的建设与发展还需要不断改革与完善。

为了能更有利于推动工程管理专业教育的发展及专业人才的培养,机械工业出版社组织编写了本套工程管理专业的系列教材。鉴于该学科的综合性、交叉性以及近年来工程管理理论与实践知识的快速发展,本套教材本着"概念准确、基础扎实、突出应用、淡化过程"的编写原则,力求做到既能够符合现阶段该专业教学大纲、专业方向设置及课程结构体系改革的基本要求,又可满足目前我国工程管理专业培养应用型人才目标的需要。

本套教材是在总结以往教学经验的基础上编写的,着重突出以下几个特点:

(1)专业的融合性 工程管理专业是个多学科交叉融合的专业,根据国家提出的"宽口径、厚基础"的高等教育办学思想,本套教材按照该专业指导委员会制定的四个平台课程的结构体系方案,即土木工程技术平台课程及管理学、经济学和法律专业平台课程来规划配套。编写时注意不同的平台课程之间的交叉、融合,不仅有利于形成全面完整的教学体系,同时可以满足不同类型、不同专业背景的院校开办工程管理专业的教学需要。

(2)知识的系统性、完整性 因为工程管理专业人才是在国内外工程建设、房地产、投资与金融等领域从事相关管理工作,同时可能是在政府、教学和科研单位从事教学、科研和管理工作的复合型高级工程管理人才,所以本套教材所包含的知识点较全面地覆盖了不同行业工作实践中需要掌握的各方面知识,同时在组织和设计上也考虑了与相邻学科有关课程的关联与衔接。

(3)内容的实用性 教材编写遵循教学规律,避免大量理论问题的分析和讨论,提高可操作性和工程实践性,特别是紧密结合了工程建设领域实行的工程项目管理注册制的内容,与执业人员注册资格培训的要求相吻合,并通过具体的案例分析和独立的案例练习,学生能够在建筑施工管理、工程项目评价、项目招标投标、工程监理、工程建设法规等专业领域获得系统、深入的专业知识和基本训练。

(4)教材的创新性与时效性 本套教材及时地反映工程管理理论与实践知识的更新,将本学科最新的技术、标准和规范纳入教学内容,同时在法规、相关政策等方面与最新的国家法律法规保持一致。

我们相信，本套系列教材的出版将对工程管理专业教育的发展及高素质的复合型工程管理人才的培养起到积极的作用，同时也为高等院校专业教育资源和机械工业出版社专业的教材出版平台的深入结合，实现相互促进、共同发展的良性循环而奠定基础。

前　言

改革开放以来，我国的房地产业进入了高速发展期。房地产企业数量、从业人数以及投资额等一系列数据直线攀升，房地产业成为国民经济的主要拉动产业。为了使房地产企业得到更科学、更健康的发展，专业人才培养将是重中之重。

2016年3月，财政部、国家税务总局发布《关于全面推开营业税改征增值税试点的通知》，自2016年5月1日起在全国范围内全面推开营业税改征增值税试点，建筑业、房地产业、金融业等全部营业税纳税人，纳入试点范围，由缴纳营业税改为缴纳增值税。继2014年发布了新增或修订的八项企业会计准则之后，财政部于2016~2017年又陆续发布了六项企业会计准则解释、四项会计处理规定及七项新增或修订的企业会计准则。这是自2006年后，财政部第二次大规模修订和增补企业会计准则（2014年为第一次大规模修订和增补）。这些新准则基本与相关国际财务报告准则一致，保持了持续趋同。2017年12月25日，财政部下发了《关于修订印发一般企业财务报表格式的通知》，针对2017年施行的《企业会计准则第42号——持有待售的非流动资产、处置组和终止经营》和《企业会计准则第16号——政府补助》的相关规定，对一般企业财务报表格式进行了修订。

本书由房地产企业会计和财务管理两大部分组成，根据我国最新颁布的企业会计准则、财政部最新下发的各项会计处理规定及有关会计文献，结合房地产企业生产、经营的实际过程，针对房地产开发企业的特点，完整、系统并深入浅出地阐述了房地产开发企业会计的基本理论、操作程序，以及房地产开发企业财务管理的内容，并以实际经济业务事项为例说明其主要会计业务的处理、核算程序和报表列示方法，将会计学及财务管理的一般原理与房地产开发企业实际业务有机结合。本书内容翔实丰富，深入浅出，力求做到既符合现行会计准则的要求，又体现房地产企业会计核算的特点；理论联系实际，具有较强的操作性。

本书由包红霏担任主编，何敏、岳红担任副主编。具体的编写分工为：第1章由张慧彦编写，第2、3、4、5章由包红霏、贾婷婷、高红共同编写，第6章由杨丽明编写，第7、8、9、10章由何敏编写，第11、12章由岳红编写。本书由刘亚臣教授担任主审，从选题定位、编写大纲的优化到编写内容的取舍，刘教授都给出了很好的建议和意见，对本书编写水平的提高给予了很大的帮助，在此表示衷心感谢。

本书既可作为高等院校会计学、房地产经营管理、工程管理等专业本科教材，也可作为从事房地产经营管理及相关工作人员的学习参考书和培训教材。

本书在编写过程中参考了一些书籍和文献，在此向相关作者表示衷心的感谢。由于编者理论水平和实践经验有限，疏漏与不足在所难免，恳请各位专家、学者及广大读者批评指正。

编　者

目 录

序
前言

第1篇　房地产会计

第1章　总论 ········· 1
本章导读 ········· 1
1.1　房地产项目的运作流程 ········· 1
1.2　房地产开发企业会计的对象 ········· 3
1.3　会计基本假设、会计基础和会计计量属性 ········· 7
1.4　会计信息质量要求 ········· 9
1.5　会计核算方法及房地产开发企业会计核算的特点 ········· 13
思考题 ········· 17

第2章　资产 ········· 18
本章导读 ········· 18
2.1　货币资金 ········· 19
2.2　金融资产 ········· 27
2.3　存货 ········· 34
2.4　长期股权投资 ········· 52
2.5　固定资产和无形资产 ········· 58
2.6　投资性房地产和其他非流动资产 ········· 73
思考题 ········· 83
练习题 ········· 83

第3章　负债与所有者权益 ········· 85
本章导读 ········· 85
3.1　流动负债 ········· 86
3.2　非流动负债 ········· 104
3.3　所有者权益 ········· 109
思考题 ········· 116
练习题 ········· 116

第4章　开发产品成本 ········· 117
本章导读 ········· 117

4.1　开发产品成本概述 …………………………………………………………… 118
4.2　开发间接费用 ………………………………………………………………… 119
4.3　土地开发成本 ………………………………………………………………… 122
4.4　配套设施开发成本 …………………………………………………………… 125
4.5　房屋开发成本 ………………………………………………………………… 130
4.6　代建工程开发成本 …………………………………………………………… 136
思考题 ……………………………………………………………………………… 137
练习题 ……………………………………………………………………………… 137

第5章　收入与利润

本章导读 …………………………………………………………………………… 139
5.1　营业收入的确认与计量 ……………………………………………………… 140
5.2　营业成本的确认与计量 ……………………………………………………… 145
5.3　期间费用 ……………………………………………………………………… 147
5.4　利润与所得税费用 …………………………………………………………… 150
思考题 ……………………………………………………………………………… 159
练习题 ……………………………………………………………………………… 159

第6章　财务报告

本章导读 …………………………………………………………………………… 161
6.1　财务报告概述 ………………………………………………………………… 161
6.2　资产负债表 …………………………………………………………………… 163
6.3　利润表 ………………………………………………………………………… 173
6.4　现金流量表 …………………………………………………………………… 178
6.5　所有者权益（股东权益）变动表 …………………………………………… 188
思考题 ……………………………………………………………………………… 192
练习题 ……………………………………………………………………………… 192

第2篇　房地产财务管理

第7章　房地产开发企业财务管理概述

本章导读 …………………………………………………………………………… 193
7.1　房地产开发企业财务管理的概念 …………………………………………… 194
7.2　房地产开发企业财务管理的目标 …………………………………………… 198
7.3　房地产开发企业财务管理的环境 …………………………………………… 204
思考题 ……………………………………………………………………………… 207

第8章　财务管理价值观念

本章导读 …………………………………………………………………………… 208
8.1　资金时间价值 ………………………………………………………………… 208
8.2　资金风险价值 ………………………………………………………………… 218
思考题 ……………………………………………………………………………… 227
练习题 ……………………………………………………………………………… 227

第9章 筹资管理 … 229
本章导读 … 229
9.1 筹资管理概述 … 230
9.2 资本成本 … 250
9.3 杠杆利益与风险衡量 … 258
9.4 资本结构决策 … 262
思考题 … 268
练习题 … 268

第10章 项目投资管理 … 270
本章导读 … 270
10.1 房地产开发项目可行性研究 … 271
10.2 项目投资估算 … 273
10.3 项目投资财务评价 … 283
10.4 项目投资风险分析 … 289
思考题 … 295
练习题 … 296

第11章 营运资金管理 … 297
本章导读 … 297
11.1 营运资金管理概述 … 298
11.2 现金管理 … 300
11.3 应收账款管理 … 308
11.4 存货管理 … 314
11.5 流动负债管理 … 321
思考题 … 331
练习题 … 332

第12章 利润分配管理 … 333
本章导读 … 333
12.1 利润分配管理概述 … 334
12.2 股利支付方式 … 337
12.3 股利理论 … 339
12.4 股利政策及其实施 … 340
思考题 … 344
练习题 … 344

附录 … 345
附表A 复利终值系数表 … 345
附表B 复利现值系数表 … 347
附表C 年金终值系数表 … 350
附表D 年金现值系数表 … 353

参考文献 … 356

第1篇 房地产会计

第1章 总 论

本章导读

随着我国经济发展进入新常态,房地产业在经过了十几年的快速发展后,也进入了增速的平稳期、结构的调整期、政策的完善期和品质的提升期。2018年1月18日,国家统计局公布了《2017年全国房地产开发投资和销售情况》,其中,商品房销售面积和金额均创历史新高。国家统计局数据显示,2017年,商品房销售面积16.9亿m^2,比上年增长7.7%;而商品房销售额133 701亿元,增长13.7%。房地产涉及上下游60多个行业,它的发展对启动消费、扩大内需、拉动上下游产业发展和促进国民经济增长都能起到经济杠杆作用。全球化的市场为我国房地产业带来了国际市场竞争的机遇与挑战,这些机遇与挑战要求我国房地产业的创业者与业内人士必须关注我国经验的实践与理论,必须关注中国特色的提升与完善,必须关注房地产业的发展趋势。

房地产业的主要经济活动是从事房地产开发、经营、管理和售后服务,会计的基本职能是反映和监督,那么房地产会计的对象则是反映和监督房地产业能用货币表现的经济活动。本章将对房地产会计的相关基本概念进行介绍。

1.1 房地产项目的运作流程

1.1.1 房地产的含义

房地产业是指从事房地产投资、开发、经营、管理和服务等业务的经济实体所组成的产业部门。房地产业作为不同于建筑业的独立行业,是集房地产开发、建设、经营、管理和服务为一体的,以第三产业为主的产业部门。本书所指的房地产开发企业是指从事房地产开发、经营、管理以及接受委托承包维修、装饰等业务,具有独立的法人资格,实行自主经营、独立核算、自负盈亏的经济组织。房地产业已成为我国国民经济的支柱产业之一。其会计核算与其他企业会计核算有明显的区别，特征显著。要探讨房地产开发企业会计核算，首先应明确房地产的含义。

房地产是房产和地产的总称。房产是指各种房屋财产，包括住宅、厂房以及商业、文教、体育、医疗和办公用房等；地产是指土地财产，它是土地和地面、地下各种设施的总称，包括土地使用权、地面道路以及地下供水、供电、供气、供热、排水排污、通信等线路和管网。房屋依地而建，地面和地下各种基础设施又是为房屋主体发挥效能服务的，是房屋主体不可分割的一部分，因此，房产和地产是密不可分的，人们通常把房产和地产统称为房地产。房地产是房地产业的经营对象。

1.1.2 房地产业的业务范围

房地产业的主要业务范围包括土地的开发与经营、房屋的开发与经营、城市基础设施和公共配套设施的开发与建设、代建房屋或工程的开发与建设。

1. 土地的开发与经营

土地是城市建设及房地产开发的前提和首要条件。土地开发和建设是指对征用或受让的土地按城市总体规划进行地面平整、建筑物拆除、地下管道铺设和道路、基础设施的建设，将"生地"变为"熟地"，以便扩大对土地的有效使用范围，提高土地的利用程度，满足不断发展的社会生产和人民生活的需要。企业将有偿获得的土地开发完成后，既可有偿转让给其他单位使用，也可自行组织建造房屋和其他设施，然后作为商品作价出售，还可以开展土地出租业务。

2. 房屋的开发与经营

房屋的开发是指在已经开发建设完工的土地上继续进行房屋建设，其业务范围包括可行性研究、规划设计、工程施工、竣工验收、交付使用等工作内容。房地产开发企业对于已开发完成的房屋，按其用途可分为商品房、投资性房地产、周转房、安置房和代建房等。商品房是指为销售而开发建设的房屋；投资性房地产是指用于出租经营的各种房屋；周转房是指用于安置动迁居民周转使用的房屋；代建房是指受地方政府和其他单位委托而开发的房屋。

3. 城市基础设施和公共配套设施的开发与建设

城市基础设施和公共配套设施的开发是指根据城市建设总体规划开发建设的大配套设施项目，包括：①开发小区内营业性公共配套设施，如商店、银行、邮局等；②开发小区内非营业性公共配套设施，如小学、文化站、医院等；③开发项目外为居民服务的给排水、供电、供气的增容增压、交通道路等。

4. 代建房屋或工程的开发与建设

代建工程的开发是企业接受政府和其他单位委托，代为开发的各种工程项目，包括土地开发工程、房屋建设工程、供水、供气、供热管道以及其他市政公用的设施等。

此外，房地产开发企业还广泛开展多种经营业务。其经营的目的有：①为市场提供房源，提高社会经济效益；②降低开发成本，增加企业盈利；③搞好基础设施和配套设施建设。

1.1.3 房地产开发企业的经营特点

房地产开发企业是从事房地产开发、经营、管理和服务的企业，它既是房地产产品的生产者，又是房地产商品的经营者，它的经营特点主要体现在以下几个方面：

1. 开发经营的计划性

房地产开发企业征用的土地、建设的房屋和基础设施以及其他设施都必须严格控制在国家的计划范围之内，按照规划、征地、设计、施工、配套、管理"六统一"原则和企业的建设计划和销售计划进行开发经营。随着国家经济体制的改革以及相关法规的不断完善，开发企业将根据市场供求来调节企业的建设计划和销售计划。

2. 开发产品的商品化

房地产开发企业开发的产品随着市场经济体制的确立而进入流通领域。房地产产品与其他经济产品比较起来，既有一般商品的属性，又有其特殊性，是一种特殊商品。一般按照供求双方合同或协议规定的价格或者市场价格作价销售。

3. 开发经营业务的复杂性和建设的多样性

其复杂性体现在：①业务内容的复杂。企业除了土地开发和房屋建设以外，还包括相应的基础设施和公共配套设施的建设，这就包括了从征地、拆迁、勘察、设计、施工、销售到售后服务全过程的业务内容。②涉及范围较广，经济往来对象多。企业不仅因购销关系与设备、材料物资供应单位发生经济往来，而且因工程的发包和招标与勘探设计单位、施工单位发生经济往来，还会因受托代建开发产品、出租开发产品等与委托单位和承租单位发生经济往来。

其多样性体现在：①建筑产品的多样性。根据不同的购买需求，房屋的建设是多种多样的，如房屋的式样、结构形式、层高、装修以及设备等都不完全相同，这与标准化的工业产品大不相同。②企业经营方式的多样性。开发商进行房地产建设，目的各不相同，有的为了销售，有的从事有偿转让，有的作为周转房使用，也有些企业开展售后服务工作，如房屋维修、水电管理等。

4. 开发建设周期长、投资数额大

房地产企业开发产品的建设周期从规划设计开始，经过可行性研究、征地拆迁、安置补偿、七通一平、建筑安装、配套工程、绿化环卫工程等几个开发阶段，需要一年甚至数年才能完成。另外，上述每一个开发阶段都需要投入大量资金，而且，开发的产品造价较高，一个建设项目，少则投资几百万元，高则需要上亿元的资金。所以，如何筹集资金，以及筹集到的资金如何运用，如何加速资金的周转、提高资金的使用效率，就成为提高企业经济效益的关键所在。

5. 开发经营的风险较大

因项目所需投资数额较大，房地产开发企业一般都为高额负债经营。一旦决策失误，销路不畅，将会造成大量开发产品积压，使企业资金周转不灵，从而导致企业陷入困境。另外，房地产开发企业受国家宏观调控影响较大，如果盲目投资会给企业带来巨大的风险。

1.2 房地产开发企业会计的对象

1.2.1 房地产会计的定义

众所周知，会计是经济管理的重要组成部分。它是以货币作为主要计量单位，运用一系列专门方法,对企事业单位的经济活动进行连续、系统、综合、全面反映和监督的一项经济管理活动。房地产会计是用来管理房地产业经济活动的一种专业会计,其特殊性在于,房地产会计是结合房地产开发经营特点,来研究房地产业在开发、经营、管理和服务活动中所涉及的会计理论和方法。

1.2.2 房地产会计的对象

1. 房地产会计的一般对象

房地产会计的对象是指房地产会计反映和监督的内容。在社会主义制度下,房地产开发企业会计的一般对象就是房地产开发企业再生产过程中的资金运动,即房地产开发企业的各项开发、经营、管理和服务过程中能够用货币表现的经济活动。资金运动是会计对象的重要组成内容,从其动态表现来看,可以归纳为资金进入企业的运动、资金在企业内部的循环与周转运动和权益转化运动。

(1) 资金进入企业的运动 根据我国法律及有关规定,房地产开发企业在设立时必须要有法定的资本金。所谓法定的资本金,又叫法定最低资本金,是指国家规定的开办企业必须筹集的最低资本金数额。资金进入企业时一般有两种情况:①企业所有者投入的资本金;②企业举借债务。当房地产开发企业收到投资者的资本金和借入款项时,就形成了资金进入企业的活动。

(2) 资金在企业内部的循环与周转运动 房地产开发企业的开发经营活动包括供应、开发建设和销售三个阶段。在供应阶段,企业用货币资金购买各种材料、库存设备等物资,为开发建设进行必要的储备,这时货币资金就转化为储备资金形态。在开发建设阶段,领用、消耗各种材料、库存设备等物资;发生折旧费用、工资费用,这时储备资金及一部分货币资金就转化为在建资金。当开发产品建设完成时,在建资金形态就转化为成品资金形态,即开发产品。在销售阶段,企业将开发产品出售给购买单位或个人收回工程价款,这时成品资金形态又转化为货币资金形态。这样,资金从货币形态开始,经过三个阶段的运动,依次顺序转化,改变其原有的形态,最后又回到货币形态的过程,称为资金循环。资金周而复始地循环,称为资金周转。这种资金的循环和周转运动如图1-1所示。

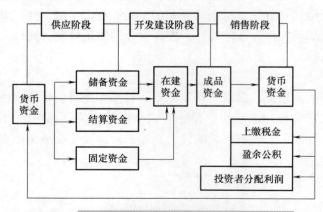

图 1-1 房地产开发企业资金的循环和周转运动

在这个循环往复的运动过程中,房地产开发企业投资实现了价值的增值,房地产开发企业也得以生存和可持续发展。

(3) 权益转化运动　通过资金的循环与周转，一方面资产的总量有所增减，另一方面在权益内部，所包括的负债种类有多种，在开发经营活动中，有时需要变换负债的种类，这将影响负债的总量；又由于企业是由所有者投资而组成的，因此企业实现的利润只能属于企业所有者。利润的实现表明所有者在企业中所有者权益增加；反之，企业发生亏损，也只能由所有者承担，表明所有者在企业中所有者权益减少。企业实现利润（或发生亏损）以后，要进行利润分配（或亏损的弥补），也就是要将利润（或亏损）转化为负债和所有者权益。另外，还包括负债与所有者权益之间，以及所有者权益各项目之间的增减变动。由于负债和所有者权益实际上都是对企业资产的权益，因此，以上各方面的运动可概括为权益转化运动。

2. 房地产会计的具体对象

上述房地产业的资金运动还可以按经济业务的特征划分为若干类别，这就是会计要素。会计的具体对象就是会计要素的增减变动。企业会计要素有资产、负债、所有者权益、收入、费用和利润等。

(1) 资产　资产是指企业过去的交易或者事项形成的、由企业拥有或者控制的、预期会给企业带来经济利益的经济资源。

企业将一项资源确认为资产，既要符合资产的定义，又要同时具备以下两个条件：

1) 与该资源有关的经济利益很可能流入企业。

2) 该资源的成本或价值能够可靠地计量。符合资产定义但不符合资产确认条件的项目，不能确认为资产。

资产按其流动性质可以划分为流动资产和非流动资产。流动资产是指在1年内或超过1年的一个营业周期内变现、出售或耗用的资产，如库存现金、银行存款、交易性金融资产、应收账款、预付账款和存货等。非流动资产是指不可能也不准备在1年内或超过1年的一个营业周期内变现、出售或耗用的资产，如持有至到期投资、投资性房地产、固定资产、无形资产、长期待摊费用，以及其他长期资产等。

(2) 负债　负债是指企业过去的交易或者事项形成的，预期会导致经济利益流出企业的现时义务。

企业将一项现时义务确认为负债，既要符合负债的定义，又要同时具备以下两个条件：

1) 与该项义务有关的经济利益很可能流出企业。

2) 未来流出的经济利益的金额能够可靠地计量。

符合负债定义但不符合负债确认条件的项目，不能确认为负债。

企业的负债按其偿还期限的长短可以划分为流动负债和非流动负债。流动负债是指在1年或超过1年的一个营业周期内偿还的债务，如短期借款、交易性金融负债、应付账款、预收账款、应付职工薪酬、应付股利和应交税费等。非流动负债是指偿还期限在1年或超过1年的一个营业周期以上的债务，如长期借款、应付债券、长期应付款、预计负债等。

(3) 所有者权益　所有者权益是指企业资产扣除负债后，由所有者享有的剩余权益，即所有者对企业资产的剩余索取权。所有者权益又称股东权益，所有者权益的来源包括所有者投入的资本、直接计入所有者权益的利得和损失、留存收益等。所有者权益通常由实收资本（或股本）、资本公积、盈余公积和未分配利润构成。其中实收资本（或股本）是指所有者投入企业的资本相当于注册资本或股本部分的金额，如国家资本金、法人资本金、个人资本金和外商资本金；所有者投入资本超过注册资本或股本部分的金额，作为资本溢价或股本溢价，计入资本公积。

直接计入所有者权益的利得和损失是指不能计入当期损益、会导致所有者权益发生增减变动的，与所有者投入资本或者向所有者分配利润无关的利得或损失。利得是指由企业非日常活动所形成的，会导致所有者权益增加的，与所有者投入资本无关的经济利益的流入。损失是指由企业非日常活动所发生的，会导致所有者权益减少的，与所有者分配利润无关的经济利益的流出。直接计入所有者权益的利得和损失，主要包括可供出售金融资产的公允价值变动额、现金流量套期中套期工具公允价值变动额。

留存收益是企业历年实现的净利润留存企业支配的部分，包括盈余公积和未分配利润。盈余公积是指从企业实现的净利润中提取的法定盈余公积、任意盈余公积等。未分配利润是指企业留待以后年度分配或弥补亏损的利润。所有者权益的确认主要依赖于资产和负债的确认。当企业接受所有者投入的资产符合确认条件时，也符合所有者权益的确认条件。

（4）收入　收入是指企业在日常活动中形成的，会导致所有者权益增加的，与所有者投入资本无关的经济利益的总流入。

根据《企业会计准则第14号——收入》（财会〔2017〕22号）的规定，企业应当在履行了合同中的履约义务，即在客户取得相关商品控制权时确认收入。取得相关商品控制权是指能够主导该商品的使用并从中获得几乎全部的经济利益。

当企业与客户之间的合同同时满足下列条件时，企业应当在客户取得相关商品控制权时确认收入：

1）合同各方已批准该合同并承诺将履行各自义务。
2）该合同明确了合同各方与所转让商品或提供劳务（以下简称转让商品）相关的权利和义务。
3）该合同有明确的与所转让商品相关的支付条款。
4）该合同具有商业实质，即履行该合同将改变企业未来现金流量的风险、时间分布或金额。
5）企业因向客户转让商品而有权取得的对价很可能收回。

房地产开发经营企业的收入包括有偿转让商品性建设场地和商品房的收入，结算代建工程款收入，提供装修装饰、售后服务等劳务收入，转让无形资产使用权等所形成的让渡资产使用权收入。

（5）费用　费用是指企业在日常活动中发生的，会导致所有者权益减少的，与向所有者分配利润无关的经济利益的总流出。

费用的确认既要符合费用的定义，又至少应当符合以下三个条件：

1）与费用相关的经济利益很可能流出企业。
2）经济利益流出企业的结果会导致资产的减少或者负债的增加。
3）经济利益的流出金额能够可靠地计量。

房地产开发经营企业日常活动中发生的经济利益的流出，包括开发、销售商品性建设场地及商品房，提供装修装饰、售后服务等劳务，转让无形资产使用权等活动中所发生的各种耗费，如耗费的原材料、动力，支付的职工薪酬，发生的机器设备折旧费及修理费等。

（6）利润 利润是企业在一定会计期间的经营成果。利润包括收入减去费用后的净额（日常经营活动中实现的营业利润）、直接计入当期利润的利得和损失。利润的确认依赖于收入、费用、利得和损失的确认。

房地产会计工作的内容，就是对会计要素进行确认、计量和报告。

1.3 会计基本假设、会计基础和会计计量属性

1.3.1 会计基本假设

会计基本假设是企业会计确认、计量和报告的前提，是对会计核算所处时间、空间环境等所做的合理设定。会计基本假设包括会计主体、持续经营、会计分期和货币计量。其中，会计主体规定了会计确认、计量和报告的空间范围，持续经营和会计分期规定了会计确认、计量和报告的时间范围，而货币计量则规定了会计确认、计量和报告的计量单位。

1. 会计主体

会计主体是指企业会计确认、计量和报告的空间范围。为了向财务报告使用者反映企业财务状况、经营成果和现金流量，提供与其决策有用的信息，会计核算和财务报告的编制应当集中反映一个特定对象的活动，并将其与其他经济实体区别开来，才能实现财务报告的目标。

会计主体不同于法律主体。一般来说，法律主体必然是一个会计主体。例如，一个企业作为一个法律主体，应当建立财务会计系统，独立反映其财务状况、经营成果和现金流量。但是，会计主体不一定是法律主体。

【例1-1】 某母公司拥有10家子公司，母、子公司均属于不同的法律主体，但母公司对子公司拥有控制权，为了全面反映由母、子公司组成的企业集团整体的财务状况、经营成果和现金流量，就需要将企业集团作为一个会计主体，编制合并财务报表。

【例1-2】 某基金管理公司管理了10只证券投资基金。对于该公司来讲，一方面公司本身既是法律主体，又是会计主体，需要以公司为主体核算公司的各项经济活动，以反映整个公司的财务状况、经营成果和现金流量；另一方面每只基金尽管不属于法律主体，但需要单独核算，并向基金持有人定期披露基金财务状况和经营成果等，因此，每只基金也属于会计主体。

2. 持续经营

持续经营是指在可以预见的将来，企业将会按当前的规模和状态继续经营下去，不会停业，也不会大规模削减业务。在持续经营的前提下，会计确认、计量和报告应当以企业持续、正常的生产经营活动为前提。

企业是否持续经营，在会计原则、会计方法的选择上有很大差别。如果判断企业会持续经营，就可以假定企业的固定资产会在持续经营的生产经营过程中长期发挥作用，并服务于生产经营过程，固定资产就可以根据历史成本进行记录，并采用折旧的方法，将历史成本分摊到各个会计期间或相关产品的成本中。如果判断企业不会持续经营，固定资产就不应采用历史成本进行记录并按期计提折旧。

【例1-3】 某企业购入一条生产线，预计使用寿命为10年，考虑到企业将会持续经营下去，因此可以假定企业的固定资产会在持续经营的生产经营过程中长期发挥作用，并服务于生产经营过程，即不断地为企业生产产品，直至生产线使用寿命结束。为此固定资产就应当根据历史成本进行记录，并采用折旧的方法，将历史成本分摊到预计使用寿命期间所生产的相关产品成本中。

3. 会计分期

会计分期是指将一个企业持续经营的生产经营活动划分为一个个连续的、长短相同的期间。会计分期的目的，在于通过会计期间的划分，将持续经营的生产经营活动划分成连续、相等的期间，据以结算盈亏，按期编报财务报告，从而及时向财务报告使用者提供有关企业财务状况、经营成果和现金流量的信息。在会计分期假设下，企业应当划分会计期间，分期结算账目和编制财务报告。会计期间通常分为年度和中期。中期是指短于一个完整的会计年度的报告期间。由于会计分期，才产生了应收、应付、折旧、摊销等会计处理方法。

4. 货币计量

货币计量是指会计主体在财务会计确认、计量和报告时以货币计量，反映会计主体的生产经营活动。

只有选择货币尺度进行计量，才能充分反映企业的生产经营情况。所以，《企业会计准则——基本准则》规定，企业会计应当以货币计量。但是，统一采用货币计量也存在缺陷。例如，某些影响企业财务状况和经营成果的因素，如企业经营战略、研发能力、市场竞争力等，往往难以用货币来计量，但这些信息对于使用者决策也很重要。为此，企业可以在财务报告中补充披露有关非财务信息来弥补上述缺陷。

1.3.2 会计基础

企业会计的确认、计量和报告应当以权责发生制为基础。权责发生制基础要求，凡是当期已经实现的收入和已经发生或应当负担的费用，无论款项是否收付，都应当作为当期的收入和费用，计入利润表；凡是不属于当期的收入和费用，即使款项已在当期收付，也不应当作为当期的收入和费用。

在实务中，企业在确认、计量和报告中应当以权责发生制为基础。例如，A企业12月20日销售商品25万元，货款在第二年的1月10日收到，在权责发生制的原则下，A企业的销售行为是在12月份发生的，收入应在12月份确认，即使没有收到货款，也是属于12月份的收入。而第二年1月即使收到款项，由于当月没有发生销售行为，也不能作为1月份的收入确认。

收付实现制是与权责发生制相对应的一种会计基础，它是以收到或支付的现金作为确定收入和费用等的依据。目前，我国的行政单位会计采用收付实现制，事业单位会计除经营业务可以采用权责发生制外，其他大部分业务也采用收付实现制。

1.3.3 会计计量属性

会计计量是为了将符合确认条件的会计要素登记入账，并列报于财务报表而确定其金额的过程。企业应当按照规定的会计计量属性进行计量，确定相关金额。计量属性是指所计量的某一要素的特性，如桌子的长度、铁矿的重量、楼房的高度等。从会计角度，计量属性反映的是会计要素金额的确定基础，主要包括历史成本、重置成本、可变现净值、现值和公允价值等。

1. 历史成本

历史成本又称实际成本，是指取得或制造某项财产物资时所实际支付的现金或者现金等价物金额。在历史成本计量下，资产按照其购置时支付的现金或者现金等价物的金额，或者按照购置资产时所付出的对价的公允价值计量。负债按照其因承担现时义务而实际收到的款项或者资产的金额，或者承担现时义务的合同金额，或者按照日常活动中为偿还负债预期需要支付的现金或者现金等价物的金额计量。

2. 重置成本

重置成本又称现行成本，是指按照当前市场条件，重新取得同样一项资产所需支付的现金或现金等价物金额。在重置成本计量下，资产按照现在购买相同或者相似资产所需支付的现金或者现金等价物的金额计量。负债按照现在偿付该项债务所需支付的现金或者现金等价物的金额计量。

3. 可变现净值

可变现净值是指在正常生产经营过程中以预计售价减去进一步加工成本和销售所需的预计税金、费用后的净值。在可变现净值计量下，资产按照其正常对外销售所能收到现金或者现金等价物的金额扣减该资产至完工时估计将要发生的成本、估计的销售费用以及相关税金后的金额计量。

4. 现值

现值是指对未来现金流量以恰当的折现率进行折现后的价值，是考虑货币时间价值等因素的一种计量属性。在现值计量下，资产按照预计从其持续使用和最终处置中所产生的未来净现金流入量的折现金额计量。负债按照预计期限内需要偿还的未来净现金流出量的折现金额计量。

5. 公允价值

公允价值是指在公平交易中，熟悉情况的交易双方自愿进行资产交换或者债务清偿的金额。在公允价值计量下，资产和负债按照在公平交易中，熟悉情况的交易双方自愿进行资产交换或者债务清偿的金额计量。

一般情况下，对于会计要素的计量，应当采用历史成本计量属性，例如，企业购入存货、建造厂房、生产产品等，应当以所购入资产发生的实际成本作为资产计量的金额。采用重置成本、可变现净值、现值、公允价值计量的，应当保证所确定的会计要素金额能够取得并能够可靠地计量，并符合相关会计准则的确定。

1.4 会计信息质量要求

会计信息质量要求是对企业财务报告中所提供会计信息质量的基本要求，是使财务报告中所提供会计信息对投资者等使用者决策有用应具备的基本特征。它主要包括可靠性、相关性、可理解性、可比性、实质重于形式、重要性、谨慎性和及时性等。

1.4.1 可靠性

可靠性要求企业应当以实际发生的交易或者事项为依据进行确认、计量和报告。如实反映符合确认和计量要求的各项会计要素及其他相关信息，保证会计信息真实可靠、内容完整。

会计信息要有用，必须以可靠为基础，如果财务报告所提供的会计信息是不可靠的，就会给投资者等使用者的决策产生误导甚至损失。为了贯彻可靠性要求，企业应当做到：

1）企业应当以实际发生的交易或者事项为依据进行确认、计量，将符合会计要素定义及其确认条件的资产、负债、所有者权益、收入、费用和利润等如实反映在财务报表中，不得根据虚构的、没有发生的或者尚未发生的交易或者事项进行确认、计量和报告。

2）企业应当在符合重要性和成本效益原则的前提下，保证会计信息的完整性，其中包括应当编报的报表及其附注内容等应当保持完整，不能随意遗漏或者减少应予披露的信息，与使用者决策相关的有用信息都应当充分披露。

【例1-4】某公司于2017年年末发现公司销售萎缩，无法实现年初确定的销售收入目标。但考虑到在2018年春节前后，公司销售可能会出现较大幅度的增长，公司为此提前预计库存商品销售。在2017年年末制作了若干存货出库凭证，并确认销售收入实现。公司这种处理不是以其实际发生的交易事项为依据的，而是虚构的交易事项，违背了会计信息质量要求的可靠性原则，也违背了我国《会计法》的规定。

1.4.2 相关性

相关性要求企业提供的会计信息应当与投资者等财务报告使用者的经济决策需要相关，有助于投资者等财务报告使用者对企业过去、现在或者未来的情况做出评价或者预测。

会计信息是否有用、是否具有价值，关键是看其与使用者的决策需要是否相关，是否有助于决策或者提高决策水平。相关的会计信息应当能够有助于使用者评价企业过去的决策，证实或者修正过去的有关预测，因而具有反馈价值。相关的会计信息还应当具有预测价值，有助于使用者根据财务报告所提供的会计信息预测企业未来的财务状况、经营成果和现金流量。例如，区分收入和利得、费用和损失，区分流动资产和非流动资产、流动负债和非流动负债以及适度引入公允价值等，都可以提高会计信息的预测价值，进而提升会计信息的相关性。

1.4.3 可理解性

可理解性要求企业提供的会计信息应当清晰明了，便于投资者等财务报告使用者理解和使用。

企业编制财务报告、提供会计信息的目的在于使用，而要使使用者有效使用会计信息，应当能让其了解会计信息的内涵，读懂会计信息的内容，这就要求财务报告所提供的会计信息应当清晰明了，易于理解。只有这样，才能提高会计信息的有用性，实现财务报告的目标，满足向投资者等财务报告使用者提供决策有用信息的要求。

鉴于会计信息是一种专业性较强的信息产品，因此，在强调会计信息的可理解性要求的同时，还应假定使用者具有一定的有关企业生产经营活动和会计核算方面的知识，并且愿意付出努力去研究这些信息。对于某些复杂的信息，例如，交易本身较为复杂或者会计处理较为复杂，但其对使用者的经济决策是相关的，就应当在财务报告中予以披露，企业不能因为某信息会使使用者难以理解而将其排除在财务报告所应披露的信息之外。

1.4.4 可比性

可比性要求企业提供的会计信息应当相互可比，主要包括两层含义：

1) 同一企业不同时期可比。为了便于投资者等财务报告使用者了解企业的财务状况、经营成果和现金流量及其变化趋势，比较企业在不同时期的财务报告信息，全面、客观地评价过去、预测未来，从而做出决策。会计信息质量的可比性要求同一企业不同时期发生的相同或者相似的交易或者事项，应当采用一致的会计政策，不得随意变更。但是，满足会计信息质量可比性要求，并非表明企业不得变更会计政策，如果按照规定或者在会计政策变更后可以提供更可靠、更相关的会计信息的，可以变更会计政策。有关会计政策变更的情况，应当在附注中予以说明。

2) 不同企业相同时期可比。为了便于投资者等财务报告使用者评价不同企业的财务状况、经营成果和现金流量及其变动情况，会计信息质量的可比性要求不同企业同一会计期间发生的相同或者相似的交易或者事项，应当采用规定的会计政策，确保会计信息口径一致、相互可比，以使不同企业按照一致的确认、计量和报告要求提供有关会计信息。

1.4.5 实质重于形式

实质重于形式要求企业应当按照交易或者事项的经济实质进行会计确认、计量和报告，而不仅仅以交易或者事项的法律形式为依据。

企业发生的交易或事项在多数情况下，其经济实质和法律形式是一致的。但在有些情况下，会出现不一致。

【例1-5】 以融资租赁方式租入的资产，虽然从法律形式来讲企业并不拥有其所有权，但是由于租赁合同中规定的租赁期相当长，接近于该资产的使用寿命；租赁期结束时承租企业有优先购买该资产的选择权；在租赁期内承租企业有权支配资产并从中受益等，因此，从其经济实质来看，企业能够控制融资租入资产所创造的未来经济利益，在会计确认、计量和报告上就应当将以融资租赁方式租入的资产视为企业的资产，列入企业的资产负债表。

【例1-6】 企业按照销售合同销售商品但又签订了售后回购协议，虽然从法律形式上实现了收入，但如果企业没有将商品所有权上的主要风险和报酬转移给购货方，没有满足收入确认的各项条件，即使签订了商品销售合同或者已将商品交付给购货方，也不应当确认销售收入。

1.4.6 重要性

重要性要求企业提供的会计信息应当反映与企业财务状况、经营成果和现金流量有关的所有重要交易或者事项。

在实务中，如果会计信息的省略或者错报会影响投资者等财务报告使用者据此做出决策的，该信息就具有重要性。重要性的应用需要依赖职业判断，企业应当根据其所处环境和实际情况，从项目的性质和金额大小两方面加以判断。

【例1-7】我国上市公司要求对外提供季度财务报告，考虑到季度财务报告披露的时间较短，从成本效益原则来考虑，季度财务报告没有必要像年度财务报告那样披露详细的附注信息。因此，《企业会计准则第32号——中期财务报告》规定，公司季度财务报告附注应当以年初至本中期末为基础编制，披露自上年度资产负债表日之后发生的、有助于理解企业财务状况、经营成果和现金流量变化情况的重要交易或者事项。这种附注披露就体现了对会计信息质量的重要性要求。

1.4.7 谨慎性

谨慎性要求企业对交易或者事项进行会计确认、计量和报告应当保持应有的谨慎，不应高估资产或者收益、低估负债或者费用。

在市场经济环境下，企业的生产经营活动面临着许多风险和不确定性，如应收款项的可收回性、固定资产的使用寿命、无形资产的使用寿命、售出存货可能发生的退货或者返修等。会计信息质量的谨慎性要求，需要企业在面临不确定性因素的情况下做出职业判断时，应当保持应有的谨慎，充分估计到各种风险和损失，既不高估资产或者收益，也不低估负债或者费用。例如，要求企业对可能发生的资产减值损失计提资产减值准备、对售出商品可能发生的保修义务等确认预计负债等，就体现了会计信息质量的谨慎性要求。

但是，谨慎性的应用不允许企业设置秘密准备，如果企业故意低估资产或者收益，或者故意高估负债或者费用，使得财务报告不符合会计信息的可靠性和相关性的要求，损害会计信息质量，扭曲企业实际的财务状况和经营成果，从而对使用者的决策产生误导，这是《企业会计准则》所不允许的。

1.4.8 及时性

及时性要求企业对于已经发生的交易或者事项，应当及时进行确认、计量和报告，不得提前或者延后。

会计信息的价值在于帮助所有者或者其他方面做出经济决策，具有时效性。即使是可靠、相关的会计信息，如果不及时提供，就会失去时效性，对于使用者的效用就大大降低，甚至不再具有实际意义。在会计确认、计量和报告过程中贯彻及时性，一是要求及时收集会计信息，即在经济交易或者事项发生后，及时收集整理各种原始单据或者凭证；二是要求及时处理会计信息，即按照会计准则的规定，及时对经济交易或者事项进行确认或者计量，并编制财务报告；三是要求及时传递会计信息，按照国家规定的有关时限，及时地将编制的财务报告传递给财务报告使用者,便于其及时使用和决策。

例如,我国上市公司需要按时公开披露年度财务报告的同时,还需要按季披露季度财务报告,这就是会计信息及时性的具体体现。

1.5 会计核算方法及房地产开发企业会计核算的特点

1.5.1 会计核算方法

会计核算的方法,是对会计对象进行连续、系统、全面地核算和监督所应用的方法。由以下七种专门方法构成了一个完整的、科学的方法体系:设置会计科目及账户、复式记账、填制和审核凭证、登记账簿、成本计算、财产清查、编制财务报告。上述各种方法相互联系,结合成完整、科学的会计核算方法体系。这里仅介绍会计科目和账户以及复式记账中的借贷记账法。

1. 会计科目和账户

设置会计科目及账户,是对会计对象具体内容进行分类反映和监督的方法。如前所述,会计的具体对象是企业资产、负债、所有者权益、收入、费用和利润六个会计要素的增减变动情况。为了全面、系统地反映和监督企业经济活动发生情况,了解企业经济活动的过程和结果,必须对六个会计要素的具体构成内容进行科学的分类,并按分类的项目进行核算。这种按会计要素具体构成内容进行科学分类核算的项目,称为会计科目。会计科目是设置账户的依据。

最新的企业会计准则所规定的一般企业主要会计科目如表1-1所示。

表1-1 会计科目表

编　号	会计科目名称	编　号	会计科目名称	编　号	会计科目名称
	一、资产类	1402	在途物资	1521	投资性房地产
1001	库存现金	1403	原材料	1531	长期应收款
1002	银行存款	1404	材料成本差异	1532	未实现融资收益
1012	其他货币资金	1405	库存商品	1601	固定资产
1101	交易性金融资产	1406	发出商品	1602	累计折旧
1121	应收票据	1407	商品进销差价	1603	固定资产减值准备
1122	应收账款	1408	委托加工物资	1604	在建工程
1123	预付账款	1411	周转材料	1605	工程物资
1131	应收股利	1471	存货跌价准备	1606	固定资产清理
1132	应收利息	1501	持有至到期投资	1701	无形资产
1221	其他应收款	1502	持有至到期投资减值准备	1702	累计摊销
1231	坏账准备	1503	可供出售金融资产	1703	无形资产减值准备
1321	委托代销商品	1511	长期股权投资	1711	商誉
1401	材料采购	1512	长期股权投资减值准备	1801	长期待摊费用

（续）

编号	会计科目名称	编号	会计科目名称	编号	会计科目名称
1811	递延所得税资产	2711	专项应付款	5401	工程施工
1901	待处理财产损溢	2801	预计负债	5402	工程结算
	二、负债类	2901	递延所得税负债	5403	机械作业
2001	短期借款		三、共同类		六、损益类
2101	交易性金融负债	3101	衍生工具	6001	主营业务收入
2201	应付票据	3201	套期工具	6051	其他业务收入
2202	应付账款	3202	被套期项目	6101	公允价值变动损益
2203	预收账款		四、所有者权益类	6111	投资收益
2211	应付职工薪酬	4001	实收资本	6301	营业外收入
2221	应交税费	4002	资本公积	6401	主营业务成本
2231	应付利息	4101	盈余公积	6402	其他业务成本
2232	应付股利	4103	本年利润	6403	税金及附加
2241	其他应付款	4104	利润分配	6601	销售费用
2314	委托代销商品款	4201	库存股	6602	管理费用
2401	递延收益		五、成本类	6603	财务费用
2501	长期借款	5001	生产成本	6701	资产减值损失
2502	应付债券	5101	制造费用	6711	营业外支出
2701	长期应付款	5201	劳务成本	6801	所得税费用
2702	未确认融资费用	5301	研发支出	6901	以前年度损益调整

相关注意事项如下：

1）共同类项目的特点是既可能是资产也可能是负债。在某些条件下是一项权益，形成经济利益的流入，就是资产；在某些条件下是一项义务，将导致经济利益流出企业，这时就是负债。

2）损益类项目的特点是其项目是形成利润的要素。反映收益类科目，如"主营业务收入"科目；反映费用类科目，如"主营业务成本"科目。

房地产开发经营企业在设置和使用会计科目时，在不违反会计准则中确认、计量和报告规定的前提下，可以根据本单位的实际情况自行增设、分拆、合并会计科目。对于会计科目的名称，在不违背会计科目使用原则的基础上，可以根据本企业具体情况确定适合于本企业的会计科目名称。例如，资产类科目中可设置"开发产品""出租开发产品""周转房""库存设备"等科目；成本类科目中可设置"开发成本""开发间接费用"等科目。

所谓会计账户，是指具有一定格式，用来分类、连续地记录经济业务，反映会计要素增减变动及其结果的一种核算工具，是对会计要素的内容所做的科学再分类。账户的名称就是会计科目。

账户是用来记录经济业务的，必须具有一定的结构和内容。用来积累企业在某一会计期间内各种有关数据的账户,在结构上就应分为两方,即左方和右方,一方登记增加数,另一方则登记减少数。至于哪一方登记增加,哪一方登记减少,则由所采用的记账方法和所记录的经济内容而定,这就是账户的基本结构。这一基本结构,不会因企业实际所使用的账户具体格式不同而发生变化。

一个完整的账户结构应包括:①账户名称,即会计科目;②会计事项发生的日期;③摘要,即经济业务的简要说明;④凭证号数,即表明账户记录的依据;⑤金额,即增加额、减少额和余额。

通常用一条水平线和一条将水平线平分的垂直线来表示账户,称为"T"形账户("丁"字形账户),其格式如下:

左方　　账户名称(会计科目)　　右方

每个账户一般有四个金额要素,即期初余额、本期增加发生额、本期减少发生额和期末余额。账户如有期初余额,应当在记录增加额的那一方首先登记,会计事项发生后,要将增减内容记录在相应的栏目内。一定期间记录到账户增加方的数额合计,称为增加发生额;记录到账户减少方的数额合计,称为减少发生额。正常情况下,账户四个数额之间的关系如下:

账户期末余额 = 账户期初余额 + 本期增加发生额 – 本期减少发生额

2. 借贷记账法

借贷记账法是以"借""贷"二字作为记账符号,记录会计要素增减变动情况的一种复式记账法。"借"和"贷"是借贷记账法的记账符号,表示经济业务的增减变动和记账方向。借贷记账法的理论依据是会计等式。会计等式可用下列两个公式表示:

公式1:资产 = 负债 + 所有者权益

公式2:资产 = 负债 + 所有者权益 + (收入 – 费用)

公式1是静态会计等式,它表明会计期末企业全部资产总额与其相应的资金来源,即与负债和所有者权益总额相等。公式2是动态会计等式,它表明企业在开发经营过程中,一方面必须取得收入,另一方面也将伴随着收入的取得发生相应的费用。公式2可以进一步转化为:资产 + 费用 = 负债 + 所有者权益 + 收入。

可见,公式1和公式2都是说明六个会计要素之间的数量关系的,动态会计等式通过会计期末收入和费用配比、利润的确认,又演变为静态会计等式。

按照会计惯例,资产类、成本费用类账户的借方登记资产的增加额,贷方登记资产的减少额,期初、期末余额与增加额方向一致,一般在借方。负债类、所有者权益类、收入类账户贷方记录增加额,借方记录减少额,期初、期末余额与增加额方向一致,一般在贷方。这里需要指出的是,损益类账户中的收入类和相配比的费用类账户所记录的某会计期间的收入和费用,应于会计期末分别全额结转到"本年利润"账户,以便确认实现的利润或发生的亏损,因此,损益类账户期末均无余额。

根据会计等式和借贷记账法的账户结构,在账户中记录经济业务时,必然遵循"有借必有贷、借贷必相等"的记账规则。

【例 1-8】 某房地产开发企业收到投资者追加投资 900 000 元,银行已收妥。这项经济业务的发生,引起银行存款和实收资本以相等的金额同时增加 900 000 元,应相互联系地在"银行存款""实收资本"账户进行记录。在记录账户之前,应先编制记账凭证,记账凭证的核心部分是确定账户的对应关系和金额。确定账户对应关系和金额的记录,称为会计分录。该项经济业务引起"银行存款"这项资产增加,应记入借方,引起"实收资本"这项所有者权益增加,应记入贷方,会计分录如下:

借:银行存款　　　　　　　　　　　　　　　　　　　　　　900 000
　　贷:实收资本　　　　　　　　　　　　　　　　　　　　　900 000

1.5.2　房地产开发企业会计核算的特点

1. 开发模式决定会计核算

建设方式和经营模式可以统称为开发模式,不同的开发模式涉及的会计核算方法也存在较大的差异。例如,对于开发任务,是成立分公司还是成立子公司进行管理,其会计核算方法存在根本的不同。

子公司是相对于母公司而言的,具有独立法人资格;分公司是相对于总公司而言的,没有独立法人资格,一般不具有独立核算条件,企业所得税由总公司汇总缴纳。对于房地产企业来讲,负责具体项目开发的子公司,通常叫作项目公司;而负责具体项目开发的分公司,通常叫作项目经理部。

目前大多数房地产企业在开发项目时,选择成立项目公司,即子公司。如果成立分公司,则会担心分公司的开发业务涉及的纳税风险乃至经营风险牵连到总公司。但随着我国《公司法》的不断完善,以及房地产企业抵抗风险能力的不断加强,越来越多的大型房地产企业会选择成立分公司的开发模式。

2. 针对总承包单位的核算

房地产开发企业在进行项目开发时,一般不是自行建造产品,而是与具体的建筑施工企业签订建筑施工合同,委托施工企业进行施工建设。对于规模较大、施工要求复杂的房地产施工工程,需要有不同的专业施工单位进行分工合作,但为了便于管理,一般由一家具有资金和技术实力的施工单位总承包,然后再由总承包单位将工程分包给其他施工单位。在房地产企业与施工企业间的承发包关系中存在着诸多会计核算问题,针对承包单位的核算将对房地产企业的开发成本产生直接的影响。

3. 开发节点与收入、成本核算

房地产开发企业的会计核算与其他行业企业相比,在收入与成本结转上存在差异。开发产品的建设周期长,建设过程中的预售收入作为预收账款处理,并在项目竣工后结转为销售收入。开发建设中的支出计入开发成本,在项目竣工后结转为销售成本。因此,从会计核算的角度来看,项目开发节点对房地产企业会计核算结果将产生直接影响。

4. 借款费用的核算

房地产行业是资金密集型行业,房地产开发企业在开发项目时要投入大量资金,除了企业具备一定数量的自有资金外,一般情况下要通过银行贷款筹措资金。因此,借款费用是房地产项目开发成本中较大的支出项目之一,借款费用的核算对于房地产开发企业来讲至关重要。

5. 公共配套设施的核算

为了满足购房者除居住外的其他需求,房地产开发企业在开发项目时,往往会在开发区域内建造一些配套设施。房地产开发企业将其提供给居民作为有偿或无偿使用,一般不会对外转让这些配套设施的产权。对于房地产开发企业在开发区内建造的配套设施,有以下两种处理方式:①房地产企业自留产权,房地产开发企业可以取得这部分资产的经营收益;②房地产企业不留产权,房地产企业不能取得这部分资产的经营收益。以上不同的处理方式,其会计核算方法也存在较大差异。

思 考 题

1. 房地产开发企业的经营特点有哪些?
2. 房地产会计的对象是什么?
3. 资产的含义及其确认条件是什么?
4. 负债的含义及其确认条件是什么?
5. 收入的含义及其确认条件是什么?
6. 什么是账户?账户的基本结构是什么?
7. 什么是借贷记账法?借贷记账法的理论依据是什么?
8. 借贷记账法下各类账户的结构是怎样的?
9. 会计基本假设有哪些?

第 2 章 资　产

**本章导读**

万科企业股份有限公司成立于 1984 年，1988 年进入房地产行业，经过 30 余年的发展，已成为国内领先的城市配套服务商，公司业务聚焦全国经济最具活力的三大经济圈及中西部重点城市。2016 年公司首次跻身《财富》杂志"世界 500 强"，位列榜单第 356 位；2017 年再度上榜，位列榜单第 307 位。

企业资产类项目主要包括货币资金、金融资产、存货、长期股权投资、固定资产、无形资产以及投资性房地产等。

表 2-1 为万科企业股份有限公司 2016 年年报中所示资产类主要财务指标变动情况⊖。

表 2-1　资产类主要财务指标变动情况　　　　　　　单位：万元

项　　目	2016 年 12 月 31 日	2015 年 12 月 31 日	变动幅度
资产总额	83 067 421.39	61 129 556.77	35.89%
货币资金	8 703 211.82	5 318 038.10	63.65%
交易性金融资产	45 867.12	12 219.53	275.36%
其他应收款	10 543 500.49	7 548 564.30	39.68%
长期股权投资	6 170 198.84	3 350 342.35	84.17%
投资性房地产	2 187 442.43	1 076 505.11	103.20%
固定资产	681 079.31	491 747.92	38.50%

万科作为典型的房地产企业，其存货类型与其他企业有所不同，随着项目投资和开发规模的扩大，万科集团 2016 年的存货规模有所上升。截至 2016 年报告期期末，集团存货金额为 4 673.6 亿元，较 2015 年年底增长 27.0%。其中，拟开发产品为 1 369.2 亿元，占比 29.3%；在建开发产品 2 848.9 亿元，占比 61%；已完工开发产品（现房）437.1 亿元，占比 9.4%。

资产对房地产企业的运营有着重要作用，本章将对房地产企业的资产类项目进行系统全面的介绍。

⊖ 导读中所列数据来自万科集团 2016 年年报。

2.1 货币资金

2.1.1 货币资金概述

货币资金是企业资产的重要组成部分,是企业资产中流动性较强的一种资产。任何企业要进行生产经营活动都必须拥有货币资金,持有货币资金是进行生产经营活动的基本条件。货币资金从本质上讲属于金融资产范畴,由于其会计处理的特殊性,本章单独加以阐述。根据货币资金的存放地点及其用途的不同,货币资金分为库存现金、银行存款及其他货币资金。

1. 库存现金

现金是流动性最强的一种货币性资产,可以随时用其购买所需的物资,支付有关费用,偿还债务,也可以随时存入银行。现金的定义有狭义和广义之分。狭义的现金是指企业的库存现金;广义的现金除了库存现金外,还包括银行存款和其他符合现金定义的票证等。本章所指现金的定义是指狭义的现金,即库存现金,包括人民币现金和外币现金。

2. 银行存款

银行存款就是企业存放在银行或其他金融机构的货币资金。按照国家有关规定,凡是独立核算的单位都必须在当地银行开设账户。企业在银行开设账户以后,除按核定的限额保留库存现金外,超过限额的现金必须存入银行;除了在规定的范围内可以用现金直接支付的款项外,在经营过程中所发生的一切货币收支业务,都必须通过银行存款账户进行结算。

根据中国人民银行有关支付结算办法的规定,目前企业发生的货币资金收付业务通过银行办理转账结算可以采用以下几种方式:银行汇票、银行本票、商业汇票、支票、信用卡、汇兑、托收承付、委托收款、信用证等。为了便于阅读,这里就其中的商业汇票进行详细的介绍。

商业汇票是出票人签发的,委托付款人在指定日期无条件支付确定的金额给收款人或者持票人的票据。在银行开立存款账户的法人以及其他组织之间须具有真实的交易关系或债权债务关系,才能使用商业汇票。商业汇票的付款期限由交易双方商定,但最长不得超过6个月。商业汇票的提示付款期限为自汇票到期日起10日内。

存款人领购商业汇票,必须填写"票据和结算凭证领用单"并加盖预留银行印鉴,存款账户结清时,必须将剩余的空白商业汇票全部交回银行注销。

商业汇票可以背书转让。商业汇票按承兑人不同分为商业承兑汇票和银行承兑汇票两种。商业承兑汇票是指由收款人签发,经付款人承兑,或由付款人签发并承兑的票据;银行承兑汇票是指由收款人或承兑申请人签发,并由承兑申请人向开户银行申请,经银行审查同意,由银行承兑的汇票。符合条件的商业承兑汇票的持票人可持未到期的商业承兑汇票连同贴现票证,向银行申请贴现。凡属银行承兑汇票的,承兑银行除凭票向持票人无条件付款外,对出票人尚未支付的汇票金额按照每天0.05%计收利息。

3. 其他货币资金

在企业的经营资金中,有些货币资金的存放地点和用途与库存现金和银行存款不同,这些资金在会计核算上统称为"其他货币资金"。由于所处行业的特点不同，房地产企业不同于生产或商业企业，房地产企业的其他货币资金主要包括按揭贷款保证金、银行承兑汇票保证金和在途货币资金等。

2.1.2 货币资金的管理与控制

1. 货币资金管理与控制的原则

货币资金是企业资产中流动性较强的资产，加强对其管理和控制，对于保障企业资产安全完整，提高货币资金周转速度和使用效益，具有重要的意义。加强对货币资金的控制，应当结合企业生产经营特点，制定相应的控制制度，并监督其实施。一般来说，货币资金的管理和控制应当遵循如下原则：

（1）严格职责分工　即将涉及货币资金不相容的职责分由不同的人员担任，形成严密的内部牵制制度，以减少和降低货币资金管理上舞弊的可能性。

（2）实行交易分开　即将现金支出业务和现金收入业务分开进行处理，防止将现金收入直接用于现金支出的坐支行为。

（3）实施内部稽核　即设置内部稽核单位和人员，建立内部稽核制度，加强对货币资金管理的监督，及时发现货币资金管理中存在的问题，以便及时改进对货币资金的管理、控制。

（4）实施定期轮岗制度　即对涉及货币资金管理和控制的业务人员实行定期轮换岗位。通过轮换岗位，减少货币资金管理和控制中产生舞弊的可能性，并及时发现有关人员的舞弊行为。

2. 国家有关货币资金的管理规定

为了加强国家对生产和流通的监督和管理，提高货币资金的运用效率，有效地防范舞弊，我国已制定的有关货币资金管理规定，包括以下几个方面：

（1）库存现金的管理规定　按照国务院颁布的《现金管理暂行条例》的规定，企业收支的各种款项必须在规定的范围内使用现金，即现金结算方式用来办理企业与职工之间、企业与不能转账的集体或个人之间的款项的结算。房地产开发企业的货币资金，除按规定在限额以内可以保存少量的现金以外，都应存入银行。企业的一切经济往来，除在规定范围以内可以采用现金结算以外，都应通过银行办理转账结算。规定可用现金结算的有：①职工工资、津贴；②个人劳务报酬；③根据国家规定颁发给个人的科学技术、文化艺术、体育等各种奖金；④各种劳保、福利费用以及国家规定的对个人的其他支出；⑤向个人收购农副产品和其他物资的价款；⑥出差人员必须随身携带的差旅费；⑦零星支出；⑧中国人民银行确定需要支付现金的其他支出。

房地产开发企业支付现金，可以从本企业库存现金限额或从开户银行中提取支付，不准用现金收入，如销售、转让开发产品给不能办理转账结算的集体或个人的经营收入，及企业职工交回的剩余差旅费等直接支付支出（即坐支）。特殊情况下需要坐支现金的，应事先报经开户银行审查批准其限额和范围。

房地产开发企业经营收入的现金，应及时送存银行，为了便于银行的监督，企业向银行送存现金时，应在送款单上注明款项的来源；支取现金时，应在现金支票上注明款项的用途。

备用金视同货币资金管理,企业必须严格执行备用金制度,加强备用金管理,及时办理备用金报账、清理业务。定期进行备用金检查,严禁长期占用、挪用备用金。

(2)银行存款的管理规定　根据国家有关规定,凡独立核算的房地产开发企业应在当地银行开立账户,办理存款、取款和转账等结算。企业除按规定留存少量现金以备日常零星开支外,其余的货币资金都应存入银行。除了在规定范围内可以用现金结算方式外,企业一切货币资金的收支一律通过银行存款账户进行结算。银行结算方式可以监督交易双方及时交货、付款,做到钱货两清,维护购销双方的正当权益,有利于加强结算纪律,加速社会资金周转。

房地产开发企业办理银行结算时,应认真按照中国人民银行颁布的《支付结算办法》的规定,不签发没有资金保证的票据或远期支票,套取银行信用;不签发、取得和转让没有真实交易和债权债务的票据,套取银行和他人资金;不无理拒绝付款,任意占用他人资金;不准违反规定开立和使用账户。

2.1.3　货币资金业务的核算

1. 库存现金业务的核算

(1)库存现金的总分类核算　"库存现金"账户核算企业库存现金的收付和结存情况。企业收到现金,借记本账户,贷记相关账户;支出现金,做相反的会计分录;期末余额在借方,表示库存现金的结存数。有外币现金收支业务的房地产开发企业,应分别按人民币现金和各种外币现金设置现金账户进行明细核算。企业内部周转使用的备用金,可以单独设置"备用金"账户核算。

(2)库存现金的序时核算　为了加强库存现金管理,随时掌握现金的收付和结存情况,保证现金的安全,房地产开发企业必须设置"库存现金日记账",对库存现金业务序时核算,由出纳人员根据经过审核无误的原始凭证和现金收、付款凭证逐日逐笔及时登记日记账。每日终了,应根据登记的"库存现金日记账"的结余数与实际库存数核对;月份终了,"库存现金日记账"的余额必须与"库存现金"总账余额核对,做到账实相符,日清月结。"库存现金日记账"的格式如表2-2所示。

表2-2　库存现金日记账　　　　　　　　　　　　　　　　　　单位:元

2017年		凭证		摘要	对方科目	收入	支出	结余
月	日	种类	号码					
				承前页				2 000
10	20	现付	208	预支差旅费			700	
	21	现收	109	提取现金		1 500		
				本日合计		1 500	700	2 800

(3)库存现金清查的核算　为了加强管理,出纳人员还应于每日终了清点核对库存现金,并由清查小组对库存现金进行定期或不定期的清查。库存现金清查的方法是实地盘点。清查结束,应将账面结存数和实际清点数填入库存现金盘存报告单。库存现金清查的会计处理如表2-3所示。

表2-3 库存现金清查的会计处理

序号	业务	处理方式
1	发现实际库存现金与账面结存数不符	应查明原因，并将现金短缺或溢余，通过"待处理财产损溢"账户进行核算。 1. 属于现金短缺的，应按实际短缺的金额做以下会计分录： 　借：待处理财产损溢——待处理流动资产损溢 　　贷：库存现金 2. 属于现金溢余的，应按实际溢余的金额做以下会计分录： 　借：库存现金 　　贷：待处理财产损溢——待处理流动资产损溢
2	查明原因后	1. 如为现金短缺，属于应由责任人赔偿的部分，则做会计分录如下： 　借：库存现金 　　其他应收款——应收现金短缺款（×××个人） 　　贷：待处理财产损溢——待处理流动资产损溢 属于应由保险公司赔偿的部分，则做会计分录如下： 　借：银行存款 　　其他应收款——应收保险赔款 　　贷：待处理财产损溢——待处理流动资产损溢 属于无法查明的其他原因，则根据管理权限经批准后处理： 　借：管理费用——现金短缺 　　贷：待处理财产损溢——待处理流动资产损溢 2. 如为现金溢余，属于应支付给有关人员或单位的，则做会计分录如下： 　借：待处理财产损溢——待处理流动资产损溢 　　贷：其他应付款——应付现金溢余款（个人或单位） 属于无法查明原因的现金溢余，则经批准后： 　借：待处理财产损溢——待处理流动资产损溢 　　贷：营业外收入——现金溢余

【例2-1】甲房地产开发公司在现金清查中发现现金短缺4 000元，原因待查。编制以下分录入账：

　　借：待处理财产损溢——待处理流动资产损溢　　　　　　　　　　　　4 000
　　　　贷：库存现金　　　　　　　　　　　　　　　　　　　　　　　　4 000

经查明，上述现金短缺中800元为出纳员王刚失职造成，应由责任人赔偿，其余金额无法查明原因。编制以下分录入账：

　　借：其他应收款——应收现金短缺款（王刚）　　　　　　　　　　　　800
　　　　管理费用——现金短缺　　　　　　　　　　　　　　　　　　　　3 200
　　　　贷：待处理财产损溢——待处理流动资产损溢　　　　　　　　　　4 000

【例2-2】甲房地产开发公司在现金清查中发现现金溢余2 000元，无法查明原因。编制以下分录入账：

（1）发现现金溢余时：

　　借：库存现金　　　　　　　　　　　　　　　　　　　　　　　　　　2 000
　　　　贷：待处理财产损溢——待处理流动资产损溢　　　　　　　　　　2 000

(2) 经批准后：

借：待处理财产损溢——待处理流动资产损溢　　　　　　　　　　　2 000
　　贷：营业外收入——现金溢余　　　　　　　　　　　　　　　　　　　2 000

（4）备用金的核算　企业有内部周转使用的备用金的，可以单独设置"备用金"账户，也可以设"其他应收款——备用金"账户反映备用金的增减及结存情况。具体内容如表2-4所示。

表2-4　备用金的会计处理方式

序号	业务	处理方式
1	会计部门拨付备用金时	借：备用金（或其他应收款——备用金） 　　贷：库存现金 　　　　银行存款
2	根据报销金额补足备用金定额时	借：有关账户 　　贷：库存现金 　　　　银行存款 报销数和拨补数都不再通过"备用金（或其他应收款——备用金）"账户核算
3	企业认为备用金没有继续设置的必要而予以取消时	借：库存现金 　　　银行存款 　　贷：备用金（或其他应收款——备用金）

【例2-3】　甲房地产开发公司行政科月初领取备用金3 000元，月末行政科报销日常开支1 800元，编制会计分录如下：

（1）预付备用金时：

借：备用金　　　　　　　　　　　　　　　　　　　　　　　　　　　　3 000
　　贷：库存现金　　　　　　　　　　　　　　　　　　　　　　　　　　3 000

（2）报销并补足备用金定额时：

借：管理费用　　　　　　　　　　　　　　　　　　　　　　　　　　　1 800
　　贷：库存现金　　　　　　　　　　　　　　　　　　　　　　　　　　1 800

2．银行存款业务的核算

（1）银行存款的总分类核算　房地产开发企业为了记录存入银行或其他金融机构的货币资金的收付变动和结余情况，需要设置"银行存款"账户进行核算。企业将款项存入银行等金融机构时，借记"银行存款"账户，贷记"库存现金"等账户；提取或支付在银行等金融机构中的存款时，借记"库存现金"等账户，贷记"银行存款"账户。

企业在银行的其他存款，如外埠存款、银行本票存款、银行汇票存款、信用卡存款等，在"其他货币资金"账户核算，不通过"银行存款"账户进行会计处理。

有外币业务的企业，应在"银行存款"账户下按照人民币和各种外币分别设置"银行存款日记账"进行明细核算。

【例2-4】 2017年11月12日,甲房地产开发公司实现商品房销售收入700 000元,款项已存入银行。编制以下分录入账(假设不考虑增值税):

借:银行存款　　　　　　　　　　　　　　　　　　　　　　700 000
　　贷:主营业务收入　　　　　　　　　　　　　　　　　　　　700 000

【例2-5】 2017年11月16日,甲房地产开发公司用银行存款支付应付工程款58 000元。编制以下分录入账:

借:应付账款——应付工程款　　　　　　　　　　　　　　　58 000
　　贷:银行存款　　　　　　　　　　　　　　　　　　　　　　58 000

由于房地产开发企业的资金流量大,为了加强对企业银行存款的管理,保证企业的偿债能力,应定期对银行存款进行检查。对于存在银行或其他金融机构的款项已经部分不能收回或者全部不能收回的,应当查明原因进行处理,有确凿证据表明无法收回的,如吸收存款的单位已宣告破产,其破产财产不足以清偿的部分,或全部不能清偿的,应当根据企业管理权限报经批准后,作为当期损失,借记"营业外支出"账户,贷记"银行存款"账户。

(2)银行存款的序时核算　为了全面、及时掌握银行存款的收付动态和结余情况,企业应当设置"银行存款日记账",由出纳人员根据银行存款的收款、付款凭证和库存现金存入银行时的现金付款凭证,按照业务发生的先后,逐日逐笔顺序登记。每日终了,应结出余额。"银行存款日记账"的格式如表2-5所示。

表2-5　银行存款日记账　　　　　　　　　　　　　　　　单位:元

2017年		凭证		摘要	对方科目	收入	支出	结余
月	日	种类	号码					
				承前页				32 000
10	22	银付	408	付电费			1 700	
	22	银收	309	收取销售款		95 000		
				本日合计		95 000	1 700	125 300

(3)银行存款的核对　"银行存款日记账"应定期与"银行对账单"核对,至少每月核对一次。月末,企业银行存款账面余额与银行对账单余额之间如有差额,应按月编制"银行存款余额调节表"调节至相符。在同一时期内,若企业银行存款账上的余额与银行对账单上的存款余额不一致,则除了记账差错外,还可能由于存在"未达账项"。所谓未达账项,是指企业与银行之间由于凭证传递上的时间差,一方已经入账,而另一方尚未入账的款项。

未达账项的发生,通常有如下四种情况:
1)企业存入各种款项,企业已经记作存款增加,但银行尚未办妥入账手续。
2)企业开出支票或其他付款凭证,企业已记作存款减少,但银行尚未办理支付手续。
3)企业委托银行代收的款项,银行已于收到日记作企业存款增加,但企业尚未收到银行收款通知,没有入账。
4)企业委托银行代付的款项,银行已于付款日记作企业存款减少,但企业尚未收到银行付款通知,没有入账。

对于未达账项,应将银行的对账单同企业的银行存款日记账的收支记录逐笔进行核对,查明后编制"银行存款余额调节表",然后再进行核对。现举例说明"银行存款余额调节表"的编制方法。

【例 2-6】 甲房地产开发公司 2017 年 10 月 31 日的银行存款日记账余额是 46 000 元,"银行对账单"的余额是 64 000 元,经逐笔核对有以下未达账项:

(1) 30 日,公司收到转账支票 3 000 元,将进账单送交银行,银行尚未处理转账手续。

(2) 30 日,公司开出转账支票,支付贷款 19 000 元,持票人尚未到银行办理转账。

(3) 25 日,公司委托银行代收某公司货款 11 000 元,银行已经收款入账,但公司尚未收到转账通知。

(4) 29 日,银行代扣水电费 9 000 元,公司尚未收到银行转账通知。

根据以上资料,企业可编制如表 2-6 所示的"银行存款余额调节表"。

表 2-6　银行存款余额调节表

存款种类:人民币存款　　2017 年 10 月 31 日　　　　　　　　　　　　单位:元

项　目	金　额	项　目	金　额
企业账面的存款余额	46 000	银行对账单的存款余额	64 000
加:银行已收、公司未收的货款	11 000	加:公司已收、银行未收的转账支票	3 000
减:银行已付、公司未付的水电费	9 000	减:公司已付、银行未付的转账支票	19 000
调整后的存款余额	48 000	调整后的存款余额	48 000

调整后的双方存款余额如果相等,则一般表明双方记账没有差错;如果不等,则表明一方的银行存款日记账有差错,要进一步查明原因,加以更正。但对于未达账项所引起的余额不一致,既不能将银行存款余额调节表作为编制记账凭证的依据,更不能作为调整账面记录的依据。这一差异要等有关银行结算凭证到达企业后再进行账务处理。经调整后的存款余额,表示企业在月末可以动用的存款实有额。

3. 其他货币资金业务的核算

(1) 其他货币资金的总分类核算　为了单独反映房地产企业其他货币资金的收入、付出和结存情况,应设置"其他货币资金"账户进行核算。该账户为资产类账户,借方登记其他货币资金的增加数;贷方登记其他货币资金的减少数;期末借方余额,反映其他货币资金的结存数。

(2) 其他货币资金的明细核算　在"其他货币资金"账户下,根据房地产企业的特点,应设置"按揭贷款保证金""银行承兑汇票保证金""在途货币资金"等明细账户,进行明细核算。

1) 按揭贷款保证金的核算。购房人用贷款购买商品房的,由房地产企业提供阶段性保证担保,并按贷款总额的一定比例存入贷款银行,作为按揭贷款保证金。待产权证办妥完成抵押登记,结束保证担保责任后,房地产企业可以办理保证金使用手续。

房地产企业在收到按揭贷款银行出具的入账通知时，按进入企业按揭贷款结算户的金额，借记"银行存款"账户，按进入企业按揭贷款保证金户的金额，借记"其他货币资金——按揭贷款保证金"账户，按银行发放的按揭贷款总额，贷记"预收账款"等账户。

当按揭贷款购房人所购商品房产权证办理完成，并办理了抵押登记，按揭贷款银行将保证金转入按揭贷款结算户后，根据转入金额，借记"银行存款"账户，贷记"其他货币资金——按揭贷款保证金"账户。

【例2-7】 2017年10月22日，甲房地产开发公司收到银行发放的购房人李宏按揭贷款总计80万元，其中按揭贷款结算户收到72万元，保证金户收到8万元（保证金比例为10%）。应根据按揭贷款银行开具的入账通知填制收款凭证，会计分录如下：

借：银行存款　　　　　　　　　　　　　　　　　　　　　720 000
　　其他货币资金——按揭贷款保证金　　　　　　　　　　 80 000
　　贷：预收账款　　　　　　　　　　　　　　　　　　　800 000

【例2-8】 2017年10月30日，甲房地产公司为购房人李宏办理了商品房产权证，并办妥了按揭贷款银行的抵押登记手续。银行将按揭贷款保证金8万元，由按揭贷款保证金账户转入按揭贷款结算户。应根据按揭贷款银行开具的转账通知填制收款凭证，会计分录如下：

借：银行存款　　　　　　　　　　　　　　　　　　　　　 80 000
　　贷：其他货币资金——按揭贷款保证金　　　　　　　　 80 000

2）银行承兑汇票保证金的核算。银行承兑汇票保证金是指向银行申请开具承兑汇票时，银行对申请企业所收取的一定金额的保证金。对于房地产企业来讲，一方面，收取银行按揭款是销售回款的主要渠道；另一方面，房地产企业为了融资的需要，往往以银行承兑汇票方式对外支付工程款或设备款。因此，按揭贷款保证金和银行承兑汇票保证金是房地产企业货币资金的重要组成部分。

房地产企业开出银行承兑汇票，按银行承兑汇票票面金额，借记"开发产品成本""应付账款"等账户，贷记"应付票据"账户。按交付的银行承兑汇票保证金金额，借记"其他货币资金——银行承兑汇票保证金"账户，贷记"银行存款"账户。

银行承兑汇票到期，按房地产企业支付的票款，借记"应付票据"账户，按从银行承兑汇票保证金账户支付的金额，贷记"其他货币资金——银行承兑汇票保证金"账户，按从企业其他银行账户支付的金额，贷记"银行存款"账户。

【例2-9】 2017年11月5日，甲房地产公司向银行申请开具了一张面额为100万元的银行承兑汇票，用于支付工程款，并按约定，向银行交付了50%，即50万元的保证金。根据相应手续填制付款凭证，会计分录如下：

借：开发产品成本　　　　　　　　　　　　　　　　　　1 000 000
　　贷：应付票据　　　　　　　　　　　　　　　　　　1 000 000
同时，
借：其他货币资金——银行承兑汇票保证金　　　　　　　 500 000
　　贷：银行存款　　　　　　　　　　　　　　　　　　 500 000

【例2-10】 2017年11月24日,甲房地产公司开具的银行承兑汇票到期,银行收到贴现银行转来的账单,从甲房地产公司的基本户中扣划50万元,从保证金户扣划50万元。企业应根据相应手续填制付款凭证,会计分录如下:

借:应付票据　　　　　　　　　　　　　　　　　　　　　　1 000 000
　　贷:银行存款　　　　　　　　　　　　　　　　　　　　　　500 000
　　　　其他货币资金——银行承兑汇票保证金　　　　　　　　500 000

3) 在途货币资金的核算。在途货币资金是指企业与所属单位或上下级之间汇解款项,在月终尚未到达,处于在途的资金。

在途货币资金的核算一般只在月末结账时进行。企业收到所属单位汇出款项的通知,但未收到开户银行收账通知的款项,属于在途货币资金。在月末结账时,企业应借记"其他货币资金——在途货币资金"账户,贷记有关账户;待下月月初收到汇入款项时,再借记"银行存款"账户,贷记"其他货币资金——在途货币资金"账户。由于在途货币资金属于银行之间划拨款项时间差所引起,在途时间不会很长,月中发生的在途款项,可以不进行账务处理,以简化核算手续。

【例2-11】 2017年10月30日,甲房地产公司收到集团总部汇出款项通知,已汇出款项4 000万元,但甲房地产公司开户银行当天未收到该款项。根据集团总部汇出款项通知填制收款凭证,会计分录如下:

借:其他货币资金——在途货币资金　　　　　　　　　　　40 000 000
　　贷:其他应收款——内部往来　　　　　　　　　　　　　40 000 000

【例2-12】 2017年11月2日,甲房地产公司收到汇款时,根据银行通知编制如下会计分录:

借:银行存款　　　　　　　　　　　　　　　　　　　　　40 000 000
　　贷:其他货币资金——在途货币资金　　　　　　　　　　40 000 000

2.2 金融资产

2017年4月,财政部发布了《关于印发修订〈企业会计准则第22号——金融工具确认和计量〉的通知》。新准则取消了原金融资产分类中贷款和应收款项、持有至到期投资和可供出售金融资产等三个原有分类。根据新准则规定,企业应当根据其管理金融资产的业务模式和金融资产的合同现金流量特征,将金融资产划分为以下三类:

1) 以摊余成本计量的金融资产。
2) 以公允价值计量且其变动计入其他综合收益的金融资产。
3) 以公允价值计量且其变动计入当期损益的金融资产。

2.2.1 以摊余成本计量的金融资产

1. 以摊余成本计量的金融资产的概念及其计量

金融资产摊余成本是指该金融资产或金融负债的初始确认金额经下列调整后的结果:①扣除已偿还的本金;②加上或减去采用实际利率法将该初始确认金额与到期日金额之间的

差额进行摊销形成的累计摊销额;③扣除已发生的减值损失。

以摊余成本计量的金融资产是指到期日固定、回收金额固定或可确定,且企业有明确意图和能力持有至到期的非衍生金融资产。通常情况下,能够划分为以摊余成本计量的金融资产,主要是债券投资,如企业从二级市场上购入的固定利率国债、浮动利率金融债券、企业债券等,以及贷款和应收款项。

新会计准则规定,以摊余成本计量的金融资产初始确认时,应当按公允价值和相关交易费用之和作为初始入账金额。初始确认时,应当计算确定以摊余成本计量的金融资产的实际利率,并在该金融资产预期存续期间或适用的更短期间内保持不变。以摊余成本计量的金融资产应当采用实际利率法按摊余成本进行后续计量。其中,实际利率法是指按照金融资产的实际利率计算其摊余成本及各期利息收入或利息费用的方法。

2. 以摊余成本计量的金融资产(债券投资)的会计处理

企业取得以摊余成本计量的金融资产时,按照其公允价值和相关交易费用作为初始确认金额(不包括已到付息期但尚未领取的利息),按债券面值记入"成本"明细账,初始确认金额与债券面值的差额,记入"利息调整"明细账。此时,计算该金融资产的未来现金流量折现到当前账面价值的折现率,即实际利率。然后,在持有债券投资期间内的资产负债表日,对"利息调整"明细账的金额按照实际利率法进行摊销。其分录模型如下:

借:应收利息/债权投资——应计利息
借/贷:债权投资——利息调整(差额)
　　贷:投资收益(利息收入=摊余成本×实际利率)

该分录模型适用于以摊余成本计量的金融资产(债券投资)。分录中借记"应收利息"账户是指分期付息、一次还本债券的应收利息,属于流动资产;若为到期一次还本付息债券,则应收取的利息属于非流动资产,应借记"债权投资——应计利息"账户。

【例2-13】2014年1月初,甲公司从二级市场购入A公司于2013年1月1日发行的面值800 000元、期限5年、票面利率5%、每年年初支付上一年利息、到期还本的债券,实付的购买价款818 500元中包含已到付息期但尚未支付的利息40 000元。甲公司在购买该债券时,预计发行方不会提前赎回。甲公司有意图也有能力将该债券持有至到期,划分为以摊余成本计量的金融资产。假定不考虑其他因素,甲公司在初始确认时,经测算确定该债券实际利率为5.78%。相关的会计处理如下:

(1) 2014年1月1日,购入债券时初始确认金额为778 500元:

借:债权投资——A公司债券——成本　　　　　　　　　　　　　800 000
　　应收利息——A公司　　　　　　　　　　　　　　　　　　　40 000
　　贷:其他货币资金——存出投资款　　　　　　　　　　　　　818 500
　　　　债权投资——A公司债券——利息调整　　　　　　　　　21 500

2014年年初"债权投资——A公司债券"摊余成本=800 000-21 500=778 500(元)

(2) 收到该债券2013年的利息时:

借:其他货币资金——存出投资款　　　　　　　　　　　　　　40 000
　　贷:应收利息——A公司　　　　　　　　　　　　　　　　　40 000

(3) 编制各年确认该债券投资的利息收入并摊销利息调整的会计分录（各年收到债券利息的会计处理略）。

2014 年 12 月 31 日，确认当年的实际利息收入：

借：应收利息——A 公司（800 000×5%） 40 000
　　债权投资——A 公司债券——利息调整 4 997
　　贷：投资收益——A 公司债券 44 997

2014 年年末"债权投资——A 公司债券"摊余成本 = 778 500 + 4 997 = 783 497（元）

2015 年 12 月 31 日，确认当年的实际利息收入：

借：应收利息——A 公司 40 000
　　债权投资——A 公司债券——利息调整 5 286
　　贷：投资收益——A 公司债券 45 286

2015 年年末"债权投资——A 公司债券"摊余成本 = 778 500 + 4 997 + 5 286 = 788 783（元）

2016 年 12 月 31 日，确认当年的实际利息收入（会计分录略）：

投资收益 = 788 783 × 5.78% = 45 592（元）

"利息调整"摊销额 = 45 592 - 40 000 = 5 592（元）

2016 年年末"债权投资——A 公司债券"摊余成本 = 778 500 + 4 997 + 5 286 + 5 592 = 794 375（元）

2017 年 12 月 31 日，确认当年的实际利息收入（会计分录略）：

最后 1 年倒挤出摊销的利息调整 = 21 500 - (4 997 + 5 286 + 5 592) = 5 625（元）

投资收益 = 40 000 + 5 625 = 45 625（元）

2017 年年末"债权投资——A 公司债券"摊余成本 = 778 500 + 4 997 + 5 286 + 5 592 + 5 625 = 800 000（元）

(4) 2018 年年初，债券到期收回本金及 2017 年的债券利息时：

借：其他货币资金——存出投资款 840 000
　　贷：债权投资——A 公司债券——成本 800 000
　　　　应收利息——A 公司 40 000

可见，以摊余成本计量的金融资产为折价购入的分期付息、一次还本的债券，其初始入账金额小于债券的面值，随着持有期间各期末采用实际利率法对"利息调整"的摊销，其摊余成本逐年递增，在该债券到期前摊余成本增加为债券的面值，"利息调整"明细账已无余额。

2.2.2　以公允价值计量且其变动计入其他综合收益的金融资产

金融资产同时符合下列条件的，应当分类为以公允价值计量且其变动计入其他综合收益的金融资产：

1) 企业管理该金融资产的业务模式既以收取合同现金流量为目标又以出售该金融资产为目标。

2) 该金融资产的合同条款规定,在特定日期产生的现金流量,仅为对本金和以未偿付本金金额为基础的利息的支付。

新准则规定,分类为以公允价值计量且其变动计入其他综合收益的金融资产,在企业持有期间的公允价值变动涉及其他综合收益和所得税的会计处理如下:

当公允价值上升时,借记"其他债权投资/其他权益工具投资——公允价值变动"账户,贷记"其他综合收益"账户;产生应纳税暂时性差异,确认递延所得税负债,借记"其他综合收益"账户,贷记"递延所得税负债"账户。该金融资产公允价值上升时,贷记的其他综合收益金额减去确认递延所得税负债时的借记金额,即为此项资产对利润表中其他综合收益的税后净额的影响金额。

当公允价值下降时,借记"其他综合收益"账户,贷记"其他债权投资/其他权益工具投资——公允价值变动"账户;产生可抵扣暂时性差异,确认递延所得税资产,借记"递延所得税资产"账户,贷记"其他综合收益"账户。该金融资产公允价值下降时,确认递延所得税资产时贷记的其他综合收益金额减去借记的其他综合收益金额,即为此项资产对利润表中其他综合收益的税后净额的影响金额。企业应当在金融资产被处置时,把该金融资产持有期间计入其他综合收益的累计利得或损失转出,计入当期损益,即借记(贷记)"投资收益"账户,贷记(借记)"其他综合收益"账户。

【例2-14】 2017年2月15日,甲房地产开发公司(以下简称甲公司)购入乙公司股票100万股,每股市价9.5元,支付价款1 000万元(每股交易费用为0.5元,其变动计入其他综合收益),占乙公司股份的4%。甲公司该项金融资产以收取合同现金流量和出售该金融资产为目标,甲公司根据业务模式和金融资产的合同现金流量特征,将其分类为以公允价值计量且其变动计入其他综合收益的金融资产。2017年6月30日,该股票每股市价为10.5元;2017年12月31日,该股票每股市价为9.7元。2018年6月21日甲公司以每股9元的价格将股票全部处置,2017年和2018年甲公司的利润总额分别为130万元和150万元,甲公司会计处理如下:

(1) 2017年2月15日取得该项金融资产时:

借:其他权益工具投资——成本　　　　　　　　　　　　　　10 000 000
　　贷:银行存款　　　　　　　　　　　　　　　　　　　　　　10 000 000

以公允价值计量且其变动计入其他综合收益的金融资产,与购买该项金融资产相关的交易费用,应当在初始确认时计入金融资产的初始确认金额。该金融资产的账面价值和计税基础相等,不形成暂时性差异。

(2) 2017年6月30日:

公允价值 = 1 000 000 × 10.5 = 10 500 000(元)

公允价值变动 = 10 500 000 - 10 000 000 = 500 000(元)

借:其他权益工具投资——公允价值变动　　　　　　　　　　500 000
　　贷:其他综合收益　　　　　　　　　　　　　　　　　　　　500 000

该金融资产账面价值为10 500 000元,计税基础为10 000 000元,账面价值和计税基础不相等,形成应纳税暂时性差异。

应确认的递延所得税负债 = 500 000 × 25% = 125 000(元)

借：其他综合收益　　　　　　　　　　　　　　　　　　　　125 000
　　贷：递延所得税负债　　　　　　　　　　　　　　　　　　125 000
（3）2017年12月31日：
公允价值=9.7×1 000 000=9 700 000（元）
公允价值变动=9 700 000-10 500 000=-800 000（元）
借：其他综合收益　　　　　　　　　　　　　　　　　　　　800 000
　　贷：其他权益工具投资——公允价值变动　　　　　　　　　800 000
该金融资产账面价值为9 700 000元，计税基础为10 000 000元，账面价值和计税基础也不相等，形成可抵扣暂时性差异。
应确认的递延所得税资产=300 000×25%=75 000（元）
借：递延所得税资产　　　　　　　　　　　　　　　　　　　75 000
　　贷：其他综合收益　　　　　　　　　　　　　　　　　　　75 000
同时，将先前确认的递延所得税负债的金额转入其他综合收益。
借：递延所得税负债　　　　　　　　　　　　　　　　　　　125 000
　　贷：其他综合收益　　　　　　　　　　　　　　　　　　　125 000
（4）2017年12月31日，计算应交所得税。
应纳税所得额=1 300 000+300 000-500 000=1 100 000（元）
应交所得税=1 100 000×25%=275 000（元）
借：所得税费用　　　　　　　　　　　　　　　　　　　　　275 000
　　贷：应交税费——应交所得税　　　　　　　　　　　　　　275 000
（5）2018年6月21日：
出售金融资产实际收到价款=1 000 000×9=9 000 000（元）
同时结转其账面价值9 700 000元，并且将原来确认的递延所得税资产的余额转销。
借：银行存款　　　　　　　　　　　　　　　　　　　　　9 000 000
　　其他权益工具投资——公允价值变动　　　　　　　　　　300 000
　　投资收益　　　　　　　　　　　　　　　　　　　　　　700 000
　　贷：其他权益工具投资——成本　　　　　　　　　　　　10 000 000
同时，
借：其他综合收益　　　　　　　　　　　　　　　　　　　　75 000
　　贷：递延所得税资产　　　　　　　　　　　　　　　　　　75 000
借：投资收益　　　　　　　　　　　　　　　　　　　　　　300 000
　　贷：其他综合收益　　　　　　　　　　　　　　　　　　　300 000

2.2.3 以公允价值计量且其变动计入当期损益的金融资产

1. 以公允价值计量且其变动计入当期损益的金融资产概述

按照新准则规定，除分类为以摊余成本计量的金融资产和分类为以公允价值计量且其变动计入其他综合收益的金融资产之外的金融资产，企业应当将其分类为以公允价值计量且其变动计入当期损益的金融资产。

以公允价值计量且其变动计入当期损益的金融资产，可以进一步分为交易性金融资产和直接指定为以公允价值计量且其变动计入当期损益的金融资产。

（1）交易性金融资产　交易性金融资产主要是指企业为了近期内出售而持有的金融资产，如企业以赚取差价为目的从二级市场购入的股票、债券、基金等。

金融资产满足下列条件之一的，表明企业持有该金融资产的目的是交易性的：

1）取得相关金融资产的目的，主要是为了近期出售。

2）相关金融资产在初始确认时属于集中管理的可辨认金融工具组合的一部分，且有客观证据表明近期实际存在短期获利模式。

3）相关金融资产属于衍生工具。但符合财务担保合同定义的衍生工具以及被指定为有效套期工具的衍生工具除外。

（2）指定为以公允价值计量且其变动计入当期损益的金融资产　企业将某项金融资产指定为以公允价值计量且其变动计入当期损益的金融资产，通常是指该金融资产不满足确认为交易性金融资产条件的，企业仍可在符合某些特定条件时将其按公允价值计量，并将其公允价值变动计入当期损益。

通常情况下，只有符合下列条件之一的金融资产，才可以在初始确认时指定为以公允价值计量且其变动计入当期损益的金融资产：

1）该指定可以消除或明显减少由于该金融资产的计量基础不同所导致的相关利得或损失在确认或计量方面不一致的情况。

2）企业风险管理或投资策略的正式书面文件已载明，该金融资产组合或该金融资产和金融负债组合，以公允价值为基础进行管理、评价并向关键管理人员报告。

2. 以公允价值计量且其变动计入当期损益的金融资产的会计处理

1）企业取得交易性金融资产，按其公允价值，借记"交易性金融资产——成本"账户，按发生的交易费用，借记"投资收益"账户，按已到付息期但尚未领取的利息或已宣告但尚未发放的现金股利，借记"应收利息"或"应收股利"账户，按实际支付的金额，贷记"银行存款"等账户。

2）交易性金融资产持有期间被投资单位宣告发放的现金股利，或在资产负债表日按分期付息、一次还本债券投资的票面利率计算的利息，借记"应收股利"或"应收利息"账户，贷记"投资收益"账户。

3）资产负债表日，交易性金融资产的公允价值高于其账面余额的差额，借记"交易性金融资产——公允价值变动"账户，贷记"公允价值变动损益"账户；公允价值低于其账面余额的差额做相反的会计分录。

4）出售交易性金融资产，应按实际收到的金额，借记"银行存款"等账户，按该金融资产的账面余额，贷记"交易性金融资产"账户，按其差额，贷记或借记"投资收益"账户。同时，将原计入该金融资产的公允价值变动转出，借记或贷记"公允价值变动损益"账户，贷记或借记"投资收益"账户。

【例2-15】甲房地产开发公司2017年12月1日购入股票100 000股，作为交易性金融资产，当时每股市价4.8元，交易费用960元，12月31日，市价为每股5元。该公

司2018年4月1日将上述股票出售,每股5.2元,交易费用1 040元。相关账务处理如下:

(1) 12月1日购入时:
借:交易性金融资产——成本　　　　　　　　　　　　　480 000
　　投资收益　　　　　　　　　　　　　　　　　　　　　　960
　　贷:银行存款　　　　　　　　　　　　　　　　　　　　　　480 960

(2) 12月31日:
借:交易性金融资产——公允价值变动　　　　　　　　　 20 000
　　贷:公允价值变动损益　　　　　　　　　　　　　　　　　 20 000

(3) 将股票出售时:
借:银行存款　　　　　　　　　　　　　　　　　　　　518 960
　　贷:交易性金融资产——成本　　　　　　　　　　　　　480 000
　　　　　　　　　　　　——公允价值变动　　　　　　　　 20 000
　　　　投资收益　　　　　　　　　　　　　　　　　　　 18 960
借:公允价值变动损益　　　　　　　　　　　　　　　　 20 000
　　贷:投资收益　　　　　　　　　　　　　　　　　　　　 20 000

【例2-16】 2017年1月1日,甲房地产开发公司从二级市场支付价款1 020 000元(含已到付息期但尚未领取的利息20 000元)购入某公司发行的债券,另发生交易费用20 000元。该债券面值1 000 000元,剩余期限为2年,票面年利率为4%,每半年付息一次,甲房地产开发公司将其划分为交易性金融资产。

甲房地产开发公司的其他资料如下:
(1) 2017年1月5日,收到该债券2016年下半年利息20 000元。
(2) 2017年6月30日,该债券的公允价值为1 150 000元(不含利息)。
(3) 2017年7月5日,收到该债券2017年上半年利息。
(4) 2017年12月31日,该债券的公允价值为1 100 000元(不含利息)。
(5) 2018年1月5日,收到该债券2017年下半年利息。
(6) 2018年3月31日,甲房地产开发公司将该债券出售,取得价款1 180 000元(含第一季度利息10 000元)。

假定不考虑其他因素,则甲房地产开发公司的账务处理如下:
(1) 2017年1月1日,购入债券:
借:交易性金融资产——成本　　　　　　　　　　　　1 000 000
　　应收利息　　　　　　　　　　　　　　　　　　　　　20 000
　　投资收益　　　　　　　　　　　　　　　　　　　　　20 000
　　贷:银行存款　　　　　　　　　　　　　　　　　　　1 040 000

(2) 2017年1月5日,收到该债券2016年下半年利息:
借:银行存款　　　　　　　　　　　　　　　　　　　　 20 000
　　贷:应收利息　　　　　　　　　　　　　　　　　　　　 20 000

(3) 2017年6月30日,确认债券公允价值变动和投资收益:
借:交易性金融资产——公允价值变动　　　　　　　　　　150 000
　　贷:公允价值变动损益　　　　　　　　　　　　　　　　150 000
借:应收利息　　　　　　　　　　　　　　　　　　　　　　20 000
　　贷:投资收益　　　　　　　　　　　　　　　　　　　　　20 000

(4) 2017年7月5日,收到该债券2017年上半年利息:
借:银行存款　　　　　　　　　　　　　　　　　　　　　　20 000
　　贷:应收利息　　　　　　　　　　　　　　　　　　　　　20 000

(5) 2017年12月31日,确认债券公允价值变动和投资收益:
借:公允价值变动损益　　　　　　　　　　　　　　　　　　50 000
　　贷:交易性金融资产——公允价值变动　　　　　　　　　　50 000
借:应收利息　　　　　　　　　　　　　　　　　　　　　　20 000
　　贷:投资收益　　　　　　　　　　　　　　　　　　　　　20 000

(6) 2018年1月5日,收到该债券2017年下半年利息:
借:银行存款　　　　　　　　　　　　　　　　　　　　　　20 000
　　贷:应收利息　　　　　　　　　　　　　　　　　　　　　20 000

(7) 2018年3月31日,将该债券予以出售:
借:应收利息　　　　　　　　　　　　　　　　　　　　　　10 000
　　贷:投资收益　　　　　　　　　　　　　　　　　　　　　10 000
借:银行存款　　　　　　　　　　　　　　　　　　　　　1 170 000
　　公允价值变动损益　　　　　　　　　　　　　　　　　　100 000
　　贷:交易性金融资产——成本　　　　　　　　　　　　1 000 000
　　　　　　　　　　　——公允价值变动　　　　　　　　　100 000
　　　　投资收益　　　　　　　　　　　　　　　　　　　170 000
借:银行存款　　　　　　　　　　　　　　　　　　　　　　10 000
　　贷:应收利息　　　　　　　　　　　　　　　　　　　　　10 000

2.3 存货

2.3.1 存货的确认与初始计量

1. 房地产开发企业存货的组成

存货是指企业在生产经营过程中持有的以备出售的产成品或商品、处在生产过程中的在产品、在生产经营过程或提供劳务过程中耗用的材料和物料等。可见,企业持有存货的最终目的是为了出售,而不是自用或消耗,这一特征可以使存货区分于固定资产等非流动资产。

房地产开发企业主要从事土地、房屋、城市基础设施和公共配套设施、代建工程的开发或经营活动,存货包含的范围较广,一般来说大体包括以下种类:

1) 原材料。原材料是指房地产开发企业购入的用于开发经营或有助于房地产建造的各种材料,包括主要材料、辅助材料、结构件、机械配件、燃料等。

2) 库存设备。库存设备是指房地产开发企业在开发经营过程中将直接用于产品开发,经安装构成房地产实体的各种设备,如照明设备、供暖设备、通风设备等。

3) 低值易耗品。低值易耗品是指房地产企业购入的单价较低、容易损坏、未达到固定资产标准的各种用具物品,如脚手架、工具、管理用具、劳动保护用品等。

4) 在建开发产品。在建开发产品是指房地产企业正处在开发建造过程中的商品性建设场地和房屋。

5) 已完开发产品。已完开发产品是指房地产开发企业已经开发建造完成并已验收合格,可以按照合同规定的条件移交购买单位,或可以作为商品对外销售的土地和房屋。

6) 出租开发产品。出租开发产品是指企业已开发完成用于出租经营的土地和房屋等开发产品。

7) 周转房。周转房是指企业已开发完成用于安置拆迁居民周转使用的房屋,产权归企业所有。

2. 存货的确认

按照企业会计准则的规定,存货在同时满足以下两个条件时,才能加以确认:

1) 与存货有关的经济利益很可能流入企业。

2) 该存货的成本能够可靠地计量。

对于房地产开发企业来说,如果某种材料已经发生质变或毁损,某项设备已被国家公告禁用,则不能再作为存货核算。

此外,存货形态的资产的所有权必须归属于企业。企业不拥有所有权的物品,即使存放在企业,也不能作为企业的存货,如受托代销产品则不属于企业的存货;企业已取得法定所有权的物品,即使存放在其他企业也应作为企业的存货,如委托代销商品应属于企业的存货。

3. 存货的初始计量

存货的初始计量在于确定取得存货的入账价值,企业取得存货应以实际成本计量。根据取得存货的渠道不同,存货的实际成本有以下几种构成:

(1) 外购存货的成本 企业外购存货的成本即存货的采购成本,包括购买价款、运输费、装卸费、保险费以及其他可归属于存货采购成本的费用。一般情况下,购买价款是指企业购入的材料或设备等的发票账单上列明的价款;相关税费是指企业购买、自制或委托加工存货发生的进口关税、消费税、资源税和不能从销项税额中抵扣的增值税进项税额等;其他可归属于存货采购成本的费用是指企业购入存货在入库前所要支付的各种费用,包括采购过程中发生的包装费、仓储费、装卸费、运输途中的合理损耗、入库前的挑选整理费用等。

需要指出的是:从2016年5月1日开始,房地产企业由营业税纳税人改为增值税纳税人。增值税纳税人分为一般纳税人和小规模纳税人。核定为一般纳税人的房地产企业,其外购存货取得增值税专用发票的,增值税进项税额可以在销项税额中抵扣,不得计入存货采购成本;核定为小规模纳税人的房地产企业,其进项税额可以计入存货采购成本。

(2) 自制或自行建造存货的成本 自制或自行建造存货的成本一般包括材料费用、人工费用和制造费用。就房地产企业房屋开发成本而言，包括土地征用及迁移补偿费、前期工程费、建筑安装工程费、基础设施费、公共配套设施费和开发间接费。

(3) 委托加工存货成本 委托加工存货的实际成本由委托单位发出并在加工过程中实际耗用的原材料成本、往返运杂费和加工费构成。对房地产企业而言，委托加工存货主要是指用企业自行采购的物资委托其他企业加工的结构件和作为存货的设备。

(4) 投资者投入存货的成本 投资者投入的存货，应按投资合同或协议约定的价值作为实际成本。在投资合同或协议约定价值不公允的情况下，按照该项存货的公允价值入账。

(5) 盘盈存货的成本 盘盈的存货应按其重置成本作为入账价值。

此外，存货还可以通过非货币性资产交换、债务重组受让和企业合并等方式取得。

4. 发出存货的计价方法

由于各种存货是分次购入或分批生产形成的，每次购入或形成存货的单位成本往往不同，要确定发出存货的价值，就需要选择和确定一定的计算方法，只有正确计算和确定发出的存货价值，才能准确地计算开发成本和销售成本。我国存货的计价方法包括用实际成本计价的方法和用计划成本计价的方法。

(1) 用实际成本计价的方法 按实际成本进行存货收发核算时需要采用某种存货成本流转假设，选择合理的方法，确定发出存货和结存存货的实际成本。这些方法有先进先出法、月末一次加权平均法、移动加权平均法和个别计价法。

1) 先进先出法。先进先出法是假定先收到的存货先发出，并根据这一假定的成本流转程序，对发出存货和期末存货进行计价的方法。采用这种方法，收入存货时要逐笔登记购进的存货的数量、单价和金额；发出存货时先购入的存货成本在后购入的存货成本之前转出，并逐笔登记存货发出和结存金额。

【例2-17】 甲房地产开发公司 W 存货的期初结存和本期购入情况如下：

6月1日	期初结存	150件	单价60元/件	计9 000元
6月8日	发出	70件		
6月15日	购进	100件	单价62元/件	计6 200元
6月20日	发出	50件		
6月24日	发出	90件		
6月28日	购进	200件	单价68元/件	计13 600元
6月30日	发出	60件		

根据上述实例，采用先进先出法计算本期发出存货成本和期末结存存货成本如下：

本期发出存货成本 = 70×60 + 50×60 + 30×60 + 60×62 + 40×62 + 20×68
              = 16 560（元）

期末结存存货成本 = 180×68 = 12 240（元）

或   = 9 000 + 6 200 + 13 600 - 16 560 = 12 240（元）

存货采用先进先出法计价，W 存货明细账的登记结果，如表2-7所示。

表 2-7　W 存货明细账

品名：W 存货

2017年		摘要	收入			发出			结存		
月	日		数量（件）	单价（元）	金额（元）	数量（件）	单价（元）	金额（元）	数量（件）	单价（元）	金额（元）
6	1	期初结存							150	60	9 000
	8	发出				70	60	4 200	80	60	4 800
	15	购进	100	62	6 200				80 100	60 62	11 000
	20	发出				50	60	3 000	30 100	60 62	8 000
	24	发出				30 60	60 62	1 800 3 720	40	62	2 480
	28	购进	200	68	13 600				40 200	62 68	16 080
	30	发出				40 20	62 68	2 480 1 360	180	68	12 240
		本期发出成本				270		16 560			

2）月末一次加权平均法。月末一次加权平均法是指以本月全部进货数量与月初存货结存数量作为权数，去除本月全部进货成本加上月初存货成本，计算出存货的加权平均单位成本，从而确定存货的发出成本和库存成本的方法。其计算公式为

存货单位成本＝（月初存货的实际成本＋本月各批进货的实际单位成本×各批进货的数量）÷（月初存货数量＋本月各批进货数量之和）

本月发出存货的成本＝本月发出存货的数量×存货单位成本

本月月末存货的成本＝月末存货的数量×存货单位成本

采用这种方法，平时工作量较少，只在月末计算一次加权平均单位成本，比较简单；且单位成本平均化，对存货成本的分摊较为折中。但是，这种方法平时无法从账上提供发出和结存存货的单价及金额，因而不利于加强对存货的管理。

【例 2-18】沿用例 2-17 的资料，采用月末一次加权平均法，计算甲房地产开发公司本期发出存货成本和期末结存存货成本如下：

加权平均单价＝（9 000＋6 200＋13 600）/（150＋100＋200）＝64（元/件）

本期发出存货成本＝（70＋140＋60）×64＝17 280（元）

期末结存存货成本＝180×64＝11 520（元）

或　　　　　　　＝9 000＋6 200＋13 600－17 280＝11 520（元）

存货采用一次加权平均法计价，W 存货明细账的登记结果，如表 2-8 所示。

表 2-8　W 存货明细账

品名：W 存货

2017 年		摘要	收入			发出			结存		
月	日		数量（件）	单价（元）	金额（元）	数量（件）	单价（元）	金额（元）	数量（件）	单价（元）	金额（元）
6	1	期初结存							150	60	9 000
	8	发出				70			80		
	15	购进	100	62	6 200				180		
	20	发出				50			130		
	24	发出				90			40		
	28	购进	200	68	13 600				240		
	30	发出				60			180	64	11 520
		本期发出成本				270	64	17 280			

3）移动加权平均法。移动加权平均法与月末一次加权平均法，都是通过计算加权平均单价确定发出存货和结存存货成本的方法。不同的是，在移动加权平均法下，企业每购进一批存货，就根据账面原有存货的数量、成本与本批购进存货的数量、成本计算一次加权平均单价，用于其后发出存货的单价。其计算公式为

新加权平均单位成本 =（新进存货成本 + 原结存存货成本）÷（新进存货数量 + 原结存存货数量）

采用这种方法，便于企业及时了解存货的结存情况，且计算的平均单位成本以及发出和结存的存货成本比较客观。但采用这种方法，每次进货都要重新计算加权平均单位成本，工作量较大。

【例 2-19】沿用例 2-17 的资料，采用移动加权平均法，计算甲房地产开发公司本期发出存货成本和期末结存存货成本如下：

第一批存货购入后的平均单价为

移动加权平均单价 =（4 800 + 6 200）/（80 + 100）= 61.11（元/件）

第二批存货购入后的平均单价为

移动加权平均单价 =（2 444 + 13 600）/（40 + 200）= 66.85（元/件）

本期发出存货成本 = 70 × 60 + 50 × 61.11 + 90 × 61.11 + 60 × 66.85 = 16 767（元）

期末结存存货成本 = 180 × 66.85 = 12 033（元）

或　　　　　　　= 9 000 + 6 200 + 13 600 - 16 767 = 12 033（元）

存货采用移动加权平均法计价，W 存货明细账的登记结果，如表 2-9 所示。

表 2-9　W 存货明细账

品名：W 存货

2017 年		摘要	收入			发出			结存		
月	日		数量（件）	单价（元）	金额（元）	数量（件）	单价（元）	金额（元）	数量（件）	单价（元）	金额（元）
6	1	期初结存							150	60	9 000

（续）

2017年		摘 要	收入			发出			结存		
月	日		数量（件）	单价（元）	金额（元）	数量（件）	单价（元）	金额（元）	数量（件）	单价（元）	金额（元）
	8	发出				70	60	4 200	80	60	4 800
	15	购进	100	62	6 200				180	61.11	11 000
	20	发出				50	61.11	3 056	130	61.11	7 944
	24	发出				90	61.11	5 500	40	61.11	2 444
	28	购进	200	68	13 600				240	66.85	16 044
	30	发出				60	66.85	4 011	180	66.85	12 033
		本期发出成本				270		16 767			

4）个别计价法。个别计价法是指发出的存货要根据该存货购入时的实际单位成本作为计价依据。采用这种方法，一般必须具备两个条件：一是存货项目必须是可以辨别认定的；二是必须要有详细的记录据以了解每一存货或每批存货项目的具体情况。

采用这种方法，得出的发出存货成本和期末存货成本比较合理、准确。但分别记录各批存货的单价和数量，实务操作的工作量较大且困难，进货批次较多时不宜使用。

【例2-20】沿用例2-17的资料，若通过辨认确定甲房地产开发公司各批发出存货的购进批别为：6月8日发出的70件存货系期初结存的存货；6月20日发出的50件存货系6月15日的进货；6月24日发出的90件存货中有60件系期初结存的存货，有30件系6月15日的进货；6月30日发出的60件存货中有5件系期初结存的存货，有10件系6月15日的进货，有45件系6月28日的进货。

按个别计价法计算本期发出存货成本和期末结存存货成本如下：

本期发出存货成本 = 70×60 + 50×62 + 60×60 + 30×62 + 5×60 + 10×62 + 45×68 = 16 740（元）

期末结存存货成本 = 15×60 + 10×62 + 155×68 = 12 060（元）

或　　　　　　　　= 9 000 + 6 200 + 13 600 - 16 740 = 12 060（元）

存货采用个别计价法，W存货明细账的登记结果，如表2-10所示。

表2-10　W存货明细账

品名：W存货

2017年		摘 要	收入			发出			结存		
月	日		数量（件）	单价（元）	金额（元）	数量（件）	单价（元）	金额（元）	数量（件）	单价（元）	金额（元）
6	1	期初结存							150	60	9 000
	8	发出				70	60	4 200	80	60	4 800
	15	购进	100	62	6 200				80 100	60 62	11 000

（续）

2017年		摘要	收入			发出			结存		
月	日		数量（件）	单价（元）	金额（元）	数量（件）	单价（元）	金额（元）	数量（件）	单价（元）	金额（元）
	20	发出				50	62	3 100	80 50	60 62	7 900
	24	发出				60 30	60 62	3 600 1 860	20 20	60 62	2 440
	28	购进	200	68	13 600				20 20 200	60 62 68	16 040
	30	发出				5 10 45	60 62 68	300 620 3 060	15 10 155	60 62 68	12 060
		本期发出成本				270		16 740			

房地产开发企业可以根据不同情况，选择上述几种方法确定各种存货发出时的实际成本。但是，计价方法一经确定，不得随意变更。

（2）用计划成本计价的方法 计划成本法是指企业存货的收入、发出和结存均按预先制定的计划成本计价，同时另设"材料成本差异"账户，分类登记实际成本与计划成本的差额。待月份终了，再将本月发出存货应负担的成本差异进行分摊，随同本月发出存货的计划成本记入有关账户，从而将发出存货的计划成本调整为实际成本。

采用计划成本法应对发出的材料按计划成本计价，但在月末，需要通过结转"材料成本差异"账户，按发出材料的计划成本分摊其应负担的材料成本差异，从而将发出存货和期末存货的成本调整为实际成本。发出材料应负担的成本差异应当按月分摊，不得在季末或年末一次计算。发出材料应负担的成本差异，除委托外部加工发出材料可按月初成本差异率计算外，都应使用当月的实际差异率；月初成本差异率与本月成本差异率相差不大的，也可按月初成本差异率计算。计算方法一经确定，不得随意变更。材料成本差异率的计算公式如下：

本月材料成本差异率=（月初结存材料的成本差异+本月收入材料的成本差异）÷（月初结存材料的计划成本+本月收入材料的计划成本）×100%

月初材料成本差异率=月初结存材料的成本差异÷月初结存材料的计划成本×100%

发出材料应负担的成本差异=发出材料的计划成本×材料成本差异率

【例2-21】 某房地产开发公司7月份钢材月初结存节约差为800元，月初结存的计划成本为50 000元；本月收入钢材超支差8 000元，本月收入钢材的计划成本为550 000元。本月发出钢材的计划成本为450 000元；关于本月发出钢材应负担的材料成本差异额的计算过程如下：

本月原材料成本差异率=（-800+8 000）÷（50 000+550 000）×100%=1.2%

本月发出材料应负担的材料成本差异额=450 000×1.2%=5 400（元）

2.3.2 库存材料

房地产企业为开发建造活动所取得的原材料,其采购收发的核算可以按实际成本计价,也可以按计划成本计价。

1. 材料按实际成本计价的核算

实际成本法下,从存货收发凭证到明细分类账全部按照实际成本计价。实际成本法一般适用于规模较小、存货品种简单、采购业务不多的企业。

(1) 材料取得的核算 在实际成本法下,取得原材料通过"原材料"和"在途物资"账户进行核算。"原材料"账户核算库存的各种材料,包括原料及主要材料、辅助材料、外购半成品(外购件)、修理用备件(备品备件)、包装材料、燃料等的实际成本。"在途物资"账户核算的是企业采用实际成本(或进价)进行材料等物资日常核算,货款已付尚未验收入库的购入材料等物资的采购成本。

1) 购入材料的核算。材料的采购业务,首先由工程管理部门提出需要量,由采购部门与供应单位签订供销合同保证及时到货。然后,经仓库部门根据供应单位的发票、提货单、银行的结算凭证和运费账单等,办理材料验收入库和货款结算两方面的手续。会计部门根据验收入库单和供应单位寄来的发票账单进行结算和记账。

① 发票账单与材料同时达到。在企业货款已付或开出、承兑商业汇票,材料已验收入库后,应根据发票账单等结算凭证确认的材料成本,借记"原材料"账户,根据取得的增值税专用发票上注明的可抵扣税额,借记"应交税费——应交增值税(进项税额)"账户(一般纳税人,下同),按照实际支付的款项或应付票据面值,贷记"银行存款"或"应付票据"等账户;小规模纳税人等不能抵扣增值税的,购入材料按应支付的金额,借记"原材料"账户,贷记"银行存款"或"应付票据"等账户。

【例 2-22】甲房地产开发公司为一般纳税人,采购防水材料一批,取得增值税专用发票上注明的材料价款为 300 000 元,增值税税额为 51 000 元。发票等结算凭证已经收到,货款已通过银行转账支付,应编制以下会计分录:

```
借:原材料                                    300 000
    应交税费——应交增值税(进项税额)           51 000
  贷:银行存款                                 351 000
```

② 货款已付而材料未到。在企业已经付款或已经开出、承兑商业汇票,但材料尚未运达或尚未验收入库时,应根据发票账单等结算凭证确认的材料成本和增值税专用发票上注明的可抵扣税额,借记"在途物资""应交税费——应交增值税(进项税额)"账户,贷记"银行存款"或"应付票据"等账户。小规模纳税人等不能抵扣增值税的,购入材料按应支付的金额,借记"在途物资"账户,贷记"银行存款"或"应付票据"等账户。待材料到达并验收入库后,再根据收料单,借记"原材料"账户,贷记"在途物资"账户。

【例 2-23】沿用例 2-22 资料,假设在该次采购中,购入材料的发票账单已经收到,货款已支付,但材料尚未运到。甲房地产开发公司应于收到发票账单时,编制以下会计分录:

借：在途物资	300 000
应交税费——应交增值税（进项税额）	51 000
贷：银行存款	351 000
上述材料到达并验收入库时，再编制以下会计分录：	
借：原材料	300 000
贷：在途物资	300 000

③ 材料已到而货款未付。在材料已到达并已验收入库，但发票账单等结算凭证未到，款项尚未支付的情况下，企业应于月末，按材料的暂估价值，借记"原材料"账户，贷记"应付账款——暂估应付账款"账户。下月月初用红字做同样的记账凭证予以冲回。待下月付款或开出商业汇票后，按正常程序重新入账，借记"原材料"账户，借记"应交税费——应交增值税（进项税额）"账户，贷记"银行存款"或"应付票据"等账户；不能抵扣增值税的，购入材料按支付的金额，借记"原材料"账户。贷记"银行存款"或"应付票据"等账户。

【例2-24】仍沿用例2-22中的基本资料，假设甲房地产开发公司该次购买的材料已经运到，并验收入库，但发票账单等结算凭证尚未收到，货款尚未支付。甲房地产开发公司在材料入库的当月月末，应估价入账，假设暂估价为280 000元。编制以下会计分录：

借：原材料	280 000
贷：应付账款——暂估应付账款	280 000
下月月初用红字冲销以上会计分录：	
借：原材料	280 000
贷：应付账款——暂估应付账款	280 000
收到有关结算凭证，并支付货款：	
借：原材料	300 000
应交税费——应交增值税（进项税额）	51 000
贷：银行存款	351 000

2）自制并已验收入库的原材料的核算。自制并已验收入库的原材料，按实际成本，借记"原材料"账户，贷记"生产成本"或"开发成本"等账户。委托外单位加工完成并已验收入库的原材料，按计划成本或实际成本，借记"原材料"账户，按实际成本，贷记"委托加工物资"账户。

（2）材料发出的核算　企业各项目在领用材料时，要填制"领料单"，经单位主管批准后向仓库领用。对于开发商品房领用材料，按实际成本，借记"开发成本""开发间接费用""销售费用""管理费用"等账户，贷记"原材料"账户。对于发出委托外单位加工的原材料，借记"委托加工物资"账户，贷记"原材料"账户。对于基建工程等部门领用材料，按实际成本加上不予抵扣的增值税税额等，借记"在建工程"等账户，按实际成本，贷记"原材料"账户，按不予抵扣的增值税税额，贷记"应交税费——应交增值税（进项税额转出）"账户。

2. 材料按计划成本计价的核算

(1) 材料取得的核算

1) 购入材料的核算。材料采购的核算，就是开发企业储备供应过程的核算。为了考核材料采购业务的成果，通过设置"材料采购"和"材料成本差异"两个账户，可以确定各类材料的实际成本和计划价格成本的差异。

"材料采购"账户反映企业采用计划成本进行材料日常核算而购入材料的采购成本，并应按照供应单位和物资品种进行明细核算。"材料成本差异"账户用以核算企业材料实际成本与计划价格成本的差异。企业根据具体情况，可以单独设置本账户，也可以在"原材料"账户设置"成本差异"明细账户进行核算。账户的借方登记入库材料实际成本大于计划价格成本的超支额；贷方登记入库材料实际成本小于计划价格成本的节约额。

计划成本法下，企业购入原材料也会发生以下几种情况：

① 发票账单与材料同时到达。对于发票账单和材料同时到达的采购业务，企业支付材料价款和运杂费等时，按应计入材料采购成本的金额，借记"材料采购"账户，按可抵扣的增值税税额，借记"应交税费——应交增值税（进项税额）"账户，按实际支付或应付的款项，贷记"银行存款""库存现金""其他货币资金""应付账款""应付票据"等账户。材料验收入库时，根据收料单，按计划成本（计划单位成本×实际入库数量）借记"原材料"账户，按实际成本贷记"材料采购"账户，实际成本大于计划成本的差异，借记"材料成本差异"账户，实际成本小于计划成本的差异，贷记"材料成本差异"账户。

【例2-25】甲房地产开发公司为一般纳税人，采购水泥一批，取得的增值税专用发票上注明的材料价款为20 000元，增值税税额为3 400元，发票等结算凭证已经收到，货款已通过银行转账支付，材料验收入库。该批水泥的计划成本为21 000元。应编制以下会计分录：

　　借：材料采购　　　　　　　　　　　　　　　　　　　　　　20 000
　　　　应交税费——应交增值税（进项税额）　　　　　　　　　　3 400
　　　贷：银行存款　　　　　　　　　　　　　　　　　　　　　　　23 400
　　借：原材料　　　　　　　　　　　　　　　　　　　　　　　21 000
　　　贷：材料采购　　　　　　　　　　　　　　　　　　　　　　　21 000
　　借：材料采购　　　　　　　　　　　　　　　　　　　　　　 1 000
　　　贷：材料成本差异　　　　　　　　　　　　　　　　　　　　　 1 000

② 材料已到而货款未付。对于材料已验收入库但发票账单未到，货款未付的采购业务，为了简化核算手续，平时收料暂不做账务处理，待付款时再按"发票账单与材料同时达到"的业务做付款、收料和结转差异的会计分录；月末仍未付款的材料，才按计划成本暂估入账，借记"原材料"账户，贷记"应付账款——暂估应付账款"账户，并于下月月初用红字冲销；下月付款时，再按"发票账单与材料同时到达"的业务进行账务处理。

【例2-26】甲房地产开发公司采购黄沙一批，材料已经运到并验收入库，但发票账单等尚未取得，货款尚未支付，该批材料的计划成本为30 000元。甲房地产开发公司应于月末按计划成本估价入账，会计分录如下：

借：原材料	30 000
贷：应付账款——暂估应付账款	30 000

下月月初用红字将以上分录冲销：

借：原材料	30 000
贷：应付账款——暂估应付账款	30 000

下月收到有关结算凭证，增值税专用发票上注明的材料价款为 27 000 元，增值税税额为 5 100 元，货款已通过银行转账支付。应编制以下会计分录：

借：材料采购	27 000
应交税费——应交增值税（进项税额）	5 100
贷：银行存款	32 100
借：原材料	30 000
贷：材料采购	30 000
借：材料采购	3 000
贷：材料成本差异	3 000

③ 货款已付而材料未到。对于货款已付而材料尚在途中的采购业务，付款时应根据结算凭证确定的材料实际成本借记"材料采购"账户，按可抵扣的增值税税额，借记"应交税费——应交增值税（进项税额）"账户，按实际支付或应付的款项，贷记"银行存款""库存现金""其他货币资金""应付账款""应付票据"等账户。待材料验收入库后，再编制按计划成本入库和结转入库材料成本差异的会计分录（其方法与"发票账单与材料同时到达"相同）。

2）自制并已验收入库的原材料的核算。自制并已验收入库的原材料，按计划成本，借记"原材料"账户，按实际成本贷记"开发成本"等账户，按计划成本与实际成本的差异，借记或贷记"材料成本差异"账户。

委托外单位加工完成并已验收入库的原材料，按计划成本，借记"原材料"账户，按实际成本贷记"委托加工物资"账户，按计划成本与实际成本的差异，借记或贷记"材料成本差异"账户。

（2）材料发出的核算　开发商品房过程中领用材料，按计划成本，借记"开发成本""开发间接费用""销售费用""管理费用"等账户，贷记"原材料"账户。发出委托外单位加工的原材料，借记"委托加工物资"账户，贷记"原材料"账户。基建工程等部门领用材料，按计划成本加上不予抵扣的增值税税额等，借记"在建工程"等账户，按实际成本，贷记"原材料"账户，按不予抵扣的增值税税额，贷记"应交税费——应交增值税（进项税额转出）"账户。

月末，采用计划成本法的企业还应按照发出各种材料的计划成本，结转发出材料应负担的材料成本差异，按实际成本大于计划成本的差异借记"开发成本""管理费用""销售费用""委托加工物资""其他业务成本"等账户，贷记"材料成本差异"账户；按实际成本小于计划成本的差异，编制相反的会计分录。

【例2-27】 甲房地产开发公司材料存货采用计划成本记账，2018年1月份"原材料"账户某类材料的期初余额为200 000元，"材料成本差异"账户期初借方余额为10 000元，本月入库材料计划成本800 000元，成本差异为节约25 000元，本月份开发建设项目领用材料600 000元，行政管理部门领用材料50 000元。

根据上述资料应编制会计分录如下：
借：开发成本   600 000
　　管理费用   50 000
　　贷：原材料   650 000

经计算，本月材料成本差异率为-1.5%[(10 000-25 000)/(200 000+800 000)]，分配材料成本差异时，应编制会计分录如下：
借：材料成本差异——原材料   9 750
　　贷：管理费用   750
　　　　开发成本   9 000

2.3.3 库存设备

设备类存货是房地产开发企业的特殊存货。企业购入的用于房地产开发经营的各种库存设备，如电梯设备、取暖设备、通风设备，其性质类似于库存材料，均只能在一次开发过程中使用，并在开发过程中大都变更或消失其原有物质形态，或将其本身的物质加到开发产品的物质上去，成为开发产品的有机组成部分。由于房地产开发企业的设备和原材料在用途上相似，在会计上都作为存货核算，按照流动资产类别进行管理。

用于开发工程的设备一般都是通过外购取得的，库存设备的发出主要是交付安装，也有少量不需用或多余的设备对外销售。企业需设置"库存设备"账户核算库存设备的实际成本。

类似于库存材料的日常核算，企业的库存设备可以采用实际成本或计划成本核算。如果设备采用计划成本进行日常核算，则应设置"材料采购——设备""库存设备"以及"材料成本差异"账户。

【例2-28】 A房地产开发有限公司发生以下业务（暂不考虑增值税）：

（1）采购安全监控设备一套，采购成本为180 000元，货款已付，设备尚未到达。该公司应编制如下会计分录：
借：在途物资——安全监控设备   180 000
　　贷：银行存款   180 000

（2）上项安全监控设备已到达并办完验收入库手续。该公司应编制如下会计分录：
借：库存设备——安全监控设备   180 000
　　贷：在途物资——安全监控设备   180 000

（3）公司购入电照设备一台，采购成本45 000元，货款已付，设备已验收入库。该公司应编制如下会计分录：
借：库存设备——电照设备   45 000
　　贷：银行存款   45 000

(4) 公司领用电照设备进行安装，直接用于房屋开发项目，设备实际成本 45 000 元。

该公司应编制如下会计分录：

借：开发成本——房屋开发成本　　　　　　　　　　　　　　　　45 000
　　贷：库存设备——电照设备　　　　　　　　　　　　　　　　　　45 000

2.3.4 周转材料

1. 房地产开发企业的周转材料

企业会计准则规范的周转材料包括包装物、低值易耗品和建造承包商的钢模板、木模板、脚手架等。包装物是指为了包装本企业商品而储备的各种包装容器，房地产企业不存在包装物；低值易耗品是指达不到固定资产标准，不能作为固定资产核算的各种用具、物品，如工具、管理用具、劳动保护用品等；建造承包商的周转材料是指房地产企业在自营开发建造过程中周转使用的模板、挡土板，未达到固定资产标准的脚手架、安全网等。

低值易耗品可多次周转使用而不改变实物形态，其价值逐渐转移到有关的成本费用中，因其价值较低、更换频繁，可视同存货进行管理和核算。房地产企业的低值易耗品摊销费，应计入开发成本、开发间接费用或者当期损益。

房地产企业的其他周转材料在自营施工的开发建设过程中反复地使用，在一定程度上保持原有的实物形态，其价值相应地逐渐转移到工程成本中去。

2. 周转材料摊销的核算

房地产企业周转材料的摊销主要有以下几种方法：

（1）一次摊销法　一次摊销法是指在领用周转材料时，将其价值一次全部计入有关的成本费用。这种方法适用于价值较低或易于损坏的周转材料。领用时，借记"管理费用""销售费用""开发成本""开发间接费用"等账户，贷记"周转材料"账户。

【例 2-29】　A 房地产开发有限公司发生下列业务：

（1）开发现场管理机构领用低值易耗品一批，成本 2 300 元，企业管理部领用低值易耗品一批，成本 1 100 元，采用一次摊销法进行摊销。做如下会计分录：

借：开发间接费用　　　　　　　　　　　　　　　　　　　　　　2 300
　　管理费用　　　　　　　　　　　　　　　　　　　　　　　　　1 100
　　贷：周转材料——低值易耗品　　　　　　　　　　　　　　　　3 400

（2）本月企业管理部门报废低值易耗品一批，收回残料 150 元；开发现场报废低值易耗品一批，收回残料 250 元；残料均已入库。做如下会计分录：

借：原材料　　　　　　　　　　　　　　　　　　　　　　　　　　400
　　贷：管理费用　　　　　　　　　　　　　　　　　　　　　　　　150
　　　　开发间接费用　　　　　　　　　　　　　　　　　　　　　　250

（2）五五摊销法　五五摊销法是指在领用周转材料时，将其价值的 50% 摊入有关成本费用，在报废时，再将余下的 50% 扣除收回的残料价值后摊入有关成本费用。这种方法适用于价值相对略高、使用期限相对略长的周转材料，也适用于每期领用数量和报废数量大致相当的各种物品。

在这种方法下，领用周转材料时，借记"周转材料——在用周转材料"账户，贷记

"周转材料——在库周转材料"账户，同时摊销价值的一半，借记有关成本费用账户，贷记"周转材料——周转材料摊销"账户；报废时，应将收回的残料借记"原材料"账户，再将价值的另一半减去残料后的差额借记有关成本费用账户，将价值的另一半贷记"周转材料——周转材料摊销"账户，最后，将报废的在用周转材料价值转销，借记"周转材料——周转材料摊销"账户，贷记"周转材料——在用周转材料"账户。

> 【例2-30】 A房地产开发有限公司开发现场管理机构领用办公用具一批，价值3 000元，采用五五摊销法摊销。
> （1）领用时，将在库低值易耗品转为在用。
> 借：周转材料——低值易耗品——在用低值易耗品   3 000
>   贷：周转材料——低值易耗品——在库低值易耗品   3 000
> 领用的同时，通过"低值易耗品摊销"明细账摊销其价值的50%。
> 借：开发间接费用   1 500
>   贷：周转材料——低值易耗品——低值易耗品摊销   1 500
> （2）一定时期后该批低值易耗品已报废，收回残料价值200元。
> 残料入库时：
> 借：原材料   200
>   贷：周转材料——低值易耗品——在用低值易耗品   200
> 同时，将原低值易耗品价值的50%扣除残料价值后，进行摊销。
> 3 000×50% - 200 = 1 300（元）
> 借：开发间接费用   1 300
>   贷：周转材料——低值易耗品——低值易耗品摊销   1 300
> （3）将"低值易耗品摊销"与"在用低值易耗品"两个明细账户进行对冲。
> 借：周转材料——低值易耗品——低值易耗品摊销   2 800
>   贷：周转材料——低值易耗品——在用低值易耗品   2 800

在实务操作中，房地产开发企业的周转材料主要是低值易耗品，也可以不设"周转材料"账户，而直接将"低值易耗品"设为一级账户，这样可以减少账户层次。

（3）分次摊销法 分次摊销法是指按估计使用次数，将领用的周转材料的价值分次摊入有关成本费用。这种方法适用于价值相对略高、使用期限相对略长、可以合理估计使用次数和确定各期实际使用次数的模板、脚手架等。

某期摊销额的计算公式如下：

某期摊销额 = 领用周转材料的实际成本 ÷ 预计使用次数 × 该期实际使用次数

2.3.5 委托加工物资

以自营方式施工的房地产企业，有时还需要委托外单位加工材料和设备，如加工门窗、结构件、供水设备等。为此，企业应先向受托单位发出材料物资，待加工完成办理价款结算时，应支付加工费，此外还需支付往返运杂费，并通过"委托加工物资"账户核算委托加工物资的实际成本。如果材料采用计划成本法核算，还应结转发出材料应负担的材料成本差异，并确定收回的委托加工物资所形成的材料成本差异。

【例2-31】 A房地产企业委托B公司加工结构件，发出钢筋、水泥等原材料的计划成本100 000元，用银行存款支付往返运费1 110元、支付运费增值税110元、支付加工费20 000元、支付增值税3 400元，当月加工完成验收入库，月初材料成本差异率－1%，验收入库结构件的计划成本为117 500元。

```
借：委托加工物资                              99 000
    贷：原材料                               100 000
        材料成本差异                           1 000
借：委托加工物资                              21 110
    应交税费——应交增值税（进项税额）            3 510
    贷：银行存款                              24 620
借：原材料                                   117 500
    贷：委托加工物资                          117 500
借：材料成本差异                               2 610
    贷：委托加工物资                            2 610
```

2.3.6 开发产品

1. 开发产品概述

（1）开发产品的内容　开发产品是指房地产开发企业已经完成全部开发过程，并已验收合格，合乎设计标准，可以按照合同规定的条件移交购货单位或者可以作为商品对外销售的产品，包括已开发完成的土地、房屋、配套设施和代建工程等。

（2）开发产品的分类　开发产品按用途的不同可分为以下几类：

1）土地。土地是指房地产开发企业为出租或有偿转让而开发的商品性建设场地。企业为建设商品房、出租房、周转房而开发的自用建设场地属于企业的中间产品，不能列入开发产品。但如果企业开发完工的自用建设场地近期不使用，则可以暂时视同最终产品。

2）房屋。房屋包括为销售而开发建设的商品房、为出租而开发建设的出租房、为安置被拆迁居民周转使用而开发建设的周转房和受其他单位委托代为开发的房屋。

3）配套设施。配套设施是指属于城市建设规划中的大型配套设施，具体包括以下几项：

① 开发项目外为居民服务的给排水、供电、供暖、供气的增容及交通道路。

② 开发项目内的营业性公共配套设施，如银行、商店、邮局等。

③ 开发项目内的非营业性公共配套设施，如中小学、医院、文化站等。

④ 代建工程，即企业接受其他单位委托，代为开发建设的各种工程，包括建设场地、房屋及其他工程等。

（3）特殊开发产品的核算　对于一些特殊的开发产品，企业应单独设置账户进行核算，这些特殊的开发户品包括：

1）分期收款开发产品。分期收款开发产品是指企业以分期收款方式销售的在全部款项收回之前其全部或部分产权仍归属企业的开发产品。

2）出租开发产品。出租开发产品是指房地产开发企业利用开发完成的土地和房屋，进行商业性出租的开发产品。其特点是以营利为目的,以收取租金作为经营获利的手段。

3)周转房。周转房是指房地产开发企业用于安置拆迁居民周转使用、产权归本企业所有的各种房屋。具体包括:①在开发建设过程中已明确其为安置被拆迁居民周转使用的房屋;②企业开发完成的商品房,在尚未销售以前用于安置被拆迁居民周转使用的房屋;③企业搭建的用于安置被拆迁居民周转使用的临时性简易房屋。

房地产企业应设置"周转房"账户,用来核算企业安置拆迁居民周转使用的房屋实际成本。本账户下设置"在用周转房"和"周转房摊销"两个明细账户。前者登记周转房原价的增减变动情况,后者登记周转房计提和转销的摊销额。"在用周转房"明细账户借方余额减去"周转房摊销"明细账户贷方余额,即为周转房的摊余价值。

2. 开发产品的会计处理

为核算企业已完成产品的实际成本,企业应设置"开发产品"账户,该账户借方登记竣工验收开发产品的实际成本,贷方反映结转对外转让、销售和结算的开发产品的实际成本。借方余额反映尚未转让、销售和结算的开发产品的实际成本。本账户应按土地、房屋、配套设施和代建工程等设置明细账户,并在明细账户下按成本核算对象设置账页进行核算。

【例2-32】甲房地产开发公司开发建设的高科家园小区,本月有关业务如下:

(1)小区2号楼已竣工,验收合格,实际总成本3 000万元。应做账务处理如下:

借:开发产品——2号楼　　　　　　　　　　　　　　　　30 000 000
　　贷:开发成本——房屋开发成本——2号楼　　　　　　　　30 000 000

(2)企业开发的高科家园小区配套工程换热站已竣工验收,实际成本为380万元。应做账务处理如下:

借:开发产品——配套设施——换热站　　　　　　　　　　3 800 000
　　贷:开发成本——配套设施开发成本——换热站　　　　　　3 800 000

(3)高科家园小区1号楼销售完毕,共取得销售收入720万元,结转销售成本540万元。应做如下账务处理:

借:库存现金　　　　　　　　　　　　　　　　　　　　　7 200 000
　　贷:主营业务收入　　　　　　　　　　　　　　　　　　7 200 000
借:主营业务成本——商品房销售成本　　　　　　　　　　5 400 000
　　贷:开发产品——1号楼　　　　　　　　　　　　　　　5 400 000

(4)将开发的配套设施商店,作为从事第三产业的经营用房投入使用,实际成本260万元。应做如下账务处理:

借:固定资产——商店　　　　　　　　　　　　　　　　　2 600 000
　　贷:开发产品——配套设施开发成本——商店　　　　　　2 600 000

2.3.7 期末存货的计量

1. 存货的盘存与清查

为了在会计期末编制的资产负债表上客观地反映企业期末存货的实际价值,必须对各项存货进行清查,通过调整账簿记录做到账实相符。此外,如果有确凿证据表明存货已经减值,则确认存货跌价损失,计提存货跌价准备。

（1）存货的盘存制度　通常，企业存货的数量要通过实地盘存制和永续盘存制来确定。

1）实地盘存制。实地盘存制是指会计期末通过对全部存货进行实地盘点，以确定期末存货数量的方法。在实地盘存制下，平时只记存货的收入数量，不记发出数量，只有通过每一期末的实地盘点确定的期末存货数量才能确定本期所发出存货的数量。因此，这一方法通常又称为"以存计耗"。

采用这一方法，平时只记录有关存货取得的业务，不记发出，因而简化会计核算是其最大的优点。但实地盘存制不能随时反映存货的收入、发出、结存的变化情况，不便于存货的动态管理。

2）永续盘存制。永续盘存制也称账面盘存制，是指通过对存货项目设置明细账，对存货的收入、发出进行逐笔或逐日登记，并随时结存账面金额的方法。这一方法完整地在账簿上反映了存货的收入、发出和结存的情况，无须通过期末的实物盘点确定当期发出存货和期末结存存货数量。永续盘存制能随时反映企业各类存货的收发和结存状态，有利于加强存货库存管理和销售管理。

房地产企业期末存货数量绝大多数是采用永续盘存制，极少数的大堆存放材料采用实地盘存制。对于采用实地盘存制的砖、瓦、灰、砂、石等大堆材料，其期末存货的数量和金额是通过实地盘点确定的，因此，不存在账实不符的调账问题。

（2）存货盘盈、盘亏的核算　盘点存货时，必须确定存货盘点的范围，成立存货清查领导小组，按照一定程序进行盘点，并应当编制"存货盘存报告单"，作为存货清查的原始凭证。通过核对存货的盘存记录与存货的账面记录，应对账实不符的情况及时做出记录，对于账面存货小于实际存货的盘盈、账面存货大于实际存货的盘亏要记入"待处理财产损溢"账户，经清查领导小组审查提出处理意见并按规定报有关部门审批后进行处理。

1）存货盘盈的会计处理。企业发生盘盈的存货，经查明是由于收发计量或核算上的误差等原因造成的，应及时办理存货入账手续，调整增加存货的实存数量，并应按同类或类似存货的市场价格作为实际成本，借记"原材料""库存设备"等存货账户，贷记"待处理财产损溢——待处理流动资产损溢"账户。按规定程序经有关部门批准后，转销"待处理财产损溢——待处理流动资产损溢"账户，冲减"管理费用"账户。

2）存货盘亏和毁损的会计处理。企业在存货清查过程中发现盘亏或毁损时，应根据"存货盘存报告单"，及时编制"存货盘点报告表"，办理存货的销账手续，减少存货的账存数量。按盘亏、毁损存货的实际成本，借记"待处理财产损溢——待处理流动资产损溢"账户，贷记"原材料""库存设备"等相关存货账户。

【例2-33】　A房地产开发公司在存货清查中发现盘盈甲种材料400kg，市场价格为60元/kg，经查明盘盈的材料属于材料收发计量上的错误，应做如下会计处理：

（1）批准处理前：

借：原材料——甲种材料　　　　　　　　　　　　　　　　　24 000

　　贷：待处理财产损溢——待处理流动资产损溢　　　　　　　　　24 000

（2）按规定报经批准后：

借：待处理财产损溢——待处理流动资产损溢　　　　　　　　24 000

　　贷：管理费用　　　　　　　　　　　　　　　　　　　　　　24 000

【例 2-34】 A 房地产开发公司在存货清查中发现盘亏乙种材料 50kg，实际成本为 40 元/kg，经核查属于材料保管员的过失造成，按规定由个人赔偿 1 000 元，残料价值 600 元已经办理入库手续，应做如下会计处理：

（1）批准处理前：

借：待处理财产损溢——待处理流动资产损溢　　　　　　　　　　　2 000
　　贷：原材料——乙种材料　　　　　　　　　　　　　　　　　　　2 000

（2）批准处理后：

借：原材料　　　　　　　　　　　　　　　　　　　　　　　　　　600
　　其他应收款——××　　　　　　　　　　　　　　　　　　　　1 000
　　管理费用　　　　　　　　　　　　　　　　　　　　　　　　　400
　　贷：待处理财产损溢——待处理流动资产损溢　　　　　　　　　2 000

2. 期末存货的计量

根据企业会计准则的规定，在资产负债表日，存货应当按照成本与可变现净值孰低计量。即当可变现净值低于成本时，应按可变现净值计价，按其差额计提存货跌价准备；当成本低于可变现净值时，存货按成本计价，但原已计提存货跌价准备的，应在已计提存货跌价准备金额的范围内转回。

（1）不同情况下存货可变现净值的确定

1）开发产品和用于出售的材料等直接用于出售的存货，在正常生产和开发经营过程中，应当以该存货的估计售价减去估计的销售费用和相关税费后的金额确定其可变现净值。

2）用于生产的材料、在建开发产品或自制半成品等需要经过加工的存货，在正常生产和开发经营过程中，应当以所生产和开发的产成品的估计售价减去至完工时估计将要发生的成本、估计的销售费用以及相关税费后的金额确定其可变现净值。

3）为执行销售合同或者劳务合同而持有的存货，其可变现净值通常以合同价格为基础计算。企业持有存货的数量多于销售合同订购数量的，超过部分的存货可变现净值应当以一般销售价格为基础计算；若少于销售合同订购数量的，其可变现净值应以合同价格为基础核算。

【例 2-35】 甲房地产开发公司的某项目完工，准备将多余螺纹钢就地出售。2017 年 9 月 10 日与某公司签订销售合同，定于 2018 年 4 月 1 日前出售 300t，单价为 3 160 元/t。2017 年 12 月 31 日，甲房地产开发公司库存螺纹钢 500t，单位成本为 3 100 元/t。2017 年 12 月 31 日，螺纹钢的市场销售价格为 3 150 元/t。假设销售费用及税金为 450 元/t，确定该公司 2017 年 12 月 31 日应计提的存货跌价准备金额。

由于公司期末持有存货的数量 500t 多于销售合同订购数量 300t，存货可变现净值应当分有合同约定价格和没有合同约定价格两部分计算。

合同内数量的存货可变现净值 = 300 × (3 160 − 450) = 813 000（元）

超过合同数量的存货可变现净值 = 200 × (3 150 − 450) = 540 000（元）

2017 年 12 月 31 日存货可变现净值 = 813 000 + 540 000 = 1 353 000（元）

2017 年 12 月 31 日应计提的存货跌价准备 = 500 × 3 100 − 1 353 000
　　　　　　　　　　　　　　　　　　　　= 197 000（元）

（2）存货跌价准备的核算　对于存在以上情形表明资产负债表日存货的可变现净值低于成本的，企业应按照个体存货项目计提存货跌价准备。对于数量繁多、单价较低的存货，也可以按照存货类别计提存货跌价准备。

企业应单独设置"存货跌价准备"账户核算企业存货发生减值时计提的存货跌价准备。"存货跌价准备"账户是材料、设备、开发产品等存货类账户的备抵账户，用以核算企业提取的存货跌价准备。

1）资产负债表日，企业确定存货发生减值的，按存货可变现净值低于成本的差额，借记"资产减值损失"账户，贷记"存货跌价准备"账户。

2）以前减记存货价值的影响因素已经消失的，减记的金额应予以恢复，并在原已计提跌价准备的金额内转回，转回的金额计入当期损益，即按恢复增加的金额，借记"存货跌价准备"账户，贷记"资产减值损失"账户。

3）发出存货结转计提的存货跌价准备的，借记"存货跌价准备"账户，贷记"主营业务成本"等账户。

4）企业（建造承包商）按《企业会计准则第15号——建造合同》确定合同预计总成本超过合同总收入的，应按其差额，借记"资产减值损失"账户，贷记"存货跌价准备"账户。合同完工时，借记"存货跌价准备"账户，贷记"主营业务成本"账户。

"存货跌价准备"账户的贷方余额，反映企业已提取的材料、设备等存货可变现净值低于成本的跌价准备，在编制资产负债表时，应将它从"存货"项目中减去。

【例2-36】甲房地产开发公司2017年12月31日存货的账面成本为1 200 000元，市场价格总额为1 140 000元，假设不发生其他购买费用。由于存货的可变现净值小于账面成本，应计提的存货跌价准备为60 000元，应做如下会计处理：

借：资产减值损失　　　　　　　　　　　　　　　　　60 000
　　贷：存货跌价准备　　　　　　　　　　　　　　　　60 000

2.4　长期股权投资

2.4.1　长期股权投资的初始计量

长期股权投资是指投资方对被投资单位实施控制、重大影响的权益性投资，以及对其合营企业的权益性投资。也可以说，长期股权投资是指采用合并、合营、联营的方式取得的股权性质的投资。

长期股权投资在取得时，应按初始投资成本入账。因取得方式不同，应分别按照企业合并和非企业合并两种情况，确定长期股权投资的初始投资成本。

1. 企业合并形成的长期股权投资

企业合并是指将两个或者两个以上单独的企业合并形成一个报告主体的交易或事项。

（1）同一控制下企业合并形成的长期股权投资　同一控制下的企业合并是指参与合并的企业在合并前后均受同一方或相同的多方最终控制且该控制并非暂时性的情况。应按以下两种情况确定初始成本：

1）合并方以支付现金、转让非现金资产或承担债务方式作为合并对价的，应当在合并日按照被合并方所有者权益在最终控制方合并财务报表中的账面价值的份额作为长期股权投资的初始投资成本。长期股权投资初始投资成本与支付的现金、转让的非现金资产以及所承担债务账面价值之间的差额,应当调整资本公积;资本公积不足冲减的,调整留存收益。

2)合并方以发行权益性证券作为合并对价的,应当在合并日按照被合并方所有者权益在最终控制方合并财务报表中的账面价值的份额作为长期股权投资的初始投资成本。按照发行股份的面值总额作为股本,长期股权投资初始投资成本与所发行股份面值总额之间的差额,应当调整资本公积;资本公积不足冲减的,调整留存收益。

【例2-37】 2017年7月1日,同一控制下的甲房地产开发企业以1 000万元现金、1 000万元固定资产,并且承担乙企业200万元债务的合并对价取得乙企业60%的股权。乙企业合并日账面资产4 000万元、债务200万元(不含已由甲企业承担的债务)、所有者权益3 800万元。

甲企业取得乙企业60%的股权,甲企业长期股权投资的初始投资成本应确认为2 280万元(3 800×60%)。长期股权投资初始投资成本与支付的现金、转让的非现金资产以及所承担债务账面价值之间的差额80万元[2 280-(1 000+1 000+200)],调整资本公积。甲企业会计分录如下:

借:长期股权投资	22 800 000
贷:银行存款	10 000 000
固定资产	10 000 000
长期借款	2 000 000
资本公积——其他资本公积	800 000

【例2-38】 A企业与B企业是同一控制下的两家房地产开发公司。A企业2017年7月1日以发行股票的方式取得B企业60%的股权。A企业发行3 000万股普通股,每股面值1元。合并日B企业账面净资产为4 500万元。合并日A企业资本公积为100万元,盈余公积为150万元,未分配利润为500万元。

A企业取得B企业60%的股权,A企业长期股权投资的初始投资成本应确认为2 700万元(4 500×60%)。长期股权投资初始投资成本与A企业发行股票面值(股本3 000万元)之间的差额300万元,应调整资本公积100万元,调整盈余公积150万元,再调整未分配利润50万元。A企业会计分录如下:

借:长期股权投资	27 000 000
资本公积	1 000 000
盈余公积	1 500 000
利润分配——未分配利润	500 000
贷:股本	30 000 000

(2)非同一控制下的企业合并形成的长期股权投资 非同一控制下的企业合并是指参与合并的各方在合并前后不受同一方或相同的多方最终控制的企业合并。非同一控制下的企业合并,购买方在购买日应当按照《企业会计准则第20号——企业合并》的有关规定确定

的合并成本作为长期股权投资的初始投资成本。合并方或购买方为企业合并发生的审计、法律服务、评估咨询等中介费用以及其他相关管理费用,应当于发生时计入当期损益。

购买方以支付非货币性资产为对价的,有关非货币性资产公允价值与其账面价值的差额,应作为资产处置损益。以固定资产、无形资产为对价的,其处置损益计入营业外支出;以开发产品为对价的,应分别确认主营业务收入和主营业务成本。

【例2-39】 甲、乙两房地产公司是非同一控制下的企业,2017年7月甲公司以机器设备对乙公司进行投资,该设备原值2 000万元,已提折旧200万元。该设备的公允价值为1 900万元,乙公司接受甲公司投资后账面净资产为3 000万元,甲公司取得乙公司60%的股权。甲公司对乙公司的长期股权投资的初始投资成本按投出设备的公允价值1 900万元确定,公允价值与账面价值的差额100万元计入甲公司的当期损益。甲公司的会计分录如下:

借:长期股权投资　　　　　　　　　　　　　　　　19 000 000
　　累计折旧　　　　　　　　　　　　　　　　　　 2 000 000
　　贷:固定资产　　　　　　　　　　　　　　　　20 000 000
　　　　营业外收入　　　　　　　　　　　　　　　 1 000 000

2. 企业合并以外其他方式取得的长期股权投资

1)以支付现金取得的长期股权投资,应当按照实际支付的购买价款作为初始投资成本。初始投资成本包括与取得长期股权投资直接相关的费用、税金及其他必要支出,但实际支付的价款中包含的已宣告但尚未领取的现金股利,应作为应收项目单独核算。

【例2-40】 甲公司于2018年2月10日,自公开市场中买入乙公司20%的股份,实际支付价款8 000万元。另外,在购买过程中支付手续费等相关费用200万元。甲公司取得该部分股权后,能够对乙公司的生产经营决策施加重大影响。

甲公司应当按照实际支付的购买价款作为取得长期股权投资的成本,其账务处理为:

借:长期股权投资　　　　　　　　　　　　　　　　82 000 000
　　贷:银行存款　　　　　　　　　　　　　　　　82 000 000

2)以发行权益性证券取得的长期股权投资,应当按照发行权益性证券的公允价值作为初始投资成本。与发行权益性证券直接相关的费用,应当按照《企业会计准则第37号——金融工具列报》的有关规定确定。

【例2-41】 2017年6月1日,A房地产公司通过增发300万股普通股取得B公司20%的股权,能够对B公司的财务与经营决策施加重大影响。股票每股面值1元,按照增发前后的平均股价计算,该300万股股份的公允价值为550万元。A房地产公司在增发股份的过程中,还支付了20万元的佣金和手续费,其账务处理为:

借:长期股权投资　　　　　　　　　　　　　　　　 5 500 000
　　贷:股本　　　　　　　　　　　　　　　　　　 3 000 000
　　　　资本公积——股本溢价　　　　　　　　　　 2 500 000

发行权益性证券过程中支付的佣金和手续费,应冲减权益性证券的溢价发行收入:

借:资本公积——股本溢价　　　　　　　　　　　　　 200 000
　　贷:银行存款　　　　　　　　　　　　　　　　　 200 000

3）通过非货币性资产交换取得的长期股权投资，其初始投资成本应当按照《企业会计准则第7号——非货币性资产交换》的有关规定确定。

4）通过债务重组取得的长期股权投资，其初始投资成本应当按照《企业会计准则第12号——债务重组》的有关规定确定。

【例2-42】 C房地产公司设立时，其主要出资方A公司以其持有的对B公司的长期股权投资作为出资投入C房地产公司。投资合同中约定该项长期股权投资的价值为1 000万元。C房地产公司的注册资本为4 000万元。A公司出资占C公司注册资本的20%，对被投资企业有重大影响，其账务处理为：

借：长期股权投资　　　　　　　　　　　　　　　　　　　　　　　10 000 000
　　贷：实收资本　　　　　　　　　　　　　　　　　　　　　　　　8 000 000
　　　　资本公积——资本溢价　　　　　　　　　　　　　　　　　　2 000 000

2.4.2 长期股权投资的后续计量

长期股权投资的后续计量，涉及持有期间长期股权投资账面价值的调整和投资收益的确定。长期股权投资后续计量，按其对被投资企业的影响程度以及公允价值是否能够可靠取得，分别采用成本法和权益法两种核算方法。

1. 成本法

（1）成本法的定义及适用范围　成本法是指投资按成本计价的方法。投资方能够对被投资单位实施控制的长期股权投资应当采用成本法核算。

（2）成本法的核算　采用成本法核算的长期股权投资，核算方法如下：

1）初始投资或追加投资时，按照初始投资或追加投资时的成本增加长期股权投资的账面价值。

2）被投资单位宣告分派的现金股利或利润中，投资企业按应享有的部分，确认为当期投资收益；但投资企业确认的投资收益仅限于所获得的被投资单位在接受投资后产生的累积净利润的分配额。所获得的被投资单位宣告分派的利润或现金股利超过被投资单位在接受投资后产生的累积净利润的部分，应冲减长期股权投资的账面价值。

【例2-43】 甲房地产开发公司2017年1月1日以银行存款购入C公司10%的股份，并准备长期持有。初始投资成本110 000元，采用成本法核算。C公司于2017年5月2日宣告分派2016年度的现金股利100 000元。假设C公司2017年实现净利润400 000元；2018年5月1日宣告分派现金股利300 000元。甲房地产开发公司的会计处理如下：

（1）2017年1月1日投资时：

借：长期股权投资——C公司　　　　　　　　　　　　　　　　　　110 000
　　贷：银行存款　　　　　　　　　　　　　　　　　　　　　　　　110 000

（2）2017年5月2日宣告发放现金股利时：

借：应收股利（100 000×10%）　　　　　　　　　　　　　　　　　　10 000
　　贷：长期股权投资——C公司　　　　　　　　　　　　　　　　　 10 000

注：通常情况下，投资企业投资当年分得的利润或现金股利，是由投资前被投资单位实现的利润分配得来的，故一般不作为当期投资收益，而作为初始投资成本的收回。

(3) 2018年5月1日宣告分派现金股利时：

应收股利 = 300 000 × 10% = 30 000（元）

应收股利累积数 = 10 000 + 30 000 = 40 000（元）

投资后应得净利累积数 = 0 + 400 000 × 10% = 40 000（元）

因应收股利累积数等于投资后应得净利累积数，所以应将原冲减的投资成本10 000元恢复。

或

"长期股权投资"账户发生额 = (40 000 - 40 000) - 10 000
$$= -10\,000（元）$$

应恢复投资成本10 000元。

借：应收股利　　　　　　　　　　　　　　　　　　　　　　　30 000
　　长期股权投资——C公司　　　　　　　　　　　　　　　　10 000
　　　贷：投资收益　　　　　　　　　　　　　　　　　　　　40 000

假设上述C公司于2018年5月1日宣告分派现金股利450 000元，则

应收股利 = 450 000 × 10% = 45 000（元）

"长期股权投资"账户发生额 = [(10 000 + 45 000) - 40 000] - 10 000 = 5 000（元）

应冲减投资成本5 000元。

借：应收股利　　　　　　　　　　　　　　　　　　　　　　　45 000
　　　贷：长期股权投资——C公司　　　　　　　　　　　　　5 000
　　　　　投资收益　　　　　　　　　　　　　　　　　　　　40 000

2. 权益法

(1) 权益法的定义及其适用范围　权益法是指投资以初始投资成本计量后，在投资持有期间根据投资企业享有被投资单位所有者权益的份额的变动对投资的账面价值进行调整的方法。

投资企业对被投资单位具有共同控制或重大影响的长期股权投资，即对合营企业投资及对联营企业投资，应当采用权益法核算。

(2) 权益法的核算

1) 初始投资成本的调整。投资企业取得对联营企业或合营企业的投资以后，对于取得投资时投资成本与应享有被投资单位可辨认净资产公允价值份额之间的差额，应区别情况分别处理。初始投资成本大于取得投资时，应享有被投资单位可辨认净资产公允价值份额的，该部分差额从本质上是投资企业在取得投资过程中通过购买作价体现出的与所取得股权份额相对应的商誉及不符合确认条件的资产价值。初始投资成本大于投资时应享有被投资单位可辨认净资产公允价值的份额，两者之间的差额不要求对长期股权投资的成本进行调整。初始投资成本小于取得投资时，应享有被投资单位可辨认净资产公允价值份额的，两者之间的差额体现为双方在交易作价过程中转让方的让步，该部分经济利益流入应作为收益处理，计入取得投资当期的营业外收入，同时调整增加长期股权投资的账面价值。

【例 2-44】 甲房地产开发公司 2018 年 1 月 1 日以银行存款 200 万元购入乙公司 40% 的表决权资本。乙公司 2018 年 1 月 1 日所有者权益为 400 万元，公允价值为 450 万元，假定乙公司的净资产全部为可辨认净资产。有关会计处理为

借：长期股权投资——乙公司（成本） 2 000 000
　　贷：银行存款 2 000 000

假定上例中乙公司所有者权益为 550 万元，公允价值为 600 万元，其他条件不变，则初始投资成本 200 万元与应享有被投资单位可辨认净资产公允价值份额 240 万元的差额 40 万元，应确认为当期损益。有关会计处理为

借：长期股权投资——乙公司（成本） 2 400 000
　　贷：银行存款 2 000 000
　　　　营业外收入 400 000

2）投资损益的确认。企业在取得股权投资后，应当按照应享有或分担的被投资单位当年实现的净利润或发生的净亏损的份额，调整投资的账面价值，并作为当期投资损益。企业按被投资单位净损益计算调整投资的账面价值和确认投资损益时，应以取得被投资单位股权后发生的净损益为基础。期末根据被投资单位实现的净利润或经调整的净利润计算应分享的份额，借记"长期股权投资——损益调整"账户，贷记"投资收益"账户。投资企业在确认应享有的被投资单位净损益的份额时，应当以取得投资时被投资单位各项可辨认资产的公允价值为基础，对被投资单位的净利润进行调整后确认。

3）取得现金股利或利润的处理。被投资单位宣告分派现金股利或利润时，企业应按持股比例计算应享有的份额，记入"应收股利"账户的借方和"长期股权投资——损益调整"账户的贷方。

4）超额亏损的确认。企业确认被投资单位发生的净亏损，以长期股权投资账面价值以及其他实质上构成对被投资单位净投资的长期权益减记至零为限，投资企业负有承担额外损失的情况除外。期末对按被投资单位发生的净亏损计算的应分担的份额，应记入"投资收益"账户的借方和"长期股权投资——损益调整"账户的贷方。

在确认应分担被投资单位发生的亏损时，应当按照以下顺序进行处理：

① 冲减长期股权投资的账面价值。

② 如果长期股权投资的账面价值不足以冲减的，应当以其他实质上构成对被投资单位净投资的长期权益账面价值为限继续确认投资损失。

③ 在进行上述处理后，按照投资合同或协议约定企业仍承担额外义务的，应按预计承担的义务确认预计负债，计入当期投资损失。

5）被投资单位除净损益以外所有者权益的其他变动。在持股比例不变的情况下，被投资单位除净损益以外所有者权益的其他变动，如被投资单位因增资扩股而增加的所有者权益，企业按持股比例计算应享有的份额，借记"长期股权投资——其他权益变动"账户，贷记"资本公积——其他资本公积"账户。

【例 2-45】 A 房地产公司 2016 年年初以银行存款 500 000 元购买了 B 公司 60% 的有表决权的股份，并准备长期持有，A 房地产公司对 B 公司的财务决策和经营决策实施重大影响。B 公司 2016 年年初可辨认净资产公允价值为 1 000 000 元，当年实现净利润 70 000 元，

提取盈余公积 9 000 元；2017 年 3 月份 B 公司宣告发放现金股利 30 000 元；当年发生净亏损 80 000 元。A 房地产公司的会计分录如下：

(1) 投资时：

借：长期股权投资——B 公司（成本）　　　　　　　　　　　　600 000
　　贷：银行存款　　　　　　　　　　　　　　　　　　　　　500 000
　　　　营业外收入　　　　　　　　　　　　　　　　　　　　100 000

(2) 确认 2016 年度投资收益时：

借：长期股权投资——B 公司（损益调整）　　　　　　　　　　42 000
　　贷：投资收益　　　　　　　　　　　　　　　　　　　　　 42 000

(3) 2017 年 3 月宣告分派现金股利时：

借：应收股利——B 公司　　　　　　　　　　　　　　　　　　18 000
　　贷：长期股权投资——B 公司（损益调整）　　　　　　　　 18 000

(4) 确认 2017 年度投资损失时：

借：投资收益　　　　　　　　　　　　　　　　　　　　　　　48 000
　　贷：长期股权投资——B 公司（损益调整）　　　　　　　　 48 000

2.5　固定资产和无形资产

2.5.1　固定资产的确认与初始计量

1. 固定资产的确认

（1）固定资产的定义及特征　固定资产是指为生产商品、提供劳务、出租或经营管理而持有，使用寿命超过一个会计年度的有形资产。作为房地产开发企业主要劳动资料的固定资产应具有以下三个基本特征：

1) 使用寿命超过一年。企业使用固定资产的预计期间超过了一年或长于一年的一个营业周期。

2) 能多次参加开发经营过程，保持原来的实物形态。

3) 取得目的是用于开发经营活动，而不是为了出售。

（2）固定资产的分类　固定资产有多种不同的分类方法，企业会计核算中，房地产开发企业通常将固定资产按经济用途和使用情况进行综合分类，一般将固定资产分为以下七大类：

1) 开发经营用固定资产。这是指直接服务于企业开发经营过程的各种固定资产，如开发经营用房屋、建筑物、机械设备、运输设备、试验设备及仪器以及办公管理设备等。

2) 非开发经营用固定资产。这是指不直接服务于开发经营过程的各种固定资产，如职工宿舍、食堂、浴室等使用的房屋、设备和其他固定资产。

3) 租出固定资产。这是指经营租赁下出租给外单位使用的固定资产，但不包括作为投资性房地产的以经营租赁方式租出的建筑物。

4) 不需用固定资产。这是指企业因生产经营条件变化等原因而导致的多余或不适用、需要处置的固定资产。

5）未使用固定资产。这是指已完工或已购置的尚未交付使用的新增固定资产，以及因进行改建扩建等原因暂停使用的固定资产，但不包括因修理停用或季节性停用的固定资产。

6）融资租入固定资产。这是指企业以融资租赁方式租入的固定资产。

7）土地。这是指已经估价单独入账的土地。

（3）固定资产确认的条件　固定资产在符合其定义的前提下，应当同时满足以下两个条件，才能加以确认：

1）与该固定资产有关的经济利益很可能流入企业。

2）该固定资产的成本能够可靠地计量。

2. 固定资产的初始计量

（1）购入固定资产的会计处理

1）购入不需要安装固定资产的会计处理。不需要安装固定资产在购入后即可直接交付使用，将其实际支付的价款（包括买价、支付的包装费、运输费、税金等）作为固定资产的原值，借记"固定资产"账户，贷记"银行存款""应付账款""应付票据"等账户。

【例2-46】2018年1月1日，甲房地产开发公司购入一台不需要安装的设备，设备价款为100万元，发生运输费5 000元，款项全部付清。假定不考虑其他相关税费，账务处理如下：

购置设备的成本 = 1 000 000 + 5 000 = 1 005 000（元）

借：固定资产　　　　　　　　　　　　　　　　　　　　　1 005 000
　　贷：银行存款　　　　　　　　　　　　　　　　　　　　　1 005 000

2）购入需要安装的固定资产的会计处理。需要安装的固定资产在购入后要经过安装才能交付使用。在核算上，对购入需要安装的固定资产的价款以及发生的安装费用，均先通过"在建工程"账户，视同自行建造固定资产进行核算，安装完毕交付使用时再转入"固定资产"账户。

【例2-47】2018年2月1日，甲房地产开发公司购入一台需要安装的机器设备，设备价款为50万元，支付的运输费为2 500元，款项已通过银行支付；安装设备时，支付安装工人的工资为4 900元。假定不考虑其他相关税费。甲房地产开发公司的账务处理如下：

（1）支付设备价款、运输费合计为502 500元时：

借：在建工程　　　　　　　　　　　　　　　　　　　　　　502 500
　　贷：银行存款　　　　　　　　　　　　　　　　　　　　　　502 500

（2）支付安装工人工资4 900元时：

借：在建工程　　　　　　　　　　　　　　　　　　　　　　　4 900
　　贷：应付职工薪酬　　　　　　　　　　　　　　　　　　　　4 900

（3）设备安装完毕达到预定可使用状态时：

固定资产的成本 = 502 500 + 4 900 = 507 400（元）

借：固定资产　　　　　　　　　　　　　　　　　　　　　　507 400
　　贷：在建工程　　　　　　　　　　　　　　　　　　　　　　507 400

（2）自行建造固定资产 房地产开发企业自行建造的固定资产，可分为自营建造的固定资产和出包建造两种。自行建造固定资产的成本，由建造该项资产达到预定可使用状态前所发生的必要支出构成，包括工程物资成本、人工成本、交纳的相关税费、应予资本化的借款费用以及应分摊的间接费用等。

1）自营方式建造固定资产。自营方式是指由企业自行组织施工队建造房屋、建筑物和其他设施，或由企业附属的设备制造和修理部门自行制造机器设备。自行建造过程中所领用的设备、材料和发生的各项费用都应先记入"在建工程"账户借方，待固定资产建造完成，达到预定可使用状态时，再将确定的固定资产实际成本转入"固定资产"账户的借方。

建造固定资产领用工程物资、原材料或库存商品，应按其实际成本转入所建工程成本。自营方式建造固定资产应负担的职工薪酬、辅助生产部门为之提供的水、电、运输等劳务，以及其他必要支出等也应计入所建工程项目的成本。

【例2-48】2017年1月，甲房地产开发公司准备自行建造一座厂房，为此发生以下业务：

（1）购入工程物资一批，价款为250 000元，支付的增值税进项税额为42 500元，款项已用银行存款支付。

（2）1~6月，工程先后领用工程物资272 500元（含增值税进项税额），剩余工程物资转为该公司的存货，其所含的增值税进项税额可以抵扣。

（3）领用生产用原材料一批，价值为32 000元，购进该批原材料应支付的增值税进项税额为5 440元。

（4）支付工程人员工资65 800元。

（5）6月底，工程达到预定可使用状态，但尚未办理竣工决算手续，工程按暂估价值结转固定资产成本。

（6）7月中旬，该项工程决算实际成本为380 000元，经查与暂估成本的差额为应付职工工资。

（7）假定不考虑其他相关税费。

甲房地产开发公司的账务处理如下：

(1) 购入为工程准备的物资时：

借：工程物资	292 500
贷：银行存款	292 500

(2) 工程领用物资时：

借：在建工程——厂房	272 500
贷：工程物资	272 500

(3) 工程领用原材料时：

借：在建工程——厂房	37 440
贷：原材料	32 000
应交税费——应交增值税（进项税额转出）	5 440

(4) 支付工程人员工资时：
借：在建工程——厂房　　　　　　　　　　　　　　　65 800
　　贷：应付职工薪酬　　　　　　　　　　　　　　　　　　65 800

(5) 6月底，工程达到预定可使用状态，尚未办理结算手续，以固定资产成本暂估价入账时：
借：固定资产——厂房　　　　　　　　　　　　　　　375 740
　　贷：在建工程——厂房　　　　　　　　　　　　　　　　375 740

(6) 剩余工程物资转作存货：
借：原材料　　　　　　　　　　　　　　　　　　　17 094.02
　　应交税费——应交增值税（进项税额）　　　　　　 2 905.98
　　贷：工程物资　　　　　　　　　　　　　　　　　　　20 000

(7) 7月中旬，按竣工决算实际成本调整固定资产成本时：
借：固定资产——厂房　　　　　　　　　　　　　　　4 260
　　贷：应付职工薪酬　　　　　　　　　　　　　　　　　4 260

2) 出包方式建造固定资产。在出包方式下，企业通过招标方式将工程项目发包给建造承包商，由建造承包商（即施工企业）组织工程项目施工。企业以出包方式建造固定资产，其成本由建造该项固定资产达到预定可使用状态前所发生的必要支出构成，包括发生的建筑工程支出、安装工程支出，以及需分摊计入各固定资产价值的待摊支出。在出包方式下，"在建工程"账户主要是企业与建造承包商办理工程价款的结算账户，企业支付给建造承包商的工程价款，作为工程成本通过"在建工程"账户核算。

【例2-49】 A房地产开发有限公司将厂房一幢出包给某施工单位承建，预付工程款200 000元，工程完工结算，还需补付工程款250 000元，厂房现已达到预定可使用状态，应做如下会计分录：

向施工单位预付工程款时：
借：预付账款——某施工单位　　　　　　　　　　　　200 000
　　贷：银行存款　　　　　　　　　　　　　　　　　　　200 000

工程决算并补付工程款时：
借：在建工程——厂房　　　　　　　　　　　　　　　450 000
　　贷：预付账款　　　　　　　　　　　　　　　　　　　200 000
　　　　银行存款　　　　　　　　　　　　　　　　　　　250 000

工程达到预定可使用状态时：
借：固定资产——经营用固定资产　　　　　　　　　　450 000
　　贷：在建工程——厂房　　　　　　　　　　　　　　　450 000

(3) 融资租赁固定资产的会计处理　房地产开发企业所需的固定资产，除了自行购建外，在自有资金不足的情况下，通常采用经营租赁和融资租赁的方式，向租赁公司等单位租用。

1) 融资租赁的性质。融资租赁是指由出租方根据承租方的要求和选择，与供货方订立购买合同支付货款；与承租方订立租赁合同，将购买的设备出租给承租方使用，收取租金的租赁业务。一项租赁认定为经营租赁还是融资租赁，取决于交易的实质而不是合同的形式。

通常，如具有下列情况之一的，应认定为融资租赁：①在租赁期届满时，租赁资产的所有权转移给承租人；②承租人有购买租赁资产的选择权，所订立的购买价款预计将低于行使选择权时租赁资产的公允价值，因而在租赁开始日就可以合理确定承租人将会行使这种选择权；③即使资产的所有权不转让，但租赁期占租赁资产使用寿命的大部分；④承租人在租赁开始日的最低租赁付款额现值，几乎相当于租赁开始日租赁资产公允价值；出租人在租赁开始日的最低租赁收款额现值，几乎相当于租赁开始日租赁资产公允价值；⑤租赁资产性质特殊，如果不做较大改造，只有承租人才能使用。没有满足以上标准的租赁，应认定为经营租赁。

2）承租人的会计处理。对于承租人而言，通过融资租赁，一方面获得了一项资产，另一方面又承担了一笔债务。因此，承租人应按照租赁期开始日租赁资产公允价值与最低租赁付款额现值两者孰低原则，将租入的资产确认为资产，同时将未来的付款义务确认为负债。在租赁开始日，按其入账价值，借记"固定资产——融资租入固定资产"账户或"在建工程"账户（需安装的固定资产），按最低租赁付款额，贷记"长期应付款"账户，按发生的初始直接费用，贷记"银行存款"等账户，按其差额，借记"未确认融资费用"账户。租赁期届满，企业取得该项固定资产所有权的，应将该项固定资产从"固定资产——融资租入固定资产"明细账户转入有关明细账户。

【例2-50】南方房地产开发公司（以下简称南方公司）与中华租赁公司签署合约租赁塑钢机一台，该机器在2018年1月1日取得的公允价值为700 000元，起租日为2018年1月1日，租期3年，每隔6个月月末支付租金150 000元，该机器的保险、维护等费用均由南方公司负担，每年约10 000元。租赁合同规定的年利率为14%。租赁期满时，南方公司有优惠购买该机器的选择权，购买优惠价为100元，估计该租赁资产的公允价值为80 000元。南方公司该如何进行会计处理？

分析：

（1）判断租赁的类型：由于存在优惠购买选择权，优惠价100元远低于行使选择权日租赁资产的公允价值80 000元，因此在2018年1月1日就可以合理确定南方公司会行使这项选择权，故这项租赁应认定为融资租赁。

（2）确认租赁开始日最低租赁付款额的现值与公允价值较低者：

最低租赁付款额＝各期租金之和＋行使优惠购买选择权支付的金额
　　　　　　　＝150 000×6＋100＝900 100（元）

最低租赁付款额的现值＝每期租金150 000元的年金现值＋优惠购买选择权行使价100元的复利现值＝150 000×4.767＋100×0.666＝715 116.6（元）

最低租赁付款额的现值715 116.6元＞公允价值700 000元

根据融资租入固定资产入账价值的孰低原则，公允价值700 000元为入账价值。

（3）计算未确认融资费用：

未确认融资费用＝最低租赁付款额－租赁开始日租赁资产的公允价值＝900 100－700 000＝200 100（元）

（4）编制会计分录：

借：固定资产——融资租入固定资产　　　　　　　　　　　　700 000
　　未确认融资费用　　　　　　　　　　　　　　　　　　　200 100
　　贷：长期应付款——应付融资租赁款　　　　　　　　　　　900 100

2.5.2　固定资产的后续计量

1. 固定资产折旧

（1）固定资产折旧的定义　折旧是指在固定资产的使用寿命内，按照确定的方法对应计折旧额进行的系统分摊。应计折旧额是指应当计提折旧的固定资产的原价扣除其预计净残值后的余额。如果已对固定资产计提了减值准备，还应当扣除已计提的固定资产减值准备的累计金额。

（2）影响固定资产折旧的因素　影响固定资产折旧的因素主要有以下几个方面：

1）固定资产原价。固定资产原价是指固定资产的成本。

2）预计净残值。预计净残值是指假定固定资产预计使用寿命已满并处于使用寿命终了时的预期状态，企业目前从该项资产处置中获得的残值收入扣除预计处置费用后的金额。

3）固定资产减值准备。固定资产减值准备是指固定资产已计提的固定资产减值准备的累计金额。固定资产计提减值准备后，应当在剩余使用寿命内根据调整后的固定资产账面价值（固定资产账面余额扣减累计折旧和累计减值准备后的金额）和预计净残值重新计算确定折旧率和折旧额。

4）固定资产的使用寿命。固定资产的使用寿命是指企业使用固定资产的预计期间，或者该固定资产所能生产产品或提供劳务的数量。

（3）固定资产折旧方法　房地产开发企业应根据与固定资产有关的经济利益的预期实现方式，合理选择固定资产折旧方法。一般，我国可选用的折旧方法包括年限平均法、工作量法、双倍余额递减法和年数总和法等。

1）年限平均法。年限平均法又称直线法，是将固定资产的应计提折旧额平均分摊到各期的一种折旧方法。其计算公式为

$$应计提折旧额 = 固定资产原价 - 预计净残值$$

$$固定资产年折旧额 = 应计提折旧额 / 固定资产预计使用年限$$

$$年折旧率 = 年折旧额 / 固定资产原值 \times 100\%$$

$$= (1 - 预计净残值率) / 预计折旧年限 \times 100\%$$

$$月折旧率 = 年折旧率 / 12$$

$$月折旧额 = 固定资产原值 \times 月折旧率$$

采用年限平均法计算固定资产折旧虽然比较简便、直观，但它也存在着一些明显的局限性。首先，固定资产在不同使用年限提供的经济效益是不同的。其次，固定资产在不同的使用年限发生的维修费用也不一样。固定资产的维修费用将随着其使用时间的延长而不断增加，而年限平均法没有考虑这一因素。

当固定资产各期负荷程度相同时，各期应分摊相同的折旧费，这时采用年限平均法计算折旧是合理的。但是，如果固定资产各期负荷程度不同，采用年限平均法计算折旧时，则不能反映固定资产的实际使用情况。

【例2-51】甲房地产开发有限公司某台设备原价为200 000元，预计使用5年，预计净残值率为5%，该设备的折旧率和折旧额为

年折旧率=（1-5%）÷5×100%=19%

月折旧率=19%÷12=1.58%

月折旧额=200 000×1.58%=3 160（元）

2）工作量法。工作量法是根据固定资产的实际工作量计提折旧额的一种方法。其计算公式为

某项固定资产月折旧额=该项固定资产当月实际工作量×单位工作量折旧额

单位工作量折旧额=固定资产原值×（1-净残值率）/预计工作总量

【例2-52】某企业有运输车一辆，原价值为25万元，预计净残值率为5%，预计总行驶里程为50万km，当月行驶4 000km，则该项固定资产的月折旧额计算如下：

单位里程折旧额=25×（1-5%）÷50=0.475（元）

本月折旧额=4 000×0.475=1 900（元）

工作量法是按照固定资产所完成的工作量来计算每期的折旧额。其优点是简明易算，且计提的折旧额与固定资产的使用程度相联系。其缺点是忽视了无形损耗对固定资产的影响；另外，要准确预计固定资产在其使用期间的预计总工作量也比较困难。

工作量法主要适用于运输车辆、各期使用时间不均衡的大型施工机械，以及大型精密设备的折旧计算。

3）双倍余额递减法。双倍余额递减法是指在不考虑固定资产预计净残值的情况下，根据每期期初固定资产原值减去累计折旧后的余额和双倍的直线法折旧率计算固定资产折旧的一种方法。其计算公式如下：

年折旧率=2/预计使用寿命（年）×100%

月折旧率=年折旧率÷12

月折旧额=固定资产账面净值×月折旧率

由于每年年初固定资产账面净值没有扣除预计净残值，因此，在应用这种方法计算折旧额时必须注意不能使固定资产的账面折余价值降低到其预计净残值以下，即实行双倍余额递减法计算折旧的固定资产，应在其折旧年限到期前两年内，将固定资产净值扣除预计净残值后的余额平均摊销。

【例2-53】甲房地产开发公司某项设备原价为120万元，预计使用寿命为5年，预计净残值率为4%；假设甲公司没有对该机器设备计提减值准备。

甲公司按双倍余额递减法计算折旧，每年折旧额计算如下：

年折旧率=2/5×100%=40%

第一年应提的折旧额=120×40%=48（万元）

第二年应提的折旧额=（120-48）×40%=28.8（万元）

第三年应提的折旧额=（120-48-28.8）×40%=17.28（万元）

从第四年起改按年限平均法（直线法）计提折旧：

第四、五年应提的折旧额=（120-48-28.8-17.28-120×4%）÷2=10.56（万元）

4）年数总和法。年数总和法又称年限合计法，是将固定资产的原值减去预计净残值的余额乘以一个以固定资产尚可使用寿命为分子、以预计使用寿命逐年数字之和为分母的逐年递减的分数计算每年的折旧额。计算公式如下：

年折旧率 = 尚可使用年限/预计使用寿命的年数总和 × 100%

月折旧率 = 年折旧率 ÷ 12

月折旧额 =（固定资产原价 - 预计净残值）× 月折旧率

【例2-54】承上例资料，采用年数总和法计算的各年折旧额如表2-11所示。

表2-11 固定资产折旧的计算

金额单位：元

年份	尚可使用年限	原值—净残值	年折旧率	年折旧额	累计折旧
第一年	5 年	1 152 000	5/15	384 000	384 000
第二年	4 年	1 152 000	4/15	307 200	691 200
第三年	3 年	1 152 000	3/15	230 400	921 600
第四年	2 年	1 152 000	2/15	153 600	1 075 200
第五年	1 年	1 152 000	1/15	76 800	1 152 000

双倍余额递减法和年数总和法都属于加速折旧法，特点是在固定资产使用的前期多提折旧，后期少提折旧，从而使折旧额呈现递减趋势，加快折旧速度的折旧方法。

采用这两种加速折旧法的理由，主要是考虑到固定资产在使用过程中，一方面它的效率或收益能力逐年下降；另一方面它的修理费用要逐年增加。为了均衡固定资产在使用期限内各年的使用费，固定资产在早期所提的折旧额应大于后期所提的折旧额。采用加速折旧法，还可使固定资产资金能在投入使用前几年大部分回收，减少无形损耗的风险。

（4）固定资产折旧的会计处理　房地产开发企业每月计提的固定资产折旧额，要记入相关的成本费用账户。其中，开发现场使用的固定资产折旧额要记入"开发间接费用"账户，企业管理部门发生的固定资产折旧额要记入"管理费用"账户，专设销售部门发生的固定资产折旧额要记入"销售费用"账户。其基本会记分录如下：

借：开发间接费用
　　销售费用
　　管理费用
　贷：累计折旧

按照现行会计制度的规定，本月增加的固定资产，本月不提折旧，本月减少的固定资产，本月照提折旧。这样，在本月提取折旧的时候，只需要按照上月增加或减少的固定资产来调整本月的折旧额便可。具体可按以下公式计算：

本月折旧额 = 上月折旧额 + 上月增加的固定资产应提的折旧额 - 上月减少的固定资产应提的折旧额

具体操作可通过编制折旧费用分配表进行。

【例2-55】甲房地产开发有限公司进行折旧费用的计算和分配，如表2-12所示的折旧费用分配表是将本月折旧费用的计算和分配一并进行的。

表 2-12　折旧费用分配表

2017 年 5 月 31 日　　　　　　　　　　　　　　　　　　　单位：元

应借科目	部门	4月固定资产折旧额	4月增加固定资产折旧额	4月减少固定资产折旧额	本月固定资产折旧额
开发间接费用	开发现场	5 940	1 320	160	7 100
管理费用	行政管理部门	2 280			2 280
合计		8 220	1 320	160	9 380

根据以上折旧费分配表，编制以下会计分录：

借：开发间接费用　　　　　　　　　　　　　　　　　　　　7 100
　　管理费用　　　　　　　　　　　　　　　　　　　　　　2 280
　　贷：累计折旧　　　　　　　　　　　　　　　　　　　　　　9 380

如果按工作量法提取折旧，则需要每月按固定资产完成工作量计算当月折旧额。其会计分录与平均年限法相同。

2. 固定资产后续支出

房地产开发企业与固定资产有关的后续支出，通常包括固定资产在使用过程中发生的修理费用、房屋的装修费用等。企业与固定资产有关的后续支出，满足《企业会计准则第 4 号——固定资产》规定的固定资产确认条件的，先通过"在建工程"账户按单项工程进行明细核算，待在建工程达到预定可使用状态时，应结转在建工程成本，借记"固定资产"等账户，贷记"在建工程——××工程"账户；不满足固定资产确认条件的，应在"管理费用"等账户核算。

固定资产发生的更新改造支出、房屋装修费用等，一般数额较大，收益期较长（超过 1 年），若能提高原固定资产的服务效能或延长固定资产的使用年限，成本能可靠计量的，应当计入固定资产成本，同时将被替换部分的账面价值扣除；其他不符合固定资产确认条件的，应当在发生时计入当期管理费用。因更新改造等原因而延长了固定资产使用年限的，应调整其折旧年限和折旧率。

【例 2-56】甲房地产开发公司将原办公大楼进行装修改造，更换陈旧设施，该大楼原价350 万元，预计使用年限为 20 年，预计净残值为 15 万元，已使用 5 年，一直采用年限平均法计算折旧。装修改造中发生支出 100 万元，发生变价收入 5 万元。所有款项都以银行存款支付完毕。装修改造后新大楼预计残值为 20 万元，预计延长可使用寿命 5 年，仍采用年限平均法计算折旧。有关会计处理如下：

第一步，将原大楼投入改造：

借：在建工程——办公大楼改造工程　　　　　　　　　　3 500 000
　　贷：固定资产——开发经营用　　　　　　　　　　　　　　3 500 000

第二步，发生改造支出：

借：在建工程——办公大楼改造工程　　　　　　　　　　1 000 000
　　贷：银行存款　　　　　　　　　　　　　　　　　　　　　1 000 000

第三步，取得变现收入：
借：银行存款   50 000
    贷：在建工程——办公大楼改造工程   50 000
第四步，改造完毕交付使用：
借：固定资产——开发经营用   4 450 000
    贷：在建工程——办公大楼改造工程   4 450 000
第五步，调整折旧额：
改造前的累计折旧额 =（3 500 000 - 150 000）÷ 20 × 5 = 837 500（元）
改造前固定资产净值 = 3 500 000 - 837 500 = 2 662 500（元）
改造后固定资产价值 = 2 662 500 + 1 000 000 - 50 000 = 3 612 500（元）
改造后固定资产年折旧额 =（3 612 500 - 200 000）÷ 20 = 170 625（元）

2.5.3 固定资产的减值和处置

1. 固定资产的减值

固定资产在使用过程中由于存在无形损耗和有形损耗等原因，会导致其可收回金额低于账面价值，即发生固定资产减值。为了较真实地反映固定资产未来的盈利能力，避免虚夸资产价值，企业应当在资产负债表日对固定资产是否存在可能发生减值的迹象进行判断。

房地产开发企业应设置"固定资产减值准备"账户核算企业固定资产发生减值时计提的减值准备。在资产负债表日，企业根据《企业会计准则第8号——资产减值》确定固定资产发生减值的，按应减值的金额，借记"资产减值损失——固定资产减值损失"账户，贷记"固定资产减值准备"账户。"固定资产减值准备"账户有期末贷方余额，反映企业已计提但尚未转销的固定资产减值准备。

【例2-57】 2015年12月29日，某房地产公司购置的开发建造用固定资产原值201万元，净残值为1万元，预计使用年限10年，按直线法计提折旧。2017年年末，该项固定资产发生减值迹象，其可收回金额为41万元。

有关会计处理如下：

（1）2016年和2017年计提固定资产折旧：

每年计提的折旧额 =（201 - 1）÷ 10 = 20（万元）

借：开发成本（或开发间接费用等）   200 000
    贷：累计折旧   200 000

（2）2017年年末计提固定资产减值准备：

计提的固定资产减值准备 = 201 - 10 × 2 - 41 = 140（万元）

借：资产减值损失——固定资产减值损失   1 400 000
    贷：固定资产减值准备   1 400 000

2. 固定资产的处置

（1）固定资产终止确认的条件　固定资产满足下列条件之一的，应当予以终止确认：

1）该固定资产处于处置状态。固定资产处置包括固定资产的出售、转让、报废或毁损、对外投资、非货币性资产交换、债务重组等。处于处置状态的固定资产不再用于生产商品、提供劳务、出租或经营管理，因此不再符合固定资产的定义，应予终止确认。

2）该固定资产预期通过使用或处置不能产生经济利益。固定资产的确认条件之一是"与该固定资产有关的经济利益很可能流入企业"，如果一项固定资产预期通过使用或处置不能产生经济利益，那么它就不再符合固定资产的定义和确认条件，应予终止确认。

（2）固定资产处置的会计处理　固定资产处置通过"固定资产清理"账户加以核算。本账户核算企业因出售、报废和毁损、对外投资、非货币性资产交换、债务重组等原因转入清理的固定资产价值以及在清理过程中所发生的清理费用和清理收入等。固定资产清理的主要账务处理如下：

1）固定资产转入清理。出售、报废或毁损的固定资产转入清理时，按固定资产账面价值，借记"固定资产清理"账户，按已计提的累计折旧，借记"累计折旧"账户，按已计提的减值准备，借记"固定资产减值准备"账户，按固定资产原价，贷记"固定资产"账户。

2）发生的清理费用。固定资产清理过程中发生的相关税费及其他费用，借记"固定资产清理"账户，贷记"银行存款""应交税费"等账户。

3）收回残料或出售价款或保险赔偿。收回残料或出售价款、计算或收到应收保险公司或过失人赔偿的损失等，借记"银行存款""原材料""其他应收款"等账户，贷记"固定资产清理"账户。

4）清理净损益。固定资产清理完成后，属于生产经营期间正常的处理损失，借记"资产处置收益——处置非流动资产损失"账户，贷记"固定资产清理"账户；属于自然灾害等非正常原因造成的损失，借记"营业外支出——非常损失"账户，贷记"固定资产清理"账户。如为贷方余额，则借记"固定资产清理"账户，贷记"资产处置收益"账户。

【例2-58】甲房地产开发公司有一台设备，因使用期满经批准报废。该设备原价为186 700元，累计已计提折旧177 080元，已计提减值准备2 500元。在清理过程中，以银行存款支付清理费用5 000元，残料变卖收入为6 500元。

甲房地产开发公司的账务处理如下：

(1) 固定资产转入清理：

借：固定资产清理　　　　　　　　　　　　　　　　　　　　　　　7 120
　　累计折旧　　　　　　　　　　　　　　　　　　　　　　　　177 080
　　固定资产减值准备　　　　　　　　　　　　　　　　　　　　　2 500
　贷：固定资产　　　　　　　　　　　　　　　　　　　　　　　186 700

(2) 发生清理费用：

借：固定资产清理　　　　　　　　　　　　　　　　　　　　　　　5 000
　贷：银行存款　　　　　　　　　　　　　　　　　　　　　　　　5 000

(3) 收到残料变价收入：

借：银行存款　　　　　　　　　　　　　　　　　　　　　　　　　6 500
　贷：固定资产清理　　　　　　　　　　　　　　　　　　　　　　6 500

(4) 结转固定资产净损益：

借：资产处置收益——处置非流动资产损失　　　　　　　　　　　　5 620
　贷：固定资产清理　　　　　　　　　　　　　　　　　　　　　　5 620

(3) 固定资产盘亏的会计处理　固定资产盘亏造成的损失,应当计入当期损益。企业在财产清查中盘亏的固定资产,按盘亏固定资产的账面价值借记"待处理财产损溢——待处理固定资产损溢"账户,按已计提的累计折旧,借记"累计折旧"账户,按已计提的减值准备,借记"固定资产减值准备"账户,按固定资产原价,贷记"固定资产"账户。

【例2-59】甲房地产开发公司年末对固定资产进行清查时,发现丢失一台冷冻设备。该设备原价52 000元,已计提折旧20 000元,并已计提减值准备12 000元。经查,冷冻设备丢失的原因在于保管员看守不当。经批准,由保管员赔偿5 000元。有关账务处理如下:

(1) 发现冷冻设备丢失时:
借:待处理财产损溢　　　　　　　　　　　　　　　　20 000
　　累计折旧　　　　　　　　　　　　　　　　　　　20 000
　　固定资产减值准备　　　　　　　　　　　　　　　12 000
　贷:固定资产　　　　　　　　　　　　　　　　　　　　52 000

(2) 报经批准后:
借:其他应收款　　　　　　　　　　　　　　　　　　5 000
　　营业外支出——盘亏损失　　　　　　　　　　　　15 000
　贷:待处理财产损溢　　　　　　　　　　　　　　　　　20 000

2.5.4　无形资产

1. 无形资产的确认

(1) 无形资产的概念和特征　无形资产是指企业拥有或者控制的没有实物形态的可辨认非货币性资产,主要包括专利权、非专利技术、商标权、著作权、特许权等。无形资产具有以下特征:

1) 由企业拥有或者控制并能为其带来未来经济利益的资源。
2) 无形资产不具有实物形态。
3) 无形资产具有可辨认性。
4) 无形资产属于非货币性资产。

(2) 无形资产的确认条件　某个项目要确认为无形资产,应符合无形资产的定义,并同时满足下列条件:

1) 与该资产有关的经济利益很可能流入企业。
2) 该无形资产的成本能够可靠地计量。

2. 无形资产的内容

无形资产一般包括专利权、非专利技术、商标权、土地使用权、著作权等。

1) 专利权。专利权是指国家专利主管机关依法授予发明创造专利申请人对其发明创造在法定期限内所享有的专有权利。

2) 非专利技术。非专利技术是指不为外界所知、在生产经营活动中已采用了的、不享有法律保护的各种技术和经验。

3) 商标权。商标权是指专门在某类指定的商品或产品上使用特定的名称或图案的权利。

4) 土地使用权。土地使用权是指国家准许企业在一定期间对国有土地享有开发、利用、经营的权利。

5) 著作权。著作权又称版权,是指作者对其创作的文学、科学和艺术作品依法享有的某些特殊权利。

3. 无形资产的初始计量

无形资产应当按照成本进行初始计量。房地产开发企业取得无形资产的方式不同,其成本构成也不尽相同。

(1) 外购的无形资产　企业外购的无形资产应根据购买过程中所发生的全部支出作为无形资产的取得成本入账。外购无形资产的成本,包括购买价款、相关税费、法律费用以及直接归属于使该项资产达到预定用途所发生的其他支出。

【例2-60】 2013年1月8日,甲房地产开发公司从乙公司购买一项商标权,由于甲房地产开发公司资金周转比较紧张,经与乙公司协议采用分期付款方式支付款项。合同规定,该项商标权总计1 000万元,每年年末付款200万元,5年付清。假定银行同期贷款利率为5%。为了简化核算,假定不考虑其他有关税费(已知5年期,利率5%,其年金现值系数为4.329 5)。未确认融资费用的计算如表2-13所示。

表2-13　未确认融资费用

金额单位:万元

年　份	融资余额	利　率	本年利息 融资余额×利率	付款	还本付款-利息	未确认融资费用 上年余额-本年利息
2013年年初	865.90					134.10
2013年年底	709.19	0.05	43.29	200	156.71	90.81
2014年年底	544.65	0.05	35.46	200	164.54	55.35
2015年年底	371.88	0.05	27.23	200	172.77	28.12
2016年年底	190.48	0.05	18.59	200	181.41	9.53
2017年年底	0	0.05	9.53	200	190.48	0
合计			134.10	1 000	865.91	

账务处理如下:

2013年购入时:

无形资产现值 = 1 000 × 20% × 4.329 5 = 865.9(万元)

未确认融资费用 = 1 000 - 865.9 = 134.1(万元)

借:无形资产——商标权　　　　　　　　　　　　　　　　　　　　　8 659 000
　　未确认融资费用　　　　　　　　　　　　　　　　　　　　　　　1 341 000
　　贷:长期应付款　　　　　　　　　　　　　　　　　　　　　　　10 000 000

2013年年底付款时:

借:长期应付款　　　　　　　　　　　　　　　　　　　　　　　　　2 000 000
　　贷:银行存款　　　　　　　　　　　　　　　　　　　　　　　　2 000 000

借:财务费用　　　　　　　　　　　　　　　　　　　　　　　　　　432 900
　　贷:未确认融资费用　　　　　　　　　　　　　　　　　　　　　432 900

2014年年底付款时：
借：长期应付款　　　　　　　　　　　　　　　　　　　　2 000 000
　　贷：银行存款　　　　　　　　　　　　　　　　　　　　2 000 000
借：财务费用　　　　　　　　　　　　　　　　　　　　　　354 600
　　贷：未确认融资费用　　　　　　　　　　　　　　　　　354 600
2015年年底付款时：
借：长期应付款　　　　　　　　　　　　　　　　　　　　2 000 000
　　贷：银行存款　　　　　　　　　　　　　　　　　　　　2 000 000
借：财务费用　　　　　　　　　　　　　　　　　　　　　　272 300
　　贷：未确认融资费用　　　　　　　　　　　　　　　　　272 300
2016年年底付款时：
借：长期应付款　　　　　　　　　　　　　　　　　　　　2 000 000
　　贷：银行存款　　　　　　　　　　　　　　　　　　　　2 000 000
借：财务费用　　　　　　　　　　　　　　　　　　　　　　185 900
　　贷：未确认融资费用　　　　　　　　　　　　　　　　　185 900
2017年年底付款时：
借：长期应付款　　　　　　　　　　　　　　　　　　　　2 000 000
　　贷：银行存款　　　　　　　　　　　　　　　　　　　　2 000 000
借：财务费用　　　　　　　　　　　　　　　　　　　　　　95 300
　　贷：未确认融资费用　　　　　　　　　　　　　　　　　95 300

（2）自行开发的无形资产　企业自行开发的无形资产，其成本包括自满足无形资产确认条件后至达到预定用途前所发生的支出总额，但是对于以前期间已经费用化的支出不再进行调整。

（3）投资者投入的无形资产　投资者投入的无形资产的入账成本，一般应按照投资合同或协议约定的价值确定，但合同或协议约定价值不公允的除外。

（4）土地使用权的处理　企业取得的土地使用权，通常应当按照取得时所支付的价款及相关税费确认为无形资产。土地使用权用于自行开发建造厂房等地上建筑物时，土地使用权的账面价值不与地上建筑物合并计算其成本，而仍作为无形资产进行核算。但是，如果房地产开发企业取得的土地使用权用于建造对外出售的房屋建筑物的，其相关的土地使用权的价值应当计入所建造的房屋建筑物成本。

【例2-61】2018年1月1日，甲房地产开发公司购入一块土地的使用权，以银行存款转账支付90 000 000元，并在该土地上自行建造厂房等工程，发生材料支出100 000 000元，工资费用50 000 000元，其他相关费用100 000 000元等，该工程已经完工并达到预定可使用状态。假定土地使用权的使用年限为50年，该厂房的使用年限为25年，两者都没有净残值，都采用直线法进行摊销和计提折旧。为简化核算，不考虑其他相关税费。

本例中，甲房地产开发公司购入的土地使用权使用年限为50年，表明它属于使用寿命有限的无形资产,因此,应将该土地使用权和地上建筑物分别作为无形资产和固定资产进行核算,并分别摊销和计提折旧。

甲房地产开发公司的账务处理如下:
(1) 支付转让价款:
借:无形资产——土地使用权　　　　　　　　　　　　　　90 000 000
　　贷:银行存款　　　　　　　　　　　　　　　　　　　　90 000 000
(2) 在土地上自行建造厂房:
借:在建工程　　　　　　　　　　　　　　　　　　　　　250 000 000
　　贷:工程物资　　　　　　　　　　　　　　　　　　　　100 000 000
　　　　应付职工薪酬　　　　　　　　　　　　　　　　　　 50 000 000
　　　　银行存款　　　　　　　　　　　　　　　　　　　　100 000 000
(3) 厂房达到预定可使用状态:
借:固定资产　　　　　　　　　　　　　　　　　　　　　250 000 000
　　贷:在建工程　　　　　　　　　　　　　　　　　　　　250 000 000
(4) 每年分期摊销土地使用权和对厂房计提折旧:
借:管理费用　　　　　　　　　　　　　　　　　　　　　　1 800 000
　　开发间接费用　　　　　　　　　　　　　　　　　　　　10 000 000
　　贷:累计摊销　　　　　　　　　　　　　　　　　　　　 1 800 000
　　　　累计折旧　　　　　　　　　　　　　　　　　　　　10 000 000

4. 无形资产的后续计量

(1) 无形资产后续计量的原则　无形资产初始确认和计量后,在其后使用该项无形资产的期间内应以成本减去累计摊销额和累计减值损失后的余额计量。要确定无形资产在使用过程中的累计摊销额,基础是估计其使用寿命,而使用寿命有限的无形资产才需要在估计使用寿命内采用系统合理的方法进行摊销,对于使用寿命不确定的无形资产则不需要摊销。

(2) 使用寿命有限的无形资产　使用寿命有限的无形资产,应在其预计的使用寿命内采用系统合理的方法对应摊销金额进行摊销。应摊销金额是指无形资产的成本扣除残值后的金额。使用寿命有限的无形资产,其残值一般应当视为零。

1) 摊销期:无形资产的摊销期自其可供使用(即其达到预定用途)时起至终止确认时止。即无形资产摊销的起始和停止日期为:当月增加的无形资产,当月开始摊销;当月减少的无形资产,当月不再摊销。

2) 残值的确定:除下列情况外,无形资产的残值一般为零:①有第三方承诺在无形资产使用寿命结束时购买该项无形资产;②可以根据活跃市场得到无形资产预计残值信息,并且该市场在该项无形资产使用寿命结束时可能存在。无形资产的残值意味着,在其经济寿命结束之前企业预计将会处置该无形资产,并且从该处置中取得利益。

使用寿命有限的无形资产应当在其使用寿命内,采用合理的摊销方法进行摊销。房地产开发企业购入或以支付土地出让金方式取得的土地使用权,在尚未开发或建造自用项目前,作为无形资产核算,并按规定的期限分期摊销;在开发商品房或建造自用项目时,应将土地使用权的账面价值全部转入开发成本或在建工程成本,不再摊销。

【例2-62】 2018年1月1日,甲房地产开发公司购入一项商标权,支付价款3 000万元,款项已支付,估计该商标权的使用寿命为15年。假定这项无形资产的净残值为零,并按直线法摊销。

甲房地产开发公司的账务处理如下:
(1) 取得无形资产时:
借:无形资产——商标权　　　　　　　　　　　　　　　30 000 000
　　贷:银行存款　　　　　　　　　　　　　　　　　　　　30 000 000
(2) 按年摊销时:
借:管理费用——商标权　　　　　　　　　　　　　　　 2 000 000
　　贷:累计摊销　　　　　　　　　　　　　　　　　　　　 2 000 000

(3) 使用寿命不确定的无形资产　根据可获得的相关信息判断,如果无法合理估计某项无形资产的使用寿命的,应作为使用寿命不确定的无形资产进行核算。对于使用寿命不确定的无形资产,在持有期间内不需要摊销,但应当在每个会计期间进行减值测试。

2.6　投资性房地产和其他非流动资产

2.6.1　投资性房地产的特征与范围

1. 投资性房地产的定义及特征

投资性房地产是指为赚取租金或资本增值,或者两者兼有而持有的房地产。投资性房地产主要有以下特征:

1) 投资性房地产是一种经营性活动。

2) 投资性房地产在用途、状态、目的等方面区别于作为生产经营场所的房地产和用于销售的房地产。

3) 投资性房地产有成本、公允价值两种后续计量模式。

2. 投资性房地产的范围

投资性房地产的范围包括已出租的土地使用权、持有并准备增值后转让的土地使用权以及已出租的建筑物。

此外,下列项目不属于投资性房地产:

1) 自用房地产。

2) 作为存货的房地产。

2.6.2　投资性房地产的确认和初始计量

1. 投资性房地产的确认

将某个项目确认为投资性房地产,首先应当符合投资性房地产的概念,其次要同时满足投资性房地产的两个确认条件:

1) 与该投资性房地产相关的经济利益很可能流入企业。

2) 该投资性房地产的成本能够可靠地计量。

2. 投资性房地产的初始计量

投资性房地产应当按照成本进行初始计量。

（1）外购的投资性房地产　外购投资性房地产的成本包括买价、相关税费和可归属于该资产的其他支出。外购的土地使用权和建筑物，按照取得时的实际成本进行初始计量，借记"投资性房地产"账户，贷记"银行存款"等账户。

【例2-63】2018年3月，A房地产开发有限公司计划购入一栋写字楼用于对外出租，3月15日，A房地产开发有限公司与B企业签订了经营租赁合同，约定自写字楼的购买日起将这栋写字楼出租给B企业，租期3年。4月5日，A房地产开发有限公司实际购入写字楼，支付价款共计1 200万元，假设不考虑其他因素，A房地产开发有限公司在4月5日购入写字楼后应做如下会计处理：

如果采用成本模式进行后续计量，则会计分录如下：

借：投资性房地产——写字楼　　　　　　　　　　　　　　　　12 000 000
　　贷：银行存款　　　　　　　　　　　　　　　　　　　　　　12 000 000

如果采用公允价值模式进行后续计量，则会计分录如下：

借：投资性房地产——写字楼（成本）　　　　　　　　　　　　12 000 000
　　贷：银行存款　　　　　　　　　　　　　　　　　　　　　　12 000 000

（2）自行建造的投资性房地产　企业自行建造（或开发，下同）的房地产，只有在自行建造或开发活动完成（即达到预定可使用状态）的同时开始对外出租或用于资本增值，才能将自行建造的房地产确认为投资性房地产。

自行建造投资性房地产，其成本由建造该项资产达到预定可使用状态前发生的必要支出构成。应按照确定的成本，借记"投资性房地产"账户，贷记"在建工程"或"开发产品"账户。

【例2-64】2017年1月，甲房地产开发公司从其他单位购入一块土地的使用权，并在这块土地上开始自行建造三栋厂房。2017年10月，甲房地产开发公司预计厂房即将完工，与乙公司签订了经营租赁合同，将其中的一栋厂房租赁给乙公司使用。租赁合同约定，该厂房于完工（达到预定可使用状态）时开始起租。2017年11月1日。三栋厂房同时完工（达到预定可使用状态）。该块土地使用权的成本为600万元；三栋厂房的实际造价均为1 000万元，能够单独出售。假设甲房地产开发公司采用成本计量模式。

甲房地产开发公司有关投资性房地产业务的账务处理如下：

土地使用权中的对应部分同时转换为投资性房地产 = [600×(1 000÷3 000)] = 200（万元）

借：投资性房地产——厂房　　　　　　　　　　　　　　　　　10 000 000
　　贷：在建工程　　　　　　　　　　　　　　　　　　　　　　10 000 000
借：投资性房地产——已出租土地使用权　　　　　　　　　　　 2 000 000
　　贷：无形资产——土地使用权　　　　　　　　　　　　　　　 2 000 000

2.6.3　投资性房地产的后续计量

投资性房地产的后续计量具有成本和公允价值两种模式，通常应当采用成本模式计量，满足特定条件时可以采用公允价值模式计量。但是同一企业只能采用一种模式对所有投资性房地产进行后续计量，不得同时采用两种后续计量模式。

1. 采用成本模式进行后续计量的投资性房地产

采用成本模式进行后续计量的投资性房地产，应当遵循以下会计处理：

1）外购投资性房地产或自行建造的投资性房地产达到预定可使用状态时，按照其实际成本，借记"投资性房地产"账户，贷记"银行存款""在建工程"等账户。

2）按照固定资产或无形资产的有关规定，按期（月）计提折旧或进行摊销，借记"其他业务成本"等账户，贷记"投资性房地产累计折旧（摊销）"账户。

3）取得的租金收入，借记"银行存款"等账户，贷记"其他业务收入"等账户。

4）投资性房地产存在减值迹象的，应当适用资产减值的有关规定。经减值测试后确定发生减值的，应当计提减值准备，借记"资产减值损失"账户，贷记"投资性房地产减值准备"账户。

【例2-65】 A房地产公司出租给B公司的写字楼，已于2016年12月确认为投资性房地产，采用成本模式进行后续计量。该写字楼的原价为9 000万元，按照直线法计提折旧，使用寿命为20年，预计净残值为零，出租时已提折旧450万元。按照经营租赁合同约定，B公司每月支付A房地产公司租金40万元、增值税6.8万元。2017年年末，这栋写字楼发生减值迹象，经减值调试，其可收回金额为8 000万元。以前未计提减值准备。

A房地产公司2017年的会计分录为

（1）每月计提折旧：

折旧额 = 9 000 ÷ 20 ÷ 12 = 37.5（万元）

借：其他业务成本　　　　　　　　　　　　　　　　　　　　375 000
　　贷：投资性房地产累计折旧　　　　　　　　　　　　　　375 000

（2）确认每月租金：

借：银行存款（或其他应收款）　　　　　　　　　　　　　　468 000
　　贷：其他业务收入　　　　　　　　　　　　　　　　　　400 000
　　　　应交税费——应交增值税（销项税额）　　　　　　　 68 000

（3）计提减值准备：

借：资产减值损失　　　　　　　　　　　　　　　　　　　1 000 000
　　贷：投资性房地产减值准备　　　　　　　　　　　　　1 000 000

2. 采用公允价值模式进行后续计量的投资性房地产

（1）采用公允价值模式进行后续计量的前提条件　企业只有存在确凿证据表明投资性房产的公允价值能够持续可靠取得，才可采用公允价值模式对投资性房地产进行后续计量。采用公允价值模式进行后续计量的投资性房地产，应当同时满足下列条件：

1）投资性房地产所在地有活跃的房地产交易市场。

2）企业能够从活跃的房地产交易市场上取得同类或类似房地产的市场价格及其他相关信息，从而对投资性房地产的公允价值做出合理的估计。

（2）采用公允价值模式进行后续计量的会计处理　采用公允价值模式进行后续计量的投资性房地产，应当遵循以下会计处理：

1）外购投资性房地产或自行建造的投资性房地产达到预定可使用状态时，按照其实际成本，借记"投资性房地产——成本"账户，贷记"银行存款""在建工程"等账户。

2) 不对投资性房地产计提折旧或摊销。企业应当以资产负债表日投资性房地产的公允价值为基础调整其账面价值，公允价值与原账面价值之间的差额计入当期损益。

3) 取得的租金收入，借记"银行存款"等账户，贷记"其他业务收入"等账户。

【例 2-66】 2016 年 8 月，甲房地产开发公司与乙公司签订租赁协议，约定将甲房地产开发公司开发的一栋新装修的写字楼于开发完成的同时开始租赁给乙公司使用，租赁期为 10 年。当年 10 月 1 日，该写字楼开发完成并开始起租，写字楼的造价为 90 000 000 元。由于该栋写字楼地处商业繁华区，所在城区有活跃的房地产交易市场，而且能够从房地产交易市场上取得同类房地产的市场报价，甲房地产开发公司决定采用公允价值模式对该项出租的房地产进行后续计量。2016 年 12 月 31 日，该写字楼的公允价值为 92 000 000 元。2017 年 12 月 31 日，该写字楼的公允价值为 93 000 000 元。

甲房地产开发公司的账务处理如下：

(1) 2016 年 10 月 1 日，甲房地产开发公司开发完成写字楼并出租：

借：投资性房地产——××写字楼（成本）　　　　　90 000 000
　　贷：开发产品　　　　　　　　　　　　　　　　　　90 000 000

(2) 2016 年 12 月 31 日，以公允价值为基础调整其账面价值，公允价值与原账面价值之间的差额计入当期损益：

借：投资性房地产——××写字楼（公允价值变动）　　2 000 000
　　贷：公允价值变动损益　　　　　　　　　　　　　　2 000 000

(3) 2017 年 12 月 31 日，公允价值又发生变动：

借：投资性房地产——××写字楼（公允价值变动）　　1 000 000
　　贷：公允价值变动损益　　　　　　　　　　　　　　1 000 000

2.6.4 投资性房地产的转换和处置

1. 投资性房地产的转换

(1) 房地产的转换形式及转换日　房地产的转换，实质上是因房地产用途发生改变而对房地产进行的重新分类。企业有确凿证据表明房地产用途发生改变，且满足下列条件之一的，应当将投资性房地产转换为其他资产或者将其他资产转换为投资性房地产：

1) 投资性房地产开始自用。
2) 作为存货的房地产改为出租。
3) 自用建筑物或土地使用权停止自用改为出租。
4) 自用土地使用权停止自用改用于资本增值。

(2) 成本模式下的转换

1) 采用成本模式计量的投资性房地产转为自用房地产。企业将采用成本模式计量的投资性房地产转为自用房地产时，应当按该项投资性房地产在转换日的账面余额、累计折旧或摊销、减值准备等，分别转入"固定资产""累计折旧""固定资产减值准备"等账户。按其账面余额，借记"固定资产"或"无形资产"账户，贷记"投资性房地产"账户；按已计提的折旧或摊销，借记"投资性房地产累计折旧（摊销）"账户，贷记"累计折旧"或

"累计摊销"账户;按已计提的减值准备,借记"投资性房地产减值准备"账户,贷记"固定资产减值准备"或"无形资产减值准备"账户。

【例2-67】 2017年7月末,甲房地产开发公司将出租在外的厂房收回,8月1日开始用于本企业的商品开发,该厂房相应由投资性房地产转换为自用房地产。该项房地产在转换前采用成本模式计量,截至2017年7月31日,账面价值为37 650 000元,其中,原价50 000 000元,累计已提折旧12 350 000元。

甲房地产开发公司2017年8月1日的账务处理如下:

借:固定资产	50 000 000
投资性房地产累计折旧	12 350 000
贷:投资性房地产——××厂房	50 000 000
累计折旧	12 350 000

2)作为存货的房地产转换为采用成本模式计量的投资性房地产。企业将作为存货的房地产转换为采用成本模式计量的投资性房地产时,应当按该项存货在转换日的账面价值,借记"投资性房地产"账户;原已计提跌价准备的,借记"存货跌价准备"账户,按其账面余额,贷记"开发产品"等账户。

【例2-68】 2018年3月10日,甲房地产开发公司与乙公司签订了租赁协议,将其开发的一栋写字楼整体出租给乙公司使用,租赁期开始日为2018年4月15日,该写字楼的账面余额为450 000 000元,未计提存货跌价准备,转换后采用成本模式计量。

甲房地产开发公司2018年4月15日的账务处理如下:

借:投资性房地产——××写字楼	450 000 000
贷:开发产品	450 000 000

3)自用土地使用权或建筑物转换为以成本模式计量的投资性房地产。企业将自用土地使用权或建筑物转换为以成本模式计量的投资性房地产时,应当按该项土地使用权或建筑物在转换日的原价、累计折旧、减值准备等,分别转入"投资性房地产""投资性房地产累计折旧(摊销)""投资性房地产减值准备"账户,按其账面余额,借记"投资性房地产"账户,贷记"固定资产"或"无形资产"账户,按已计提的折旧或摊销,借记"累计折旧"或"累计摊销"账户,贷记"投资性房地产累计折旧(摊销)"账户;原已计提减值准备的,借记"固定资产减值准备"或"无形资产减值准备"账户,贷记"投资性房地产减值准备"账户。

【例2-69】 甲房地产开发公司拥有一栋办公楼,用于本公司总部办公。2017年3月10日,甲房地产开发公司与乙公司签订了经营租赁协议,将这栋办公楼整体出租给乙公司使用,租赁期开始日为2017年4月15日。2017年4月15日,这栋办公楼的账面余额为450 000 000元,已计提折旧3 000 000元。假设甲房地产开发公司所在城市没有活跃的房地产交易市场。

甲房地产开发公司2017年4月15日的账务处理如下:

借:投资性房地产——××写字楼	450 000 000
累计折旧	3 000 000
贷:固定资产	450 000 000
投资性房地产累计折旧	3 000 000

(3) 公允价值模式下的转换

1) 采用公允价值模式计量的投资性房地产转为自用房地产。企业将采用公允价值模式计量的投资性房地产转换为自用房地产时，应当以其转换当日的公允价值作为自用房地产的账面价值，公允价值与原账面价值的差额计入当期损益。转换日，按该项投资性房地产的公允价值，借记"固定资产"或"无形资产"账户；按该项投资性房地产的成本，贷记"投资性房地产（成本）"账户，按该项投资性房地产的累计公允价值变动，贷记或借记"投资性房地产（公允价值变动）"账户，按其差额，贷记或借记"公允价值变动损益"账户。

【例2-70】 2017年10月15日，甲房地产开发公司因租赁期满，将出租的写字楼收回，准备作为办公楼用于本公司的行政管理。2017年12月1日，该写字楼正式开始自用，相应由投资性房地产转换为自用房地产，当日的公允价值为48 000 000元。该项房地产在转换前采用公允价值模式计量，原账面价值为47 500 000元，成本为45 000 000元，公允价值变动为增值2 500 000元。

甲房地产开发公司的账务处理如下：

借：固定资产　　　　　　　　　　　　　　　　　　　　48 000 000
　　贷：投资性房地产——写字楼（成本）　　　　　　　　45 000 000
　　　　　　　　　　——写字楼（公允价值变动）　　　 2 500 000
　　　　公允价值变动损益　　　　　　　　　　　　　　　　 500 000

2) 作为存货的房地产转换为采用公允价值模式计量的投资性房地产。企业将作为存货的房地产转换为采用公允价值模式计量的投资性房地产时，应当按该项房地产在转换日的公允价值，借记"投资性房地产（成本）"账户；原已计提跌价准备的，借记"存货跌价准备"账户，按其账面余额，贷记"开发产品"等账户。同时，转换日的公允价值小于账面价值的，按其差额，借记"公允价值变动损益"账户；转换的公允价值大于账面价值的，按其差额，贷记"资本公积——其他资本公积"账户。待该项投资性房地产处置时，因转换计入资本公积的部分应转入当期的其他业务收入，借记"资本公积——其他资本公积"账户，贷记"其他业务收入"账户。

【例2-71】 承例2-69账户，假设转换后采用公允价值模式计量，2017年4月15日该写字楼的公允价值为410 000 000元，2017年12月31日，该项投资性房地产的公允价值为430 000 000元。2018年4月租赁期届满，甲房地产开发公司收回该项投资性房地产，并于2018年6月以460 000 000元出售，出售款项已收讫。

甲房地产开发公司的账务处理如下：

(1) 2017年4月15日：

借：投资性房地产——××写字楼（成本）　　　　　　410 000 000
　　公允价值变动损益　　　　　　　　　　　　　　　　40 000 000
　　贷：开发产品　　　　　　　　　　　　　　　　　　450 000 000

(2) 2017年12月31日：

借：投资性房地产——××写字楼（公允价值变动）　　 20 000 000
　　贷：公允价值变动损益　　　　　　　　　　　　　　 20 000 000

(3) 2018年6月，出售时：

借：银行存款 460 000 000
　　贷：其他业务收入 460 000 000
借：其他业务成本 430 000 000
　　贷：投资性房地产——××写字楼（成本） 410 000 000
　　　　　　　　——××写字楼（公允价值变动） 20 000 000

同时，将投资性房地产累计公允价值变动转入其他业务收入：

公允价值变动减值40 000 000元 – 公允价值变动增值20 000 000元 = 累计公允价值变动减值20 000 000元。

借：其他业务收入 20 000 000
　　贷：公允价值变动损益 20 000 000

【例2-72】　承上例，假设转换后采用公允价值模式计量，2017年4月15日该写字楼的公允价值为470 000 000元。2017年12月31日，该项投资性房地产的公允价值为480 000 000元。2018年4月租赁期届满，甲房地产开发公司收回该项投资性房地产，并于2018年6月以550 000 000元出售，出售款项已收讫。

甲房地产开发公司的账务处理如下：

(1) 2017年4月15日：

借：投资性房地产——××写字楼（成本） 470 000 000
　　贷：开发产品 450 000 000
　　　　资本公积——其他资本公积 20 000 000

(2) 2017年12月31日：

借：投资性房地产——××写字楼（公允价值变动） 10 000 000
　　贷：公允价值变动损益 10 000 000

(3) 2018年6月，出售时：

借：银行存款 550 000 000
　　贷：其他业务收入 550 000 000
借：其他业务成本 480 000 000
　　贷：投资性房地产——××写字楼（成本） 470 000 000
　　　　　　　　——××写字楼（公允价值变动） 10 000 000

同时，将投资性房地产累计公允价值变动转入其他业务收入：

借：公允价值变动损益 10 000 000
　　贷：其他业务收入 10 000 000

同时，将转换时原计入资本公积的部分转入其他业务收入：

借：资本公积——其他资本公积 20 000 000
　　贷：其他业务收入 20 000 000

3）自用土地使用权或建筑物转换为采用公允价值模式计量的投资性房地产。企业将自用土地使用权或建筑物转换为采用公允价值模式计量的投资性房地产时，应当按该项土地使用权或建筑物在转换日的公允价值，借记"投资性房地产（成本）"账户，按其账面余额，贷记"固定资产"或"无形资产"账户；按已计提的累计摊销或累计折旧，借记"累计摊销"或"累计折旧"账户，原已计提减值准备的，借记"无形资产减值准备""固定资产减值准备"账户，同时转换日的公允价值小于账面价值的，按其差额，借记"公允价值变动损益"账户；转换日的公允价值大于账面价值的，按其差额，贷记"资本公积——其他资本公积"账户。待该项投资性房地产处置时，因转换计入资本公积的部分应转入当期的其他业务收入，借记"资本公积——其他资本公积"账户，贷记"其他业务收入"账户。

【例2-73】 2017年6月，甲房地产开发公司打算搬迁至新建办公楼，由于原办公楼处于商业繁华地段，甲房地产开发公司准备将其出租，以赚取租金收入。2017年10月，甲房地产开发公司完成了搬迁工作，原办公楼停止自用。2017年12月，甲房地产开发公司与乙公司签订了租赁协议，将其原办公楼租赁给乙公司使用，租赁期开始日为2018年1月1日，租赁期限为3年。在本例中，甲房地产开发公司应当于租赁期开始日（2018年1月1日）将自用房地产转换为投资性房地产。由于该办公楼处于商业区，房地产交易活跃，该公司能够从市场上取得同类或类似房地产的市场价格及其他相关信息，假设甲房地产开发公司对出租的办公楼采用公允价值模式计量。假设2018年1月1日，该办公楼的公允价值为350 000 000元，其原价为500 000 000元，已提折旧142 500 000元。

甲房地产开发公司2018年1月1日的账务处理如下：

借：投资性房地产——××办公楼（成本）　　　　350 000 000
　　公允价值变动损益　　　　　　　　　　　　　　7 500 000
　　累计折旧　　　　　　　　　　　　　　　　　142 500 000
　贷：固定资产　　　　　　　　　　　　　　　　500 000 000

2. 投资性房地产的处置

投资性房地产的处置包括以下原因引起的投资性房地产的减少：

1）对外出售或转让的投资性房地产，取得投资收益。

2）由于使用而不断磨损直到最终报废，或者遭受自然灾害等非正常损失发生毁损的投资性房地产。

3）因其他原因引起的投资性房地产的减少，如非货币性交换、债务重组等而减少的投资性房地产。

当投资性房地产被处置时，应当终止确认该投资性房地产，并将处置收入扣除其账面价值和相关税费后的金额计入当期损益。

（1）成本模式计量的投资性房地产　处置采用成本模式计量的投资性房地产时，应当按实际收到的金额，借记"银行存款"等账户，贷记"其他业务收入"账户。按该项投资性房地产的累计折旧或累计摊销，借记"投资性房地产累计折旧（摊销）"账户；按该项投资性房地产的账面余额，贷记"投资性房地产"账户；按该项投资性房地产的账面余额，借记"其他业务成本"账户。已计提减值准备的，还应同时结转减值准备。

【例 2-74】 甲房地产开发公司将其确认为投资性房地产并采用成本模式计量的写字楼，于租赁期届满时出售给乙公司。合同价款为 15 000 万元，增值税 80 万元，乙公司已用银行存款支付。出售时，该栋写字楼的成本为 14 000 万元，已计提折旧 1 500 万元。

甲房地产开发公司的会计分录为

借：银行存款	150 800 000
贷：其他业务收入	150 000 000
应交税费——应交增值税（销项税额）	800 000
借：其他业务成本	125 000 000
投资性房地产累计折旧	15 000 000
贷：投资性房地产——写字楼	140 000 000

（2）公允价值模式计量的投资性房产 处置采用公允价值模式计量的投资房地产时，应按实际收到的金额，借记"银行存款"等账户，贷记"其他业务收入"账户。按该项投资性房地产的账面余额，借记"其他业务成本"账户，按其成本，贷记"投资性房地产（成本）"账户，按其累计公允价值变动，贷记或借记"投资性房地产（公允价值变动）"账户；同时按该项投资性房地产的公允价值变动，借记或贷记"公允价值变动损益"账户，贷记或借记"其他业务收入"账户。按该项投资性房地产在转换日计入资本公积的金额，借记"资本公积——其他资本公积"账户，贷记"其他业务收入"账户。

【例 2-75】 甲房地产开发公司将其出租的一栋写字楼确认为投资性房地产。租赁期满后，甲房地产开发公司将该栋写字楼出售给乙公司，合同价款为 300 000 000 元，乙公司已用银行存款付清。

（1）假设这栋写字楼原采用成本模式计量。出售时，该栋写字楼的成本为 280 000 000 元，已计提折旧 30 000 000 元。

甲房地产开发公司的账务处理如下：

借：银行存款	300 000 000
贷：其他业务收入	300 000 000
借：其他业务成本	250 000 000
投资性房地产累计折旧	30 000 000
贷：投资性房地产——××写字楼	280 000 000

（2）假设这栋写字楼原采用公允价值模式计量。出售时，该栋写字楼的成本为 210 000 000 元，公允价值变动借方余额 40 000 000 元。

甲房地产开发公司的账务处理如下：

借：银行存款	300 000 000
贷：其他业务收入	300 000 000
借：其他业务成本	250 000 000
贷：投资性房地产——××写字楼（成本）	210 000 000
——××写字楼（公允价值变动）	40 000 000

2.6.5 其他非流动资产

房地产企业的其他非流动资产是指除可供出售金融资产、持有至到期投资、长期股权投资、投资性房地产、固定资产、在建工程、无形资产以外的非流动资产,包括长期应收款、商誉和临时设施等。

1. 长期应收款

长期应收款包括融资租赁产生的应收款、采用递延方式具有融资性质的销售商品和提供劳务等产生的应收款项。房地产销售主要采用预售方式,一般不采用递延方式。

2. 商誉

非同一控制下的企业合并采用购买法进行会计处理,不论购买方支付的合并对价还是取得的被购买方的资产、负债及净资产,均以公允价值计量,购买方的合并成本大于所取得的被购买方净资产公允价值份额的差额应确认为商誉;如果购买方的合并成本小于所取得的被购买方净资产公允价值份额,则其差额应当确认为营业外收入,计入当期损益,不得作为商誉的抵减项目。合并成本是指购买方在购买日为取得对被购买方的控制权而付出的资产、发生或承担的负债以及发行的权益性证券的公允价值之和。

可见,商誉是在非同一控制下企业合并中形成的,购买方的合并成本大于所取得的被购买方净资产公允价值份额的差额应确认为商誉。

【例2-76】2018年1月1日,A房地产公司吸收合并B房地产公司,A房地产公司用银行存款支付价款500万元,支付与合并直接相关的费用0.6万元。B房地产公司可辨认资产公允价值为900万元,其中银行存款120万元、应收账款160万元、原材料80万元、库存商品140万元、固定资产400万元;负债的公允价值为460万元,其中,短期借款50万元、应付账款110万元、长期借款300万元。不考虑所得税影响,则A房地产公司会计处理如下:

商誉 = 500 − (900 − 460) = 60(万元)

借:管理费用		6 000
贷:银行存款		6 000
借:银行存款		1 200 000
应收账款		1 600 000
原材料		800 000
库存商品		1 400 000
固定资产		4 000 000
商誉		600 000
贷:短期借款		500 000
应付账款		1 100 000
长期借款		3 000 000
银行存款		5 000 000

3. 临时设施

临时设施是指房地产企业为保证开发经营活动的正常进行而在开发现场建造的生产和生

活用的各种临时性简易设施,包括开发现场的办公室、休息室、仓库、临时道路、围墙、给排水管道、临时宿舍及食堂等。

由于临时设施价值较高、使用期限较长、可以多次装拆组合用于多个开发项目,因此,房地产企业的临时设施可以比照固定资产初始计量、后续计量和处置的会计处理,在"固定资产""累计折旧"和"固定资产清理"账户核算。而从会计核算的实际情况来看,考虑到临时设施的特殊性,建筑企业往往将临时设施单独核算,专门设置"临时设施""临时设施摊销"账户核算临时设施的成本和摊销,但其日常计量、摊销和后续支出及处置等均遵循固定资产的相关规定。

(1) 临时设施的购建　房地产企业购入的临时设施,应按实际支出借记"临时设施"账户,贷记"银行存款"账户。房地产企业自行搭建的临时设施,应先通过"在建工程"账户核算,待达到预定可使用状态时,再将其建造成本转入"临时设施"账户的借方。

(2) 临时设施的摊销　临时设施的价值应在开发建造期间按月摊销,由于临时设施是为开发建造现场服务的,因此其摊销额应计入开发间接费用。摊销方法可以比照固定资产折旧的年限平均法或工作量法。按月计提的摊销额在借记"开发成本""开发间接费用"等账户的同时,贷记"临时设施摊销"账户。

(3) 临时设施的清理　企业在某个开发项目开发建造完成后,应将临时设施出售、拆除或报废,称为临时设施清理。

对于那些价值不是很高、使用期限相对较短、不能多次装拆组合、仅为某个开发建造项目服务的临时设施,也可以在发生时一次计入受益开发项目的"开发间接费"成本项目,计入开发成本。

思 考 题

1. 简述货币资金的组成。
2. 货币资金收付业务通过银行办理转账结算的方式有哪些?
3. 简述房地产开发企业存货的概念和分类。
4. 存货取得与发出的计价方法有哪些?
5. 原材料按实际成本核算与按计划成本核算在账户设置和会计处理上有什么区别?
6. 简述金融资产的分类和各类金融资产的概念。
7. 简述固定资产的折旧方法有哪些?
8. 简述无形资产的概念及其特征。
9. 长期股权投资的概念是什么?
10. 简述投资性房地产的概念和确认条件。

练 习 题

1. 某房地产开发企业 2018 年 3 月份的有关业务如下:
(1) 3 月 3 日,职工王刚因公出差,预借差旅费 400 元,以现金支付。
(2) 3 月 9 日,签发现金支票一张,提取现金 40 000 元,以备发放工资。
(3) 3 月 10 日,以现金 40 000 元发放本月工资。

（4）3月15日，以现金支付厂部办公用品费100元。

（5）3月18日，职工王刚出差回来，报差旅费350元，交回现金50元。

（6）3月22日，向银行借入短期借款30 000元，存入银行。

（7）3月31日，收到应收账款10 000元，存入银行。

要求：根据上述资料，编制该企业的会计分录。

2. 某房地产开发公司2017年10月1日购入A股票2 000股，作为交易性金融资产，当时每股市价5元，交易费用200元，12月31日，市价为每股5.5元。2018年3月1日以市价每股5.2元的价格出售。

要求：编制出相关的会计分录。

3. A企业2015年1月2日购入N企业2015年1月1日发行的3年期债券，票面利率4%，债券面值1 000元，A企业支付价款1 028.29万元，债券的实际利率为3%。该债券每年付息一次（1月1日），最后一年还本金并付最后一次利息。假定A企业按年计算利息。

要求：编制A企业2015年1月2日至2018年1月1日与债券投资有关的会计分录。

4. 宏坤房地产开发公司3月份A材料购入和领用情况如表2-14所示。

表2-14 3月份A材料购入和领用情况

数量单位：kg　　　　　　　　　　　　　　　金额单位：元

日期	摘要	收入			发出			结存		
		数量	单价	金额	数量	单价	金额	数量	单价	金额
1	期初							1 000	50	50 000
5	发出				800			200		
8	购入	500	40	20 000				700		
10	发出				400			300		
25	购入	800	45	36 000				1 100		

要求：分别用先进先出法、加权平均法计算本月发出A材料的成本及月末结存成本。

5. 某企业2017年发生下列固定资产增加业务：

（1）4月10日，接受国家投入营业用房一幢，价值1 100 000元，已交付使用。

（2）4月15日，购入汽车一辆，价款300 000元，运费、保险费共计6 000元，用银行存款支付，汽车已投入使用。

（3）4月20日，购入不需安装的设备一台，价款50 000元，包装费、运费、保险费共计1 000元，用银行存款支付。

（4）4月30日，融资租入设备一台，租赁协议价款500 000元，以转账支票支付运费、包装费4 000元，设备不需安装即可投入使用。企业以银行存款支付第一期租赁费50 000元。

要求：根据上述经济业务编制会计分录。

6. 武汉长开房地产集团公司于2015年1月1日，将一幢商品房对外出租并采取公允价值模式计量，租期为3年，每年12月1日收取租金150万元，出租时，该幢商品房的成本为3 000万元，公允价值为3 200万元。2015年12月31日，该幢房的公允价值为3 150万元，2016年12月31日，该幢房的公允价值为3 120万元，2017年12月31日，该幢房的公允价值为3 050万元，2018年1月6日，该幢商品房对外出售，收到3 080万元存入银行。

要求：编制武汉长开房地产集团公司上述经济业务的会计分录（假设按年确认公允价值变动损益和确认租金收入）。

第 3 章　负债与所有者权益

本章导读

企业的负债包括流动负债和非流动负债。流动负债包括短期借款、应付账款、预收账款、应付票据、应付职工薪酬、应交税费、应付利息、其他应付款等；非流动负债则包括长期借款、长期应付款等。

表 3-1 为万科集团 2016 年年报中所列示负债类有关财务指标变动情况[一]。

表 3-1　负债类有关财务指标变动情况

单位：万元

项　目	2016 年 12 月 31 日	2015 年 12 月 31 日	变动幅度
短期借款	1 657 658.92	190 008.80	772.41%
应付票据	360 383.91	1 674 473.29	−78.48%
应付账款	13 804 756.25	9 144 645.84	50.96%
应付利息	37 837.49	23 157.59	63.39%
其他应付款	10 658 025.72	6 235 022.43	70.94%
长期借款	5 640 606.13	3 382 858.42	66.74%
应付债券	2 910 837.58	1 901 581.23	53.07%
其他非流动负债	286 199.95	137 807.56	107.68%

在万科集团的企业年报"经营和财务状况的分析"部分，对企业的负债情况进行了简要说明，具体情况如下：

1. 负债率

截至 2016 年年底，本集团有息负债合计人民币 1 288.6 亿元，占总资产的比例为 15.5%（2015 年年底为 13.0%）。

2. 融资成本

本集团和各类金融机构长期保持良好的合作关系，报告期内，本集团充分发挥自身的资金和信用优势，总体融资成本控制在较低水平。

[一]　导读中所列数据来自万科集团 2016 年年报。

3. 有息负债分析

截至报告期末，本集团有息负债以中长期负债为主。有息负债中，短期借款和一年内到期的有息负债合计人民币 433.5 亿元，占比为 33.6%；一年以上有息负债人民币 855.1 亿元，占比为 66.4%。

分利率类型来看，有息负债中，固定利率负债占比 44.1%，浮动利率负债占比 55.9%。有抵押的有息负债人民币 19.9 亿元，占总体有息负债的 1.6%。

分融资对象来看，银行借款占比为 58.6%，应付债券占比为 24.5%，其他借款占比为 16.9%。

分境内境外来看，境内负债占比 64.6%，境外负债占比 35.4%。人民币负债占比 66.2%，外币负债占比 33.8%。2016 年，外币负债较 2015 年增长较快，主要受本集团国际化战略推进及跨境并购增加所致。

万科集团的年度报告对负债情况进行了详细分析，由此可以看出，企业的负债直接影响企业整体资本运营与财务状况，本章将对房地产企业的负债部分进行详细说明。

3.1 流动负债

3.1.1 流动负债的含义

房地产开发企业负债按照承担经济义务期限的长短，分为流动负债和非流动负债。根据《企业会计准则》对流动负债的定义，流动负债是指将在 1 年或者超过 1 年的经营周期内偿还的债务，包括短期借款、应付票据、应付账款、预收账款、应付职工薪酬、应交税费等。

3.1.2 短期借款

按照现行会计制度的规定，短期借款是指企业借入的期限在 1 年以内（含 1 年）的各种借款。根据房地产企业产品开发经营周期较长的特点，对期限超过 1 年的流动资金借款，如属经营周期内偿还的债务，仍可考虑将它列作短期借款。

凡借入的短期借款，应在银行将贷款转入企业的存款户时，借记"银行存款"账户，贷记"短期借款"账户。对于银行借款而发生的利息支出，作为期间费用，在借款受益期内计入当期的财务费用。短期借款到期偿还时，借记"短期借款"账户，贷记"银行存款"账户。

3.1.3 应付票据

应付票据是由出票人出票，委托付款人在指定日期无条件支付特定金额给收款人或持票人的票据。企业应设置"应付票据"账户进行核算。应付票据按是否带息分为带息应付票据和不带息应付票据。其中，不带息应付票据，其面值是票据到期时的应付金额；而带息票据，其票据的面值就是票据的现值。由于我国商业汇票期限较短，因此，通常在期末，对尚未支付的应付票据计提利息，计入当期财务费用；票据到期支付票款时，尚未计提的利息部分直接计入当期财务费用。

开出并承兑的商业承兑汇票如果不能如期支付的，应在票据到期时，将"应付票据"

账面价值转入"应付账款"账户,待协商后再行处理。如果重新签发新的票据以清偿原应付票据的,再从"应付账款"账户转入"应付票据"账户。企业无力支付到期银行承兑汇票,在接到银行转来的"××号汇票无款支付转入逾期贷款户"等有关凭证时,借记"应付票据"账户,贷记"短期借款"账户。对计收的利息,按短期借款利息的处理办法处理。

3.1.4 应付账款及预收账款

1. 应付账款

房地产开发企业应付账款是指企业因购买材料、商品和接受劳务供应等应支付给供应商的款项,以及因出包工程而应付给其他单位的工程价款等。

房地产开发企业为了核算各项应付账款应设置"应付账款"总账账户。企业如果未设"预付账款"账户,则发生的预付账款也可以在本账户核算,该账户应按应付账款的对方单位设置明细账,进行明细核算,如"应付账款——××单位"账户。

(1) 应付购货款的核算　应付账款入账时间的确定,应以与所购买的物资的所有权有关的风险和报酬已经转移或劳务已经接受为标志。在实际工作中应区别不同情况处理:

1) 在货款和发票账单同时到达的情况下,待货物验收入库后按发票账单登记入账。

2) 在物资和发票账单不是同时到达的情况下,如发票账单先到,则根据发票账单金额登记入账;如物资先到,为了简化核算,一般待发票账单到达后再据以入账。如果至月末发票账单尚未到达,则应将所购物资暂估入账,下月月初再以红字冲销暂估款,等发票账单到达后再按实际应付款项确定。

【例3-1】甲房地产开发公司2017年3月2日购入材料一批,价款40 000元,增值税税率为17%,付款条件为10天内付款给予2%的折扣,甲房地产开发企业3月10日付清所有款项,材料已验收入库(现金折扣不考虑增值税)。

企业应编制如下会计分录:

(1) 材料验收入库时:

借:材料采购　　　　　　　　　　　　　　　　　　　　　40 000
　　应交税费——应交增值税(进项税额)　　　　　　　　　6 800
　　贷:应付账款　　　　　　　　　　　　　　　　　　　　46 800

(2) 3月10日支付价款时:

借:应付账款　　　　　　　　　　　　　　　　　　　　　46 800
　　贷:财务费用　　　　　　　　　　　　　　　　　　　　　800
　　　　银行存款　　　　　　　　　　　　　　　　　　　　46 000

(2) 出包工程的应付工程价款核算　房地产开发企业出包工程,一般是先预付给承包单位一部分款项,待工程完工结算(或按期结算)时,再确认应付工程价款。为了简化核算可以将预付工程款和应付工程款合并在"应付账款"一个账户核算。

企业预付工程款时登记在"应付账款"账户的借方。待工程完工结算时(或结算本月完工部分的工程价款时),将应付工程价款登记在"应付账款"账户的贷方,用该账户的贷方发生额减去借方发生额,就是应向工程承包单位补付的款项。

【例3-2】 某房地产开发公司将一项开发的房屋建筑工程承包给S单位，按合同规定先预付工程款130 000元，预付备料款180 000元，工程完工后收到S单位送达的"工程价款结算账单"，确认该项工程价款总计470 000元。该公司应做如下会计分录：

(1) 公司按合同向承包单位预付工程款和备料款时：
借：应付账款——S单位　　　　　　　　　　　　　310 000
　　贷：银行存款　　　　　　　　　　　　　　　　　　310 000
(2) 工程完工，结算工程价款时：
借：开发成本——房屋开发　　　　　　　　　　　470 000
　　贷：应付账款——S单位　　　　　　　　　　　　　470 000
(3) 向A单位补付工程价款时：
借：应付账款——S单位　　　　　　　　　　　　　160 000
　　贷：银行存款　　　　　　　　　　　　　　　　　　160 000

2. 预收账款

预收账款是指房地产开发企业按照合同或协议规定向购房单位或个人预收的购房订金，以及代委托单位开发建设项目，按双方合同规定向委托单位预收的开发建设资金。

当房地产开发企业预收购房单位或个人的购房订金时，根据收款通知及有关凭证，借记"银行存款"账户，贷记"预收账款"账户。当商品房竣工移交购房单位或个人时，应按商品房售价结算，借记"应收账款"账户，贷记"主营业务收入"账户，同时将预收购房订金予以抵减冲销，借记"预收账款"账户，贷记"应收账款"账户。预收账款不多的企业，可以不设置"预收账款"账户，直接记入"应收账款"账户的贷方。

【例3-3】 甲房地产开发公司接受某公司的委托对其办公大楼进行大修，合同规定预收代建工程修理资金600 000元，并收到委托单位拨来的材料一批价值50 000元，该项工程竣工并验收交付委托单位，实际应收工程价款680 000元，同时收到转账支票结清代建工程款。会计分录如下（暂不考虑增值税）：

(1) 借：银行存款　　　　　　　　　　　　　　　600 000
　　　　贷：预收账款　　　　　　　　　　　　　　　　600 000
(2) 借：原材料　　　　　　　　　　　　　　　　50 000
　　　　贷：预收账款　　　　　　　　　　　　　　　　50 000
(3) 借：应收账款　　　　　　　　　　　　　　　680 000
　　　　贷：主营业务收入　　　　　　　　　　　　　　680 000
同时：
　　借：预收账款　　　　　　　　　　　　　　　650 000
　　　　贷：应收账款　　　　　　　　　　　　　　　　650 000
(4) 借：银行存款　　　　　　　　　　　　　　　30 000
　　　　贷：应收账款　　　　　　　　　　　　　　　　30 000

3.1.5　应付职工薪酬

职工薪酬是指企业为获得职工提供的服务而给予各种形式的报酬以及其他相关支出。职工薪酬包括职工工资、奖金、津贴和补贴，职工福利费，医疗保险费、养老保险费、失业保险费、工伤保险费和生育保险费等社会保险费，住房公积金，工会经费和职工教育经费，非货币性福利，因解除与职工的劳动关系给予的补偿（亦称辞退福利），其他与获得职工提供的服务相关的支出。

1. 职工薪酬的确认和计量

（1）货币性职工薪酬的计量　对于货币性薪酬，在确定应付职工薪酬和应当计入成本费用的职工薪酬金额时，企业应当区分以下两种情况：

1）具有明确计提标准的货币性薪酬。其中：①"五险一金"。对于医疗保险费、养老保险费、失业保险费、工伤保险费、生育保险费和住房公积金，企业应当按照国务院、所在地政府或企业年金计划规定的标准计量应付职工薪酬义务和应相应计入成本费用的薪酬金额。②工会经费和职工教育经费。企业应当按照国家相关规定，分别按照职工工资总额的 2% 和 1.5% 计量应付职工薪酬（工会经费、职工教育经费）义务金额和应相应计入成本费用的薪酬金额；从业人员技术要求高、培训任务重、经济效益好的企业，可根据国家相关规定，按照职工工资总额的 2.5% 计算应计入成本费用的职工教育经费。按照明确标准计算确定应承担的职工薪酬义务后，再根据受益对象计入相关资产的成本或当期费用。

2）没有明确计提标准的货币性薪酬。企业应当根据历史经验数据和自身实际情况，计算确定应付职工薪酬金额和应计入成本费用的薪酬金额。

（2）非货币性职工薪酬的计量　企业以自产产品或外购商品作为非货币性福利发放给职工的，应当根据受益对象，按照该产品的成本和相关税费，计入相关资产成本或当期费用，同时确认应付职工薪酬。

2. 职工薪酬的主要会计处理

企业根据有关规定应付给职工的各种薪酬在"应付职工薪酬"账户下按"工资""职工福利""社会保险费""住房公积金""工会经费""职工教育经费""解除职工劳动关系补偿""股份支付"等项目进行明细核算。

计提职工薪酬时，借记有关成本费用账户，贷记"应付职工薪酬——工资"账户。企业向职工支付工资、奖金、津贴等，通过"应付职工薪酬——工资"账户进行核算。每月发放工资以前，应根据工资结算汇总表中的应发金额总数，向银行提取现金，借记"库存现金"账户，贷记"银行存款"账户。支付工资时，根据工资结算单中盖章签收的实付工资额，借记"应付职工薪酬——工资"账户，贷记"库存现金"账户；应从应付工资中扣还的各种款项（代垫的家属药费、个人所得税等），应根据工资结算汇总表中的代扣金额，借记"应付职工薪酬——工资"账户，贷记"其他应收款""应交税费——应交个人所得税"等账户。月份终了，应将本月发生的工资进行分配。

职工福利费是企业准备用于企业职工福利方面的资金，主要用于职工个人的福利，通过"应付职工薪酬——职工福利"账户进行核算。该账户贷方登记提取的福利费，借方登记使用、支付的福利费，余额一般在贷方，表示期末结余的福利费数额。企业向职工支付职工福利费，借记"应付职工薪酬——职工福利"账户，贷记"银行存款""库存现金"等账户。

【例3-4】甲房地产开发公司2017年6月30日计算的应付工资为16 480元。其中,开发项目现场管理机构人员的工资为8 500元,专设销售机构人员的工资为5 200元,企业行政管理人员的工资为2 600元,长期病假人员的工资为180元。本月代扣款项合计280元,企业提取现金16 200元用于发放本月工资。有关账务处理如下:

(1) 从银行提取现金时:

借:库存现金　　　　　　　　　　　　　　　　　　　　　　　16 200
　　贷:银行存款　　　　　　　　　　　　　　　　　　　　　　16 200

(2) 根据工资结算单,分配本月工资:

借:开发间接费用　　　　　　　　　　　　　　　　　　　　　　8 500
　　销售费用　　　　　　　　　　　　　　　　　　　　　　　　5 200
　　管理费用——公司经费　　　　　　　　　　　　　　　　　　2 600
　　　　　　——劳动保险费　　　　　　　　　　　　　　　　　　180
　　贷:应付职工薪酬——工资　　　　　　　　　　　　　　　　16 480

(3) 根据工资结算单,计提本月职工福利费(按14%提取):

借:开发间接费用　　　　　　　　　　　　　　　　　　　　1 190.00
　　销售费用　　　　　　　　　　　　　　　　　　　　　　　728.00
　　管理费用——公司经费　　　　　　　　　　　　　　　　　364.00
　　　　　　——劳动保险费　　　　　　　　　　　　　　　　　25.20
　　贷:应付职工薪酬——职工福利　　　　　　　　　　　　2 307.20

(4) 实际发放工资时:

借:应付职工薪酬——工资　　　　　　　　　　　　　　　　16 200
　　贷:库存现金　　　　　　　　　　　　　　　　　　　　　16 200
借:应付职工薪酬——工资　　　　　　　　　　　　　　　　　　280
　　贷:其他应付款　　　　　　　　　　　　　　　　　　　　　280

3.1.6 应交税费

应交税费是指房地产开发企业按照规定应向国家缴纳的各种税金,包括增值税、消费税、土地增值税、房产税、土地使用税、车船税、印花税、企业所得税、城市维护建设税、教育费附加等。

为了核算房地产开发企业应缴纳的各种税金的计算和实际缴纳情况,应设置"应交税费"账户。该账户贷方登记经计算的各种应缴纳税金,借方登记实际缴纳的各种税金,贷方余额反映应缴纳而未缴纳的各种税金。为了详细反映各种应缴纳税金的核算情况,在该账户下应按照税种,分别设置"应缴增值税""应交土地增值税""应交城市维护建设税""应交土地使用税""应交所得税"等若干明细账户。但是房地产企业所缴纳的印花税、耕地占用税以及其他不需预计缴纳的税金,不通过"应交税费"账户核算。

1. 增值税

2016年4月30日,我国废止了营业税的征收。从2016年5月1日起全面推行营业税改征增值税的试点,房地产企业由营业税纳税人改为增值税纳税人。

(1) 增值税的纳税人和扣缴义务人 在中华人民共和国境内销售货物，提供劳务，销售服务、无形资产或者不动产的单位和个人，为增值税纳税人。纳税人分为一般纳税人和小规模纳税人。

应税行为的年应征增值税销售额（以下简称应税销售额）超过财政部和国家税务总局规定标准的纳税人为一般纳税人，未超过规定标准的纳税人为小规模纳税人。年应税销售额超过规定标准但不经常发生应税行为的单位和个体工商户可选择按照小规模纳税人纳税。

(2) 增值税的税率和征收率

1）一般纳税人销售或进口粮食、食用植物油、自来水、暖气、冷气、热水、煤气、石油液化气、天然气、沼气、居民用煤炭制品、图书、报纸、杂志、饲料、化肥、农药、农机、农膜、农业产品以及国务院规定的其他货物，税率为11%；提供交通运输、邮政、基础电信、建筑、不动产租赁服务，销售不动产，转让土地使用权，税率为11%。

2）销售或者进口货物、加工修理修配劳务、提供有形动产租赁服务，税率为17%。

3）境内单位和个人发生的跨境应税行为，税率为零。具体范围由财政部和国家税务总局另行规定。

4）纳税人发生应税行为，除第1）项、第2）项、第3）项规定外，税率为6%。

小规模纳税人增值税征收率为5%。

财政部、国家税务总局于2018年4月发布新规，自2018年5月1日起，纳税人发生增值税应税销售行为或者进口货物，原适用17%和11%税率的，税率分别调整为16%、10%。本书后面所述例题，仍以2018年5月1日前实行的税率为基础。

增值税的计税方法，包括一般计税方法和简易计税方法。一般纳税人发生应税行为适用一般计税方法计税。一般纳税人发生财政部和国家税务总局规定的特定应税行为，可以选择适用简易计税方法计税，但一经选择，36个月内不得变更。小规模纳税人发生应税行为适用简易计税方法计税。

(3) 一般计税方法的增值税会计处理

1）账户设置。核定为增值税一般纳税人、采用一般计税方法的房地产企业，应交的增值税在"应交税费"账户下设置"应交增值税"明细账进行会计处理，在该明细账下应分别设置"销项税额""销项税额抵减""进项税额""已交税金""进项税额转出""转出未交增值税""转出多交增值税""减免税款""出口抵减内销产品应纳税额"等专栏。"销项税额"专栏记录企业销售货物或提供应税劳务应收取的增值税税额；"销项税额抵减"专栏记录一般纳税人按照现行增值税制度规定因扣减销售额而减少的销项税额；"进项税额"专栏记录企业购入货物或接受应税劳务而支付的、准予从销项税额中抵扣的增值税；"已交税金"专栏记录企业当月缴纳本月增值税税额；"进项税额转出"专栏记录企业购进货物、在产品、产成品等发生非正常损失以及其他原因而不应从销项税额中抵扣，按规定转出的进项税额；"转出未交增值税"专栏记录企业月终转出应缴未缴的增值税，借记本账户，贷记"应交税费——未交增值税"账户；"转出多缴增值税"专栏记录企业月终转出多缴的增值税，借记"应交税费——未交增值税"账户，贷记本账户；"减免税款"专栏，记录一般纳税人按现行增值税制度规定准予减免的增值税税额；"出口抵减内销产品应纳税额"专栏，记录实行"免、抵、退"办法的一般纳税人按规定计算的出口货物的进项税额抵减内销产品的应纳税额。可见，本账户如有月末借方余额，则为当期期末留待以后期间从销项税额中抵扣的进项税额。以后期间，企业缴纳本月的增值税，应借记"应交税费——应交增值税（已交税金）"账户，缴纳以前期间的应缴未缴增值税，应借记"应交税费——未交增值税"账户。由此可见，企业的应缴增值税是在"应交税费"总账下的"应交增值税"和"未交增值税"两个明细账核算的，以避免出现企业用以前月份欠缴增值税抵扣以后月份未抵扣的增值税的情况。

增值税一般纳税人还应在"应交税费"账户下设置以下明细账：

①"未交增值税"明细账，核算一般纳税人月度终了从"应交增值税"或"预交增值税"明细科目转入当月应缴未缴、多缴或预缴的增值税税额，以及当月缴纳以前期间未缴的增值税税额。

②"预交增值税"明细账，核算一般纳税人转让不动产、提供不动产经营租赁服务、提供建筑服务、采用预收款方式销售自行开发的房地产项目等，以及其他按现行增值税制度规定应预缴的增值税税额。月末，企业应将"预交增值税"明细账余额转入"未交增值税"明细账户，借记"应交税费——未交增值税"账户，贷记"应交税费——预交增值税"账户。房地产开发企业采用预收款方式销售房地产，在收到预收购房款时预缴的增值税，应直至纳税义务发生时方可从"应交税费——预交增值税"账户结转到"应交税费——未交增值税"账户。

③"待抵扣进项税额"明细账，核算一般纳税人已取得增值税扣税凭证并经税务机关认证，按照现行增值税制度规定准予以后期间从销项税额中抵扣的进项税额。其包括一般纳税人自2016年5月1日后取得并按固定资产核算的不动产或者2016年5月1日后取得的不动产在建工程，按现行增值税制度规定准予以后期间从销项税额中抵扣的进项税额；实行纳税辅导期管理的一般纳税人取得的尚未交叉稽核比对的增值税扣税凭证上注明或计算的进项税额。

④"待认证进项税额"明细账，核算一般纳税人由于未经税务机关认证而不得从当期销项税额中抵扣的进项税额。其包括一般纳税人已取得增值税扣税凭证、按照现行增值税制度规定准予从销项税额中抵扣，但尚未经税务机关认证的进项税额，一般纳税人已申请稽核但尚未取得稽核相符结果的海关缴款书进项税额。

⑤"待转销项税额"明细账，核算一般纳税人销售货物、加工修理修配劳务、服务、无形资产或不动产，已确认相关收入（或利得）但尚未发生增值税纳税义务而需于以后期间确认为销项税额的增值税税额。

上述账户之间的结转关系如下：

① 采购等业务进项税额允许抵扣的。一般纳税人购进货物、加工修理修配劳务、服务、无形资产或不动产按应计入相关成本费用或资产的金额，借记"在途物资"或"原材料""库存商品""开发成本""无形资产""固定资产""管理费用"等账户，按当月已认证的可抵扣增值税税额，借记"应交税费——应交增值税（进项税额）"账户，按当月未认证的可抵扣增值税税额，借记"应交税费——待认证进项税额"账户，按应付或实际支付的金额，贷记"应付账款""应付票据""银行存款"等账户。未认证的可抵扣的增值税经税务机关认证后，再借记"应交税费——应交增值税（进项税额）"账户，贷记"应交税费——待认证进项税额"账户。

② 采购等业务进项税额不得抵扣的。一般纳税人购进货物、加工修理修配劳务、服务、无形资产或不动产，用于简易计税方法计税项目、免征增值税项目、集体福利或个人消费等，其进项税额按照现行增值税制度规定不得从销项税额中抵扣的，取得增值税专用发票

时，应借记相关成本费用或资产账户，借记"应交税费——待认证进项税额"账户，贷记"银行存款""应付账款"等账户，经税务机关认证后，应借记相关成本费用或资产账户，贷记"应交税费——待认证进项税额"账户。

③ 购进不动产或不动产在建工程按规定进项税额分年抵扣的账务处理。一般纳税人自2016年5月1日后取得并按固定资产核算的不动产或者2016年5月1日后取得的不动产在建工程，其进项税额按现行增值税制度规定自取得之日起分2年从销项税额中抵扣的，应当按取得成本，借记"固定资产""在建工程"等账户，按当期可抵扣的增值税税额，借记"应交税费——应交增值税（进项税额）"账户，按以后期间可抵扣的增值税税额，借记"应交税费——待抵扣进项税额"账户，按应付或实际支付的金额，贷记"应付账款""应付票据""银行存款"等账户。

④ 尚未抵扣的进项税额待以后期间允许抵扣时，按允许抵扣的金额，借记"应交税费——应交增值税（进项税额）"账户，贷记"应交税费——待抵扣进项税额"账户。

⑤ 企业销售货物、加工修理修配劳务、服务、无形资产或不动产，应当按应收或已收的金额，借记"应收账款""应收票据""银行存款"等账户，按取得的收入金额，贷记"主营业务收入""其他业务收入""固定资产清理""工程结算"等账户，按照增值税制度确认增值税纳税义务发生时点早于按照国家统一的会计制度确认收入或利得的时点的，应按现行增值税制度规定计算的销项税额贷记"应交税费——应交增值税（销项税额）"账户；按照国家统一的会计制度确认收入或利得的时点早于按照增值税制度确认增值税纳税义务发生时点的，应将相关销项税额贷记"应交税费——待转销项税额"账户，待实际发生纳税义务时再借记"应交税费——待转销项税额"账户，贷记"应交税费——应交增值税（销项税额）"账户。

2）应纳税额的计算。一般计税方法的应纳税额是指当期销项税额抵扣当期进项税额后的余额，其计算公式如下：

$$当期应纳税额 = 当期销项税额 - 当期进项税额$$

当期销项税额小于当期进项税额不足抵扣时，其不足部分可以结转下期继续抵扣。

3）销项税额。销项税额是指纳税人发生应税行为，按照销售额和增值税税率计算并收取的增值税税额，其计算公式如下：

$$销项税额 = 销售额 \times 税率$$

房地产企业一般纳税人的增值税税率为11%。

一般计税方法的销售额不包括销项税额，纳税人采用销售额和销项税额合并定价方法的，按照下列公式计算销项税额：

$$销项税额 = 含税销售额 \div (1 + 11\%) \times 11\%$$

房地产企业中的一般纳税人销售自行开发的房地产项目，适用一般计税方法计税，按照取得的全部价款和价外费用扣除当期销售房地产项目对应的土地价款后的余额计算销售额。销售额的计算公式如下：

$$销售额 = (全部价款和价外费用 - 当期允许扣除的土地价款) \div (1 + 11\%)$$

公式中当期允许扣除的土地价款按照以下公式计算：

$$当期允许扣除的土地价款 = (当期销售房地产项目建筑面积 \div 房地产项目可供销售建筑面积) \times 支付的土地价款$$

当期销售房地产项目建筑面积是指当期进行纳税申报的增值税销售额对应的建筑面积。

房地产项目可供销售建筑面积是指房地产项目可以出售的总建筑面积,不包括销售房地产项目时未单独作价结算的配套公共设施的建筑面积。

【例3-5】 2017年11月,甲房地产开发企业销售40万m^2商品房,含增值税的价款和价外费用为220万元,扣除预收款30万元后,其余款已存入银行,已发生增值税纳税义务。该房地产项目可供销售建筑面积为80万m^2,支付的土地价款为160万元。

当期允许扣除的土地价款 = 160 × (40 ÷ 80) = 80(万元)

当期销项税额 = (220 − 80) ÷ (1 + 11%) × 11% = 13.8739(万元)

借:预收账款	300 000
银行存款	1 900 000
贷:主营业务收入	2 061 261
应交税费——应交增值税(销项税额)	138 739

4)进项税额。进项税额是指纳税人购进货物、加工修理修配劳务、服务、无形资产或者不动产,支付或者负担的增值税税额。

下列进项税额准予从销项税额中抵扣:①销售方取得的增值税专用发票上注明的增值税;②从海关取得的海关进口增值税专用缴款书上注明的增值税税额;③购进农产品,除取得增值税专用发票或者海关进口增值税专用缴款书外,按照农产品收购发票或者销售发票上注明的农产品买价和11%的扣除率计算的进项税额;④从境外单位或者个人购进服务、无形资产或者不动产,自税务机关或者扣缴义务人取得的解缴税款的完税凭证上注明的增值税税额。

根据最新规定,自2018年5月1日起,纳税人购进农产品,原适用11%扣除率的,扣除率调整为10%;纳税人购进用于生产销售或委托加工16%税率货物的农产品,按照12%的扣除率计算进项税额。

下列项目的进项税额不得从销项税额中抵扣:①用于简易计税方法计税项目、免征增值税项目、集体福利或者个人消费的购进货物、加工修理修配劳务、服务、无形资产和不动产。其中涉及的固定资产、无形资产、不动产,仅指专用于上述项目的固定资产、无形资产(不包括其他权益性无形资产)、不动产。纳税人的交际应酬消费属于个人消费。②非正常损失的购进货物,以及相关的加工修理修配劳务和交通运输服务。③非正常损失的在产品、产成品所耗用的购进货物(不包括固定资产)、加工修理修配劳务和交通运输服务。④非正常损失的不动产,以及该不动产所耗用的购进货物、设计服务和建筑服务。⑤非正常损失的不动产在建工程所耗用的购进货物、设计服务和建筑服务。纳税人新建、改建、扩建、修缮、装饰不动产,均属于不动产在建工程。⑥购进的旅客运输服务、贷款服务、餐饮服务、居民日常服务和娱乐服务。⑦财政部和国家税务总局规定的其他情形。第④项、第⑤项中所称货物,是指构成不动产实体的材料和设备,包括建筑装饰材料和给排水、采暖、卫生、通风、照明、通信、煤气、消防、中央空调、电梯、电气、智能化楼宇设备及配套设施。

非正常损失是指因管理不善造成货物被盗、丢失、霉烂变质,以及因违反法律法规造成货物或者不动产被依法没收、销毁、拆除的情形。非正常损失不包括因不可抗拒原因造成的非常损失。

【例3-6】 2017年11月,甲房地产开发企业购入一辆项目管理用汽车,价款60万元、增值税10.2万元;与承包施工企业结算工程价款111万元、增值税11万元。增值税已经税务机关认证，上述款项已用银行存款支付。

(1) 借：固定资产　　　　　　　　　　　　　　　　　　　　　600 000
　　　　应交税费——应交增值税（进项税额）　　　　　　　102 000
　　　贷：银行存款　　　　　　　　　　　　　　　　　　　　702 000
(2) 借：开发成本　　　　　　　　　　　　　　　　　　　　1 110 000
　　　　应交税费——应交增值税（进项税额）　　　　　　　110 000
　　　贷：银行存款　　　　　　　　　　　　　　　　　　　1 220 000

【例3-7】 2017年12月，甲房地产开发企业因管理不善造成一批照明设备毁损，其购入时的价款为8万元，支付的增值税为1.36万元，残料估价0.02万元，经审核批准将净损失计入管理费用。

借：待处理财产损溢　　　　　　　　　　　　　　　　　　　93 600
　贷：库存设备　　　　　　　　　　　　　　　　　　　　　80 000
　　　应交税费——应交增值税（进项税额转出）　　　　　　13 600
借：管理费用　　　　　　　　　　　　　　　　　　　　　　93 400
　　原材料　　　　　　　　　　　　　　　　　　　　　　　　200
　贷：待处理财产损溢　　　　　　　　　　　　　　　　　　93 600

【例3-8】 2017年12月，甲房地产开发企业购入一批电暖气，准备下月作为福利发放给管理人员，价款10万元、增值税1.7万元，款项已用银行存款支付，设备已验收入库。增值税已经税务机关认证。

借：库存设备　　　　　　　　　　　　　　　　　　　　　117 000
　贷：银行存款　　　　　　　　　　　　　　　　　　　　117 000
2018年1月份再做如下会计分录：
借：管理费用　　　　　　　　　　　　　　　　　　　　　117 000
　贷：应付职工薪酬　　　　　　　　　　　　　　　　　　117 000
借：应付职工薪酬　　　　　　　　　　　　　　　　　　　117 000
　贷：库存设备　　　　　　　　　　　　　　　　　　　　117 000

5）已缴增值税、转出多缴增值税和未缴增值税。房地产企业缴纳本月增值税应借记"应交税费——应交增值税（已交税金）"账户；月份终了计算出当月应缴而未缴的增值税，应借记"应交税费——应交增值税（转出未交增值税）"账户，贷记"应交税费——未交增值税"账户；月份终了计算出当月多缴的增值税，应借记"应交税费——未交增值税"账户，贷记"应交税费——应交增值税（转出多交增值税）"账户。

【例3-9】 2017年10月1日，甲房地产开发企业"应交税费——应交增值税"账户借方余额为5万元，为尚待本月抵扣的增值税进项税额，"应交税费——未交增值税"账户贷方余额为3万元，为上月未缴增值税。2017年10月，甲房地产开发企业发生并经税务机关认证的增值税销项税额为36万元、进项税额为25万元，进项税额转出为2万元，用银行存款缴纳上月未缴增值税 3 万元、缴纳本月增值税 10 万元。销项税额、进项税额和进项税额转出的会计分录参考例 3-6 和例 3-7，其他相关会计分录如下：

（1）缴纳上月未缴增值税。

借：应交税费——未交增值税　　　　　　　　　　　　　　　　30 000
　　贷：银行存款　　　　　　　　　　　　　　　　　　　　　　　30 000

（2）缴纳本月增值税。

借：应交税费——应交增值税（已交税金）　　　　　　　　　　100 000
　　贷：银行存款　　　　　　　　　　　　　　　　　　　　　　　100 000

（3）月终结转本月多缴增值税。

本月应缴增值税 = 36 - 5 - (25 - 2) = 8（万元）

本月多缴增值税 = 10 - 8 = 2（万元）

借：应交税费——未交增值税　　　　　　　　　　　　　　　　20 000
　　贷：应交税费——应交增值税（转出多交增值税）　　　　　　20 000

通过上述会计处理，10 月末"应交税费——应交增值税"账户借方余额为零，表明没有从以后月份销项税额中抵扣的前期增值税进项税额，"应交税费——未交增值税"账户借方余额 2 万元，为 10 月份多缴增值税，在以后月份与未缴增值税相抵销。

6）预缴增值税。采取预收款方式销售自行开发的房地产项目，应在收到预收款时按照 3% 的预征率预缴增值税。应预缴税款的计算公式以下：

$$应预缴税款 = 预收款 \div (1 + 11\%) \times 3\%$$

一般纳税企业预缴增值税记录在"应交税费——预交增值税"账户，在开发项目销售后再结转到"应交税费——未交增值税"账户。

（4）简易计税方法的增值税会计处理　　小规模纳税企业适用简易计税方法的特点有：①小规模纳税企业销售货物或提供劳务只能开具增值税普通发票，不能开具增值税专用发票，其他企业从小规模纳税企业购入货物或接受劳务支付的增值税，如果不能从税务部门换取增值税专用发票，则不能作为进项税额抵扣而应计入购入货物或接受劳务的成本；②小规模纳税企业购入货物或接受劳务无论是否取得增值税专用发票，其支付的增值税均不能计入进项税额，不能从销项税额中抵扣，应计入购入货物或接受劳务的成本；③采用简易计税方法计算应缴增值税，增值税的征收率为 5%；④小规模纳税企业的"应交税费——应交增值税"账户采用三栏式账簿，不需设置若干专栏。

房地产企业中的小规模纳税人应缴增值税的计算公式如下：

$$应缴增值税 = 含税销售额 \div (1 + 征收率) \times 征收率$$

采取预收款方式销售自行开发的房地产项目，应在收到预收款时按照 3% 的预征率预缴增值税：

$$应预缴税款 = 预收款 \div (1 + 5\%) \times 3\%$$

【例 3-10】　甲房地产开发企业核定为小规模纳税人采用简易计税方法，2017 年 8 月发生以下交易或事项：①购入开发项目用卫生设备，价款 30 万元、增值税 5.1 万元，款项已用银行存款支付，设备已验收入库，设备采用实际成本核算，进货费用月末按实际分配率分配；②用银行存款支付承包单位不含税工程价款 111 万元、增值税 11 万元；③销售商品房一批，不含税价款 210 万元、增值税 10 万元，结转预收款 108 万元，余款已存入银行；④扣除预缴增值税 3 万元，用银行存款上缴本月应缴增值税。

（1）借：库存设备　　　　　　　　　　　　　　　　　　　　351 000
　　　　贷：银行存款　　　　　　　　　　　　　　　　　　　　351 000
（2）借：开发成本　　　　　　　　　　　　　　　　　　　　1 220 000
　　　　贷：银行存款　　　　　　　　　　　　　　　　　　　1 220 000
（3）借：银行存款　　　　　　　　　　　　　　　　　　　　1 120 000
　　　　　预收账款　　　　　　　　　　　　　　　　　　　　1 080 000
　　　　贷：主营业务收入　　　　　　　　　　　　　　　　　2 100 000
　　　　　　应交税费——应交增值税　　　　　　　　　　　　 100 000
（4）借：应交税费——应交增值税　　　　　　　　　　　　　 70 000
　　　　贷：银行存款　　　　　　　　　　　　　　　　　　　 70 000

（5）**兼营不同计税方法的计税项目**　适用一般计税方法的纳税人，兼营简易计税方法计税项目、免征增值税项目，能够划分的不得抵扣进项税额，应将其计入相关资产的采购成本，将可以抵扣的进项税额在销项税额中抵扣。无法划分不得抵扣的进项税额，按照下列公式计算不得抵扣的进项税额：

不得抵扣的进项税额 = 当期无法划分的全部进项税额 ×（当期简易计税方法计税项目销售额 + 免征增值税项目销售额）÷ 当期全部销售额

已抵扣进项税额的固定资产、无形资产或者不动产，发生非正常损失的，按照下列公式计算不得抵扣的进项税额：

不得抵扣的进项税额 = 固定资产、无形资产或者不动产净值 × 适用税率

一般纳税人销售自行开发的房地产项目，兼有一般计税方法计税、简易计税方法计税、免征增值税的房地产项目而无法划分不得抵扣的进项税额的，应以《建筑工程施工许可证》注明的"建设规模"为依据进行划分。

不得抵扣的进项税额 = 当期无法划分的全部进项税额 ×（简易计税、免税房地产项目建设规模 ÷ 房地产项目总建设规模）

在计算简易计税方法和免税房地产项目对应的"不得抵扣的进项税额"时，应以建筑面积为计算单位，而不能以套、层、单元、栋作为计算依据。

【例 3-11】 2017 年 8 月 5 日，乙房地产开发企业自行开发 A 房地产项目，预计 2019 年 2 月竣工，建设规模 4 万 m^2。2018 年 5 月 20 日，乙房地产开发企业又自行开发 B 房地产项目，预计 2020 年 3 月竣工，建设规模 6 万 m^2。2018 年 9 月，乙房地产开发企业购入卫生设备一批，价款 1 000 万元、增值税 170 万元，用于 A、B 两个开发项目。A 房地产项目属于自行开发的房地产老项目，选择简易计税方法；B 房地产项目属于营业税改征增值税后自行开发的房地产新项目，应选择一般计税方法。

不得抵扣的进项税额 = 170 × [4 ÷（4 + 6）] = 68（万元）
当期可以抵扣的进项税额 = 170 × [6 ÷（4 + 6）] = 102（万元）

借：库存设备——A项目用设备	4 680 000
——B项目用设备	6 000 000
应交税费——应交增值税（进项税额）	1 020 000
贷：银行存款	11 700 000

（6）营业税改征增值税过渡期间的会计处理

1）一般纳税人。一般纳税人销售其2016年4月30日前取得的（不含自建）不动产，可以选择适用简易计税方法，以取得的全部价款和价外费用减去该项不动产购置原价或者取得不动产时的作价后的余额作为销售额，按照5%的征收率计算应缴增值税。

一般纳税人销售其2016年5月1日后取得（不含自建）的不动产，应适用一般计税方法，以取得的全部价款和价外费用减去该项不动产购置原价或者取得不动产时的作价后的余额，按照5%的预征率计算应缴增值税。一般纳税人销售其2016年4月30日前自建的不动产，可以选择适用简易计税方法，以取得的全部价款和价外费用为销售额，按照5%的征收率计算应缴增值税。一般纳税人销售其2016年5月1日后自建的不动产，应适用一般计税方法，以取得的全部价款和价外费用减去当期允许扣除的土地价款后的余额作为销售额，按照11%的税率计算增值税销项税额。

2）小规模纳税人。小规模纳税人销售其取得（不含自建）的不动产，应以取得的全部价款和价外费用减去该项不动产购置原价或者取得不动产时的作价后的余额为销售额，按照5%的征收率计算应缴增值税。

小规模纳税人销售其自建的不动产，应以取得的全部价款和价外费用为销售额，按照5%的征收率计算应缴增值税。

2. 消费税

为了正确引导消费方向，国家在普遍征收增值税的基础上，选择部分消费品，再征收一道消费税。消费税的征收方法采取从价定率和从量定额两种方法。实行从价定率办法计征的应纳税额的税基为销售额，如果企业应税消费品的销售额中未扣除增值税税款，或者因不能开具增值税专用发票而发生价款和增值税税款合并收取的，在计算消费税时，按公式"应税消费品的销售额＝含增值税的销售额÷（1＋增值税税率或征收率）"换算为不含增值税税款的销售额。实行从量定额办法计征的应纳税额的销售数量是指应税消费品的数量；属于销售应税消费品的，为应税消费品的销售数量；属于自产自用应税消费品的，为应税消费品的移送使用数量；属于委托加工应税消费品的，为纳税人收回的应税消费品数量；进口的应税消费品，为海关核定的应税消费品进口征税数量。

（1）账户设置　企业按规定应缴的消费税，在"应交税费"账户下设置"应交消费税"明细账户核算。"应交消费税"明细账户的借方发生额，反映实际缴纳的消费税和待扣的消费税；贷方发生额，反映按规定应缴纳的消费税；期末贷方余额，反映尚未缴纳的消费税；期末借方余额，反映多缴或待扣的消费税。

（2）产品销售的会计处理　企业销售产品时应缴纳的消费税，应分情况进行处理：

1）企业将生产的产品直接对外销售的，对外销售产品应缴纳的消费税，通过"税金及附加"账户核算，企业按规定计算出应缴的消费税，借记"税金及附加"账户，贷记"应交税费——应交消费税"账户。

2) 企业将应税消费品用于在建工程、非生产机构等其他方面，按规定应缴纳的消费税，应计入有关的成本。例如，企业以应税消费品用于在建工程项目，应缴的消费税计入在建工程成本。

(3) 委托加工应税消费品的会计处理　按照税法规定，企业委托加工的应税消费品，由受托方在向委托方交货时代扣代缴税款（除受托加工或翻新改制金银首饰按规定由受托方缴纳消费税外）。委托加工的应税消费品，委托方用于连续生产应税消费品的，所纳税款准予按规定抵扣。这里的委托加工应税消费品，是指由委托方提供原料和主要材料，受托方只收取加工费和代垫部分辅助材料加工的应税消费品，对于由受托方提供原材料生产的应税消费品，或者受托方先将原材料卖给委托方，然后再接受加工的应税消费品，以及由受托方以委托方名义购进原材料生产的应税消费品，都不作为委托加工应税消费品，而应当按照销售自制应税消费品缴纳消费税。委托加工的应税消费品直接出售的，不再征收消费税。

在会计处理时，需要缴纳消费税的委托加工应税消费品，于委托方提货时，由受托方代收代缴税款。受托方按应扣税款金额，借记"应收账款""银行存款"等账户，贷记"应交税费——应交消费税"账户。委托加工应税消费品收回后，直接用于销售的，委托方应将代收代缴的消费税计入委托加工的应税消费品成本，借记"委托加工物资""生产成本"等账户，贷记"应付账款""银行存款"等账户，待委托加工应税消费品销售时，不需要再缴纳消费税；委托加工的应税消费品收回后用于连续生产应税消费品，按规定准予抵扣的，委托方应按代收代缴的消费税税额，借记"应交税费——应交消费税"账户，贷记"应付账款""银行存款"等账户，待用委托加工的应税消费品生产出应纳消费税的产品销售时，再缴纳消费税。

【例3-12】 某企业委托外单位加工材料（非金银首饰），原材料价款为20万元，加工费用为5万元，由受托方代收代缴的消费税为0.5万元（不考虑增值税），材料已经加工完毕验收入库，加工费用尚未支付。假定该企业材料采用实际成本核算。

根据该项经济业务，委托方应做如下账务处理：

(1) 如果委托方收回加工后的材料用于继续生产应税消费品，则委托方的账务处理如下：

借：委托加工物资　　　　　　　　　　　　　　　　　　　　200 000
　　贷：原材料　　　　　　　　　　　　　　　　　　　　　　　　200 000
借：委托加工物资　　　　　　　　　　　　　　　　　　　　 50 000
　　应交税费——应交消费税　　　　　　　　　　　　　　　　 5 000
　　贷：应付账款　　　　　　　　　　　　　　　　　　　　　　 55 000
借：原材料　　　　　　　　　　　　　　　　　　　　　　　250 000
　　贷：委托加工物资　　　　　　　　　　　　　　　　　　　　250 000

(2) 如果委托方收回加工后的材料直接用于销售，则委托方的账务处理如下：

借：委托加工物资　　　　　　　　　　　　　　　　　　　　200 000
　　贷：原材料　　　　　　　　　　　　　　　　　　　　　　　　200 000
借：委托加工物资　　　　　　　　　　　　　　　　　　　　 55 000
　　贷：应付账款　　　　　　　　　　　　　　　　　　　　　　 55 000

借：原材料	255 000
贷：委托加工物资	255 000

（4）进出口产品的会计处理　需要缴纳消费税的进口消费品，其缴纳的消费税应计入该进口消费品的成本，借记"固定资产""材料采购"等账户，贷记"银行存款"等账户。

免征消费税的出口应税消费品分不同情况进行账务处理：属于生产企业直接出口应税消费品或通过外贸企业出口应税消费品，按规定直接予以免税的，可以不计算应缴消费税；属于委托外贸企业代理出口应税消费品的生产企业，应在计算消费税时，按应缴消费税税额，借记"应收账款"账户，贷记"应交税费——应交消费税"账户。应税消费品出口收到外贸企业退回的税金时，借记"银行存款"账户，贷记"应收账款"账户。发生退关、退货而补缴已退的消费税，做相反的会计分录。

3. 土地增值税

（1）土地增值税的征税范围　土地增值税是对转让国有土地使用权、地上的建筑物及其附着物（以下简称转让房地产）并取得收入的单位和个人征收的一种税。根据税法规定，土地增值税的征税范围有：①转让国有土地使用权；②出售开发商品；③存量房地产买卖；④房地产交换。具体可以通过以下标准来界定：

1）转让的土地使用权是否为国家所有是界定土地增值税征税范围的标准之一。

2）房地产是否发生转让是界定土地增值税征税范围的标准之二。

3）是否取得收入是界定土地增值税征税范围的标准之三。

对于以继承、赠与等方式无偿转让房地产、出租开发产品以及受托代建工程，均不属于土地增值税的征税范围。

（2）土地增值税的计税依据　土地增值税以纳税人转让房地产所取得的增值额为计税依据。增值额，是纳税人转让房地产所取得的收入减去规定的扣除项目后的余额。纳税人转让房地产取得的收入，包括转让房地产的全部价款及有关的经济收益。

计算增值额的扣除项目，具体包括以下内容：

1）取得土地使用权所支付的金额，包括纳税人为取得土地使用权所支付的地价款和在取得土地使用权时按国家统一规定交纳的有关费用。

2）房地产开发成本，包括土地征用及拆迁补偿费、前期工程费、建筑安装工程费、基础设施费、公共配套设施费和开发间接费用。

3）房地产开发费用，即与房地产开发项目有关的销售费用、管理费用、财务费用。它包括两种情况：一是凡纳税人能够按照转让房地产项目计算分摊利息支出，并能提供金融机构的贷款证明的，其允许扣除的房地产开发费用为：利息加上述1）和2）两项金额之和的5%以内计算扣除；二是凡纳税人不能按照转让房地产项目计算分摊利息支出或不能提供金融机构贷款证明的，其允许扣除的房地产开发费用为：上述1）和2）两项金额之和的10%以内计算扣除。计算扣除的具体比例，由各省、自治区、直辖市人民政府规定。

4）旧房及建筑物的评估价格，即在转让已使用的房屋及建筑物时，由政府批准设立的房地产评估机构评定的重置成本价乘以成新度折扣率后的价格。评估价格须经当地税务机关确认。

5）与转让房地产有关的税金，即在转让房地产时缴纳的增值税、城市维护建设税和教育费附加。

6) 财政部规定的其他扣除项目,即对从事房地产开发业务的纳税人可按上述1)和2)两项规定计算的金额之和,加计20%扣除。

在计算土地增值税应纳税额之前,首先要计算增值额;其次要计算增值额与扣除项目金额之比;最后才能计算应纳税额。

土地增值税实行四级超额累进税率,其应纳税额的计算公式如下:

$$应纳税额 = 每级距的土地增值额 \times 适用税率$$

这种分步计算的方法比较烦琐,需汇总合计。因此,在实际工作中一般采用速算扣除法来计算土地增值税。土地增值税税率及速算扣除系数如表3-2所示。

表3-2 土地增值税税率表

级 次	增值额占扣除项目金额比例(%)	税率(%)	速算扣除系数(%)
1	50以下(含50)	30	0
2	50~100(含100)	40	5
3	100~200(含200)	50	15
4	200以上	60	35

根据速算扣除法计算土地增值税应纳税额,其计算公式如下:

$$土地增值税应纳税额 = 增值额 \times 适用税率 - 扣除项目金额 \times 速算扣除系数$$

【例3-13】甲房地产开发企业建造并出售了一幢写字楼,取得销售收入1 800万元(增值税税率为5%,城市维护建设税税率为7%,教育费附加征收率为3%)。企业为建造此楼支付的地价款为250万元;房地产开发成本为350万元;房地产开发费用中的利息支出为200万元(能够按转让房地产项目计算分摊并提供银行证明)。企业所在地政府规定的其他房地产开发费用的计算扣除比例为5%。

企业土地增值税应纳税额的计算过程如下:

(1) 确定转让房地产的收入为1 800万元。

(2) 确定转让房地产的扣除项目金额。

1) 取得土地使用权所支付的金额为250万元。

2) 房地产开发成本为350万元。

3) 房地产开发费用 = 200 + (250 + 350) × 5% = 230 (万元)

4) 与转让房地产有关的税金 = 1 800 × 5% × (1 + 7% + 3%) = 99 (万元)

5) 从事房地产开发的加计扣除金额 = (250 + 350) × 20% = 120 (万元)

6) 扣除项目金额 = 250 + 350 + 230 + 99 + 120 = 1 049 (万元)

(3) 转让房地产的增值额 = 1 800 - 1 049 = 751 (万元)

(4) 增值额与扣除项目金额的比率 = 751 ÷ 1 049 × 100% = 71.59%

(5) 土地增值税应纳税额 = 751 × 40% - 1 049 × 5% = 247.95 (万元)

按照税法规定,房地产企业建造普通标准住宅出售,增值额未超过扣除项目金额20%的,免征土地增值税;超过20%的,就其全部增值额按规定征税。对于既建普通标准住宅,又进行其他房地产开发的,应分别核算增值额。不能分别准确核算增值额的,不适用这一免税规定。

(3) 土地增值税核算的会计处理 按照税法规定，土地增值税实行预征制度，对预收房地产价款按规定的预征率预缴土地增值税，待项目清算完毕后再多退少补。

房地产开发企业应缴纳的土地增值税，在"应交税费"账户下设置"应交土地增值税"账户核算预缴的土地增值税。会计处理如下：

1）取得预售收入时，按照预售收入和预征率计算预缴的土地增值税，借记"应交税费——应交土地增值税"账户，贷记"银行存款"账户。

2）项目竣工符合收入确认条件时，按照当期确认的销售收入和预征率计算当期应承担的土地增值税，借记"税金及附加——土地增值税"账户，贷记"应交税费——应交土地增值税"账户。

3）在取得税务机关土地增值税清算报告、确定土地增值税清算金额后，对前期预缴的土地增值税和实际应缴土地增值税之间的差额进行调整：借记"以前年度损益调整——税金及附加（土地增值税）"账户，贷记"应交税费——应交土地增值税"账户；实际补缴时，先借记"应交税费——应交土地增值税"账户，贷记"银行存款"账户。若为退税，则做相反的会计分录。如果土地增值税清算差额不大，也可以不通过"以前年度损益调整"账户，而记入"税金及附加"账户，计算当期损益；如果开发项目年内实现销售，且年内清算完毕，则需要补缴的土地增值税也记入"税金及附加"账户，不涉及"以前年度损益调整"账户。

【例3-14】 2016年，甲房地产公司预售A房屋开发项目，预售收入为10 000万元，预征率为2%。2017年年初预售收入为40 000万元，至2017年年末，该开发项目竣工，并全部实现销售，当年年底结转收入为60 000万元。2018年5月税务清算土地增值税，确认的应税收入为60 000万元，可以抵扣的项目金额为40 000万元，增值率为50%，结算的土地增值税为6 000万元（20 000×30%）。会计分录如下：

(1) 2016年预缴的土地增值税=10 000×2%=200（万元）

借：应交税费——应交土地增值税　　　　　　　　　　　　　2 000 000
　　贷：银行存款　　　　　　　　　　　　　　　　　　　　　2 000 000

(2) 2017年预缴的土地增值税=40 000×2%=800（万元）

借：应交税费——应交土地增值税　　　　　　　　　　　　　8 000 000
　　贷：银行存款　　　　　　　　　　　　　　　　　　　　　8 000 000

在2017年年底确认销售收入60 000万元时：

按预征率结转的土地增值税=60 000×2%=1 200（万元）

借：税金及附加——土地增值税　　　　　　　　　　　　　　12 000 000
　　贷：应交税费——应交土地增值税　　　　　　　　　　　　12 000 000

(3) 在2018年5月清算土地增值税时：

需要调整的土地增值税=6 000-200=5 800（万元）

需要补缴的土地增值税=6 000-200-800=5 000（万元）。

借：以前年度损益调整——税金及附加（土地增值税）　　　　58 000 000
　　贷：应交税费——应交土地增值税　　　　　　　　　　　　58 000 000

借：应交税费——应交土地增值税　　　　　　　　　　　　　50 000 000
　　贷：银行存款　　　　　　　　　　　　　　　　　　　　　　50 000 000
调整期初留存收益的会计分录略。

4. 其他税费

（1）资源税　资源税是国家对在我国境内开采矿产品或者生产盐的单位和个人征收的一种税。我国对绝大多数矿产品实施从价计征。企业按规定应缴的资源税，在"应交税费"账户下设置"应交资源税"明细账户核算。企业按规定计算出销售应税产品应缴纳的资源税，借记"税金及附加"账户，贷记"应交税费——应交资源税"账户。

（2）房产税、土地使用税、车船税和印花税　房产税是国家对在城市、县城、建制镇和工矿区征收的由产权所有人缴纳的一种税。房产税依照房产原值一次减除10%～30%后的余额计算缴纳。没有房产原值作为依据的，由房产所在地税务机关参考同类房产核定。房产出租的，以房产租金收入为房产税的计税依据。土地使用税是国家为了合理利用城镇土地，调节土地级差收入，提高土地使用效益，加强土地管理而开征的一种税，以纳税人实际占用的土地面积为计税依据，依照规定税额计算征收。车船税由拥有并且使用车船的单位和个人缴纳。车船税按照适用税额计算缴纳，企业按规定计算应缴的房产税、土地使用税、车船税时，借记"税金及附加"账户，贷记"应交税费——应交房产税（或土地使用税、车船税）"账户；上缴时，借记"应交税费——应交房产税（或土地使用税、车船税）"账户，贷记"银行存款"账户。印花税是对书立、领受购销合同等凭证行为征收的税款，实行由纳税人根据规定自行计算应纳税额，购买并贴足印花税票的缴纳方法。即一般情况下，企业需要预先购买印花税票，待发生应税行为时，再根据凭证的性质和规定的比例税率或者按件计算应纳税额，将已购买的印花税票粘贴在应纳税凭证上，并在每枚税票的骑缝处盖章注销或者画销，办理完税手续。企业缴纳的印花税，不会发生应付未付税款的情况，不需要预计应纳税金额，同时也不存在与税务机关结算或清算的问题。因此，企业缴纳的印花税不需要通过"应交税费"账户核算，而是于购买印花税票时，直接借记"税金及附加"账户，贷记"银行存款"账户。

（3）城市维护建设税　为了加强城市的维护建设，扩大和稳定城市维护建设资金的来源，国家开征了城市维护建设税。城市维护建设税是国家对应缴纳增值税、消费税的单位和个人就其缴纳的"两税"税额为计税依据而征收的一种税。它属于特定目的税，专门用于城市的公用事业和公共设施的维护建设。城市维护建设税的税率是三档差别税率，具体为：①纳税人所在地为市区的，税率为7%；②纳税人所在地为县城、镇的，税率为5%；③纳税人所在地不在市区、县城或者镇的，税率为1%。在会计核算时，企业按规定计算出的城市维护建设税，借记"税金及附加"等账户，贷记"应交税费——应交城市维护建设税"账户；实际上缴时，借记"应交税费——应交城市维护建设税"账户，贷记"银行存款"账户。

（4）教育费附加　教育费附加也是以缴纳的增值税和消费税为计税依据而交纳的附加费，教育费附加也有特定目的，专门用于发展教育事业，教育费附加的征收率为3%。其核算方法与城市维护建设税相同。

（5）所得税　企业的生产、经营所得和其他所得，依照有关所得税法及其细则的规定需要缴纳所得税。企业应缴纳的所得税，在"应交税费"账户下设置"应交所得税"明细账户核算；当期应计入损益的所得税，作为一项费用，在净收益前扣除。企业按照一定方法计算，计入损益的所得税，借记"所得税费用"等账户，贷记"应交税费——应交所得税"账户。有关所得税的会计处理，参见第 5 章的相关内容。

（6）耕地占用税　耕地占用税是国家为了利用土地资源，加强土地管理，保护农用耕地而征收的一种税。耕地占用税以实际占用的耕地面积计税，按照规定税额一次征收。企业缴纳的耕地占用税，不需要通过"应交税费"账户核算。企业按规定计算缴纳耕地占用税时，借记"在建工程"账户，贷记"银行存款"账户。

3.2　非流动负债

非流动负债是指偿还期在 1 年或超过 1 年的经营周期以上的债务。它是除了投资人投入的资本金以外，企业向债权人筹集可供企业长期使用的资金。房地产开发企业的非流动负债一般可分为长期借款、应付债券和长期应付款三类。

3.2.1　长期借款

房地产开发企业的长期借款主要是指房地产开发贷款，是贷款人向借款人发放的用于开发、建造向市场销售、出租等用途的房地产项目的贷款。房地产开发贷款的期限一般为 3 年，通常按月或按季还息，贷款到期时一次性还本。

开发贷款的会计处理如表 3-3 所示。

表 3-3　开发贷款的会计处理

序号	业　务	会　计　处　理
1	开发贷款取得、归还时	取得时： 借：银行存款 　　贷：长期借款 归还时，做相反分录
2	计提利息时	（1）与购建固定资产有关，在固定资产达到预定可使用状态之前，长期借款利息应资本化： 1）到期一次还本付息方式： 借：在建工程（开发成本） 　　贷：长期借款 2）分期计息并付息方式： 借：在建工程（开发成本） 　　贷：应付利息 （2）与购建固定资产无关和与购建固定资产有关，但在达到预定可使用状态之后： 1）到期一次还本付息方式： 借：财务费用 　　贷：长期借款 2）分期计息并付息方式： 借：财务费用 　　贷：应付利息

【例 3-15】 甲房地产开发企业于 2017 年 1 月 20 日取得银行开发贷款 5 亿元用于开发销售物业，贷款年利率为 5%，每月计提利息 210 万元，2017 年 3 月 20 日支付第一季度贷款利息 420 万元。甲房地产开发企业根据有关原始凭证，编制会计分录如下：

（1）每月计提应付利息时：

借：开发成本　　　　　　　　　　　　　　　　　　　　　2 100 000
　　贷：应付利息　　　　　　　　　　　　　　　　　　　　2 100 000

（2）支付第一季度贷款利息时：

借：应付利息　　　　　　　　　　　　　　　　　　　　　4 200 000
　　贷：银行存款　　　　　　　　　　　　　　　　　　　　4 200 000

该项目于 2018 年年底竣工交付，2019 年每月计提应付利息同样为 210 万元，2019 年 3 月 20 日支付第一季度贷款利息 630 万元。甲房地产开发企业根据有关原始凭证，编制会计分录如下：

（1）每月计提应付利息时：

借：财务费用　　　　　　　　　　　　　　　　　　　　　2 100 000
　　贷：应付利息　　　　　　　　　　　　　　　　　　　　2 100 000

（2）支付第一季度贷款利息时：

借：应付利息　　　　　　　　　　　　　　　　　　　　　6 300 000
　　贷：银行存款　　　　　　　　　　　　　　　　　　　　6 300 000

3.2.2　应付债券

房地产开发企业在开发经营过程中，如流动资金不足或要购建固定资产，在资金不足而又得不到银行借款时，经国务院证券管理部门批准后，可以发售债券来筹集所需的资金。

应付债券是企业依照规定程序发行，约定在一定期限内还本付息的有价证券，其实质是一种长期应付票据。企业应设置"应付债券"账户。此外在"应付债券"账户之下，还应设置"债券面值""利息调整""应计利息"三个明细分类账户。

公司债券的发行有三种方式，即面值发行、溢价发行、折价发行。当债券的票面利率与银行利率一致时，可按票面价值发行，称为面值发行；当债券的票面利率高于银行利率时，可按超过债券票面价值的价格发行，即溢价发行；当债券的票面利率低于银行利率时，可按低于债券票面价值的价格发行，即折价发行。

应付债券的会计处理如表 3-4 所示。

表 3-4　应付债券的会计处理

序号	业　　务	会 计 处 理
1	企业发行债券时	（1）按面值发行： 借：银行存款 　　贷：应付债券——债券面值 （2）按溢价发行： 借：银行存款 　　贷：应付债券——债券面值 　　　　　　——利息调整

（续）

序号	业务	会计处理
1	企业发行债券时	（3）按折价发行： 借：银行存款 　　应付债券——利息调整 　　贷：应付债券——债券面值
2	计提债券利息、摊销债券溢价和折价	应计提债券利息＝债券票面价值×债券票面利率 应摊销债券溢价利息调整＝应计提债券利息－债券实际利息费用 应摊销债券折价利息调整＝债券实际利息费用－应计提债券利息 债券实际利息费用＝债券的账面价值×实际利率 债券各期账面价值＝债券的面值＋各期未摊销的债券溢价 或　　　　　　　＝债券的面值－各期未摊销的债券折价 账务处理模式如下： （1）溢价发行情况下： 借：财务费用（或在建工程）（实际利息费用） 　　应付债券——利息调整（摊销的溢价金额） 　　贷：应付债券——应计利息（应计提债券利息） （2）折价发行情况下： 借：财务费用（或在建工程）（实际利息费用） 　　贷：应付债券——应计利息（应计提债券利息） 　　　　　　　——利息调整（摊销的折价金额）
3	偿还债券利息和本金时	（1）分期偿还利息，到期偿还本金： 1）分期偿还利息： 借：应付债券——应计利息 　　贷：银行存款 2）到期偿还本金： 借：应付债券——债券面值 　　贷：银行存款 （2）到期一次还本付息： 借：应付债券——债券面值 　　　　　　　——应计利息 　　贷：银行存款

【例3-16】 甲房地产开发企业2017年1月1日发行3年期的长期债券，债券面值100 000元，年利率12%，企业按104 973.73元的价格出售（发行费用略），当时市场利率为10%。发行债券的款项已送存银行。该债券年末计息，到期一次还本付息。其会计分录如下：

（1）2017年1月1日发行时：

借：银行存款　　　　　　　　　　　　　　　　　　　　　　　104 973.73
　　贷：应付债券——面值　　　　　　　　　　　　　　　　　100 000.00
　　　　　　　　——利息调整　　　　　　　　　　　　　　　　 4 973.73

（2）根据实际利率摊销法的原理编制利息费用一览表如表3-5所示。

表3-5　利息费用一览表

单位：元

计息日期	支付利息	利息费用	摊销的利息调整	应付债券摊余成本
2017.1.1				104 973.73
2017.12.31	12 000	10 497.37	1 502.63	103 471.10
2018.12.31	12 000	10 347.11	1 652.89	101 818.21
2019.12.31	12 000	10 181.79	1 818.21	100 000.00

根据表3-5编制如下会计分录：

2017年12月31日计提利息：

借：财务费用　　　　　　　　　　　　　　　　10 497.37

　　应付债券——利息调整　　　　　　　　　　 1 502.63

　　贷：应付债券——应计利息　　　　　　　　12 000.00

2018年12月31日计提利息：

借：财务费用　　　　　　　　　　　　　　　　10 347.11

　　应付债券——利息调整　　　　　　　　　　 1 652.89

　　贷：应付债券——应计利息　　　　　　　　12 000.00

2019年12月31日计提利息：

借：财务费用　　　　　　　　　　　　　　　　10 181.79

　　应付债券——利息调整　　　　　　　　　　 1 818.21

　　贷：应付债券——应计利息　　　　　　　　12 000.00

2020年1月1日支付本息：

借：应付债券——面值　　　　　　　　　　　　100 000

　　　　　　——应计利息　　　　　　　　　　 36 000

　　贷：银行存款　　　　　　　　　　　　　　136 000

3.2.3　长期应付款

长期应付款是指企业除长期借款和应付债券以外的其他各种长期应付款项，包括应付融资租入固定资产的租赁费、以分期付款方式购入固定资产发生的应付款项等。

长期应付款的主要账务处理如下：

1）企业采用融资租赁方式租入的固定资产，应在租赁期开始日，将租赁期开始日租赁资产公允价值与最低租赁付款额现值两者中较低者，加上初始直接费用，作为租入资产的入账价值。未确认融资费用应当在租赁期内各个期间进行分摊。企业应当采用实际利率法计算确认当期的融资费用。

企业应编制如下会计分录入账：

借：固定资产/在建工程（购买价款的现值）

　　未确认融资费用（差额）

　　贷：长期应付款（应支付的价款总额）

按期支付价款时，企业应编制如下会计分录入账：

借：长期应付款（按期支付的租金）
　　贷：银行存款

2）企业购买资产有可能延期支付有关价款。如果延期支付的购买价款超过正常信用条件，实质上具有融资性质的，所购资产的成本应当以延期支付购买价款的现值为基础确定。实际支付的价款与购买价款的现值之间的差额，应当在信用期间内采用实际利率法进行摊销，计入相关资产成本或当期损益。

企业应编制如下会计分录入账：

借：在建工程/固定资产（购买价款的现值）
　　贷：长期应付款（应支付的金额）
　　　　未确认融资费用（差额）

按期支付价款时，企业应编制如下会计分录入账：

借：长期应付款
　　贷：银行存款

【例3-17】S房地产开发公司自2017年1月1日至2019年12月31日向B公司租入汽车一台，该汽车在2017年1月1日的公允价值为5.4万元。合同规定年利率为8%，租金为每年年末付2万元。该汽车预计使用年限为4年，期满后无残值。租期满时S房地产开发公司退回此设备，另在交易中支付佣金0.06万元，用银行存款支付。其中，最低租赁付款额现值为5.1542万元。

借：固定资产——融资租入固定资产　　　　　　　　　　　52 142
　　未确认融资费用　　　　　　　　　　　　　　　　　　 8 458
　　贷：长期应付款——应付融资租赁费　　　　　　　　　60 000
　　　　库存现金　　　　　　　　　　　　　　　　　　　　　600

最低租赁付款额现值5.1542万元＜公允价值5.4万元，则固定资产的入账价值为52 142元（51 542＋600）。

第一年年末付款：
借：长期应付款　　　　　　　　　　　　　　　　　　　　20 000
　　贷：银行存款　　　　　　　　　　　　　　　　　　　20 000
借：财务费用　　　　　　　　　　　　　　　　　　　　 4 171.36
　　贷：未确认融资费用　　　　　　　　　　　　　　　 4 171.36

第二年年末：
借：长期应付款　　　　　　　　　　　　　　　　　　　　20 000
　　贷：银行存款　　　　　　　　　　　　　　　　　　　20 000
借：财务费用　　　　　　　　　　　　　　　　　　　　 2 905.07
　　贷：未确认融资费用　　　　　　　　　　　　　　　 2 905.07

第三年：
借：长期应付款　　　　　　　　　　　　　　　　　　　　20 000
　　贷：银行存款　　　　　　　　　　　　　　　　　　　20 000

借：财务费用	1 381.57
贷：未确认融资费用	1 381.57
借：累计折旧	52 142
贷：固定资产——融资租入固定资产	52 142

3.3 所有者权益

3.3.1 实收资本（或股本）

房地产开发企业要进行开发经营，必须要有一定的资金。资金可以是投入的，也可以是借来的，但无论如何，办企业总要有一笔本钱。这笔办企业的本钱，就是企业的资本金。房地产开发企业根据国家法律、法规的规定，可以采取国家投资、各方集资或者发行股票等方式筹集资本金。

房地产开发企业对投资人投入的资本金，在"实收资本"账户（股份制房地产开发企业在"股本"账户）进行核算，其贷方登记企业收到投资人投入企业各种资产的价值和企业用资本公积、盈余公积等转增资本的数额以及可转换公司债券按规定转为股本使得股票面值总额增加的数额；借方登记按规定程序减少注册资本的数额。贷方余额，反映企业实有的资本或股本的数额。

1. 实收资本增加的会计处理

因企业组织形式的不同，投资人投入企业的资金的核算方法也不相同。现分别对股份有限公司、有限责任公司和独资公司加以说明。

（1）有限责任公司对投资人投入资金的核算　有限责任公司是指由50个以下股东共同出资，每个股东以其出资额为限对公司承担责任，公司以其全部资产对公司的债务承担责任的企业法人。

股东以货币出资的，应当将货币出资足额存入准备设立的有限责任公司在银行开设的临时账户；以实物、工业产权、非专利技术或者土地使用权出资的，应当依法办理其财产权的转移手续。股东不按照规定缴纳所认缴的出资，应当向已足额缴纳出资的股东承担违约责任。

有限责任公司在设立时，各股东按公司章程投入的资本金即实缴的出资额，应全部记入"实收资本"账户的贷方。公司的实收资本应等于注册资本。公司在收到各股东缴纳的货币资金时，借记"银行存款""库存现金"账户。收到投资者投入的固定资产、材料物资和无形资产时，按投资各方确认的价值，借记"固定资产""原材料""无形资产"等账户。

【例3-18】甲房地产开发公司收到乙单位投资50万元，存入银行；乙单位投入材料30万元，各方协议作价25万元，材料已验收入库，编制会计分录如下：

借：银行存款	500 000
原材料	250 000
贷：实收资本——法人资本金	750 000

房地产会计与财务管理

【例3-19】 甲房地产开发公司收到乙单位投入的仪器设备一台，设备原价20万元，已折旧5万元，双方确认价为10万元，同时收到乙单位专有技术一项，双方协议10万元，编制会计分录如下：

　　借：固定资产　　　　　　　　　　　　　　　　　　　　　100 000
　　　　无形资产　　　　　　　　　　　　　　　　　　　　　100 000
　　　　贷：实收资本——法人资本金　　　　　　　　　　　　　　200 000

　　有限责任公司在增加注册资本时，如有新股东参加，新股东缴纳的出资额中，只能将按其约定比例计算的其在注册资本中所占的份额部分，记入"实收资本"账户的贷方；出资额大于其在注册资本中所占的份额部分，不得作为资本金记入"实收资本"账户，而应作为资本溢价记入"资本公积"账户的贷方。

　　(2) 股份有限公司投入资金的核算　　房地产开发股份有限公司的资本金，是通过发行股票的股东投入的。股票是股份有限公司为筹集资本金而发行的有价证券，是持股人拥有公司股份的入股凭证，它代表股份有限公司的所有权证。股份有限公司发行的股票，按股东权利的不同，分为普通股和优先股。

　　股份有限公司的注册资本为在公司登记机关登记的实收股本总额，股份有限公司注册资本的最低限额为人民币500万元。

　　房地产开发股份有限公司发行的股票，应按其票面金额即面值作为股本入账。在按面值发行股票的情况下，公司发行股票所得的收入，应全部作为资本金记入"股本"账户的贷方。在按超过面值溢价发行股票的情况下，公司发行股票的收入，按股票面值部分作为资本金，记入"股本"账户的贷方；超过股票面值的溢价收入，属于资本公积金，记入"资本公积——股本溢价"账户的贷方。按现行财务制度的规定，委托证券经营机构代理发行股票所支付的手续费和股票、股票认购证印刷费等，应从股票溢价收入中扣除，因此，应将扣除股票发行费用后的股票溢价净收入记入"资本公积——股本溢价"账户的贷方。按面值发行股票的公司，由于没有股票溢价收入，只能将股票发行费用作为递延费用，记入"递延所得税资产"或"长期待摊费用"账户的借方。

【例3-20】 甲房地产开发公司为股份有限公司，经批准发行股票1 000万股，每股面值1元，委托某证券公司按每股11元发行，实收款项110 000 000元存入银行。应付证券公司代理发行手续费和股票印刷费用等30万元。在收到发行股票收入和支付代理发行费用时，应编制会计分录如下：

　　借：银行存款　　　　　　　　　　　　　　　　　　　　　109 700 000
　　　　贷：股本　　　　　　　　　　　　　　　　　　　　　　10 000 000
　　　　　　资本公积　　　　　　　　　　　　　　　　　　　　99 700 000

　　如由国有房地产开发企业改建为房地产开发股份有限公司，则应按资产评估确认的价值调整原企业的账面价值和国有资金，并按调整后的净资产额换取的股份总数和每股票面金额的乘积作为国家股股本入账，记入"股本"账户的贷方；如有差额，应作为股票溢价记入"资本公积"账户的贷方。

　　(3) 独资企业对投入资本金的核算　　独资企业对投入资本金的核算，与股份有限公司、有限责任公司不同。独资企业不发行股票,不会产生股票溢价发行收入,投资者为单一所有者,也不会在追加投资时为维持一定投资比例而产生资本公积金。因此,独资企业所有者投入企业的资金,均可作为资本金记入"实收资本"账户的贷方。

2. 实收资本减少的会计处理

企业实收资本减少的原因大体有两种:一是资本过剩;二是企业发生重大亏损而需要减少实收资本。企业因资本过剩而减资,一般要发还股款。有限责任公司和一般企业发还投资的会计处理比较简单,按法定程序报经批准减少注册资本的,借记"实收资本"账户,贷记"库存现金""银行存款"等账户。

股份有限公司由于采用的是发行股票的方式筹集股本,发还股款时,则要回购发行的股票,发行股票的价格与股票面值可能不同,回购股票的价格也可能与发行价格不同,会计处理较为复杂。股份有限公司因减少注册资本而回购本公司股份的,应按实际支付的金额,借记"库存股"账户,贷记"银行存款"等账户。注销库存股时,应按股票面值和注销股数计算的股票面值总额,借记"股本"账户,按注销库存股的账面余额,贷记"库存股"账户,按其差额,冲减股票发行时原计入资本公积的溢价部分,借记"资本公积——股本溢价"账户,回购价格超过上述冲减"股本"及"资本公积——股本溢价"账户的部分,应依次借记"盈余公积""利润分配——未分配利润"等账户;如回购价格低于回购股份所对应的股本,所注销库存股的账面余额与所冲减股本的差额作为增加股本溢价处理,按回购股份所对应的股本面值,借记"股本"账户,按注销库存股的账面余额,贷记"库存股"账户,按其差额,贷记"资本公积——股本溢价"账户。

【例3-21】 甲房地产开发公司(以下简称甲公司)截至2017年12月31日共发行股票30 000 000股,股票面值为1元,资本公积(股本溢价)6 000 000元,盈余公积4 000 000元。经股东大会批准,甲公司以现金回购本公司股票3 000 000股并注销。假定甲公司按照每股4元回购股票,不考虑其他因素,甲公司的会计处理如下:

库存股的成本 = 3 000 000 × 4 = 12 000 000(元)

借:库存股	12 000 000
贷:银行存款	12 000 000
借:股本	3 000 000
资本公积——股本溢价	6 000 000
盈余公积	3 000 000
贷:库存股	12 000 000

【例3-22】 沿用例3-21,假定甲公司以每股0.9元回购股票,其他条件不变。甲公司的会计处理如下:

库存股的成本 = 3 000 000 × 0.9 = 2 700 000(元)

借:库存股	2 700 000
贷:银行存款	2 700 000
借:股本	3 000 000

```
        贷：库存股                                    2 700 000
            资本公积——股本溢价                            300 000
     由于甲公司以低于面值的价格回购股票，股本与库存股成本的差额300 000元应作增
加资本公积处理。
```

3.3.2 资本公积和其他综合收益

1. 资本公积

资本公积是企业收到投资者的超出其在企业注册资本（或股本）中所占份额的投资，以及直接计入所有者权益的利得和损失等。

资本公积一般应当设置"资本（或股本）溢价""其他资本公积"明细账户核算。

（1）资本溢价的会计处理　企业接受投资者投资，将投资额不超过其在注册资本中所占份额的部分，确认为实收资本，将超过其在注册资本中所占份额的部分（溢价部分）作为资本公积核算。

【例3-23】　某有限责任公司由甲、乙、丙三位股东各自出资100万元设立。设立时的实收资本为300万元。经过三年的经营，该企业留存收益为150万元。这时又有丁投资者有意参加该企业，并表示愿意出资180万元，而仅占该企业股份的25%。在会计处理时，将丁股东投入资金中的100万元记入"实收资本"账户，其余80万元记入"资本公积"账户。

（2）其他资本公积的会计处理　其他资本公积是指除资本溢价（或股本溢价）项目以外所形成的资本公积，其中主要包括直接计入所有者权益的利得和损失。

主要包括以下内容：

1）可供出售金融资产公允价值变动。

2）企业根据以权益结算的股份支付计划授予职工或其他方的权益工具的公允价值。

3）现金流量套期中，有效套期工具的公允价值变动。

4）企业长期股权投资采用权益法核算的，被投资方除净损益以外的其他所有者权益变动引起的长期股权投资账面价值的变动。

5）自用房地产或存货转换为采用公允价值模式计量的投资性房地产时，投资性房地产转换当日的公允价值大于原账面价值的差额。

（3）资本公积转增资本的会计处理　按照《公司法》的规定，法定公积金（资本公积和盈余公积）转为资本时，所留存的该项公积金不得少于转增前公司注册资本的25%。经股东大会或类似机构决议，用资本公积转增资本时，应冲减资本公积，同时按照转增前的实收资本（或股本）的结构或比例，将转增的金额记入"实收资本"（或"股本"）账户下各所有者的明细分类账。

2. 其他综合收益

其他综合收益是指未在当期损益中确认的利得或损失，包括以后会计期间不能重分类进损益的其他综合收益和以后会计期间满足规定条件时将重分类进损益的其他综合收益两类。

1）以后会计期间不能重分类进损益的其他综合收益。以后会计期间不能重分类进损益

的其他综合收益主要包括重新计量设定受益计划净负债或净资产的变动，以及按权益法核算长期股权投资被投资单位重新计量设定受益计划净负债或净资产的变动引起的权益变动，投资企业按持股比例计算确认的该部分其他综合收益。

2）以后会计期间满足规定条件时将重分类进损益的其他综合收益，主要包括以下项目：

① 可供出售金融资产公允价值的变动。可供出售金融资产公允价值变动形成的利得，除减值损失和外币货币性金融资产形成的汇兑差额外，借记"可供出售金融资产——公允价值变动"账户，贷记"其他综合收益"账户，公允价值变动形成的损失，做相反的会计分录。

② 可供出售外币非货币性项目的汇兑差额。对于以公允价值计量的可供出售非货币性项目，如果期末的公允价值以外币反映，则应当先将该外币按照公允价值确定当日的即期汇率折算为记账本位币金额，再与原记账本位币金额进行比较，其差额计入其他综合收益。具体地说，对于发生的汇兑损失，借记"其他综合收益"账户，贷记"可供出售金融资产"账户；对于发生的汇兑收益，借记"可供出售金融资产"账户，贷记"其他综合收益"账户。

③ 金融资产的重分类。将可供出售金融资产重分类为采用成本或摊余成本计量的金融资产，重分类日该金融资产的公允价值或账面价值作为成本或摊余成本，该金融资产没有固定到期日的，与该金融资产相关、原直接计入所有者权益的利得或损失，应当仍然记入"其他综合收益"账户，在该金融资产被处置时转出，计入当期损益。

将持有至到期投资重分类为可供出售金融资产，并以公允价值进行后续计量，重分类日，该投资的账面价值与其公允价值之间的差额记入"其他综合收益"账户，在该可供出售金融资产发生减值或终止确认时转出，计入当期损益。

按照金融工具确认和计量的规定应当以公允价值计量，但以前公允价值不能可靠计量的可供出售金融资产，企业应当在其公允价值能够可靠计量时改按公允价值计量，将相关账面价值与公允价值之间的差额记入"其他综合收益"账户，在其发生减值或终止确认时将上述差额转出，计入当期损益。

④ 采用权益法核算的长期股权投资。采用权益法核算的长期股权投资，按照被投资单位实现其他综合收益以及持股比例计算应享有或分担的金额，调整长期股权投资的账面价值，同时增加或减少其他综合收益，其会计处理为借记（或贷记）"长期股权投资——其他综合收益"账户，贷记（或借记）"其他综合收益"账户，待该项股权投资处置时，将原计入其他综合收益的金额转入当期损益。

⑤ 存货或自用房地产转换为投资性房地产。企业将作为存货的房地产转换为采用公允价值模式计量的投资性房地产时，应当按该项房地产在转换日的公允价值，借记"投资性房地产——成本"账户，原已计提跌价准备的，借记"存货跌价准备"账户，按其账面余额，贷记"开发产品"等账户；同时，转换日的公允价值小于账面价值的，按其差额，借记"公允价值变动损益"账户，转换日的公允价值大于账面价值的，按其差额，贷记"其他综合收益"账户。

企业将自用的建筑物等转换为采用公允价值模式计量的投资性房地产时，应当按该项房地产在转换日的公允价值，借记"投资性房地产——成本"账户，原已计提减值准备的，借记"固定资产减值准备"账户,按已计提的累计折旧等,借记"累计折旧"等账户,按其账面余额,贷记"固定资产"等账户;同时,转换日的公允价值小于账面价值的,按其差额,借记"公允价值变动损益"账户,转换日的公允价值大于账面价值的,按其差额,贷记"其他综合收益"账户。

待该项投资性房地产处置时,因转换计入其他综合收益的部分应转入当期损益。

3.3.3 留存收益

留存收益是指企业从历年实现的净利润中提取或留存于企业的内部积累。留存收益包括两部分:一部分是企业的盈余公积,另一部分是未分配利润。

1. 盈余公积

盈余公积是指企业按照规定从净利润中提取的积累资金。一般包括以下两个部分:

(1) 提取法定公积金 公司制企业的法定公积金按照税后利润的 10% 的比例提取(非公司制企业也可按照超过 10% 的比例提取),在计算提取法定盈余公积的基数时,不应包括企业年初未分配利润。公司法定公积金累计额为公司注册资本的 50% 以上时,可以不再提取法定公积金。

公司的法定公积金不足以弥补以前年度亏损的,在提取法定公积金之前,应当先用当年利润弥补亏损。

(2) 提取任意公积金 公司从税后利润中提取法定公积金后,经股东会或者股东大会决议,还可以从税后利润中提取任意公积金。非公司制企业经类似权力机构批准也可提取任意盈余公积。

盈余公积的会计处理如表 3-6 所示。

表 3-6 盈余公积的会计处理

序号	业 务	会 计 处 理
1	从净利润中提取盈余公积时	借:利润分配——提取盈余公积 　　贷:盈余公积——法定盈余公积 　　　　　　　　——任意盈余公积
2	盈余公积金弥补亏损	借:盈余公积 　　贷:利润分配
3	盈余公积转增资本(或股本)	盈余公积金转增资本或股本使盈余公积减少,实收资本增加。 借:盈余公积——法定盈余公积 　　贷:实收资本

企业提取盈余公积主要可以用于弥补以后年度亏损、转增资本或股本,但所留存的该项公积金不得少于转增前公司注册资本的 25%。

2. 未分配利润

未分配利润是指企业未作分配的一部分税后利润,它有三层含义:一是这部分税后利润没有分配给企业的投资者;二是这部分税后利润没有指定用途;三是包括企业历年累积的未分配利润。

为了反映企业历年累积的未分配利润,在"利润分配"账户中,设置了"未分配利润""提取法定盈余公积""提取任意盈余公积""应付现金股利或利润""转作股本的股利""盈余公积补亏"等账户进行明细核算。

年末,将企业实现的本年净利润从"本年利润"账户转入"利润分配——未分配利润"账户的贷方,将当年分配出去的利润从"利润分配——提取盈余公积"等账户的借方结转到"利润分配——未分配利润"账户的借方。如有贷方余额,就是未分配的利润。

企业在生产经营过程中既有可能发生盈利,也有可能出现亏损。企业在当年发生亏损的情况下,与实现利润的情况相同,应当将本年发生的亏损自"本年利润"账户,转入"利润分配——未分配利润"账户,借记"利润分配——未分配利润"账户,贷记"本年利润"账户,结转后"利润分配"账户的借方余额,即为未弥补亏损的数额。然后通过"利润分配"账户核算有关亏损的弥补情况。

【例3-24】 甲房地产开发公司的股本为100 000 000元,每股面值1元。2017年年初未分配利润为贷方80 000 000元,2017年实现净利润50 000 000元。

假定公司经批准的2017年度利润分配方案为:按照2017年实现净利润的10%提取法定盈余公积,5%提取任意盈余公积,同时向股东按每股0.2元派发现金股利,按每10股送3股的比例派发股票股利。2018年3月15日,公司以银行存款支付了全部现金股利,新增股本也已经办理完股权登记和相关增资手续。甲房地产开发公司的会计处理如下:

(1) 2017年度终了时,企业结转本年实现的净利润:

借:本年利润　　　　　　　　　　　　　　　　　　　　　　　50 000 000
　　贷:利润分配——未分配利润　　　　　　　　　　　　　　　　50 000 000

(2) 提取法定盈余公积和任意盈余公积:

借:利润分配——提取法定盈余公积　　　　　　　　　　　　　　5 000 000
　　　　　　　——提取任意盈余公积　　　　　　　　　　　　　　2 500 000
　　贷:盈余公积——法定盈余公积　　　　　　　　　　　　　　　5 000 000
　　　　　　　　——任意盈余公积　　　　　　　　　　　　　　　2 500 000

(3) 结转"利润分配"账户的明细账户:

借:利润分配——未分配利润　　　　　　　　　　　　　　　　　7 500 000
　　贷:利润分配——提取法定盈余公积　　　　　　　　　　　　　5 000 000
　　　　　　　　——提取任意盈余公积　　　　　　　　　　　　　2 500 000

甲房地产开发公司2017年年底"利润分配——未分配利润"账户的余额为:

80 000 000 + 50 000 000 − 7 500 000 = 122 500 000(元)

即贷方余额122 500 000元,反映企业的累计未分配利润为122 500 000元。

(4) 批准发放现金股利:

100 000 000 × 0.2 = 20 000 000(元)

借:利润分配——应付现金股利　　　　　　　　　　　　　　　　20 000 000
　　贷:应付股利　　　　　　　　　　　　　　　　　　　　　　　20 000 000

2018年3月15日,实际发放现金股利:

```
借：应付股利                                    20 000 000
    贷：银行存款                                20 000 000
```
（5）2018年3月15日，发放股票股利：
100 000 000 × 1 × 30% = 30 000 000（元）
```
借：利润分配——转作股本的股利                  30 000 000
    贷：股本                                   30 000 000
```

思 考 题

1. 房地产企业流动负债的概念及分类是什么？
2. 房地产企业非流动负债的概念及分类是什么？
3. 如何对负债进行计量？
4. 应付账款如何确定入账时间？
5. 实行营改增后，房地产企业的应交税费主要包含哪些内容？
6. 所有者权益包括哪些内容？
7. 盈余公积包括哪些内容？主要用途是什么？

练 习 题

1. 宏伟房地产开发企业共发生了下列有关固定资产投资借款及其使用和偿还的经济业务：

（1）2015年1月1日，企业所属某加工厂进行厂房扩建工程，预算造价800 000元，因资金不足，向银行借入投资借款600 000元，期限2年，年利率10%。每年计息一次，借款转入企业银行结算户。

（2）2015年2月1日，将该项厂房扩建工程发包给华南建筑公司承建，按工程造价的25%预付备料款200 000元。

（3）2015年12月31日，收到银行计息通知单，该项投资借款应计利息为60 000元。

（4）2016年1月31日，该项工程完工验收，交付使用，工程款扣除预付备料款后，用银行存款600 000元如数付清。

（5）2017年1月1日收到银行计息通知单，该项投资借款应计利息为60 000元。

（6）2017年1月底，用银行存款偿还厂房扩建工程投资借款本金及利息。

要求：根据上列资料为各项经济业务编制会计分录。

2. 某房地产开发企业经国务院证券部门的审批，于2014年年初委托某证券公司发售企业债券，债券面值200万元，期限为4年，年利率为10%，每季计息一次。由于债券票面利率低于市场利率，以低于票面价值的184万元折价发售（即票面100元的债券，以92元的价格发售），收入债券资金存入银行结算户。

债券代理发行手续费和债券印刷费按债券发售价格的5‰支付。此项债券用以建造所属加工厂的厂房，厂房在2018年交付使用。

2018年年初用银行存款偿还债券本息。

要求：

（1）计算每季应付债券利息、应摊销债券折价。

（2）为发售债券、支付代理发行手续费和印刷费、每季应计债券利息、每季应摊销债券折价、到期偿还债券本息编制会计分录。

第 4 章 开发产品成本

 **本章导读**

金地（集团）股份有限公司初创于1988年，1993年开始正式经营房地产业务。2001年4月，金地（集团）股份有限公司在上海证券交易所正式挂牌上市。历经十余年探索和实践，现已发展成为一个以房地产开发为主营业务的上市公司。

公司的主营业务为房地产开发与销售，经营模式以自主开发销售为主。公司的业务板块分为住宅地产开发、商业地产开发和运营、房地产金融及物业管理服务等。

作为房地产开发企业，金地集团将成本控制作为房地产开发的重要战略手段。2016年在成本管理方面，公司根据市场形势的变化，通过对一二线城市改善型住宅项目进行成本对标，内部梳理配置建议，严控各项关键指标，有效提高了中高端项目的竞争力；通过采用成本信息化手段，公司加强了项目建造过程中变更签证结算的及时性，达到了较好的效果。成本采购方面，公司不断鼓励引入新的供应商，增加战略采购的部品范围，进一步拓宽跨区域战略采购的范围和层次，规模效应得到体现。

表4-1为2016年金地集团年报中的成本分析表[一]。

表4-1 成本分析表

单位：元

成本构成项目	本 期 金 额	本期占总成本比例（%）	本期金额较上年同期变动比例（%）
房地产开发	37 268 569 630.94	95.26	69.06
物业出租	25 504 095.87	0.07	192.16
物业管理	1 625 172 752.23	4.15	38.71
其他	204 160 320.41	0.52	42.00

房地产企业的成本对企业的运营与发展有着重要影响，由金地集团2016年年报中的成本分析表可知，房地产企业的成本主要就是开发成本。而房地产企业的开发成本与其他企业有所不同，按用途可分为土地开发成本、房屋开发成本、配套设施开发成本、代建工程开发成本等。本章将对房地产企业的开发成本进行详细介绍。

[一] 导读中所列数据来自金地集团2016年年报。

4.1 开发产品成本概述

4.1.1 开发产品的成本分类

开发产品成本是指房地产开发企业在开发产品过程中所发生的各项费用支出。

为了加强开发产品成本的管理,降低开发过程耗费的活劳动和物化劳动,提高企业经济效益,必须正确核算开发产品的成本,在各个开发环节控制各项费用支出。

要核算开发产品的成本,必须明确开发产品成本的种类和内容。开发产品成本按其经济用途,可分为四类,如表4-2所示。

表4-2 开发产品成本分类

序号	类别	说明
1	土地开发成本	房地产开发企业开发土地(即建设场地)所发生的各项费用支出
2	房屋开发成本	房地产开发企业开发各种房屋(包括商品房、出租房、代建房等)所发生的各项费用支出
3	配套设施开发成本	房地产开发企业开发能有偿转让的大型配套设施及不能有偿转让、不能直接计入开发产品成本的公共配套设施所发生的各项费用支出
4	代建工程开发成本	房地产开发企业接受委托单位的委托,代为开发除土地、房屋以外其他工程如市政工程等所发生的各项费用支出

4.1.2 开发产品成本的构成

开发产品成本包括六个成本项目,如表4-3所示。

表4-3 开发产品成本构成

序号	成本项目	具体说明
1	土地征用及拆迁补偿费或批租地价	因开发房地产而征用土地所发生的各项费用,包括征地费、安置费以及原有建筑物的拆迁补偿费,或采用批租方式取得土地的批租地价
2	前期工程费	土地、房屋开发前发生的规划、设计、可行性研究以及水文地质勘察、测绘、场地平整等费用
3	基础设施费	土地、房屋开发过程中发生的供水、供电、供气、排污、排洪、通信、照明、绿化、环卫设施以及道路等基础设施费用
4	建筑安装工程费	土地房屋开发项目在开发过程中按建筑安装工程施工图施工所发生的各项建筑安装工程费和设备费
5	配套设施费	在开发小区内发生,可计入土地、房屋开发成本的不能有偿转让的公共配套设施费用,如锅炉房、水塔、居委会、派出所、幼儿园、托儿所、消防、自行车车棚、公厕等设施支出
6	开发间接费	房地产开发企业内部独立核算单位及开发现场为开发房地产而发生的各项间接费用,包括现场管理机构人员工资、福利费、折旧费、修理费、办公费、水电费、劳动保护费等

从以上可以看出，构成房地产开发企业产品的开发成本，相当于工业产品的制造成本和建筑安装工程的施工成本。如要计算房地产开发企业产品的完全成本，还要计算开发企业（公司本部）的管理费用、财务费用和销售费用等期间费用，与开发工程量的关系并不十分密切，不但增加核算的工作量，也不利于正确考核企业开发单位的成本水平和成本管理责任。因此，现行会计制度中规定将期间费用计入当期损益，不再计入开发产品成本，也就是说，房地产开发企业开发产品只计算开发成本，不计算完全成本。

4.1.3　开发产品的成本核算对象

开发产品的成本核算对象是指企业在进行成本核算时，为归集和分配费用而确定的费用承担者。一般来说，房地产开发企业应结合开发工程规模的大小、工期长短及结构类型等因素，确定成本核算的对象。

一般的房屋或土地开发项目，应以每一独立编制的设计概算，或每一独立的施工图预算所列的单项工程作为一个成本核算对象。

同一地点开发、结构类型相同的群体开发项目，如果开、竣工时间相近，又由同一施工队伍施工，可以合并为一个成本核算对象。

对规模较大、工期较长的开发项目，可以结合经济责任制的要求，按开发项目的一定区域或部位划分成本核算对象。

成本核算对象应在开发产品开工之前确定，一经确定不得随意更改。

4.2　开发间接费用

4.2.1　开发间接费用的组成

开发间接费用是指房地产开发企业内部独立核算单位及开发现场管理机构为开发产品而发生的各项间接费用，即在开发现场设置部门组织管理开发产品而发生的，以及不能直接计入各项开发产品成本的各项费用。由于这些费用往往是多项开发产品共同发生的，因而无法将它直接计入某项开发产品成本，而应将其先记入"开发间接费用"账户，然后按照适当分配标准，将其分配计入各项开发产品成本。

为了组织开发间接费用的明细分类核算，分析各项费用增减变动的原因，进一步节约费用开支，开发间接费用应分设如下明细项目进行核算：

1）职工薪酬。职工薪酬是指企业在职工在职期间和离职后提供的全部货币性薪酬和非货币性福利，包括提供给职工本人的薪酬，以及提供给职工配偶、子女或其他被赡养人的福利等。

2）折旧费。折旧费是指开发企业内部独立核算单位使用属于固定资产的房屋、设备、仪器等提取的折旧费。

3）修理费。修理费是指开发企业内部独立核算单位使用属于固定资产的房屋、设备、仪器等发生的修理费。

4）办公费。办公费是指开发企业内部独立核算单位各管理部门办公用的文具、纸张、印刷、邮电、书报、会议、差旅交通、烧水和集体取暖等费用。

5）水电费。水电费是指开发企业内部独立核算单位各管理部门耗用的水电费。

6）劳动保护费。劳动保护费是指用于开发企业内部独立核算单位职工的劳动保护用品的购置、摊销和修理费，供职工保健用营养品、防暑饮料、洗涤肥皂等物品的购置费或补助费，以及工地上职工洗澡、饮水的燃料费等。

7）利息支出。利息支出是指开发企业为开发房地产借入资金所发生而不能直接计入某项开发成本的利息支出及相关的手续费，但应冲减使用前暂存银行而发生的利息收入。开发产品完工以后的借款利息，应作为财务费用，计入当期损益。

8）其他费用。其他费用是指上列各项费用以外的其他开发间接费用支出。

从上述开发间接费用的明细项目中，可以看出它与土地征用及拆迁补偿费、建筑安装工程费等变动费用不同，它属于相对固定的费用，其费用总额并不随着开发产品量的增减而成比例的增减。但就单位开发产品分摊的费用来说，则随着开发产品量的变动而成反比例的变动，即完成开发产品数量增加，单位开发产品分摊的费用随之减少；反之，完成开发产品数量减少，单位开发产品分摊的费用随之增加。因此，超额完成开发任务，就可降低开发成本中的开发间接费用。

4.2.2 开发间接费用的核算

1. 开发间接费用的归集

开发间接费用的归集，需设置"开发间接费用"账户。房地产开发企业发生的各项开发间接费用，应借记"开发间接费用"账户，贷记"应付职工薪酬""累计折旧""长期待摊费用""银行存款"等账户。

如果房地产开发企业不设置现场管理部门而由企业（即公司本部）定期或不定期地派人到开发现场组织开发活动，其所发生的间接费用，可计入企业的管理费用。

开发间接费用的明细分类核算，一般要按所属内部独立核算单位设置开发间接费用明细分类账，将发生的开发间接费用按明细项目分栏登记。

【例4-1】甲房地产开发公司下设开发现场管理部门，该部门2017年5月发生各项费用合计65 408元，其中：职工薪酬19 250元，折旧费21 000元，大修理费7 350元，办公费4 410元，水电费2 478元，劳动保护费5 250元。大修理费、办公费、水电费和劳动保护费已用银行存款支付。另外开发房地产专项借款本月利息支出4 200元，以及发生的其他间接费用合计1 470元，已用银行存款支付。

该企业本月开发间接费用归集的会计分录如下：

借：开发间接费用　　　　　　　　　　　　　　　　　　　　　65 408
　　贷：应付职工薪酬　　　　　　　　　　　　　　　　　　　19 250
　　　　累计折旧　　　　　　　　　　　　　　　　　　　　　21 000
　　　　银行存款　　　　　　　　　　　　　　　　　　　　　25 158

2. 开发间接费用的分配

每月终了，应对开发间接费用进行分配，按实际发生数计入有关开发产品的成本。开发间接费用的分配方法，企业可根据开发经营的特点自行确定。不论土地开发、房屋开发、配套设施和代建工程，均应分配开发间接费用。为了简化核算手续并防止重复分配，对应计入房屋等开发成本的自用土地和不能有偿转让的配套设施的开发成本，均不分配开发间接费用。这部分开发产品应负担的开发间接费用，可直接分配计入有关房屋开发成本。也就是说，企业内部独立核算单位发生的开发间接费用，可仅对有关开发房屋、投资性房地产、能有偿转让配套设施及代建工程进行分配。

开发间接费用明细分类账所归集的费用，应于月末分配计入各开发成本项目。如果房地产开发企业本月只从事一个开发项目的建设，则可将开发间接费用总额直接结转到该开发项目的开发成本明细账。如果本月从事两个或两个以上开发项目的建设，则应按一定的标准分配计入各开发项目的开发成本，并结转到相应的开发成本明细账。按采用的分配标准不同，开发间接费用可按预算间接费比例法和直接费比例法进行分配。

（1）预算间接费比例法 这种分配方法是将实际发生的开发间接费用，按各开发项目预算开发间接费用的比例进行分配的一种方法。其计算公式如下：

分配率 = 本月实际发生的开发间接费用 ÷ 本月各开发项目预算（计划）开发间接费用总和

某项开发项目应负担的开发间接费用 = 该开发项目预算（计划）开发间接费用 × 分配率

采用这种分配方法，要求开发企业有较为健全的开发成本预算。

（2）直接费比例法 这种分配方法是将实际发生的开发间接费用，按各开发项目直接费用的比例进行分配的一种方法。其计算公式如下：

分配率 = 本月实际发生的开发间接费用 ÷ 本月各开发项目直接费用总和

某开发项目应负担的开发间接费用 = 该开发项目直接费用 × 分配率

【例4-2】 甲房地产开发公司在2017年10月共发生开发间接费用87 360元。应分配开发间接费用的各开发产品实际发生的直接费用共计1 040 000元，其中：A商品房100 000元，B商品房240 000元，A出租房150 000元，B出租房140 000元，大型配套设施（商店）160 000元以及商品性土地250 000元。

按直接费比例法分配开发间接费用如下：

分配率 = 87 360/1 040 000 = 0.084

A商品房应分配的开发间接费用 = 100 000 × 0.084 = 8 400（元）

B商品房应分配的开发间接费用 = 240 000 × 0.084 = 20 160（元）

A出租房应分配的开发间接费用 = 150 000 × 0.084 = 12 600（元）

B出租房应分配的开发间接费用 = 140 000 × 0.084 = 11 760（元）

商店应分配的开发间接费用 = 160 000 × 0.084 = 13 440（元）

商品性土地应分配的开发间接费 = 250 000 × 0.084 = 21 000（元）

可将各开发产品成本分配的开发间接费用记入各开发产品成本核算对象的"开发间接费用"成本项目，并将它记入"开发成本"账户的借方和"开发间接费用"账户的贷方，做如下分录入账：

借：开发成本——房屋开发成本（A商品房）　　　　　　　　　　　8 400
　　　　　　——房屋开发成本（B商品房）　　　　　　　　　　　20 160
　　　　　　——房屋开发成本（A出租房）　　　　　　　　　　　12 600

——房屋开发成本（B 出租房）	11 760
——配套设施开发成本（商店）	13 440
——土地开发成本（商品性土地）	21 000
贷：开发间接费用	87 360

4.3 土地开发成本

4.3.1 土地开发成本核算对象的确定和成本项目的设置

1. 土地开发成本核算对象的确定

土地开发也称建设场地开发，是指对土地和地下各种基础设施进行开发建设，使之变成具备一定建设条件的建设场地，包括供水、供电、排水、排污等地下管线的铺设以及地面道路的平整等。为了既有利于土地开发支出的归集，又有利于土地开发成本的结转，对需要单独核算土地开发成本的开发项目，可按下列原则确定土地开发成本的核算对象：

1）对于一般的土地开发，可以每一独立的开发项目即"地块"作为成本核算对象。

2）对于开发面积较大、工期较长、分区域开发的土地，可以一定区域作为成本核算对象。

2. 土地开发成本项目的设置

企业开发的土地，因其设计要求不同，开发的层次、程度和内容都不相同，有的只是进行场地的清理平整，如原有建筑物、障碍物的拆除和土地的平整；有的除了场地平整外，还要进行地下各种管线的铺设、地面道路的建设等。因此，就各个具体的土地开发项目来说，它的开发支出内容是不完全相同的。企业要根据所开发土地的具体情况和会计制度规定的成本项目，设置土地开发项目的成本项目。一般来说，企业对土地开发成本的核算，可设置的成本项目如表4-4 所示。

表4-4 土地开发成本项目

序号	项目	具体说明
1	土地征用及拆迁补偿费	土地征用及拆迁补偿费是指按照城市建设总体规划进行土地开发所发生的土地征用费、耕地占用税、劳动力安置费，以及有关地上、地下物拆迁补偿费等。但对拆迁旧建筑物回收的残值应估价入账并冲减有关成本
2	前期工程费	前期工程费是指土地开发项目前期工程发生的费用，包括规划、设计费，项目可行性研究费，水文、地质勘察费，测绘费，场地平整费等
3	基础设施费	基础设施费是指土地开发过程中发生的各种基础设施费，包括道路、供水、供电、供气、排污、排洪、通讯等设施建设费用
4	开发间接费	开发间接费是指应由商品性土地开发成本负担的开发间接费用

4.3.2 土地开发成本的核算

企业在土地开发过程中发生的各项支出，除可将直接计入房屋开发成本的自用土地开发支出放在"开发成本——房屋开发成本"账户核算外,其他土地开发支出均应通过"开发成本——土地开发成本"账户进行核算。

为了分清转让、出租用土地开发成本和不能确定负担对象自用土地开发成本,对土地开发成本应按土地开发项目的类别,分别设置"商品性土地开发成本"和"自用土地开发成本"两个二级账户,并按成本核算对象和成本项目设置明细分类账。对发生的土地征用及拆迁补偿费、前期工程费、基础设施费等土地开发支出,可直接记入各土地开发成本明细分类账,并记入"开发成本——商品性土地开发成本""开发成本——自用土地开发成本"账户的借方和"银行存款""应付账款——应付工程款"等账户的贷方。发生的开发间接费用,应先在"开发间接费用"账户进行核算,于月份终了再按一定标准,分配计入有关开发成本核算对象。应由商品性土地开发成本负担的开发间接费用,应记入"开发成本——商品性土地开发成本"账户的借方和"开发间接费用"账户的贷方。

【例4-3】 甲房地产开发公司在2017年6月内,共发生有关土地开发支出如表4-5所示。

表4-5　2017年6月的土地开发支出　　　　　　　　　　　　　　单位:元

项　目	商品性土地	自用土地
支付征地拆迁费	390 000	360 000
支付承包设计单位前期工程款	10 000	9 000
应付承包施工单位基础设施款	12 500	9 000
分配开发间接费用	5 000	
合计	417 500	378 000

(1) 用银行存款支付征地拆迁费时:

借:开发成本——商品性土地开发成本　　　　　　　　　　　390 000
　　　　　　——自用土地开发成本　　　　　　　　　　　　360 000
　贷:银行存款　　　　　　　　　　　　　　　　　　　　　750 000

(2) 用银行存款支付设计单位前期工程款时:

借:开发成本——商品性土地开发成本　　　　　　　　　　　10 000
　　　　　　——自用土地开发成本　　　　　　　　　　　　9 000
　贷:银行存款　　　　　　　　　　　　　　　　　　　　　19 000

(3) 将应付施工企业基础设施工程款入账时:

借:开发成本——商品性土地开发成本　　　　　　　　　　　125 000
　　　　　　——自用土地开发成本　　　　　　　　　　　　9 000
　贷:应付账款——应付工程款　　　　　　　　　　　　　　21 500

(4) 分配应计入商品性土地开发成本的开发间接费用时:

借:开发成本——商品性土地开发成本　　　　　　　　　　　5 000
　贷:开发间接费用　　　　　　　　　　　　　　　　　　　5 000

4.3.3 已完工土地开发成本的结转

已完土地开发成本应从"开发成本"总账及所属明细账转出,结转到有关账户。已完开发建设场地的用途不同,结转方法也不同。

1)企业为有偿转让而开发的商品性土地,开发完成后,将其实际成本转入"开发产品"账户结转时,借记"开发产品——商品性土地"账户,贷记"开发成本——商品性土地开发成本"账户。

2)企业自用的建设场地,应在开发完成投入使用时,将其实际成本结转计入有关商品房、出租房等开发产品的成本中。结转时,借记"开发成本——房屋开发成本"账户,贷记"开发成本——自用土地开发成本"账户。

3)企业自用的建设场地,开发完成后近期暂不使用的,应将其实际成本先转入"开发产品"账户,即借记"开发产品——自用土地"账户,贷记"开发成本——自用土地开发成本"账户。当企业再进行房屋开发建设时,再将其土地开发成本自"开发产品"账户转入"开发成本"账户,即借记"开发成本——房屋开发成本"账户,贷记"开发产品——自用土地"账户。

【例4-4】甲房地产开发公司现有A、B、C三块土地正在开发建设,土地A开发完成后直接用于1号商品房开发项目;土地B开发完成后供2号商品房和3号商品房使用,其中2号商品房使用65%的土地面积,3号商品房使用35%的土地面积。土地C开发完成后将有偿转让。2017年6月发生如下经济业务:

(1)6月2日,用银行存款支付土地征用及拆迁补偿费共计180万元,其中:土地A支付80万元,土地B支付60万元,土地C支付40万元。

　　借:开发成本——房屋开发成本——1号商品房　　　　　　800 000
　　　　　——商品性土地开发成本——土地B　　　　　　　　600 000
　　　　　——商品性土地开发成本——土地C　　　　　　　　400 000
　　　贷:银行存款　　　　　　　　　　　　　　　　　　　1 800 000

(2)6月6日,用银行存款支付前期工程费60 000元,其中水文地质勘探费40 000元,土地A应负担20 000元,土地B应负担15 000元,土地C应负担5 000元;支付土地开发设计费20 000元,土地A应负担10 000元,土地B应负担5 000元,土地C应负担5 000元。

　　借:开发成本——房屋开发成本——1号商品房　　　　　　　30 000
　　　　　——商品性土地开发成本——土地B　　　　　　　　 20 000
　　　　　——商品性土地开发成本——土地C　　　　　　　　 10 000
　　　贷:银行存款　　　　　　　　　　　　　　　　　　　　 60 000

(3)6月15日,由某施工企业承包的基础设施工程已竣工,应付工程款80万元,其中:土地A应负担40万元,土地B应负担20万元,土地C应负担20万元。

　　借:开发成本——房屋开发成本——1号商品房　　　　　　 400 000
　　　　　——商品性土地开发成本——土地B　　　　　　　　200 000
　　　　　——商品性土地开发成本——土地C　　　　　　　　200 000
　　　贷:应付账款——应付工程款　　　　　　　　　　　　　800 000

(4) 6月20日，土地A不能有偿转让的公共设施配套水塔已竣工，实际成本300 000元，工程款尚未支付。

借：开发成本——房屋开发成本——1号商品房　　　　　　　　　　300 000
　　贷：应付账款——应付工程款——1号商品房　　　　　　　　　　300 000

(5) 月末，分配开发间接费用60 000元，其中：土地A负担22 600元，土地B负担26 000元，土地C负担11 400元。

借：开发成本——房屋开发成本——1号商品房　　　　　　　　　　22 600
　　　　　　——商品性土地开发成本——土地B　　　　　　　　　26 000
　　　　　　——商品性土地开发成本——土地C　　　　　　　　　11 400
　　贷：开发间接费用　　　　　　　　　　　　　　　　　　　　　60 000

(6) 6月30日，土地开发完成，土地A的开发总成本是1 552 600元，土地B的开发总成本是846 000元，土地C的开发总成本是621 400元。

借：开发成本——房屋开发成本——2号商品房　　　　　　　　　　549 900
　　　　　　——房屋开发成本——3号商品　　　　　　　　　　　296 100
　　贷：开发成本——商品性土地开发成本——土地B　　　　　　　846 000
借：开发产品——土地C　　　　　　　　　　　　　　　　　　　　621 400
　　贷：开发成本——商品性土地开发成本——土地C　　　　　　　621 400

4.4　配套设施开发成本

4.4.1　配套设施的种类及其支出归集的原则

房地产开发企业开发的配套设施，可以分为如下两类：一类是开发小区内开发不能有偿转让的公共配套设施，如水塔、锅炉房、居委会、派出所、消防栓、幼托所、自行车车棚等；另一类是能有偿转让的城市规划中规定的大型配套设施项目，包括：

1) 开发小区内营业性公共配套设施，如商店、银行、邮局等。

2) 开发小区内非营业性配套设施，如中小学、文化站、医院等。

3) 开发项目外为居民服务的给排水、供电、供气的增容增压、交通道路等。这类配套设施，如果没有投资来源，不能有偿转让，也将它归入第一类中，计入房屋开发成本。

按照现行财务制度规定，城市建设规划中的大型配套设施项目，不得计入商品房成本。因为这些大型配套设施，国家有这方面的投资，或是政府投资，或国家拨款给有关部门再由有关部门出资。但在实际执行过程中，由于城市基础设施的投资体制，无法保证与城市建设综合开发协调一致，作为城市基础设施的投资者，往往在客观上拿不出资金来，有些能拿的也只是其中很少一部分。因此，开发企业也只得将一些不能有偿转让的大型配套设施发生的支出也计入开发产品成本。

为了正确核算和反映企业开发建设中各种配套设施所发生的支出，并准确地计算房屋开发成本和各种大型配套设施的开发成本，对配套设施支出的归集，可分为如下三种：

1) 对能分清并直接计入某个成本核算对象的第一类配套设施支出，可直接计入有关房屋等开发成本,并在"开发成本——房屋开发成本"账户中归集其发生的支出。

2）对不能直接计入有关房屋开发成本的第一类配套设施支出,应先在"开发成本——配套设施开发成本"账户进行归集,于开发完成后再按一定标准分配计入有关房屋等开发成本。

3）对能有偿转让的第二类大型配套设施支出,应在"开发成本——配套设施开发成本"账户中进行归集。

由上可知,在配套设施开发成本中核算的配套设施支出,只包括不能直接计入有关房屋等成本核算对象的第一类配套设施支出和第二类大型配套设施支出。

4.4.2　配套设施开发成本核算对象和成本项目的设置

一般来说,对能有偿转让的大型配套设施项目,应以各配套设施项目作为成本核算对象,以便正确计算各设施的开发成本。对这些配套设施的开发成本应设置如下六个成本项目：

1）土地征用及拆迁补偿费或批租地价。
2）前期工程费。
3）基础设施费。
4）建筑安装工程费。
5）配套设施费。
6）开发间接费。

其中配套设施费项目用以核算分配的其他配套设施费。因为要使这些设施投入运转,有的也需要其他配套设施为其提供服务,所以理应分配为其服务的有关设施的开发成本。

对不能有偿转让、不能直接计入各成本核算对象的各项公共配套设施,如果工程规模较大,可以把各配套设施作为成本核算对象。如果工程规模不大、与其他项目建设地点较近、开竣工时间相差不多并由同一施工单位施工的,也可考虑将它们合并作为一个成本核算对象,于工程完工算出开发总成本后,按照各该项目的预算成本或计划成本的比例,算出各配套设施的开发成本,再按一定标准,将各配套设施开发成本分配计入有关房屋等开发成本。至于这些配套设施的开发成本,在核算时一般可仅设置以下四个成本项目：

1）土地征用及拆迁补偿费或批租地价。
2）前期工程费。
3）基础设施费。
4）建筑安装工程费。

由于这些配套设施的支出需由房屋等开发成本负担,为简化核算手续,对这些配套设施可不再分配其他配套设施支出。它本身应负担的开发间接费用,也可直接分配计入有关房屋开发成本。因此,对这些配套设施,在核算时也就可以不必设置配套设施费和开发间接费两个成本项目。

4.4.3　配套设施开发成本的核算

企业发生的各项配套设施支出,应在"开发成本——配套设施开发成本"账户进行核算,并按成本核算对象和成本项目进行明细分类核算。配套设施开发成本的基本核算要求如

表 4-6 所示。

表 4-6 配套设施开发成本的基本核算要求

序号	情况	基本要求
1	对发生的土地征用及拆迁补偿费或批租地价、前期工程费、基础设施费、建筑安装工程费等支出	可直接计入各配套设施开发成本明细分类账的相应成本项目，并记入"开发成本——配套设施开发成本"账户的借方和"银行存款""应付账款——应付工程款"等账户的贷方
2	对能有偿转让大型配套设施分配的其他配套设施支出	应计入各大型配套设施开发成本明细分类账的"配套设施费"项目，并记入"开发成本——××开发成本——××"账户的借方和"开发成本——配套设施开发成本——××"账户的贷方
3	对能有偿转让大型配套设施分配的开发间接费用	应计入各配套设施开发成本明细分类账的"开发间接费用"项目，并记入"开发成本——配套设施开发成本"账户的借方和"开发间接费用"账户的贷方

对配套设施与房屋等开发产品不同步开发，或房屋等开发完成等待出售或出租，而配套设施尚未全部完成的，经批准后可按配套设施的预算成本或计划成本，预提配套设施费，将它记入房屋等开发成本明细分类账的"配套设施费"项目，并记入"开发成本——房屋开发成本"等账户的借方和"应付账款——预提费用"账户的贷方。

因为一个开发小区的开发，时间较长，有的需要几年，开发企业在开发进度安排上，有时先建房屋，后建配套设施。这样，往往会出现房屋已经建成而有的配套设施可能尚未完成，或者是商品房已经销售，而幼托、消防设施等尚未完工的情况。这种房屋开发与配套设施建设的时间差，使得那些已具备使用条件并已出售的房屋应负担的配套设施费，无法按配套设施的实际开发成本进行结转和分配，只能以未完成配套设施的预算成本或计划成本为基数，计算出已出售房屋应负担的数额，用预提方式计入出售房屋等的开发成本。开发产品预提的配套设施费的计算，一般可按以下公式进行：

某项开发产品预提的配套设施费 = 该项开发产品预算成本（或计划成本）× 配套设施费预提率

配套设施费预提率 = 该配套设施的预算成本（或计划成本）÷ 应负担该配套设施费各开发产品的预算成本（或计划成本）合计 × 100%

式中，应负担配套设施费的开发产品一般应包括开发房屋、能有偿转让的在开发小区内开发的大型配套设施。

【例 4-5】 某开发小区内幼托设施开发成本应由甲商品房、乙商品房、丙出租房、丁出租房和戊大型配套设施商店负担。由于幼托设施在商品房等完工出售、出租时尚未完工，为了及时结转完工的商品房等成本，应先预提幼托设施的配套设施费并计入商品房等的开发成本。假定各项开发产品和幼托设施的预算成本如下：

甲商品房	800 000 元
乙商品房	1 000 000 元
丙出租房	600 000 元
丁出租房	900 000 元

戊大型配套设施——商店　　　　　　　　　　　　　　　　700 000 元
幼托设施　　　　　　　　　　　　　　　　　　　　　　320 000 元
则
幼托设施配套设施费预提率 = 320 000 ÷ (800 000 + 1 000 000 + 600 000 + 900 000 + 700 000) × 100% = 8%
各项开发产品预提幼托设施的配套设施费为
甲商品房：800 000 × 8% = 64 000（元）
乙商品房：1 000 000 × 8% = 80 000（元）
丙出租房：600 000 × 8% = 48 000（元）
丁出租房：900 000 × 8% = 72 000（元）
戊大型配套设施——商店：700 000 × 8% = 56 000（元）

按预提率计算各项开发产品的配套设施费时，其与实际支出数的差额，应在配套设施完工时，按预提数的比例，调整增加或减少有关开发产品的成本。

现举例说明配套设施开发成本的核算如下：

【例 4-6】 甲房地产开发公司根据建设规划要求，在开发小区内负责建设一间商店和一座水塔、一所幼托设施。上述设施均发包给施工企业施工，其中商店建成后，有偿转让给商业部门。水塔和幼托设施的开发支出按规定计入有关开发产品的成本。水塔与商品房等同步开发，幼托设施与商品房等不同步开发，其支出经批准采用预提办法。上述各配套设施发生的有关支出如表 4-7 所示。

表 4-7　各配套设施费用支出

单位：元

项目名称	A 商店	B 水塔	C 幼托设施
支付征地拆迁费	60 000	40 000	40 000
支付承包设计单位前期工程款	40 000	25 000	25 000
应付承包施工企业基础设施工程款	60 000	40 000	40 000
应付承包施工企业建筑安装工程款	180 000	250 000	160 000
分配水塔配套设施费	36 000		
分配开发间接费	54 000		
预提幼托设施配套设施费	42 000		

(1) 用银行存款支付征地拆迁费时：
借：开发成本——配套设施开发成本——A 商店　　　　　　60 000
　　　　　　　　　　　　　　　　　——B 水塔　　　　　　40 000
　　　　　　　　　　　　　　　　　——C 幼托设施　　　　40 000
　　贷：银行存款　　　　　　　　　　　　　　　　　　　140 000
(2) 用银行存款支付设计单位前期工程款时：

```
借：开发成本——配套设施开发成本——A 商店          40 000
                              ——B 水塔           25 000
                              ——C 幼托设施        25 000
    贷：银行存款                                              90 000
```
(3) 将应付施工企业基础设施工程款和建筑安装工程款入账时：
```
借：开发成本——配套设施开发成本——A 商店         240 000
                              ——B 水塔          290 000
                              ——C 幼托设施       200 000
    贷：应付账款——应付工程款                                 730 000
```
(4) 分配应计入商店配套设施开发成本的开发间接费用时：
```
借：开发成本——配套设施开发成本——A 商店          54 000
    贷：开发间接费用                                         54 000
```
(5) 预提应由商店配套设施开发成本负担的幼托设施支出时：
```
借：开发成本——配套设施开发成本——A 商店          42 000
    贷：应付账款——预提费用——预提配套设施费                 42 000
```

4.4.4 已完配套设施开发成本的结转

已完成全部开发过程并经验收的配套设施，应按其不同情况和用途结转其开发成本，如表 4-8 所示。

表 4-8 已完配套设施开发成本的结转

序号	情　况	基本要求
1	对能有偿转让给有关部门的大型配套设施，如商店	应在完工验收后将其实际成本自"开发成本——配套设施开发成本"账户的贷方转入"开发产品——配套设施"账户的借方。配套设施有偿转让收入，应作为经营收入处理
2	按规定应将其开发成本分配计入商品房等开发产品成本的公共配套设施，如水塔	在完工验收后，应将其发生的实际开发成本按一定的标准（有关开发产品的实际成本、预算成本或计划成本），分配计入有关房屋和大型配套设施的开发成本
3	对用预提方式将配套设施支出计入有关开发产品成本的公共配套设施，如幼托设施	应在完工验收后，将其实际发生的开发成本冲减预提的配套设施费。如预提配套设施费大于或小于实际开发成本，可将其多提数或少提数冲减有关开发产品成本或作追加分配。如有关开发产品已完工并办理竣工决算，可将其差额冲减或追加分配于尚未办理竣工决算的开发产品的成本

【例 4-7】承前例，水塔与商店和商品房同步开发，完工验收后，将其发生的实际开发成本 355 000 元按一定的标准分配计入有关房屋和大型配套设施的开发成本。商店和幼托设施完工验收后，将已完配套设施开发成本进行结转，幼托设施的预提配套设施费等于其实际开发成本。

(1) 水塔支出应分配计入商店配套设施和商品房开发成本的,根据表4-7,分配计入商店配套设施开发成本36 000元,分配计入房屋开发成本其余的319 000元,编制如下分录入账:

借:开发成本——房屋开发成本——商品房　　　　　　　　319 000
　　　　　——配套设施开发成本——A商店　　　　　　　　36 000
　贷:开发成本——配套设施开发成本——B水塔　　　　　　355 000

(2) 商店应在完工验收后将其实际成本进行结转,形成有偿转让的开发产品,编制如下分录入账:

借:开发产品——配套设施　　　　　　　　　　　　　　　472 000
　贷:开发成本——配套设施开发成本——A商店　　　　　　472 000

(3) 幼托设施在完工验收后,将其实际发生的开发成本冲减预提的配套设施费,编制如下分录入账:

借:应付账款——预提费用——预提配套设施费　　　　　　42 000
　贷:开发成本——配套设施开发成本——C幼托设施　　　　42 000

4.5　房屋开发成本

4.5.1　开发房屋的种类及其核算对象和成本项目

1. 房屋开发的种类

房屋的开发,是房地产开发企业的主要经济业务。房地产开发企业开发的房屋,按其用途可分为如下几类:一是为销售而开发的商品房;二是为出租经营而开发的出租房;三是为安置被拆迁居民周转使用而开发的周转房。另外,有的开发企业还受其他单位的委托,代为开发如职工住宅等代建房。

这些房屋虽然用途不同,但其所发生的开发费用的性质和用途,都大体相同,在成本核算上也可采用相同的方法。为了既能总括反映房屋开发所发生的支出,又能分门别类地反映企业各类房屋的开发支出,并便于计算开发成本,在会计上除设置"开发成本——房屋开发成本"账户外,还应按开发房屋的性质和用途,分别设置商品房、出租房、周转房、代建房等三级账户,并按各成本核算对象和成本项目进行明细分类核算。

2. 开发房屋的核算对象

企业在房屋开发过程中发生的各项支出,应按房屋成本核算对象和成本项目进行归集。房屋的成本核算对象,应结合开发地点、用途、结构、装修、层高、施工队伍等因素加以确定。

1) 一般房屋开发项目,以每一独立编制设计概(预)算,或每一独立的施工图预算所列的单项开发工程为成本核算对象。

2) 同一开发地点,结构类型相同的群体开发项目,开竣工时间相近,同一施工队伍施工的,可以合并为一个成本核算对象,于开发完成算得实际开发成本后,再按各个单项工程概(预)算数的比例,计算各幢房屋的开发成本。

3）对于个别规模较大、工期较长的房屋开发项目，可以结合经济责任制的需要，按房屋开发项目的部位划分成本核算对象。

3. 开发房屋成本项目的设置

开发企业对房屋开发成本的核算，应设置以下几个成本项目：

1）土地征用及拆迁补偿费。
2）前期工程费。
3）基础设施费。
4）建筑安装工程费。
5）配套设施费。
6）开发间接费。

其中土地征用及拆迁补偿费是指房屋开发中征用土地所发生的土地征用费、耕地占用税、劳动力安置费，以及有关地上、地下物拆迁补偿费，或批租地价。前期工程费是指房屋开发前期发生的规划设计、项目可行性研究、水文地质勘察、测绘等支出。基础设施费是指房屋开发中各项基础设施发生的支出，包括道路、供水、供电、供气、排污、排洪、照明、绿化、环卫设施等支出。建筑安装工程费是指列入房屋开发项目建筑安装工程施工图预算内的各项费用支出（包括设备费用）。配套设施费是指按规定应计入房屋开发成本不能有偿转让的公共配套设施，如锅炉房、水塔、居委会、派出所、幼托设施、消防设施、自行车车棚、公厕等支出。开发间接费是指应由房屋开发成本负担的开发间接费用。

4.5.2 房屋开发成本的核算

1. 土地征用及拆迁补偿费

房地产开发企业发生的土地征用及拆迁补偿费视能否区分负担对象等情况，有不同的归集方法，具体如表4-9所示。

表4-9 土地征用及拆迁补偿费的核算说明

序号	项目	具体说明
1	能够分清负担对象的	应直接计入有关房屋开发成本核算对象的"土地征用及拆迁补偿费"成本项目： 借：开发成本——房屋开发成本 　　贷：银行存款
2	不能分清负担对象的	应先在"开发成本——商品性土地开发成本"账户进行归集，待土地开发完成投入使用时，再按一定的分配方法将其计入有关房屋成本核算对象的"土地征用及拆迁补偿费"成本项目，即 借：开发成本——房屋开发成本 　　贷：开发成本——商品性土地开发成本
3	房地产开发企业开发完工的商品性建设场地，改变用途为房屋开发时	应将商品性建设场地的开发费用转入有关房屋成本核算对象的"土地征用及拆迁补偿费"成本项目，即借记"开发成本——房屋开发成本"账户，贷记"开发产品——商品性土地"账户

（续）

序号	项　目	具 体 说 明
4	房地产开发企业综合开发的土地	先通过"开发成本——商品性土地开发成本"账户进行归集，待开发产品投入使用时，应按一定的标准分配房屋建筑物和商品性建设场地应负担的土地开发成本，即 借：开发成本——房屋开发成本 　　　　　——商品性土地 　　贷：开发成本——商品性土地开发成本

房地产开发企业将土地开发成本结转为房屋开发成本时，应采用平行结转法，即土地开发成本项目中土地征用及拆迁补偿费应结转为房屋开发成本项目中的土地征用及拆迁补偿费；土地开发成本项目中的前期工程费应结转为房屋开发成本项目中的前期工程费。

2. 前期工程费

房屋开发过程中发生的规划、设计、可行性研究以及水文地质勘探、测绘、场地平整等各项前期工程支出的核算要求如表 4-10 所示。

表 4-10　前期工程费的核算要求

序号	情　况	核 算 要 求
1	能够分清负担对象的	应直接计入有关房屋开发成本核算对象的"前期工程费"成本项目： 借：开发成本——房屋开发成本——前期工程费 　　贷：银行存款 　　　　应付账款
2	应由两个或两个以上成本核算对象负担的前期工程费	应按一定标准将其分配计入有关房屋开发成本核算对象的"前期工程费"成本项目： 借：开发成本——房屋开发成本 　　贷：银行存款

3. 基础设施费

房屋开发过程中发生的供水、供电、供气、排污、排洪、通信、绿化、环卫设施以及道路等基础设施支出，一般应直接或分配计入有关房屋开发成本核算对象的"基础设施费"成本项目，并记入"开发成本——房屋开发成本"账户的借方和"银行存款"等账户的贷方。如开发完成商品性土地已转入"开发产品"账户，则在用以建造房屋时，将其应负担的基础设施费（按归类集中结转的还应包括应负担的前期工程费和开发间接费）计入有关房屋开发成本核算对象，并记入"开发成本——房屋开发成本"账户的借方和"开发产品"账户的贷方。

4. 建筑安装工程费

房屋开发过程中发生的建筑安装工程支出，应根据工程的不同施工方式，采用不同的核算方法。采用发包方式进行建筑安装工程施工的房屋开发项目，其建筑安装工程支出，应根据企业承付的已完工程价款确定，直接计入有关房屋开发成本核算对象的"建筑安装工程费"成本项目，并记入"开发成本——房屋开发成本"账户的借方和"应付账款——应付工程款"等账户的贷方。如果开发企业对建筑安装工程采用招标方式发包，并将几个工程一并招标发包，则在工程完工结算工程价款时，应按各项工程的预算造价的比例，计算它们的标价即实际建筑安装工程费。

【例 4-8】 甲房地产开发公司将两幢商品房建筑安装工程进行招标,标价为 1 000 000 元,这两幢商品房的预算造价为

A 商品房	720 000 元
B 商品房	480 000 元
合　　计	1 200 000 元

则在工程完工结算工程价款时,应按如下方法计算各幢商品房的实际建筑安装工程费:

某项工程实际建筑安装工程费 = 工程标价 × (该项工程预算造价 ÷ 各项工程预算造价合计)

该例中:

A 商品房建筑安装工程费 = 1 000 000 × (720 000 ÷ 1 200 000) = 600 000 (元)

B 商品房建筑安装工程费 = 1 000 000 × (480 000 ÷ 1 200 000) = 400 000 (元)

采用自营方式进行建筑安装工程施工的房屋开发项目,其发生的各项建筑安装工程支出,一般可直接计入有关房屋开发成本核算对象的"建筑安装工程费"成本项目,并记入"开发成本——房屋开发成本"账户的借方和"原材料""应付职工薪酬""银行存款"等账户的贷方。如果开发企业自行施工大型建筑安装工程,可设置"工程施工"账户,用来核算和归集各项建筑安装工程支出。月末将其实际成本转入"开发成本——房屋开发成本"账户,并计入有关房屋开发成本核算对象的"建筑安装工程费"成本项目。

企业用于房屋开发的各项设备,即附属于房屋工程主体的各项设备,应在出库交付安装时,计入有关房屋开发成本核算对象的"建筑安装工程费"成本项目,并记入"开发成本——房屋开发成本"账户的借方和"库存商品"账户的贷方。

5. 配套设施费

房屋开发成本应负担的配套设施费是指开发小区内不能有偿转让的公共配套设施支出。在具体核算时,应根据配套设施的建设情况,采用不同的费用归集和核算方法。

1) 配套设施与房屋同步开发。配套设施与房屋同步开发发生的公共配套设施支出的核算要求如表 4-11 所示。

表 4-11　配套设施费的核算要求

序号	情　况	具 体 说 明
1	能够分清并可直接计入有关成本核算对象的	直接计入有关房屋开发成本核算对象的"配套设施费"项目。会计分录为 借:开发成本——房屋开发成本 　贷:应付账款——应付工程款
2	应由两个或两个以上成本核算对象负担的	应先在"开发成本——配套设施开发成本"账户先行汇集,待配套设施完工时,再按一定标准(如有关项目的预算成本或计划成本),分配计入有关房屋开发成本核算对象的"配套设施费"成本项目。会计分录为 借:开发成本——房屋开发成本 　贷:开发成本——配套设施开发成本

2）配套设施与房屋非同步开发，即先开发房屋，后建配套设施或房屋已开发等待出售或出租，而配套设施尚未全部完成，在结算完工房屋的开发成本时，对应负担的配套设施费，可采取预提的办法，即根据配套设施的预算成本（或计划成本）和采用的分配标准，计算完工房屋应负担的配套设施支出，计入有关房屋开发成本核算对象的"配套设施费"成本项目，并记入"开发成本——房屋开发成本"账户的借方和"应付账款——预提费用"账户的贷方。预提数与实际支出数的差额，在配套设施完工时调整有关房屋开发成本。

6. 开发间接费

企业内部独立核算单位为开发各种开发产品而发生的各项间接费用，应先通过"开发间接费用"账户进行核算，每月终了，按一定标准分配计入各有关开发产品成本。应由房屋开发成本负担的开发间接费用，应自"开发间接费用"账户的贷方转入"开发成本——房屋开发成本"账户的借方，并计入有关房屋开发成本核算对象的"开发间接费"成本项目。

4.5.3　房屋开发成本核算举例

【例 4-9】 甲房地产开发公司在某年度内，共发生了有关房屋开发支出如表 4-12 所示。

表 4-12　有关房屋开发支出费用明细表

单位：元

开发产品号	A	B	C	D
开发产品名称	商品房	商品房	出租房	出租房
支付征地拆迁费	100 000	60 000		
结转自用土地征地拆迁费	80 000	70 000		
应付承包设计单位前期工程费	30 000	30 000	20 000	20 000
应付承包施工企业基础设施工程款	95 000	70 000	75 000	70 000
应付承包施工企业建筑安装工程款	600 000	450 000	400 000	500 000
分配配套设施费（水塔）	85 000	60 000	55 000	60 000
预提配套设施费（幼托设施）	80 000	70 000	64 000	64 000
分配开发间接费用	80 000	68 000	64 000	60 000

（1）用银行存款支付征地拆迁费时：

借：开发成本——房屋开发成本——A 商品房　　　　　　　　　100 000
　　　　　　　　　　　　　　　　——B 商品房　　　　　　　　 60 000
　　贷：银行存款　　　　　　　　　　　　　　　　　　　　　　160 000

（2）结转出租房使用土地应负担的自用土地开发成本时：

借：开发成本——房屋开发成本——A 商品房　　　　　　　　　 80 000
　　　　　　　　　　　　　　　　——B 商品房　　　　　　　　 70 000
　　贷：开发成本——自用土地开发成本　　　　　　　　　　　　150 000

（3）将应付设计单位前期工程款入账时：

借：开发成本——房屋开发成本——A商品房	30 000
——B商品房	30 000
——C出租房	20 000
——D出租房	20 000
贷：应付账款——应付工程款	100 000

(4) 将应付施工企业基础设施工程款入账时：

借：开发成本——房屋开发成本——A商品房	95 000
——B商品房	70 000
——C出租房	75 000
——D出租房	70 000
贷：应付账款——应付工程款	310 000

(5) 将应付施工企业建筑安装工程款入账时：

借：开发成本——房屋开发成本——A商品房	600 000
——B商品房	450 000
——C出租房	400 000
——D出租房	500 000
贷：应付账款——应付工程款	1 950 000

(6) 分配应由房屋开发成本负担的水塔配套设施支出时：

借：开发成本——房屋开发成本——A商品房	85 000
——B商品房	60 000
——C出租房	55 000
——D出租房	60 000
贷：开发成本——配套设施开发成本——水塔	260 000

(7) 预提应由房屋开发成本负担的幼托设施支出时：

借：开发成本——房屋开发成本——A商品房	80 000
——B商品房	70 000
——C出租房	64 000
——D出租房	64 000
贷：应付账款——预提费用——预提配套设施费	278 000

(8) 分配应由房屋开发成本负担的开发间接费用时：

借：开发成本——房屋开发成本——A商品房	80 000
——B商品房	68 000
——C出租房	64 000
——D出租房	60 000
贷：开发间接费用	272 000

4.5.4 已完房屋开发成本的结转

房地产开发企业对已完成开发过程的商品房、代建房、出租房，应在竣工验收以后将其开发成本结转至"开发产品"账户。会计人员应根据房屋开发成本明细分类账记录的完工房屋实际成本，记入"开发产品"账户的借方和"开发成本——房屋开发成本"账户的贷方。"开发产品"账户应按房屋类别分别设置商品房、代建房、出租房等二级科目，并按各成本核算对象进行明细分类核算。

【例4-10】 承前例，将完工验收的商品房、出租房的开发成本结转至"开发产品"账户的借方，做如下分录入账：

```
借：开发产品——A 商品房                         1 150 000
          ——B 商品房                            878 000
          ——C 出租房                            678 000
          ——D 出租房                            774 000
    贷：开发成本——房屋开发成本——A 商品房      1 150 000
                            ——B 商品房          878 000
                            ——C 出租房          678 000
                            ——D 出租房          774 000
```

4.6 代建工程开发成本

4.6.1 代建工程的核算对象和成本项目

代建工程是指开发企业接受委托单位的委托，代为开发的各种工程，包括土地、房屋、市政工程等。由于各种代建工程有着不同的开发特点和内容，在会计上也应根据各类代建工程成本核算的不同特点和要求，采用相应的费用归集和成本核算方法。现行会计制度规定：企业代委托单位开发的土地（即建设场地）、各种房屋所发生的各项支出，应分别通过"开发成本——商品性土地开发成本"和"开发成本——房屋开发成本"账户进行核算，并在这两个账户下分别按土地、房屋成本核算对象和成本项目归集各项支出，进行代建工程项目开发成本的明细分类核算。除土地、房屋以外，企业代委托单位开发的其他工程如市政工程等，其所发生的支出，则应通过"开发成本——代建工程开发成本"账户进行核算。因此，开发企业在"开发成本——代建工程开发成本"账户核算的，仅限于企业接受委托单位委托，代为开发的除土地、房屋以外的其他工程所发生的支出。

代建工程开发成本的核算对象，应根据各项工程实际情况确定。成本项目一般可设置如下几项：①土地征用及拆迁补偿费；②前期工程费；③基础设施费；④建筑安装工程费；⑤开发间接费。在实际核算工作中，应根据代建工程支出内容设置使用。

4.6.2 代建工程开发成本的计算和结转

房地产企业受托代为开发的建设场地和各种房屋，其开发内容和特点与自有土地和房屋开发相同。因此，可以在"开发成本——商品性土地开发成本"和"开发成本——房屋开发成本"账户下分别按每个代建开发项目设置明细账，并按成本项目设置专栏，归集各代建开发项目的成本。其成本计算方法与土地开发和房屋开发项目相同。

房地产企业受托代为开发的除建设场地和房屋以外的其他工程,如市政管理部门委托开发的道路、供水、供电、排污、供气等设施,其所发生的费用应在"开发成本"账户下设置"代建工程开发"二级账户,并按具体开发项目设置三级明细账归集,待代建工程竣工时,计算和结转代建工程成本。

代建工程开发成本项目也应比照土地和房屋开发项目设置,但一般市政工程不需设置"公共配套设施费"成本项目。

代建工程竣工时,有关明细账归集的全部开发费用,即为竣工代建工程成本,应将其由"开发成本"账户结转到"开发产品"账户。待将代建工程移交给受托单位,并办妥工程价款结算手续后,再将其从"开发产品"账户结转到"主营业务成本"账户。

【例 4-11】 甲房地产开发公司接受市政工程管理部门的委托,代为扩建开发小区旁边一条道路。扩建过程中,用银行存款支付拆迁补偿费 340 000 元,前期工程费 150 000 元,应付基础设施工程款 560 000 元,分配开发间接费用 70 000 元,在发生上列各项扩建工程开发支出和分配开发间接费用时,应编制如下分录入账:

借:开发成本——代建工程开发成本　　　　　　　　　　　　　1 120 000
　　贷:银行存款　　　　　　　　　　　　　　　　　　　　　　　490 000
　　　　应付账款——应付工程款　　　　　　　　　　　　　　　　560 000
　　　　开发间接费用　　　　　　　　　　　　　　　　　　　　　 70 000

道路扩建工程完工并经验收,结转已完工程成本时,应编制如下分录入账:

借:开发产品——代建工程　　　　　　　　　　　　　　　　　1 120 000
　　贷:开发成本——代建工程开发成本　　　　　　　　　　　　1 120 000

思 考 题

1. 简述房地产开发企业开发产品成本的构成内容。
2. 土地开发成本包含哪些?应该如何进行归集与分配?
3. 房地产开发企业的房屋开发成本包含哪些部分?请分别简述。

练 习 题

某房地产开发企业所属建筑装饰分公司在 2017 年 11 月初,库存材料实际成本为 252 500 元,计划价格成本为 240 000 元。在 11 月份内,共发生了下列各项经济业务:

(1) 11 月 2 日,购入材料一批,买价 150 000 元,运杂费 9 000 元,用银行存款支付。该批材料计划价格成本为 160 000 元。

(2) 11 月 8 日,购入材料一批,买价 95 000 元,料款暂欠。运杂费 3 500 元,用银行存款支付。该批材料计划价格成本为 100 000 元。

(3) 11 月 10 日,用银行存款支付施工机械日常修理费 2 250 元,办公费 1 200 元,劳保用品 1 500 元,差旅交通费 1 100 元。

(4) 11 月 15 日,用银行存款支付 201 商品房建筑工程土方运输费 3 000 元。

(5) 11 月 20 日,为下列固定资产计提折旧:施工机械原值为 500 000 元,月折旧率为 6%;施工管理用房屋原值为 200 000 元，月折旧率为 2%。

(6) 11 月 21 日，为施工机械分摊大修理费 1 500 元，为施工管理用房屋分摊大修理费 200 元。

(7) 11 月 30 日，应付施工用水电费 3 000 元，施工管理部门用水电费 3 000 元。

(8) 11 月 30 日，应付本月工资 60 000 元，其中：

建筑安装工人工资 50 000 元。

施工机械司机工资 5 000 元。

施工管理人员工资 5 000 元。

(9) 职工福利费按工资总额的 14% 提取。

(10) 11 月 30 日，用银行存款支付各项办公费 1 000 元，差旅交通费 760 元，劳动保护费 1 700 元。

(11) 11 月 30 日，汇总本月领料凭证（按计划价格计算）。其中：

201 商品房建筑工程领用材料 200 000 元。

202 商品房建筑工程领用材料 100 000 元。

施工机械领用材料 2 500 元。

施工管理部门领用材料 2 000 元。

计算本月材料成本差异分配率，算出领用材料的成本差异和实际成本，并进行转账。

(12) 将建筑安装工人人工费（包括工资和职工福利费）按各项工程用工比例进行分配：

201 商品房建筑工程作业工时为 20 000 工时。

202 商品房建筑工程作业工时为 10 000 工时。

(13) 各工程按台时费计划数计算的机械使用费如下：

201 商品房建筑工程按台时费计划数计算的机械使用费为 9 300 元。

202 商品房建筑工程按台时费计划数计算的机械使用费为 6 200 元。

计算本月机械使用费实际发生数，并按各项工程按台时费计划数计算的机械使用费的比例进行分配。

(14) 施工中耗用水电费按各项工程用工比例进行分配。

(15) 计算本月发生的施工间接费用，并按各项工程的直接费的比例进行分配。

(16) 将本月发生的商品房建筑工程的施工成本结转"开发成本"账户。

(17) 将各项生产费用记入 201、202 商品房工程施工成本明细分类账，并计算本月发生的实际成本。

要求：为各项经济业务编制会计分录。

第 5 章 收入与利润

 **本章导读**

万科集团主营业务包括房地产开发和物业服务。近年来，该集团以城市配套服务商为战略定位，秉承"为普通人盖好房子，盖有人用的房子"的理念，在巩固核心业务优势的基础上，积极拓展和城市配套服务相关的消费地产、产业地产等地产衍生业务。

表 5-1 为万科集团 2016 年年报中有关收入、成本及利润的各项指标[一]。

表 5-1　有关收入、成本及利润的各项指标

单位：万元

行　业	营 业 收 入		营 业 成 本		营 业 利 润 率	
	金　额	增　减	金　额	增　减	数　值	增　减
1. 主营业务	23 840 054.80	23.41%	16 949 371.06	22.99%	19.73%	0.30 个百分点
其中：房地产	23 414 029.66	23.09%	16 617 491.18	22.61%	19.77%	0.32 个百分点
物业服务	426 025.14	43.42%	331 879.88	45.35%	17.22%	-0.17 个百分点
2. 其他业务	207 668.89	-12.22%	24 869.28	-26.18%	83.14%	3.12 个百分点
合计	24 047 723.69	22.98%	16 974 240.34	22.87%	20.27%	0.11 个百分点

注：营业利润率数据已扣除税金及附加。

2016 年万科集团实现营业收入 2 404.8 亿元，同比增长 22.98%；实现归属于上市公司股东的净利润 210.2 亿元，同比增长 16.0%；每股基本盈利 1.90 元，同比增长 16.0%；全面摊薄的净资产收益率为 18.5%，较 2015 年增加 0.44 个百分点。由表中数据可知，万科集团 2016 年经营状态良好，营业利润显著增长。

房地产企业收入的分类相较于其他行业略有不同，主营业务收入主要包括土地转让收入、商品房销售收入、配套设施销售收入、代建工程结算收入、出租开发产品的租金收入等，其他业务虽然不多但是涵盖的面也很广，包括商品房售后服务收入、固定资产出租收入等。本章将对房地产企业的收入及利润做详细介绍。

[一] 导读中所列数据来自万科集团 2016 年年报。

5.1 营业收入的确认与计量

5.1.1 营业收入的确认

营业收入是指企业对外销售和转让开发产品和材料、提供劳务、代建工程、出租开发产品以及其他经营活动所取得的收入。营业收入一般分为主营业务收入和其他业务收入。

主营业务收入是指房地产开发企业从事主要经营业务活动所取得的收入,具体包括土地转让收入、商品房销售收入、配套设施销售收入、代建工程收入和出租开发产品的租金收入等。

其他业务收入是指房地产开发企业从事非主营业务活动所取得的收入。它具有每笔业务金额较小,不经常发生,在企业的全部营业收入中所占的比重较低等特点,具体包括商品房售后服务收入、多种经营收入、材料销售收入、固定资产出租收入等。

1. 转让、销售开发产品营业收入的确认

根据企业会计准则的规定,企业与客户之间的合同同时满足下列条件时,企业应当在客户取得相关商品控制权时确认收入:

(1) 合同各方已批准该合同并承诺将履行各自义务;

(2) 该合同明确了合同各方与所转让商品或提供劳务(以下简称"转让商品")相关的权利和义务;

(3) 该合同有明确的与所转让商品相关的支付条款;

(4) 该合同具有商业实质,即履行该合同将改变企业未来现金流量的风险、时间分布或金额;

(5) 企业因向客户转让商品而有权取得的对价很可能收回。

在进行上述判断时,需要注意以下三点:

一是,合同约定的权利和义务是否具有法律约束力,需要根据企业所处的法律环境和实务操作进行判断,包括合同订立的方式和流程、具有法律约束力的权利和义务的时间等。对于合同各方均有权单方面终止完全未执行的合同,且无须对合同其他方做出补偿的,企业应当视为该合同不存在。其中,完全未执行的合同,是指企业尚未向客户转让任何合同中承诺的商品,也尚未收取且尚未有权收取已承诺商品的任何对价的合同。

二是,合同具有商业实质,是指履行该合同将改变企业未来现金流量的风险、时间分布或金额。关于商业实质,应按照非货币性资产交换中的有关商业实质说明进行判断。

三是,企业在评估其因向客户转让商品而有权取得的对价是否很可能收回时,仅应考虑客户到期时支付对价的能力和意图(即客户的信用风险)。企业在进行判断时,应当考虑是否存在价格折让。存在价格折让的,应当在估计交易价格时进行考虑。企业预期很可能无法收回全部合同对价时,应当判断其原因是客户的信用风险还是企业向客户提供了价格折让所致。

实务中,企业可能存在一组类似的合同,企业在对该组合同中的每一份合同进行评估时,均认为其合同对价很可能收回,但是根据历史经验,企业预计可能无法收回该组合同的全部对价。在这种情况下,企业应当认为这些合同满足"因向客户转让商品而有权取得的对价很可能收回"这一条件,并以此为基础估计交易价格。与此同时,企业应当考虑这些合同下确认的合同资产或应收款项是否存在减值。

2. 代建工程开发建造收入的确认

房地产开发企业接受委托,为其他单位代建的土地、房屋或其他工程,一般情况下应在工程竣工验收、办妥财产交接手续,并开具"代建工程价款结算账单",经委托单位签证认可后,确认开发建造收入的实现。如果代建工程规模较大、工期较长,在合同结果能够可靠估计的情况下,应按完工进度于每季末确认开发建造收入的实现。如果合同收入的收回存在不确定时,则不应当确认收入。

3. 出租开发产品租金收入的确认

房地产开发企业出租开发产品,应在出租合同(或协议)规定日期收取租金后作为收入实现;合同规定的收款日期已到,租用方未付租金的,仍应视为营业收入的实现。但如果估计租金收回的可能性不大,就不应该确认收入。

4. 赊销或分期收款收入的确认

房地产开发企业采取赊销或分期收款办法销售土地和商品房的,可以按照合同规定的收款时间分次转为收入,但是必须以土地和商品房已经移交给买主作为销售实现的前提条件。

房地产开发企业的一切营业收入,包括主营业务收入和其他业务收入,都必须在确认时按实际发生的金额入账。企业转让、销售开发产品的收入,应按企业与购买方签订的合同或协议金额确定。现金折扣在实际发生时作为当期财务费用,销售折让在实际发生时冲减当期收入。

5.1.2 营业收入的计量

为了总括地核算和监督房地产开发企业营业收入的实现情况,以及与营业收入有关的成本的结转情况和税金的计算情况,房地产开发企业应设置如下会计账户:

1. "主营业务收入"账户

该账户核算企业对外转让、销售、结算开发产品等所取得的收入。企业实现的上述收入,应按实际价款记账,借记"应收账款""银行存款"等账户,贷记本账户。本账户应按经营收入的类别设置明细账,如"土地转让收入""商品房销售收入""配套设施销售收入""代建工程结算收入""出租营业收入"等明细账户。

(1)商品房销售收入 商品房可以整幢出售,也可以分套(单元)出售。分套出售时应明确各套商品房的建筑面积及相应的土地使用权比例。商品房买卖双方达成协议后,应签订《房屋买卖合同》。企业一般是在商品房移交买主,并提交发票结算账单时作为销售实现,将其销售收入记入"银行存款""应收账款"等账户的借方和"主营业务收入——商品房销售收入"账户的贷方。月份终了,应将销售房屋的实际开发成本自"开发产品——商品房"账户的贷方结转至"主营业务成本——商品房销售成本"账户的借方。

房地产开发企业预售商品房的,必须按照国家法律、法规的规定取得预售许可证后,方可上市交易。预售商品房所得的价款,只能用于相关的工程建设,并作为企业预收账款管理,商品房竣工验收办理移交手续后,再将预收账款转为营业收入。

【例5-1】甲房地产开发公司2017年8月对外一次收款销售商品房(写字楼)2套,建筑面积200m^2,每平方米售价2 000元,不含税价款共计800 000元。房屋已经移交,并将发票账单提交买主,价款收讫存入银行(暂不考虑增值税)。

  借:银行存款   800 000
    贷:主营业务收入——商品房销售收入   800 000

(2)土地转让收入 房地产开发企业开发的商品性土地,可以将土地使用权进行转让。但在向其他单位转让时,必须按照法律和合同的规定,投入相当的资金,完成相应的开发。

土地使用权的转让,应签订转让合同,在合同中载明土地的位置、四周边界和面积、地上附着物、土地用途、建筑物高度、绿化面积、土地转让期限、土地转让金的支付方式和违约责任等。

土地转让的交易方式,可以采用协议、招标、拍卖等方式。土地转让的价格,根据地理位置、经济环境、土地用途、土地转让期限、房地产市场供求等因素决定,并报当地土地管理机关备案。

向其他单位转让的土地,应在移交转让土地并将发票账单提交买主时,将其转让价格记入"银行存款""应收账款"等账户的借方和"主营业务收入——土地转让收入"账户的贷方。

月份终了,应将转让土地的实际开发成本自"开发产品——商品性土地"账户的贷方结转至"主营业务成本——土地转让成本"账户的借方。

(3)配套设施转让收入 房地产开发企业在房地产开发过程中按照城市建设规划开发的大配套设施如商店、邮局、银行储蓄所等,可以进行有偿转让。对有关单位有偿转让的配套设施,应在办理财产交接手续并将配套设施工程价款账单提交有关单位时,按其转让价格记入"银行存款""应收账款"等账户的借方和"主营业务收入——配套设施销售收入"账户的贷方。

月份终了,应将转让配套设施的实际开发成本自"开发产品——配套设施"账户的贷方转入"主营业务成本——配套设施销售成本"账户的借方。

房地产开发企业如将开发的大配套设施如商店用于本企业从事第三产业经营用房,则应视同自用"固定资产"进行处理,并将用于经营的配套设施的实际开发成本,从"库存商品——配套设施"账户的贷方转入"固定资产"账户的借方。

(4)代建工程移交收入 房地产开发企业的代建工程包括代建房屋、场地和城市道路、基础设施等市政工程。房地产开发企业接受委托代建房屋及其他工程,不需要办理土地使用权过户登记手续。在工程竣工验收办妥交接手续后,按照委托方确认的结算价款,计入营业收入,并结转代建工程相关成本。

房地产开发企业收取的代建工程结算收入,包括代建工程的预算成本和计划利润。按照国家有关规定,代建工程价款结算可以采用以下结算方法:

1）竣工后一次结算：代建工程（项目）全部建筑安装期限在 12 个月以内，或者工程合同价值在 100 万元以下的，可以实行工程价款每月预支，竣工后一次结算。

2）分段分期结算：当年开工、当年不能完工的代建工程，应按照工程进度，划分为不同阶段，分段分期结算工程价款。

房地产开发企业的代建工程，一般采用竣工后一次结算办法。企业可向委托（发包）单位预收一定数额的工程款和备料款，预收的工程款，可设置"预收账款——预收工程款"账户核算；预收的备料款，设置"预收账款——预收备料款"账户核算。期末或竣工后结算工程价款时，从应收工程款中扣除。

房地产开发企业代委托单位开发的代建工程，应在工程竣工验收、办理财产交接手续并将代建工程价款结算账单提交委托单位时，将其工程价款记入"银行存款""应收账款"账户的借方和"主营业务收入——代建工程结算收入"账户的贷方。

月份终了，应将移交代建工程的实际开发成本自"开发产品——代建工程"账户的贷方转入"主营业务成本——代建工程结算成本"账户的借方。

对于已经办理销售、转让和交付手续，而产权尚未移交出去的开发产品，如商品房、配套设施等，企业应设置"代管房产备查簿"，进行实物管理，但不得将这部分财产入账。企业在代管房产过程中取得的收入和发生的各项支出，应做"其他业务收入"和"其他业务成本"处理。

（5）出租营业收入　出租营业收入实现时，借记"银行存款"或"应收账款"账户，贷记"主营业务收入"账户。

企业用于出租营业的土地和房屋，在签订出租合同或出租协议后，应将土地和房屋的实际成本，由"开发产品"账户转入"出租开发产品"账户，出租开发产品实际成本，应按照使用期限平均摊入经营成本。

【例 5-2】甲房地产开发公司 2017 年发生如下业务（暂不考虑增值税）：

（1）销售商品房住宅小区配套设施商店用房 1 套，销售价款 163.3 万元。房屋已经移交，发票已提交买主，同时收到买主开具并承兑的商业汇票。

借：应收票据　　　　　　　　　　　　　　　　　　　　1 633 000
　　贷：主营业务收入——配套设施销售收入　　　　　　　　　　1 633 000

（2）公司开发的商品性建设场地 A 场地竣工验收合格，根据转让协议，将该场地 6 000m² 移交市旅游局，协议规定的转让价格为 800 元/m²，交接手续已办妥，款项尚未收到。

借：应收账款　　　　　　　　　　　　　　　　　　　　4 800 000
　　贷：主营业务收入——土地转让收入　　　　　　　　　　　　4 800 000

（3）以预售方式销售高级公寓两套，建筑面积 700m²，售价 12 000 元/m²，前已按合同规定预收购房款 500 万元。该公寓楼现已建设完工验收合格，公司已将发票账单提交买主，并办妥移交手续，余款收讫存入银行。

1）确认已实现营业收入：

借：应收账款　　　　　　　　　　　　　　　　　　　　8 400 000
　　贷：主营业务收入——商品房销售收入　　　　　　　　　　　8 400 000

2）冲转预收订金：

借：预收账款	5 000 000	
贷：应收账款		5 000 000

3）收到余款：

借：银行存款	3 400 000	
贷：应收账款		3 400 000

【例 5-3】 甲房地产开发公司接受市干道指挥部的委托，代建 50km 的四环路建设，发生如下经济业务：

（1）收到市干道指挥部按合同规定拨付的建筑用水泥，价值 500 万元：

借：材料采购	5 000 000	
贷：预收账款——预收备料款		5 000 000

（2）按工程实际进度向市干道指挥部预收工程价款 300 万元：

借：银行存款	3 000 000	
贷：预收账款——预收工程款		3 000 000

（3）代建的 50km 四环路建设工程全部竣工，验收合格，根据代建合同规定，向委托方提交"工程价款结算账单"，结算合同工程价款 1 000 万元：

借：应收账款——应收工程款	10 000 000	
贷：主营业务收入——代建工程结算收入		10 000 000

（4）与市干道指挥部结清代建工程价款，收取余款 200 万元：

借：预收账款——预收工程款	3 000 000	
——预收备料款	5 000 000	
贷：应收账款——应收工程款		8 000 000
借：银行存款	2 000 000	
贷：应收账款——应收工程款		2 000 000

2."其他业务收入"账户

房地产开发企业除了开发经营业务外，还有物业管理、材料销售、固定资产出租等业务的，其收入应在"其他业务收入"账户下按业务种类设置"物业管理收入""材料销售收入""固定资产出租收入"等二级账户进行核算。

房地产开发企业取得的其他业务收入，应于收入实现时及时入账：

1）物业管理收入，应按与业主签订合同规定的付款日期，及在提供劳务同时收讫价款或者取得索取价款的凭证时，确认为收入实现。

2）材料销售收入，应在发出材料，同时收讫料款或者取得索取料款的凭证时，确认为收入实现。

3）固定资产出租收入，应按出租方与承租方签订的合同或协议规定的承租方付款日期和金额，确认为租金收入实现。合同或协议规定的收款日期已到，承租方未付租金的，仍应视为租金收入实现。

房地产开发企业实现的其他业务收入，应按实际收到或应收价款时记入"银行存款""应收账款"账户的借方和"其他业务收入"账户的贷方。对于实现的各种其他业务收入，应记入"物业管理收入""材料销售收入""固定资产出租收入"等二级账户的贷方。

【例 5-4】 某房地产开发公司将不需要的库房对外出租,本月取得租金收入 10 000 元,款项已汇入银行。该公司应做如下会计分录:

借:银行存款　　　　　　　　　　　　　　　　　　　　　　　10 000
　　贷:其他业务收入　　　　　　　　　　　　　　　　　　　　　　10 000

5.2　营业成本的确认与计量

5.2.1　营业成本的内容和分类

房地产开发企业在确认营业收入的同时,必须结转相应的营业成本。营业成本也相应划分为主营业务成本和其他业务成本。

主营业务成本是指房地产企业对外销售、转让、结算开发产品应结转的开发成本,主要包括土地转让成本、商品房销售成本、配套设施销售成本、代建工程结算成本、出租产品成本等。将房地产作为抵押标的物时,抵押权人按规定处分抵押的土地使用权和房屋时,企业在确认主营业务收入的同时,也应结转主营业务成本。

其他业务成本是指房地产企业从事主营业务以外的其他业务应结转的成本,主要包括商品房售后服务成本、材料物资销售成本、让渡资产使用权成本等,应区别情况确认和计量:①销售材料物资的成本,按个别计价法、先进先出法、加权平均法计算确定;②固定资产出租成本,按计提的折旧费、应负担的修理费等计算确定;③转让无形资产使用权成本,表现为转让过程中发生的公证费、手续费、摊销额等。

物业管理企业的主营业务成本是指企业在从事物业管理活动中,为物业产权人、使用人提供维修、管理和服务而发生的成本费用,如公共服务性支出、公众代办服务性支出、经营房屋出租及停车场、游泳池等发生的支出、物业大修理支出等。

物业管理企业的其他业务成本是指企业从事主营业务以外的其他业务活动所发生的成本费用,包括房屋中介代销和中介出租所发生的各项支出,转让无形资产所有权的无形资产摊余价值,转让无形资产使用权发生的费用,材料销售成本和经营商业用房发生的各项支出等。

5.2.2　开发产品销售成本的确认与计量

根据收入和费用配比原则的要求,房地产开发企业在确认有偿转让商品性建设场地收入和销售商品房、配套设施收入的同时,应结转这些开发产品的开发成本。上述开发产品的成本,都已在其开发完成、竣工验收时,从"开发成本"总账所属明细账结转到"开发产品"总账及所属明细账。

如果整栋房屋分套出售,则在计算每套房屋价格和结转每套房屋成本时,应按各套房屋自身建筑面积的比例合理分摊公用建筑面积。各套房屋的自身建筑面积,包括各套房屋分户门以内的起居室、卧室、书房、计算机房、厨房、卫生间、储藏室、过道和阳台等面积。各栋房屋的公用建筑面积,包括各套房屋公共使用的门厅、楼梯、电梯厅、公共通道、垃圾管道以及突出屋面的有维护结构的楼梯间、水箱间、电梯机房等面积。

5.2.3　提供劳务成本的确认与计量

房地产开发企业为物业产权人、使用人提供物业管理服务、物业大修理服务、经营停车场及游泳池等都会发生相应的费用支出。不实行独立核算的物业管理公司所发生的提供劳务的各项费用支出又可划分为公共服务性支出、公众代办性服务支出、特约服务支出、物业大修理支出和物业经营支出等项目，在发生时按实际发生额确认计量，作为其他业务成本；对于实行独立核算的物业管理公司而言，应将上述提供劳务的费用支出，按实际发生额确认计量，作为主营业务成本。

这里需要说明的是，房地产开发企业提供物业管理服务时，如果很难分清公共服务性支出、公众代办性服务支出和特约性服务支出，也可将其实际发生的费用合并确认与计量，作为物业管理支出。有些劳务收入不是按月确认的，而是在劳务完成时确认的，例如，物业大修理收入、商品房装修收入。在这种情况下，对于跨月份或跨年度的劳务，应设置"劳务成本"账户，按月归集劳务发生的各项费用，待劳务完工验收合格后，再将其实际总成本从"劳务成本"账户结转到"主营业务成本"或"其他业务成本"账户。

5.2.4　出租开发产品成本的确认和计量

房地产开发企业出租经营建设场地和房屋，在取得租金收入的同时，也相应地结转成本。出租开发产品的成本表现为出租开发产品的价值摊销额，其摊销方法已在第2章中说明。期末在确认租金收入的同时，将其出租开发产品的摊销额确认为相配比的成本即可。

按公允价值计量的投资性房地产不计提价值摊销额，但需核算公允价值变动损益。

按照成本、费用配比的原则，房地产开发企业其他业务收入将在各月份实现收入时入账，并同时将其相关的其他业务成本结转入账。房地产开发企业其他业务发生的成本、费用，应在"其他业务成本"账户下设置"物业管理成本""材料销售成本""固定资产出租成本"等二级账户进行核算。

【例5-5】　某房地产开发公司将库存材料对外销售，材料成本为60 000元，根据有关凭证，该公司编制如下会计分录：

　　借：其他业务成本——材料销售成本　　　　　　　　　　　　60 000
　　　　贷：原材料　　　　　　　　　　　　　　　　　　　　　　　60 000

【例5-6】　甲房地产开发公司2017年度发生了下列主营业务（暂不考虑增值税）：

（1）企业开发建设的某小区商品房销售后，设立了非独立核算的小区物业管理机构。本月发生售后服务支出如下：应付管理服务人员工资20 000元，计提职工福利费2 800元，办公用房折旧1 600元，另用现金支付各项零星费用1 560元。向用户收取当月管理服务费52 000元，款项已存入银行。编制会计分录如下：

　　借：其他业务成本——商品房售后服务支出　　　　　　　　　25 960
　　　　贷：应付职工薪酬——工资　　　　　　　　　　　　　　　20 000
　　　　　　　　　　　　——职工福利　　　　　　　　　　　　　　2 800
　　　　　　累计折旧　　　　　　　　　　　　　　　　　　　　　　1 600
　　　　　　库存现金　　　　　　　　　　　　　　　　　　　　　　1 560

借：银行存款　　　　　　　　　　　　　　　　　　　　　　　52 000
　　贷：其他业务收入——商品房售后服务收入　　　　　　　　52 000

（2）企业将一台起重机出租给外单位使用，租赁合同规定每月租金12 000元，月末收到当月租金并存入银行。该台起重机本月计提折旧7 000元。编制会计分录如下：

借：银行存款　　　　　　　　　　　　　　　　　　　　　　　12 000
　　贷：其他业务收入——固定资产出租收入　　　　　　　　　12 000
借：其他业务成本——固定资产出租成本　　　　　　　　　　　 7 000
　　贷：累计折旧　　　　　　　　　　　　　　　　　　　　　70 000

（3）月末，按规定计算并结转本月实现的其他业务收入应缴纳的城市维护建设税292元，教育费附加128元。编制会计分录如下：

借：税金及附加　　　　　　　　　　　　　　　　　　　　　　　 420
　　贷：应交税费——应交城市维护建设税　　　　　　　　　　　 292
　　　　　　　　——应交教育费附加　　　　　　　　　　　　　 128

5.2.5　其他营业成本的确认和计量

房地产开发企业从事商店、卡拉OK厅、美容美发厅等多种经营，在汇总财务报表或合并财务报表时，将相应的收入和成本列示于房地产企业和实行独立核算的物业管理公司的其他业务收入项目和其他业务成本项目。

对于房地产开发企业销售材料物资、让渡固定资产、无形资产使用权的成本，应区别情况确认和计量：①销售材料物资的成本，按个别计价法、先进先出法、加权平均法计算确定；②固定资产出租成本，按计提的折旧费、应负担的修理费等计算确定；③转让无形资产使用权成本，表现为转让过程中发生的公证费、手续费、无形资产摊销额等。

5.3　期间费用

5.3.1　销售费用

房地产开发企业的销售费用是指企业在销售、转让、出租开发产品过程中发生的各项费用，主要包括：

1）开发产品销售以前的改装修复费、开发产品看护费、水电费、采暖费。

2）开发产品销售、转让、出租过程中发生的广告宣传费、展览费、代销手续费、销售服务费。

3）为销售、转让、出租本企业开发产品而专设的销售机构的职工薪酬、折旧费、修理费、差旅费以及其他经费。

企业发生的销售费用，在"销售费用"账户核算，并按费用项目设置明细账，进行明细核算。期末，"销售费用"账户的余额结转"本年利润"账户后无余额。销售费用的核算举例如下：

【例5-7】 甲房地产开发公司本月发生销售费用情况及账务处理如下：
（1）公司为出售小区商品房，根据客户需要进行改装，发生改装费8万元，款项尚未支付：
　　借：销售费用　　　　　　　　　　　　　　　　　　　　80 000
　　　　贷：应付账款　　　　　　　　　　　　　　　　　　　　80 000
（2）为推销商品房，支付广告费45万元：
　　借：销售费用　　　　　　　　　　　　　　　　　　　　450 000
　　　　贷：银行存款　　　　　　　　　　　　　　　　　　　　450 000
（3）本月"销售费用"账户借方归集的销售费用为60万元，于期末结转到"本年利润"账户。
　　借：本年利润　　　　　　　　　　　　　　　　　　　　600 000
　　　　贷：销售费用　　　　　　　　　　　　　　　　　　　　600 000

5.3.2 管理费用

房地产开发企业的管理费用是指企业行政管理部门（公司总部）为组织和管理房地产开发经营活动而发生的各项费用。为了划清开发单位与企业行政管理部门的责任，管理费用不计入开发成本，而作为期间费用直接由企业当期利润补偿。开发企业管理费用包括以下内容：

1）行政管理部门职工薪酬。行政管理部门职工薪酬是指企业行政管理部门即公司总部管理人员的工资、工资性津贴、奖金等，但不包括公司本部医务福利人员、脱产工会人员的工资。

2）办公费。办公费是指企业行政管理部门办公用的文具、纸张、账表、印刷、邮电、书报、会议、水电、烧水和集体取暖用煤等费用。

3）差旅费。差旅费是指企业行政管理部门职工因公出差、调动工作（包括随行家属）的差旅费、住勤补助费、市内交通和误餐补助费、上下班交通补贴、职工探亲路费、职工离退休退职一次性路费，以及行政管理部门使用的交通工具的油料、燃料、养路费、牌照费等。

4）折旧费。折旧费是指企业行政管理部门使用属于固定资产的房屋、设备等的折旧费。

5）修理费。修理费是指企业行政管理部门使用属于固定资产的房屋、设备等的经常修理和大修理费。

6）低值易耗品摊销。低值易耗品摊销是指企业行政管理部门使用不属于固定资产的设备、器具、家具等低值易耗品及其摊销费。

7）工会经费。工会经费是指按照企业全体职工工资总额的一定比例计提拨交给工会使用的经费。

8）职工教育经费。职工教育经费是指企业为职工学习先进技术和提高文化水平，按照企业职工工资总额的一定比例计提而支付的费用。

9）劳动保险费。劳动保险费是指企业支付离退休职工的退休金（包括提取的离退休统筹基金）、价格补贴、医药费（包括企业支付离退休人员参加医疗保险的费用）、易地安家补助费、职工退职金、6个月以上病假人员工资、职工死亡丧葬补助费、抚恤费，及其他按规定支付给离休人员的各项经费。

10）咨询费。咨询费是指企业向有关咨询机构进行科学技术、经营管理咨询时支付的费用，包括聘请经济技术顾问、法律顾问等费用。

11）审计费。审计费是指企业聘请中国注册会计师进行查账验资以及进行资产评估等发生的各项费用。

12）诉讼费。诉讼费是指企业因起诉或者应诉而发生的各项费用。

13）技术转让费。技术转让费是指企业使用非专利技术而支付的费用。

14）研究费用。研究费用是指企业研究开发新产品、新技术、新工艺所发生的新产品设计费，工艺规程制定费，设备调试费，原材料和半成品的试验费，技术图书资料费，未纳入国家计划的中间试验费，研究人员的工资，研究设备的折旧，与新产品试制、技术研究有关的其他经费，委托其他单位进行的科研试制费及试制失败损失费。

15）无形资产摊销。无形资产摊销是指专利权、商标权、土地使用权等无形资产的摊销。

16）业务招待费。业务招待费是指企业为业务经营的合理需要而支付的招待费用。目前按照以下规定据实列支：按照发生额的60%扣除，但最高不得超过当年销售（营业）收入的0.5%，即企业发生的业务招待费得以在税前扣除，既先要满足60%发生额的标准，又最高不得超过当年销售收入0.5%的规定。

17）开办费。开办费是指按规定在开始生产经营月份一次计入的开办费。

18）存货盘亏、毁损、报废（或盘盈）损失。存货盘亏、毁损、报废（或盘盈）损失是指企业在清查财产过程中查明并按规定程序批准后转销的各种材料、设备等流动资产的盘亏、毁损和报废减去过失人赔偿后的净损失，但不包括应计入营业外支出的存货非常损失。

19）其他管理费用。其他管理费用是指上列各项费用以外的其他管理费用，如董事会费、绿化费、排污费等。

企业发生的管理费用，在"管理费用"账户核算，并按费用项目设置明细账，进行明细核算。期末，"管理费用"账户的余额结转"本年利润"账户后无余额。

【例5-8】 甲房地产开发公司本月发生管理费用情况及账务处理如下：

（1）总经理办公室工作人员报销差旅费1.2万元：

借：管理费用　　　　　　　　　　　　　　　　　　　　　　12 000
　　贷：其他应收款　　　　　　　　　　　　　　　　　　　　　　12 000

（2）用支票支付本年度审计费17万元：

借：管理费用　　　　　　　　　　　　　　　　　　　　　　170 000
　　贷：银行存款　　　　　　　　　　　　　　　　　　　　　　170 000

5.3.3 财务费用

房地产开发企业的财务费用是指企业为筹集开发经营所需资金而发生的各项费用，包括利息净支出、汇兑净损失,以及相关的手续费等。企业应设置"财务费用"账户进行核算。

房地产开发企业因开发产品所发生的借款利息及相关的手续费,在开发产品完工以前,应记入"开发间接费用"账户的借方和"长期借款""银行存款"账户的贷方,计入有关开发成本。开发企业因购建固定资产而发生的长期借款利息支出及相关的手续费,在购建固定资产尚未交付使用以前,应记入"固定资产""在建工程"账户的借方和"长期借款""银行存款"等账户的贷方,计入有关固定资产的价值。开发产品完工以后发生的长期借款利息支出和固定资产购建工程完成交付使用后发生的长期借款的利息支出,应计入财务费用。

与开发房地产和购建固定资产直接有关的长期借款,在使用以前暂存银行而发生的利息收入,在开发产品完工以前和固定资产购建工程交付使用以前发生的,应与相应计入开发成本和固定资产价值的利息支出冲抵,记入"银行存款"账户的借方和"开发间接费用""在建工程"账户的贷方。在开发产品完工和固定资产购建工程交付使用以后发生的利息收入,应冲减财务费用。

期末,"财务费用"账户的余额结转"本年利润"账户后无余额。

【例5-9】甲房地产开发公司本月发生财务费用情况及账务处理如下:

(1) 收到开户行通知,已从企业存款账户扣收银行结算业务手续费0.5万元:

借:财务费用   5 000
    贷:银行存款   5 000

(2) 收到银行通知,企业发生银行存款利息收入0.7万元:

借:银行存款   7 000
    贷:财务费用   7 000

5.4 利润与所得税费用

5.4.1 税金及附加

全面试行营业税改征增值税后,"营业税金及附加"账户名称调整为"税金及附加"账户,该账户核算企业经营活动发生的消费税、城市维护建设税、资源税、教育费附加及房产税、土地使用税、车船税、印花税等相关税费。

【例5-10】甲房地产开发公司2017年应交增值税为8 685万元,城市维护建设税适用税率为7%,教育费附加征收率为3%,应交土地增值税为16 189.5万元。则

应交城市维护建设税 = 8 685 × 7% = 607.95(万元)

应交教育费附加 = 8 685 × 3% = 260.55(万元)

应编制的会计分录如下:

借:税金及附加   170 580 000
    贷:应交税费——应交土地增值税   161 895 000
        ——应交城市维护建设税   6 079 500
        ——应交教育费附加   2 605 500

5.4.2 利润

1. 房地产开发企业利润的构成

房地产开发企业利润总额的组成和计算公式如下:

营业利润＝营业收入－营业成本－税金及附加－销售费用－管理费用－财务费用－资产减值损失＋公允价值变动净收益＋投资净收益

利润总额＝营业利润＋营业外收入－营业外支出

净利润＝利润总额－所得税费用

为了反映房地产开发企业利润总额和净利润的形成情况，企业应设置"本年利润"账户。作为所有者权益类账户，贷方登记期末结转的主营业务收入、其他业务收入、营业外收入和投资净收益等；借方登记期末结转的主营业务成本、税金及附加、其他业务成本、销售费用、管理费用、财务费用、资产减值损失、营业外支出、投资净损失和所得税费用等；年终，企业应将本年收入和支出相抵后结出的本年实现的净收益，从本账户的借方结转到"利润分配"账户的贷方，结出的净亏损从本账户的贷方结转到"利润分配"账户的借方，结转后本账户应无余额。

（1）营业利润　营业利润是企业利润的主要来源。房地产开发企业的营业利润是指房地产开发企业一定时期内从事房地产开发生产经营活动实现的利润，按经营业务的主次可以划分为主营业务利润和其他业务利润。

主营业务利润是指房地产开发企业从事房地产开发业务所实现的利润，包括土地转让利润，商品房销售利润、配套设施销售利润以及代建工程结算利润等。它在数量上等于主营业务收入净额减去主营业务成本和主营业务应负担的流转税后的余额，通常称为毛利。

其他业务利润是指房地产开发企业因从事房地产开发业务以外的其他业务经营而实现的利润。企业的其他业务收入减去其他业务成本后的差额，即为其他业务利润，包括商品房售后服务利润、材料经营利润、固定资产出租利润和企业从事工业、商业、饮食服务业等多种经营所取得的利润。

（2）公允价值变动净收益　公允价值变动净收益反映房地产开发企业交易性金融资产、交易性金融负债以及采用公允价值模式计量的投资性房地产等公允价值变动形成的应计入当期损益的利得或损失。

（3）投资净收益　投资净收益是指企业投资收益减投资损失的净额。投资收益和投资损失是指企业对外投资所取得的收益或发生的损失。投资收益扣除投资损失后的数额，作为企业利润总额的构成项目。

投资收益包括对外投资分得的利润、股利和债券利息，投资到期收回或者中途转让取得款项多于账面价值的差额，以及按照权益法核算的股票投资、其他投资在被投资单位增加的净利润中所拥有的数额等。

投资损失包括对外投资到期收回或者中途转让取得款项少于账面价值的差额，以及按照权益法核算的股票投资、其他投资在被投资单位减少的净亏损中所分担的数额。

（4）营业外收入　营业外收入是指与企业生产经营活动没有直接关系的各项利得。房地产开发企业的营业外收入主要包括非货币性资产交换利得、债务重组利得、盘盈利得、捐赠利得等。营业外收入应当按照实际发生的金额进行核算。发生营业外收入时，增加企业当期的利润总额（注意：2017 年出台的新准则规定政府补助、处置非流动资产损益都不在营业外收入披露）。

【例 5-11】 甲房地产开发公司本月发生与营业外收入有关的经济业务及账务处理如下：

(1) 因供应方违约，致使甲房地产开发公司商品房成本增加 20 万元，向对方索赔 25 万元，供应方已承诺支付该项罚款，则

借：其他应收款　　　　　　　　　　　　　　　　　　　250 000
　　贷：开发成本　　　　　　　　　　　　　　　　　　　　　200 000
　　　　营业外收入　　　　　　　　　　　　　　　　　　　　 50 000

(2) 收到正方公司支付的捐赠款 2 万元，存入银行：

借：银行存款　　　　　　　　　　　　　　　　　　　　 20 000
　　贷：营业外收入——捐赠利得　　　　　　　　　　　　　　 20 000

(3) 月末，结转"营业外收入"账户余额：

借：营业外收入　　　　　　　　　　　　　　　　　　　 70 000
　　贷：本年利润　　　　　　　　　　　　　　　　　　　　　 70 000

(5) 营业外支出　营业外支出是指与企业生产经营活动没有直接关系，但应从企业实现的利润总额中扣除的损失。房地产开发企业的营业外支出主要包括非货币性资产交换损失、债务重组损失、公益性捐赠支出、非常损失、盘盈损失等。发生营业外支出时，在相对应的会计期间，冲减企业当期的利润总额。

【例 5-12】 甲房地产开发公司本月向希望工程捐款 8 万元，账务处理如下：

借：营业外支出——捐赠支出　　　　　　　　　　　　　 80 000
　　贷：银行存款　　　　　　　　　　　　　　　　　　　　　 80 000

月末结转"营业外支出"账户余额：

借：本年利润　　　　　　　　　　　　　　　　　　　　 80 000
　　贷：营业外支出　　　　　　　　　　　　　　　　　　　　 80 000

2. 利润总额的核算

房地产开发企业对在开发经营过程中取得的各项收入和发生的各项支出，均应于期末从有关收入类账户和费用类账户结转到"本年利润"账户。结转后，如果"本年利润"账户贷方发生额大于借方发生额，则其差额为本期实现的利润总额；反之，则为本期发生的亏损总额。

为了总括地核算和监督净利润（或亏损）的形成情况，房地产开发企业应设置"本年利润"账户。期末，企业将各收益类账户的余额转入"本年利润"账户的贷方；将各成本、费用类账户的余额转入"本年利润"账户的借方。转账后，"本年利润"账户如为贷方余额，则反映本年度自年初开始累计形成的净利润；如为借方余额，则反映本年度自年初开始累计形成的净亏损。年度终了，应将"本年利润"账户的全部累计余额转入"利润分配"账户，如为净利润，则借记"本年利润"账户，贷记"利润分配"账户；如为净亏损，则做相反会计分录。年度结账后，"本年利润"账户无余额。

【例 5-13】 甲房地产开发公司 2017 年 12 月 1 日"本年利润"账户有贷方余额 303 万元，12 月末，各损益类账户的余额如表 5-2 所示。

表 5-2　甲房地产开发公司各账户余额表

单位：万元

会计账户	借方余额	贷方余额
主营业务收入		3 200
主营业务成本	2 100	
税金及附加	115	
其他业务收入		8
其他业务成本	4.5	
销售费用	33.6	
管理费用	14.4	
财务费用	57	
投资收益		15
营业外收入		16
营业外支出	8	
所得税费用	254.8	

该企业账务处理如下：

(1) 月末，将各收益类账户的余额转入"本年利润"账户贷方。

借：主营业务收入	32 000 000
其他业务收入	80 000
投资收益	150 000
营业外收入	160 000
贷：本年利润	32 390 000

(2) 将各成本费用类账户余额转入"本年利润"账户借方。

借：本年利润	25 873 000
贷：主营业务成本	21 000 000
税金及附加	1 150 000
其他业务成本	45 000
销售费用	336 000
管理费用	144 000
财务费用	570 000
营业外支出	80 000
所得税费用	2 548 000

(3) 月末，结转"本年利润"账户的贷方余额 6 517 000 元。

借：本年利润	6 517 000
贷：利润分配——未分配利润	6 517 000

5.4.3 所得税费用

房地产开发企业的利润,要根据国家所得税法的规定计算上缴所得税。企业会计准则规定,企业应采用资产负债表债务法核算所得税。

资产负债表债务法是从资产负债表出发,通过比较资产负债表上列示的资产负债,按照企业会计准则规定确定的账面价值与按照税法规定确定的计税基础,对于两者之间的差额区分为应纳税暂时性差异与可抵扣暂时性差异,并确认相关的递延所得税负债与递延所得税资产。

1. 所得税会计核算的一般程序

企业采用资产负债表债务法进行所得税核算一般应遵循以下程序:

1) 按照相关企业会计准则的规定,确定资产负债表中除递延所得税负债和递延所得税资产以外的其他资产和负债项目的账面价值。其中,资产和负债项目的账面价值是指企业按照相关会计准则的规定进行核算后在资产负债表中列示的金额。

2) 按照企业会计准则中对于资产和负债计税基础的确定方法,以适用的税收法规为基础,确定资产负债表中有关资产、负债项目的计税基础。

3) 比较资产、负债的账面价值与其计税基础,对于两者之间存在差异的,分析其性质,除会计准则中规定的特殊情况外,区分为应纳税暂时性差异与可抵扣暂时性差异,确定与应纳税暂时性差异及可抵扣暂时性差异相关的递延所得税负债和递延所得税资产的应有金额,并将该金额与期初递延所得税负债和递延所得税资产的余额相比,确定当期应予进一步确认的递延所得税负债和递延所得税资产的金额或应予转销的金额,作为构成利润表中所得税费用的递延所得税。

4) 确定所得税费用。利润表中的所得税费用包括当期所得税和递延所得税两个组成部分,其中,当期所得税是指当期发生的交易或者事项按照适用的税法规定计算确定的当期应缴所得税;递延所得税是当期确认的递延所得税资产和递延所得税负债金额或予以转销的金额的综合结果。

2. 暂时性差异

暂时性差异是指资产或负债的账面价值与其计税基础之间的差额。根据暂时性差异对未来期间应税金额影响的不同,分为应纳税暂时性差异和可抵扣暂时性差异。

(1) 应纳税暂时性差异　应纳税暂时性差异是指在确定未来收回资产或清偿负债期间的应纳税所得额时,将导致产生应税金额的暂时性差异。该差异在未来期间转回时,会增加转回期间的应纳税所得额,在该暂时性差异产生当期,应当确认相关的递延所得税负债。

应纳税暂时性差异通常产生于以下两种情况:

1) 资产的账面价值大于其计税基础。一项资产的账面价值代表的是企业在持续使用及最终出售该项资产时会取得的经济利益的总额,而计税基础代表的是一项资产在未来期间可予税前扣除的总金额。资产的账面价值大于其计税基础,该项资产未来期间产生的经济利益不能全部税前抵扣,两者之间的差额需要缴税,产生应纳税暂时性差异。

2) 负债的账面价值小于其计税基础。一项负债的账面价值为企业预计在未来期间清偿该项负债时的经济利益流出,而计税基础代表的是账面价值在扣除税法规定未来期间允许税前扣除的金额之后的差额。因负债的账面价值与其计税基础不同产生的暂时性差异,实质上是税法规定就该项负债在未来期间可以税前扣除的金额。负债的账面价值小于其计税基础，则意味着就该项负债在未来期间可以税前抵扣的金额为负数，即应在未来期间应纳税所得额的基础上调增，增加应纳税所得额和应缴所得税金额，产生应纳税暂时性差异。

（2）可抵扣暂时性差异　可抵扣暂时性差异是指在确定未来收回资产或清偿负债期间的应纳税所得额时，将导致产生可抵扣金额的暂时性差异。该差异在未来期间转回时会减少转回期间的应纳税所得额，减少未来期间的应缴所得税。在该暂时性差异产生当期，应当确认相关的递延所得税资产。

可抵扣暂时性差异通常产生于以下两种情况：

1）资产的账面价值小于其计税基础。从经济含义来看，资产在未来期间产生的经济利益少，按照税法规定允许税前扣除的金额多，则企业在未来期间可以减少应纳税所得额并减少应缴所得税，形成可抵扣暂时性差异。

2）负债的账面价值大于其计税基础。一项负债的账面价值大于其计税基础，则意味着未来期间按照税法规定构成负债的全部或部分金额可以自未来应税经济利益中扣除，减少未来期间的应纳税所得额和应缴所得税，产生可抵扣暂时性差异。

对于按照税法规定可以结转以后年度的未弥补亏损及税款抵扣，虽不是因资产、负债的账面价值与计税基础不同产生的，但本质上可抵扣亏损和税款抵减，与可抵扣暂时性差异有同样的作用，均能减少未来期间的应纳税所得额，进而减少未来期间的应缴所得额，在会计处理上，视同可抵扣暂时性差异，符合条件的情况下，应确认与其相关的递延所得税资产。

3. 计税基础

（1）资产的计税基础　资产的计税基础是指一项资产在未来期间计税时可予税前扣除的金额。通常情况下，资产在取得时其入账价值与计税基础是相同的，后续计量过程中因企业会计准则规定与税法规定不同，可能造成账面价值与计税基础的差异。

资产在初始确认时，其计税基础一般为取得成本。从所得税角度考虑，某一单项资产产生的所得是指该项资产产生的未来经济利益流入扣除其取得成本之后的金额。一般情况下，税法认定的资产取得成本为购入时实际支付的金额。在资产持续持有过程中，可在未来期间税前扣除的金额是指资产的取得成本减去以前期间按照税法规定已经税前扣除的金额后的余额。

企业应当按照适用的税收法规规定计算确定资产的计税基础。现就有关资产项目计税基础的确定举例说明如下：

1）固定资产。以各种方式取得的固定资产，初始确认时入账价值基本上是被税法认可的，即取得时其入账价值一般等于计税基础。

固定资产在持有期间进行后续计量时，会计上的基本计量模式是"成本－累计折旧－固定资产减值准备"。会计与税收处理的差异主要来自折旧方法、折旧年限的不同以及固定资产减值准备的提取。在持有固定资产期间，因税法规定对固定资产计提的减值准备不允许税前扣除，所以会造成其账面价值与计税基础的差异。

【例5-14】甲房地产开发公司于2016年12月20日取得某项建设用固定资产，原价为300万元，使用年限10年，会计上采用直线法计提折旧，净残值为零。假定税法规定采用加速折旧法计提的折旧可予税前扣除，该企业在计税时采用双倍余额递减法计提折旧，净残值为零。2018年12月31日，企业估计该项固定资产的可收回金额为220万元。

2018年12月31日，该项固定资产的账面价值＝300－30×2－20＝220（万元）

该项固定资产的计税基础＝300－300×20%－240×20%＝192（万元）

该项固定资产的账面价值220万元与其计税基础192万元之间产生的差额28万元，意味着企业将于未来期间增加应纳税所得额和应缴所得税，属于应纳税暂时性差异，应确认相关的递延所得税负债。

2）以公允价值计量且其变动计入当期损益的金融资产。按照企业会计准则的规定，对于以公允价值计量且其变动计入当期损益的金融资产，其于某一会计期末的账面价值为公允价值，如果税法规定按照企业会计准则确认的公允价值变动损益在计税时不予考虑，即有关金融资产在某一会计期末的计税基础为其取得成本，会造成该类金融资产账面价值与其计税基础之间的差异。

【例5-15】甲房地产开发公司2017年10月20日自公开市场取得一项权益性投资，支付价款800万元，作为交易性金融资产核算。2017年12月31日，该项权益性投资的市价为880万元。假定税法规定对于交易性金融资产持有期间公允价值的变动不计入应纳税所得额，出售时一并计算应计入应纳税所得额的金额。

企业会计准则规定对于交易性金融资产，在持有期间每个会计期末应以公允价值计量，故该项交易性金融资产的账面价值应为期末市价880万元。

因假定税法规定交易性金融资产在持有期间的公允价值变动不计入应纳税所得额，其计税基础在2017年12月31日应维持原取得成本不变，即其计税基础为800万元。

该项交易性金融资产的账面价值880万元与其计税基础800万元之间产生了80万元的暂时性差异，该暂时性差异在未来期间转回时会增加未来期间的应纳税所得额，导致企业应缴所得税的增加，为应纳税暂时性差异，应确认相关的递延所得税负债。

（2）负债的计税基础　负债的计税基础是指负债的账面价值减去未来期间计税时按照税法规定可予抵扣的金额。

通常情况下，短期借款、应付票据、应付账款等负债的确认和偿还，不会对当期损益和应纳税所得额产生影响，其计税基础即为账面价值。但在某些情况下，负债的确认可能会影响损益，并影响不同期间的应纳税所得额，使其计税基础与账面价值之间产生差额，如企业因或有事项确认的预计负债。

现就有关负债计税基础的确定举例说明如下：

1）预收账款。企业在收到客户预付的款项时，因不符合收入确认条件，会计上将其确认为负债。税法中对于收入的确认原则一般与会计规定相同，即会计上未确认收入时，计税时一般也不计入应纳税所得额，该部分经济利益在未来期间计税时可予税前扣除的金额为零，计税基础等于账面价值。

如果不符合企业会计准则规定的收入确认条件，但按照税法规定应计入当期应纳税所得额时，有关预收账款的计税基础为零，即因其产生时已经计算应缴所得税，未来期间可全额税前扣除，计税基础为账面价值减去在未来期间可全额税前扣除的金额，即其计税基础为零。

2）应付职工薪酬。企业会计准则规定，企业为获得职工提供的服务所给予的各种形式的报酬以及其他相关支出均应作为企业的成本费用，在未支付以前确认为负债。税法规定，企业支付给职工的工资薪金性质的支出可以税前列支或按照一定的标准计算的金额准予税前扣除。一般情况下，对于应付职工薪酬，其计税基础为账面价值减去在未来期间可予税前扣除的金额之间的差额，即账面价值等于计税基础。

【例5-16】甲房地产开发公司2017年12月计入成本费用的职工工资总额为1 600万元，至2017年12月31日尚未支付，作为资产负债表中的应付职工薪酬进行核算。假定按照税法规定，当期计入成本费用的1 600万元工资支出中，按照计税工资标准的规定，可予税前扣除的金额为1 200万元。

按企业会计准则规定，该项应付职工薪酬负债的账面价值为1 600万元。

企业实际发生的工资支出1 600万元与按照税法规定准予税前扣除的金额1 200万元之间所产生的400万元差额在当期发生，即应进行纳税调整，并且在以后期间不能够再进行税前扣除，该项应付职工薪酬的计税基础＝账面价值（1 600万元）－未来期间计算应纳税所得额时按照税法规定可予抵扣的金额＝1 600万元。

该项负债的账面价值1 600万元与其计税基础1 600万元相同，不形成暂时性差异。

4. 递延所得税资产及递延所得税负债

（1）递延所得税资产的确认和计量

1）确认递延所得税资产的一般原则有：①递延所得税资产的确认应以未来期间可能取得的应纳税所得额为限。因无法取得足够的应纳税所得额而未确认相关的递延所得税资产的，应在会计报表附注中进行披露。②按照税法规定可以结转以后年度的未弥补亏损和税款抵减，应视同可抵扣暂时性差异处理。③企业合并中，按照会计规定确定的合并中取得各项可辨认资产、负债的入账价值与其计税基础之间形成可抵扣暂时性差异的，应确认相应的递延所得税资产，并调整合并中应予确认的商誉等。④与直接计入所有者权益的交易或事项相关的可抵扣暂时性差异，相应的递延所得税资产应计入所有者权益。如因可供出售金融资产公允价值下降而应确认的递延所得税资产。

某些情况下，如果企业发生的某项交易或者事项不是企业合并，并且交易发生时既不影响会计利润也不影响应纳税所得额，且该项交易中产生的资产、负债的初始确认金额与其计税基础不同，产生可抵扣暂时性差异的，企业会计准则中规定在交易或事项发生时不确认相应的递延所得税资产。

2）递延所得税资产的计量：确认递延所得税资产时，应估计相关可抵扣暂时性差异的转回时间，采用转回期间适用的所得税税率为基础计算确定。无论相关的可抵扣暂时性差异转回期间如何，递延所得税资产均不予折现。资产负债表日，企业应当对递延所得税资产的账面价值进行复核。如果未来期间很可能无法取得足够的应纳税所得额用以利用递延所得税资产的利益，则应当减记递延所得税资产的账面价值。递延所得税资产的账面价值减记后，后续期间根据新的环境和情况判断能够产生足够的应纳税所得额利用可抵扣暂时性差异，使得递延所得税资产包含的经济利益能够实现的，应相应恢复递延所得税资产的账面价值。

（2）递延所得税负债的确认和计量　企业在确认因应纳税暂时性差异产生的递延所得税负债时，应遵循以下原则：

1）除企业会计准则中明确规定可不确认递延所得税负债的情况以外，企业对于所有的应纳税暂时性差异均应确认相关的递延所得税负债。除直接计入所有者权益的交易或事项以及企业合并外，在确认递延所得税负债的同时，应增加利润表中的所得税费用。

2）递延所得税负债应以相关应纳税暂时性差异转回期间适用的所得税税率计量。在我国，除享受优惠政策的情况以外，企业适用的所得税税率在不同年度之间一般不会发生变化，企业在确认递延所得税负债时，可以采用现行适用税率为基础计算确定，递延所得税负债的确认不要求折现。

5. 所得税费用的核算

利润表中的所得税费用由两个部分组成：当期所得税和递延所得税。即

$$所得税费用 = 当期所得税 + 递延所得税$$

计入当期损益的所得税费用或收益不包括企业合并和直接在所有者权益中确认的交易或事项产生的所得税影响。与直接计入所有者权益的交易或事项相关的当期所得税和递延所得税，应当计入所有者权益。

（1）当期所得税　当期所得税是指企业按照税法规定计算确定的针对当期发生的交易和事项，应缴纳的所得税金额，即应缴所得税，以适用的税收法规为基础计算确定。即

$$当期所得税 = 当期应缴所得税$$

企业在确定当期所得税时，对于当期发生的交易或者事项，会计处理与税法处理不同的，应在会计利润的基础上，按照适用税收法规的要求进行调整，计算出当期应纳税所得额，按照应纳税所得额与适用所得税税率计算确定当期应缴所得税。

（2）递延所得税　递延所得税是指按照企业会计准则规定应予确认的递延所得税资产和递延所得税负债在期末应有的金额相对于原已确认金额之间的差额，即递延所得税资产及递延所得税负债的当期发生额，但不包括直接计入所有者权益的交易或事项及企业合并的所得税影响。用公式表示为

递延所得税 = 当期递延所得税负债的增加 + 当期递延所得税资产的减少 − 当期递延所得税负债的减少 − 当期递延所得税资产的增加

值得注意的是，如果某项交易或者事项按照企业会计准则规定应计入所有者权益，则由该交易或者事项产生的递延所得税资产或递延所得税负债及其变化也应计入所有者权益，不构成利润表中的递延所得税费用（或收益）。

企业按规定计算的所得税费用应当设置"所得税费用"账户进行总分类核算，该账户按照"当期所得税费用""递延所得税费用"进行明细核算。

资产负债表日，企业按照税法计算确定的当期应缴所得税金额，借记"所得税费用——当期所得税费用"账户，贷记"应交税费——应交所得税"账户。根据《企业会计准则第18号——所得税》应予确认的递延所得税资产大于"递延所得税资产"账户余额的差额，借记"递延所得税资产"账户，贷记"所得税费用——递延所得税费用""资本公积——其他资本公积"等账户；应予确认的递延所得税资产小于"递延所得税资产"账户余额的差额，编制相反的会计分录。

企业应予确认的递延所得税负债的变动，比照上述原则调整"所得税费用——当期所得税费用""递延所得税负债"账户及有关账户。

期末，应将"所得税费用"账户的余额转入"本年利润"账户，结转后本账户应无

余额。

6. 利润分配的程序

房地产开发企业实现的利润总额，应当先按照国家规定做相应的调整，然后依法缴纳所得税。这里所说的调整，主要是指：①所得税前弥补亏损；②投资收益中已纳税的项目或按照规定需要补缴所得税的项目。

因为按照现行财务制度的规定，企业发生的年度亏损，可以用下一年度的税前利润弥补；下一年度利润不足弥补的，可以在5年内延续弥补；5年内不足弥补的，才用税后利润弥补。所以房地产开发企业实现的年度利润，要先用以弥补以前5年内发生的亏损，然后据以计算应纳税所得额。

房地产开发企业缴纳所得税后的净利润，一般按照下列顺序分配：

1）弥补在税前利润弥补亏损之后仍存在的亏损。
2）提取法定公积金。
3）提取任意公积金。
4）向股东分配利润。

思 考 题

1. 简述房地产开发企业营业收入的分类及构成内容。
2. 房地产开发企业的营业成本包含哪些？
3. 房地产开发企业的营业利润该如何计算？
4. 房地产开发企业的所得税是什么？应该如何确定？

练 习 题

1.（1）某企业销售某小区住宅共计2 000m²，每平方米售价2 500元，成本2 000元。按照合同规定，已预收定金2 000 000元，现房屋已竣工并办理交接手续，余额已全部收讫并存入银行，应交土地增值税217 500元。

（2）企业对外转让已开发完成的土地一块，价值4 000 000元，实际开发成本为2 600 000元，已办妥交接手续，价款已收讫并存入开户银行。

（3）企业采用分期收款结算方式出售高级公寓一栋，合同规定总价款为5 000 000元，分3次收取价款：房屋移交时，收取总价款的50%；第二年收取30%；第三年收取20%。该商品房的实际开发成本为4 000 000元。

（4）企业开发的一项代建工程业已竣工并办妥交接手续，合同造价400 000元，实际开发成本280 000元，已提交结算账单，委托方同意付款，但款项尚未收到。

（5）企业已开发完成的房屋对外出租，已签订出租合同并投入使用。该出租房的实际开发成本为2 000 000元，月租金100 000元，企业按2‰的月摊销率摊销出租房屋的成本。在租赁期内，企业用银行存款支付房屋维修费5 000元。

（6）期末，结转本期发生的主营业务收入。

（7）期末，结转本期发生的主营业务成本。

（8）期末，结转本期发生的税金及附加1 181 000元。

（9）企业将多余材料一批对外出售，价款2 000元已存入银行，该批材料计划成本1 800元，应分担的材料成本差异为贷方差异 100 元。

(10) 企业出租一台设备,取得租金收入 5 000 元。

(11) 按照规定,计算出企业应缴纳城市维护建设税为 549.00 元,教育费附加为 235.50 元。

要求:为各项经济业务编制相关分录。

2.(1) 2017 年 11 月 30 日,宏伟房地产开发企业有关损益类各账户的本年发生额如表 5-3 所示。

表 5-3 有关损益类各账户的本年发生额

单位:元

账户名称	本年累计发生额	
	借方	贷方
主营业务收入		18 000 000
主营业务成本	12 600 000	
销售费用	360 000	
税金及附加	948 600	
其他业务收入		905 000
其他业务成本	715 000	
管理费用	640 000	
财务费用	200 000	
投资收益		135 000
营业外收入		5 000
营业外支出	10 000	

(2) 2017 年 12 月,该企业发生了下列有关收入、成本、税金、费用等业务,将它们连同 1~11 月份累计发生额,转入"本年利润"账户:

1) 实现主营业务收入 2 000 000 元。
2) 实际发生主销售务成本 1 400 000 元。
3) 实际发生销售费用 40 000 元。
4) 应交税金及附加 105 400 元。
5) 实现其他业务收入 95 000 元。
6) 实际发生其他业务成本 80 000 元。
7) 实际发生管理费用 100 000 元。
8) 实际发生财务费用 15 000 元。
9) 实现投资收益 100 000 元。
10) 实际发生营业外收入 2 000 元。
11) 实际发生营业外支出 2 500 元。

(3) 根据 2017 年度实现的利润,按照 25% 的税率计算应缴所得税(假定本年度应税所得与会计利润相同)。

(4) 按照税后利润的 10% 提取法定盈余公积。

(5) 将提取法定盈余公积后的税后利润的 2 000 000 元分配给投资者。

(6) 将"利润分配"各二级账户余额转入"未分配利润"二级账户。

要求:

(1) 计算该企业 2017 年度利润总额、应缴所得税、应提法定盈余公积和未分配利润。

(2) 为各项经济业务编制会计分录。

第 6 章　财务报告

本章导读

2017年12月25日，财政部发布了一般企业财务报表格式变化的通知，新的改变主要是为了解决执行企业会计准则的企业在财务报告编制中的实际问题，规范企业财务报表列报，提高会计信息质量，主要针对2017年施行的《企业会计准则第42号——持有待售的非流动资产、处置组和终止经营》（财会〔2017〕13号）和《企业会计准则第16号——政府补助》（财会〔2017〕15号）的相关规定，对一般企业财务报表格式进行了修订。资产负债表部分新增了"持有待售资产"以及"持有待售负债"项目；利润表新增"资产处置收益""其他收益"以及"持续经营净利润"和"终止经营净利润"项目。

财政部要求，执行企业会计准则的非金融企业应当按照企业会计准则以及最新要求编制2017年度及以后期间的财务报表；金融企业应当根据金融企业经营活动的性质和要求，比照一般企业财务报表格式进行相应调整。根据财政部发布的新规定，房地产开发企业财务报告也应按照新准则规定进行规范化编制，本章将对房地产开发企业财务报告进行详细介绍。

6.1　财务报告概述

财务报告是指企业对外提供的反映企业某一特定日期的财务状况和某一会计期间的经营成果、现金流量等会计信息的文件。财务报告包括财务报表和其他应当在财务报告中披露的相关信息和资料。

6.1.1　财务报表的定义和构成

财务报表是对企业财务状况、经营成果和现金流量的结构性表述。财务报表至少应当包括下列组成部分：

1）资产负债表。
2）利润表。
3）现金流量表。
4）所有者权益（或股东权益，下同）变动表。

5）附注。

财务报表可以按照以下不同的标准进行分类：

1）按财务报表编报期间的不同，可以分为中期财务报表和年度财务报表。中期财务报表是以短于一个完整会计年度的报告期间为基础编制的财务报表，包括月报、季报和半年报等。

2）按财务报表编报主体的不同，可以分为个别财务报表和合并财务报表。个别财务报表是由企业在自身会计核算基础上对账簿记录进行加工而编制的财务报表，它主要用以反映企业自身的财务状况、经营成果和现金流量情况。合并财务报表是以母公司和子公司组成的企业集团为会计主体，根据母公司和所属子公司的财务报表，由母公司编制的综合反映企业集团财务状况、经营成果及现金流量的财务报表。

6.1.2 财务报表列报的基本要求

1）企业应当以持续经营为基础，根据实际发生的交易和事项，按照企业会计准则的规定进行确认和计量，在此基础上编制财务报表。企业不应以附注披露代替确认和计量。在编制财务报表过程中，企业管理层应当在考虑市场经营风险、企业盈利能力、偿债能力、财务弹性，以及企业管理层改变经营政策的意向等因素的基础上，对企业的持续经营能力进行评价。如果对企业的持续经营能力产生重大怀疑，则应当在附注中披露导致对持续经营能力产生重大怀疑的影响因素。企业正式决定或被迫在当期或将在下一个会计期间进行清算或停止营业的，表明其处于非持续经营状态，应当采用其他基础编制财务报表，并在附注中声明财务报表未以持续经营为基础列报，并披露未以持续经营为基础列报的原因和财务报表的编制基础。

2）财务报表项目的列报应当在各个会计期间保持一致，不得随意变更，但下列情况除外：①企业会计准则要求改变财务报表项目的列报；②企业经营业务的性质发生重大变化后，变更财务报表项目的列报能够提供更可靠、更相关的会计信息。

3）在编制财务报表的过程中，企业应当考虑报表项目的重要性。对于性质或功能不同的项目，如长期股权投资、固定资产等，应当在财务报表中单独列报，但不具有重要性的项目除外；对于性质或功能类似的项目，如库存商品、原材料等，应当予以合并，作为存货项目列报。重要性是指财务报表某项目的省略或错报会影响使用者据此做出经济决策的，该项目具有重要性。判断项目的重要性，应当从项目的性质和金额大小两个方面予以判断：一方面，应当考虑该项目的性质是否属于企业日常活动、是否对企业的财务状况和经营成果具有较大影响等因素；另一方面，判断项目金额大小的重要性，应当通过单项金额占资产总额、负债总额、所有者权益总额、营业收入总额、营业成本总额、净利润等直接相关项目金额的比重加以确定。

4）财务报表中的资产项目和负债项目的金额、收入项目和费用项目的金额不得相互抵销，但满足抵销条件的除外。

如果金融资产和金融负债同时满足下列条件，则应当以相互抵销后的净额在资产负债表内列示：①企业具有抵销已确认金额的法定权利，且该项法定权利现在是可执行的。抵销的法定权利主要是指债务人根据相关合同或规定，可以用其欠债权人的金额抵销应收同一债权人债权的权利。例如，从事证券经纪业务的证券公司，可以按照证券交易结算的相关规定，采用净额方式与证券登记公司进行结算。②企业计划以净额结算，或同时变现该金融资产和清偿该金融负债。例如,甲公司与乙公司有长期合作关系,为简化结算,甲公司和乙公司在合同中明确约定,双方往来款项定期以净额结算(在法律上有效)。这种情况满足金融资产和金融负债相互抵销的条件,应当在资产负债表中以净额列示相关的应收款项或应付款项。

下列两种情况不属于抵销,可以以净额列示:①资产项目按扣除减值准备后的净额列示,不属于抵销。对资产计提减值准备,表明资产的价值已经发生减损,按扣除减值准备后的净额列示,能够反映资产给企业带来的经济利益,不属于抵销。②非日常活动产生的损益,以收入扣减费用后的净额列示,不属于抵销。非日常活动的发生具有偶然性,不是企业的经常性活动以及与经常性活动相关的其他活动。非日常活动产生的损益以收入扣减费用后的净额列示,更有利于财务报告使用者的经济决策,不属于抵销。

5)当期财务报表的列报,至少应当提供所有列报项目上一个可比会计期间的比较数据,以及与理解当期财务报表相关的说明,但另有规定的除外。

财务报表项目的列报发生变更的,应当对上期比较数据按照当期的列报要求进行调整,并在附注中披露调整的原因和性质,以及调整的各项目金额。对上期比较数据进行调整不切实可行的,应当在附注中披露不能调整的原因。不切实可行是指企业在做出所有合理努力后仍然无法采用某项规定。

6)企业应当在财务报表的显著位置至少披露下列各项:①编报企业的名称;②资产负债表日或财务报表涵盖的会计期间;③人民币金额单位;④财务报表是合并财务报表的,应当予以标明。

7)企业至少应当按年编制财务报表。年度财务报表涵盖的期间短于一年的,应当披露年度财务报表的涵盖期间,以及短于一年的原因。

6.2 资产负债表

6.2.1 资产负债表的结构与内容

资产负债表是总括反映企业在某一特定日期(月末、季末、半年末、年末)财务状况的静态财务报表。房地产企业通过编制和分析资产负债表可以提供某一日期资产、负债和所有者权益的全貌,了解企业全部经济资源的分布形态和构成情况,了解企业负债总额及其构成情况,了解企业所有者权益总额及其构成情况。

我国资产负债表采用账户式的格式,左方按照资产的流动性强弱顺序排列,先列示流动资产,再列示非流动资产;右方按照清偿时间的先后顺序排列,先列示流动负债,再列示非流动负债,在持续经营前提下,所有者权益无须偿还,排列在最后。账户式资产负债表中的资产各项目的总计等于负债和所有者权益各项目的总计。具体内容如表6-1所示。

表6-1 资产负债表

编制单位:＿＿＿＿＿＿ ＿＿＿年＿＿月＿＿日 单位:元

资产	期末余额	年初余额	负债和所有者权益	期末余额	年初余额
流动资产:			**流动负债:**		
货币资金			短期借款		

(续)

资产	期末余额	年初余额	负债和所有者权益	期末余额	年初余额
以公允价值计量且其变动计入当期损益的金融资产			以公允价值计量且其变动计入当期损益的金融负债		
应收票据			应付票据		
应收账款			应付账款		
预付款项			预收款项		
应收利息			应付职工薪酬		
应收股利			应交税费		
其他应收款			应付利息		
存货			应付股利		
持有待售资产			其他应付款		
一年内到期的非流动资产			持有待售负债		
其他流动资产			一年内到期的非流动负债		
流动资产合计			其他流动负债		
非流动资产：			流动负债合计		
债权投资			**非流动负债：**		
其他债权投资			长期借款		
长期应收款			应付债券		
其他权益工具投资			其中：优先股		
长期股权投资			永续债		
投资性房地产			长期应付款		
固定资产			专项应付款		
在建工程			预计负债		
工程物资			递延所得税负债		
固定资产清理			其他非流动负债		
无形资产			非流动负债合计		
开发支出			负债合计		
商誉			**所用者权益（或股东权益）：**		
长期待摊费用			实收资本（或股本）		
递延所得税资产			资本公积		
其他非流动资产			减：库存股		
非流动资产合计			其他综合收益		
			盈余公积		
			未分配利润		
			所用者权益（或股东权益）合计		
资产总计			**负债和所用者权益（或股东权益）总计**		

1. "年初余额"栏的填列方法

资产负债表"年初余额"栏内各项数字,应根据上年年末资产负债表"期末余额"栏内所列数字填列。如果上年度资产负债表规定的各个项目的名称和内容同本年度不一致,则应对上年年末资产负债表各项目的名称和数字按照本年度的规定进行调整,填入表中"年初余额"栏内。

2. "期末余额"栏的填列方法

资产负债表"期末余额"栏内各项数字,一般应根据资产、负债和所有者权益类账户的期末余额填列。主要包括以下方式:

1)根据总账账户余额直接填列。例如,"短期借款""固定资产清理""应付职工薪酬""应收票据""应付票据"等项目,可根据总账余额直接填列。

2)根据有关总账账户余额计算填列。例如,"货币资金"项目,应根据"库存现金""银行存款"和"其他货币资金"账户期末余额的合计数填列。

3)根据有关明细账账户余额计算填列。例如,"应收账款"项目,应根据"应收账款""预收账款"账户所属明细账的期末借方余额计算填列;"应付账款"项目,应根据"应付账款""预付账款"账户所属明细账的贷方期末余额计算填列。

4)根据总账账户和明细账账户余额分析计算填列。例如,"长期借款"项目,应根据"长期借款"总账余额扣除明细账中反映的一年内到期的长期借款部分分析计算填列。

5)根据总账账户与其备抵账户抵销后的净额填列。例如,"固定资产"项目根据"固定资产"账户期末余额减去"累计折旧"账户、"固定资产减值准备"账户期末余额后的差额填列;"存货"项目,应根据"材料采购""原材料""委托加工物资""周转材料""库存设备""开发产品""周转房""开发成本""材料成本差异""存货跌价准备"等账户期末借、贷方余额相抵后的差额填列。

3. 资产负债表单项的具体填列方法

(1)资产类项目

1)"货币资金"项目,反映企业库存现金、银行结算户存款、外埠存款、银行汇票存款、银行本票存款等货币资金的合计数。本项目应根据"库存现金""银行存款""其他货币资金"账户的期末余额合计填列。

2)"以公允价值计量且其变动计入当期损益的金融资产"项目,反映房地产开发企业持有的,包括为交易目的所持有的债券投资、股票投资、基金投资、权证投资等金融资产和直接指定为以公允价值计量且其变动计入当期损益的金融资产。根据"交易性金融资产"账户的期末借方余额填列。

3)"应收票据"项目,反映房地产开发企业收到的未到期收款也未向银行贴现的应收票据,包括商业承兑汇票和银行承兑汇票。根据"应收票据"账户的期末余额填列。已向银行贴现的应收票据不包括在本项目内,已贴现的商业承兑汇票应在本表下端的补充资料内另行反映。

4)"应收账款"项目,反映房地产开发企业应收的与企业经营业务有关的各种款项。根据"应收账款"和"预收账款"账户所属各明细账户的期末借方余额合计数扣减提取的相应坏账准备后的净额填列。如"应收账款"账户所属明细账户期末有贷方余额的,应在

"预收款项"项目内填列。

5)"预付款项"项目，反映房地产开发企业预付给承包单位和供应单位的款项。根据"预付账款"和"应付账款"账户所属各明细账户的期末借方余额填列。如"预付账款"账户所属有关明细账户有贷方余额的，应在"应付账款"项目内填列。如"应付账款"账户所属明细账户有借方余额的，也应包括在本项目内。

6)"应收利息"项目，反映房地产开发企业持有的债权投资、其他债权投资等应收取的利息。根据"应收利息"账户的期末借方余额填列。

7)"应收股利"项目，反映房地产开发企业应收取的现金股利和应收取其他单位分配的利润。根据"应收股利"账户的期末借方余额填列。

8)"其他应收款"项目，反映房地产开发企业对其他单位和个人的应收和暂付的款项。根据"其他应收款"账户的期末借方余额减去"坏账准备"账户中有关其他应收款计提的坏账准备期末余额后的金额填列。

9)"存货"项目，反映房地产开发企业期末在库、在用、在途、在建和在加工中的各项存货的实际成本，包括库存材料、库存设备、低值易耗品、开发成本、分期收款开发产品等。根据"材料采购""原材料""周转材料""库存设备""材料成本差异""委托加工物资""开发产品""分期收款开发产品""周转房""开发成本"等账户的期末借、贷方余额相抵后的差额扣减提取的存货跌价准备后的净额填列。

10)"持有待售资产"项目，反映资产负债表日划分为持有待售类别的非流动资产及划分为持有待售类别的处置组中的流动资产和非流动资产的期末账面价值。该项目应根据在资产类账户新设置的"持有待售资产"账户的期末余额，减去"持有待售资产减值准备"账户的期末余额后的金额填列。

11)"一年内到期的非流动资产"项目，反映房地产开发企业在本资产负债表日1年内将到期的投资，应根据"持有至到期投资""可供出售金融资产""长期股权投资"等账户所属各明细账的期末余额分析填列。

12)"其他流动资产"项目，反映房地产开发企业除以上流动资产项目外的其他流动资产，根据有关账户的期末余额填列。

13)"其他债权投资"和"其他权益工具投资"项目反映房地产开发企业持有的可供出售金融资产的价值，包括划分为可供出售的股票投资、债券投资等金融资产。根据"其他债权投资"和"其他权益工具投资"账户所属各明细账户的期末借方余额与相关资产减值准备的余额分析填列。

14)"债权投资"项目，反映房地产开发企业计划持有至到期且距本资产负债表日1年以上才到期的投资。本项目应根据"债权投资"账户的期末余额，减去债权投资减值准备数额后的余额分析填列。

15)"长期应收款"项目，反映房地产开发企业融资租赁产生的应收款项和采用递延方式分期收款、实质上具有融资性质的销售商品和提供劳务等经营活动产生的应收款项。根据"长期应收款"账户的期末借方余额扣减未实现融资收益后的净额填列。

16)"长期股权投资"项目，反映房地产开发企业不准备在1年内（含1年）变现的各种股权性质的投资的可收回金额。本项目应根据"长期股权投资"账户的期末余额，减去长期股权投资减值准备后的净额分析填列。

17)"投资性房地产"项目,投资性房地产是指房地产开发企业为赚取租金或资本增值,或两者兼有而持有的房产。本项目应根据"投资性房地产"账户的期末余额,减去投资性房地产累计折旧和投资性房地产减值准备后的净额分析填列。

18)"固定资产"项目,反映房地产开发企业的各种固定资产(除投资性房地产外)的实际价值。融资租入的固定资产在产权尚未确定前,其原价及已提折旧也包括在内。融资租入固定资产原价还应在本表下端补充资料内另行反映。该项目应根据"固定资产"账户的期末借方余额减去提取的累计折旧和固定资产减值准备后的期末净额填列。

19)"在建工程"项目,反映房地产开发企业基建、技改等在建工程发生的价值。企业与固定资产有关的后续支出,包括固定资产发生的大修理费用、更新改造支出、房屋的装修费用等,满足《企业会计准则第4号——固定资产》规定的固定资产确认条件的,也在本项目核算。根据"在建工程"账户的期末借方余额扣减提取的在建工程减值准备后的净额填列。

20)"工程物资"项目,反映房地产开发企业为在建工程准备的各种物资的价值,包括工程用材料、尚未安装的设备等。根据"工程物资"账户的期末借方余额扣减提取的工程物资减值准备后的净额填列。

21)"固定资产清理"项目,反映房地产开发企业因出售、毁损、报废等原因转入清理但尚未清理完毕的固定资产净值,与固定资产清理过程中所发生的清理费用和变价收入等各项金额的差额。本项目应根据"固定资产清理"账户的期末借方余额填列;如为贷方余额应以"-"号填列。

22)"无形资产"项目,反映房地产开发企业拥有的或控制的没有实物形态的可辨认非货币性资产。无形资产包括专利权、非专利技术、商标权、著作权、土地使用权、特许权等。企业自创的商誉不应当确认为无形资产。本项目应根据"无形资产"账户的期末余额,减去"累计摊销""无形资产减值准备"账户期末余额后的金额填列。

23)"开发支出"项目,反映房地产开发企业自行开发无形资产发生的研发支出中满足资本化条件的支出部分。根据"研发支出——资本化支出"明细账户的期末借方余额填列。

24)"商誉"项目,反映房地产开发企业在非同一控制下企业合并中取得的商誉价值。根据"商誉"账户的期末余额扣减商誉减值准备后的净额填列。

25)"长期待摊费用"项目,反映房地产开发企业租入固定资产改良支出及摊销期限在1年以上的固定资产修理支出和其他待摊费用。根据"长期待摊费用"账户的期末余额填列。

26)"递延所得税资产"项目,反映房地产开发企业期末尚未转销的递延所得税款的借方余额。本项目应根据"递延所得税资产"账户的期末贷方余额填列。

27)"其他非流动资产"项目,反映除以上资产外的其他非流动资产,如企业期末持有的公益性生物资产。该项目应根据有关账户的期末余额填列。如有其他非流动资产价值较大的,应在财务报表附注中披露其内容和金额。

(2)负债类项目

1)"短期借款"项目,反映房地产开发企业向银行或其他金融机构借入的期限在1年以下(含1年)的各种借款。本项目应根据"短期借款"账户的期末余额填列。

2)"以公允价值计量且其变动计入当期损益的金融负债"项目,反映房地产开发企业持有的以公允价值计量且其变动计入当期损益的金融负债和直接指定为以公允价值计量且其变动计入当期损益的金融负债,不包括衍生金融负债。根据"交易性金融负债"账户的期末余额填列。

3)"应付票据"项目,反映房地产开发企业为抵付货款和工程款而开出、承兑的尚未到期付款的应付票据,包括银行承兑汇票和商业承兑汇票。根据"应付票据"账户的期末余额填列。

4)"应付账款"项目,反映房地产开发企业购买材料物资或接受劳务供应而应付给供应单位的款项,及因发包工程应付给承包单位的工程价款。根据"应付账款"和"预付账款"账户所属各有关明细账户的期末贷方余额合计填列,如"应付账款"账户所属明细账户有借方余额的,在"预付款项"项目内填列。

5)"预收款项"项目,反映房地产开发企业预收的购房定金和代建工程款。根据"预收账款"和"应付账款"账户的期末贷方余额填列。如"预收账款"账户所属明细账户有借方余额的,应在"应收账款"项目内填列;如"应收账款"账户所属明细账户有贷方余额的,也应包括在本项目内。

6)"应付职工薪酬"项目,反映房地产开发企业为获得职工提供的服务而应给予的各种形式的报酬以及其他相关支出。本项目应根据"应付职工薪酬"账户的期末余额填列。

7)"应交税费"项目,反映房地产开发企业按照税法规定应交未交的各种税费(多交数以"－"号填列)。根据"应交税费"账户的期末余额填列。

8)"应付利息"项目,核算房地产开发企业按照合同约定应支付的利息,包括分期付息到期还本的长期借款、企业债券等应支付的利息。根据"应付利息"账户的期末余额填列。

9)"应付股利"项目,反映房地产开发企业期末应付未付给投资者的现金股利或利润(多付数以"－"号填列)。根据"应付股利"账户的期末余额填列。

10)"其他应付款"项目,反映房地产开发企业除应付票据、应付账款、预收账款、应付职工薪酬、应付股利、应付利息、应交税费、长期应付款等经营活动以外的其他各项应付、暂收的款项。根据"其他应付款"账户的期末余额填列。

11)"持有待售负债"项目,反映资产负债表日处置组中与划分为持有待售类别的资产直接相关的负债的期末账面价值。该项目应根据在负债类账户新设置的"持有待售负债"账户的期末余额填列。

12)"一年内到期的非流动负债"项目,反映房地产开发企业的非流动负债各项目中将于1年内到期的长期负债。资产负债表中非流动负债各项目均应根据有关账户期末余额扣除将于1年内到期偿还数后的余额填列。

13)"其他流动负债"项目,房地产开发企业如有除以上流动负债以外的其他流动负债,则应根据有关账户的期末余额,在"其他流动负债"项目单独反映。

14)"长期借款"项目,反映房地产开发企业从银行或其他金融机构借入的期限在1年以上(不含1年)的各种借款。本项目应根据"长期借款"账户的期末余额填列。

15)"应付债券"项目,反映房地产开发企业发行的尚未归还的各种长期债券的本息。本项目应根据"应付债券"账户的期末余额填列。

16)"长期应付款"项目,反映房地产开发企业期末除长期借款和应付债券以外的其他各种长期应付款。本项目应根据"长期应付款"账户期末余额减去"未确认融资费用"账户的期末余额填列。

17)"专项应付款"项目,反映房地产开发企业取得的国家指定为资本性投入的具有专项或特定用途的款项,如属于工程项目的资本性拨款等。根据"专项应付款"账户的期末余额填列。

18)"预计负债"项目,反映房地产开发企业根据或有事项等相关准则确认的各项已预计但尚未清偿的债务,包括对外提供担保、未决诉讼、产品质量保证、重组义务以及固定资产和矿区权益弃置义务等产生的预计负债。根据"预计负债"账户的期末余额填列。

19)"递延所得税负债"项目,反映房地产开发企业根据《企业会计准则第18号——所得税》确认的应纳税暂时性差异产生的所得税负债。根据"递延所得税负债"账户的期末贷方余额填列。

20)"其他非流动负债"项目,反映房地产开发企业除以上非流动负债项目外的其他非流动负债。根据有关账户的期末余额填列。

(3) 所有者权益类项目

1)"实收资本(或股本)"项目,反映房地产开发企业实际收到投资者投入的资本(或股本)总额。根据"实收资本(或股本)"账户的期末余额填列。

2)"资本公积"项目,反映房地产开发企业收到投资者出资超出其在注册资本或股本中所占的份额以及直接计入所有者权益的利得和损失等。根据"资本公积"账户的期末余额填列。

3)"其他综合收益"项目,反映的主要是非日常经营活动形成的利得和损失,最终都会影响所有者权益。

4)"盈余公积"项目,反映房地产开发企业从其净利润中提取的盈余公积。根据"盈余公积"账户的期末余额填列。

5)"未分配利润"项目,反映房地产开发企业尚未分配的利润。根据"本年利润"账户和"利润分配"账户的余额计算填列。未弥补的亏损,在本项目内以"-"号反映。

【例6-1】 天华股份有限公司2016年12月31日的资产负债表(年初余额略)及2017年12月31日的科目余额表分别如表6-2和表6-3所示。假设天华股份有限公司2017年度除计提固定资产减值准备导致固定资产账面价值与其计税基础存在可抵扣暂时性差异外,其他资产和负债项目的账面价值均等于其计税基础。假定天华股份有限公司未来很可能获得足够的应纳税所得额用来抵扣可抵扣暂时性差异,适用的所得税税率为25%。

表6-2 资产负债表

编制单位:天华股份有限公司　　　2016年12月31日　　　　　　　　　　　单位:元

资产	期末余额	年初余额	负债和所有者权益	期末余额	年初余额
流动资产:			流动负债:		
货币资金	1 406 300		短期借款	300 000	
以公允价值计量且其变动计入当期损益的金融资产	15 000		以公允价值计量且其变动计入当期损益的金融负债	0	
应收票据	246 000		应付票据	200 000	

（续）

资　产	期末余额	年初余额	负债和所有者权益	期末余额	年初余额
应收账款	299 100		应付账款	953 800	
预付款项	100 000		预收款项	0	
应收利息	0		应付职工薪酬	110 000	
应收股利	0		应交税费	36 600	
其他应收款	5 000		应付利息	1 000	
存货	2 580 000		应付股利	0	
持有待售资产	0		其他应付款	50 000	
一年内到期的非流动资产	0		持有待售负债	0	
其他流动资产	100 000		一年内到期的非流动负债	1 000 000	
流动资产合计	4 751 400		其他流动负债	0	
非流动资产：			流动负债合计	2 651 400	
可供出售金融资产	0		非流动负债：		
持有至到期投资	0		长期借款	600 000	
长期应收款	0		应付债券	0	
长期股权投资	250 000		长期应付款	0	
投资性房地产	0		专项应付款	0	
固定资产	1 100 000		预计负债	0	
在建工程	1 500 000		递延所得税负债	0	
工程物资	0		其他非流动负债	0	
固定资产清理	0		非流动负债合计	600 000	
无形资产	600 000		负债合计	3 251 400	
开发支出	0		股东权益：		
商誉	0		实收资本（或股本）	5 000 000	
长期待摊费用	0		资本公积	0	
递延所得税资产	0		减：库存股	0	
其他非流动资产	200 000		盈余公积	100 000	
非流动资产合计	3 650 000		未分配利润	50 000	
			股东权益合计	5 150 000	
资产总计	8 401 400		负债和股东权益总计	8 401 400	

表 6-3　科目余额表

单位：元

科目名称	借方余额	科目名称	贷方与余额
库存现金	2 000	短期借款	50 000
银行存款	776 135	应付票据	100 000

（续）

科目名称	借方余额	科目名称	贷方与余额
其他货币资金	7 300	应付账款	953 800
交易性金融资产	0	其他应付款	50 000
应收票据	66 000	应付职工薪酬	180 000
应收账款	600 000	应交税费	226 731
坏账准备	-1 800	应付利息	0
预付账款	100 000	应付股利	32 215.85
其他应收款	5 000	一年内到期的非流动负债	0
材料采购	275 000	长期借款	1 160 000
原材料	45 000	股本	5 000 000
周转材料	38 050	盈余公积	124 770.4
库存商品	2 122 400	利润分配（未分配利润）	190 717.75
材料成本差异	4 250		
其他流动资产	100 000		
长期股权投资	250 000		
固定资产	2 401 000		
累计折旧	-170 000		
固定资产减值准备	-30 000		
工程物资	300 000		
在建工程	428 000		
无形资产	600 000		
累计摊销	-60 000		
递延所得税资产	9 900		
其他非流动资产	200 000		
合计	8 068 235	合计	8 068 235

根据上述资料，编制天华股份有限公司2017年12月31日的资产负债表，如表6-4所示（按报表编制时期，个别项目为旧名称，不做调整）。

表6-4 资产负债表

编制单位：天华股份有限公司　　2017年12月31日　　　　　　　　　　　单位：元

资产	期末余额	年初余额	负债和所有者权益（或股东收益）	期末余额	年初余额
流动资产：			流动负债：		
货币资金	785 435	1 406 300	短期借款	50 000	300 000
以公允价值计量且其变动计入当期损益的金融资产	0	15 000	以公允价值计量且其变动计入当期损益的金融负债	0	0

（续）

资　　产	期末余额	年初余额	负债和所有者权益（或股东收益）	期末余额	年初余额
应收票据	66 000	246 000	应付票据	100 000	200 000
应收账款	598 200	299 100	应付账款	953 800	953 800
预付款项	100 000	100 000	预收款项	0	0
应收利息	0	0	应付职工薪酬	180 000	110 000
应收股利	0	0	应交税费	226 731	36 600
其他应收款	5 000	5 000	应付利息	0	1 000
存货	2 484 700	2 580 000	应付股利	32 215.85	0
持有待售资产	0	0	其他应付款	50 000	50 000
一年内到期的非流动资产	0	0	持有待售负债	0	0
其他流动资产	100 000	100 000	一年内到期的非流动负债	0	1 000 000
流动资产合计	4 139 335	4 751 400	其他流动负债	0	0
非流动资产：			流动负债合计	1 592 746.85	2 651 400
可供出售金融资产	0	0	非流动负债：		
持有至到期投资	0	0	长期借款	1 160 000	600 000
长期应收款	0	0	应付债券	0	0
长期股权投资	250 000	250 000	长期应付款	0	0
投资性房地产	0	0	专项应付款	0	0
固定资产	2 201 000	1 100 000	预计负债	0	0
在建工程	428 000	1 500 000	递延所得税负债	0	0
工程物资	300 000	0	其他非流动负债	0	0
固定资产清理	0	0	非流动负债合计	1 160 000	600 000
无形资产	540 000	600 000	负债合计	2 752 746.85	3 251 400
开发支出	0	0	股东权益：		
商誉	0	0	实收资本（或股本）	5 000 000	5 000 000
长期待摊费用	0	0	资本公积	0	0
递延所得税资产	9 900	0	减：库存股	0	0
其他非流动资产	200 000	200 000	盈余公积	124 770.4	100 000
非流动资产合计	3 928 900	3 650 0000	未分配利润	190 717.75	50 000
			所有者权益（或股东权益）合计	5 315 488.15	5 150 000
资产总计	8 068 235	8 401 400	负债和所有者权益（或股东权益）总计	8 068 235	8 401 400

6.3 利润表

6.3.1 利润表的结构与内容

利润表是反映房地产开发企业在一定会计期间的经营成果的财务报表。利润表的列报必须充分反映企业经营业绩的主要来源和构成,有助于使用者判断净利润的质量及其风险,有助于使用者预测净利润的持续性,从而做出正确的决策。通过利润表,可以反映企业一定会计期间的收入实现情况,如实现的营业收入有多少、实现的投资收益有多少、实现的营业外收入有多少等;可以反映一定会计期间的费用耗费情况,如耗费的营业成本有多少,营业税费有多少,销售费用、管理费用、财务费用各有多少,营业外支出有多少等;可以反映企业生产经营活动的成果,即净利润的实现情况,据以判断资本保值、增值情况。

目前比较普遍的利润表的结构有单步式利润表和多步式利润表两种。单步式利润表是指将其所有的收入项目列在一起,然后将所有的费用项目列在一起,收入项目与费用项目相互抵减,即得出当期净损益。多步式利润表是指将当期所有收入、费用、支出项目分别按照一定的标准加以归类,按利润表形成的主要环节列示一些中间指标,如营业利润、利润总额、净利润,分步计算当期净损益。在我国,企业利润表采用的是多步式结构,主要包括以下五个方面的内容:

(1) 营业收入　营业收入由主营业务收入和其他业务收入组成。

(2) 营业利润　营业收入减去营业成本(主营业务成本、其他业务成本)、税金及附加、销售费用、管理费用、财务费用、资产减值损失,加上公允价值变动收益、投资收益、资产处置收益和其他收益,即为营业利润。

(3) 利润总额　营业利润加上营业外收入,减去营业外支出,即为利润总额。

(4) 净利润　利润总额减去所得税费用,即为净利润。

(5) 每股收益　每股收益包括基本每股收益和稀释每股收益两项指标。

利润表的基本格式如表 6-5 所示。

表 6-5　利润表

编制单位:　　　　　　　　　　　　　年　月　　　　　　　　　　　　单位:元

项　目	本期金额	上期金额
一、营业收入		
减:营业成本		
税金及附加		
销售费用		
管理费用		
财务费用		
资产减值损失		
加:公允价值变动收益(损失以"-"号填列)		
投资收益(损失以"-"号填列)		
其中:对联营企业和合营企业的投资收益		

(续)

项 目	本期金额	上期金额
资产处置收益（损失以"-"号填列）		
其他收益		
二、营业利润（损失以"-"号填列）		
加：营业外收入		
减：营业外支出		
三、利润总额（亏损总额以"-"号填列）		
减：所得税费用		
四、净利润（净亏损以"-"号填列）		
（一）持续经营净利润（净亏损以"-"号填列）		
（二）终止经营净利润（净亏损以"-"号填列）		
五、其他综合收益的税后净额		
（一）以后不能重分类进损益的其他综合收益		
1. 重新计量设定受益计划净负债或净资产的变动		
2. 权益法下在被投资单位不能重分类进损益的其他综合收益中享有的份额		
⋮		
（二）以后将重分类进损益的其他综合收益		
1. 权益法下在被投资单位以后将重分类进损益的其他综合收益中享有的份额		
2. 其他债权投资公允价值变动损益		
3. 金融资产重分类为可供出售金融资产损益		
4. 现金流量套期损益的有效部分		
5. 外币财务报表折算差额		
⋮		
六、综合收益总额		
七、每股收益：		
（一）基本每股收益		
（二）稀释每股收益		

6.3.2 利润表的编制方法

1. "上期金额"栏的填列方法

利润表"上期金额"栏内各项数字，应根据上年该期利润表"本期金额"栏内所列数字填列。如果上年该期利润表规定的各个项目的名称和内容同本期不一致，则应对上年该期利润表各项目的名称和数字按本期的规定进行调整，填入利润表"上期金额"栏内。

2. "本期金额"栏的填列方法

利润表"本期金额"栏内各项数字一般应根据损益类账户的发生额分析填列。

3. 利润表各项目的内容及其填列方法

1)"营业收入"项目，反映房地产开发企业通过房地产经营活动，或提供劳务，或进行其他业务活动所取得的收入。本项目应根据"主营业务收入""其他业务收入"等账户的发生额分析填列。

2)"营业成本"项目,反映房地产开发企业在房地产经营活动,或提供劳务,或进行其他业务活动中所发生的成本。本项目应根据"主营业务成本""其他业务成本"等账户的发生额分析填列。

3)"税金及附加"项目,反映房地产开发企业应负担的税金,主要包括消费税、城市维护建设税、资源税、土地增值税和教育费附加等。本项目应根据"税金及附加"账户的发生额分析填列。应注意的是,企业收到的先征后返的消费税等原记入本项目的各种税金,应于收到当期按照实际收到的金额冲减本期的税金。

4)"销售费用"项目,反映房地产开发企业在房地产经营业务过程中发生的费用以及设置销售机构而发生的费用,包括住宿费、装卸费、包装费、保险费、展览费和广告费。本项目应根据"销售费用"账户的发生额分析填列。

5)"管理费用"项目,反映房地产开发企业为组织和管理房地产经营活动而发生的各项费用,包括企业的董事会和行政管理部门在企业经营管理过程中发生的,或者应由企业统一负担的公司经费(包括行政管理部门职工工资、办公费和差旅费、修理费、低值易耗品摊销、修理费等)、工会经费、待业保险费、劳动保险费、董事会费(包括董事会成员津贴、会议费和差旅费等)、聘请中介机构费、咨询费(含顾问费)、诉讼费、业务招待费、技术转让费、矿产资源补偿费、无形资产摊销、职工教育经费、研究与开发费、排污费、存货盘亏或盘盈等。本项目应根据"管理费用"账户的发生额分析填列。

6)"财务费用"项目,反映房地产开发企业筹集房地产经营所需要的资金而发生的费用,包括利息支出(减利息收入)、汇兑损益(减汇兑收益)以及相关的手续费等。为购建固定资产的专门借款所发生的借款费用,在固定资产达到预定可使用状态前按规定应予资本化的部分,不包括在本项目的核算范围内。本项目应根据"财务费用"账户的发生额分析填列。

7)"资产减值损失"项目,反映因资产的回收金额低于账面价值而发生的损失。本项目应根据资产减值损失的本期发生额填列。

8)"公允价值变动收益"项目,反映因资产公允价值变动而形成利得或损失。本项目应根据"公允价值变动损益"账户的发生额分析填列;如为公允价值变动损失,则以"-"号填列。

9)"投资收益"项目,反映房地产开发企业以各种方式对外投资所得的收益或发生的损失。本项目应根据"投资收益"账户的发生额分析填列;如为投资损失,则以"-"号填列。

10)"资产处置收益"项目,反映房地产开发企业出售划分为持有待售的非流动资产(金融工具、长期股权投资和投资性房地产除外)或处置组时确认的处置利得或损失,以及处置未划分为持有待售的固定资产、在建工程、生产性生物资产及无形资产而产生的处置利得或损失。债务重组中因处置非流动资产产生的利得或损失和非货币性资产交换产生的利得或损失也包括在本项目内。该项目应根据在损益类账户新设置的"资产处置损益"账户的发生额分析填列;如为处置损失,则以"-"号填列。

11)"其他收益"项目,反映计入其他收益的政府补助等。该项目应根据在损益类账户新设置的"其他收益"账户的发生额分析填列。

12)"营业外收入"项目,反映房地产开发企业发生的营业利润以外的收益,主要包括债务重组利得、与企业日常活动无关的政府补助、盘盈利得、捐赠利得等。该项目应根据"营业外收入"账户的发生额分析填列。

13)"营业外支出"项目,反映房地产开发企业发生的营业利润以外的支出,主要包括债务重组损失、公益性捐赠支出、非常损失、盘亏损失、非流动资产毁损报废损失等。该项目应根据"营业外支出"账户的发生额分析填列。

14)"所得税费用"项目,反映房地产开发企业按规定应从本期损益中扣减的所得税。本项目应根据"所得税费用"账户的发生额分析填列。

15)"持续经营净利润"和"终止经营净利润"项目,分别反映净利润中与持续经营相关的净利润和与终止经营相关的净利润;如为净亏损,则以"-"号填列。该两个项目应按照《企业会计准则第42号——持有待售的非流动资产、处置组和终止经营》的相关规定分别列报。

16)"其他综合收益的税后净额"项目,反映房地产开发企业按照规定未在损益中确认的各项利得或损失扣除所得税影响后的净额。

17)"基本每股收益"和"稀释每股收益"项目,应由房地产开发企业根据《企业会计准则第34号——每股收益》的规定计算的金额填列。

【例6-2】天华股份有限公司2017年度有关损益类账户本年累计发生净额如表6-6所示。

表6-6 天华股份有限公司损益类账户2017年度累计发生净额

单位:元

科 目 名 称	借方发生额	贷方发生额
主营业务收入		1 250 000
主营业务成本	750 000	
税金及附加	2 000	
销售费用	20 000	
管理费用	157 100	
财务费用	41 500	
资产减值损失	30 900	
投资收益		31 500
营业外收入		50 000
营业外支出	19 700	
所得税费用	112 596	

根据上述资料,编制天华股份有限公司2017年度利润表,如表6-7所示(按报表编制时期,个别项目为旧名称,不做调整)。

表 6-7 利润表

编制单位：天华股份有限公司　　　　2017 年度　　　　　　　　　　单位：元

项　目	本 期 金 额	上期金额（略）
一、营业收入	1 250 000	
减：营业成本	750 000	
税金及附加	2 000	
销售费用	20 000	
管理费用	157 100	
财务费用	41 500	
资产减值损失	30 900	
加：公允价值变动收益（损失以"－"号填列）	0	
投资收益（损失以"－"号填列）	31 500	
其中：对联营企业和合营企业的投资收益	0	
资产处置收益（损失以"－"号填列）	0	
其他收益	0	
二、营业利润（损失以"－"号填列）	280 000	
加：营业外收入	50 000	
减：营业外支出	19 700	
三、利润总额（亏损总额以"－"号填列）	310 300	
减：所得税费用	112 596	
四、净利润（净亏损以"－"号填列）	197 704	
（一）持续经营净利润（净亏损以"－"号填列）		
（二）终止经营净利润（净亏损以"－"号填列）		
五、其他综合收益的税后净额		
（一）以后不能重分类进损益的其他综合收益		
1. 重新计量设定受益计划净负债或净资产的变动		
2. 权益法下在被投资单位不能重分类进损益的其他综合收益中享有的份额		
⋮		
（二）以后将重分类进损益的其他综合收益		
1. 权益法下在被投资单位以后将重分类进损益的其他综合收益中享有的份额		
2. 可供出售金融资产公允价值变动损益		
3. 持有至到期投资重分类为可供出售金融资产损益		
4. 现金流量套期损益的有效部分		
5. 外币财务报表折算差额		
⋮		
六、综合收益总额	197 704	
七、每股收益：	（略）	
（一）基本每股收益		
（二）稀释每股收益		

6.4 现金流量表

6.4.1 现金流量表的结构与内容

1. 现金流量表的概念

现金流量表是反映企业在一定会计期间现金和现金等价物（以下统称现金）流入和流出的财务报表。现金流量表是以现金为基础编制的，这里的现金是指企业的库存现金、可以随时用于支付的存款，以及现金等价物。具体包括：

1）库存现金　库存现金是指存放在企业，可以随时用于支付的现金。它与"库存现金"账户包含的内容一致。

2）银行存款　银行存款是指企业存放在金融企业、可以随时支用的存款。企业存放在金融企业的款项中不能随时用于支付的定期存款，不作为现金流量表的现金，但提前通知金融企业便可支取的定期存款，则包括在现金流量表的现金范围中。

3）其他货币资金　其他货币资金是指企业存放在金融企业、可以随时支用的，具有特定用途的资金，包括外埠存款、银行汇票存款、银行本票存款、信用证存款、信用卡存款等。

4）现金等价物　现金等价物是指企业持有的期限短、流动性强、易于转换为已知金额的现金、价值变动风险很小的投资，如3个月或更短时间内的短期债券投资等。例如，企业2017年2月1日购入2014年3月1日发行的3年期债券，购买时还有1个月到期，这项短期投资应视为现金等价物。哪些短期投资应视为现金等价物，应根据其定义确定。企业确定现金等价物的范围，是确定现金等价物的会计政策，应在财务报表附注中披露，并一贯性地保持这种划分标准。一旦改变了划分标准，则应视为会计政策的变更。

2. 现金流量的分类

现金流量是指一定会计期间现金的流入和流出。现金流量表首先对企业的现金流量进行合理的分类。依据企业经济活动的性质，房地产开发企业在一定时期内产生的现金流量一般可以分为三类，即经营活动产生的现金流量、投资活动产生的现金流量和筹资活动产生的现金流量。

1）经营活动产生的现金流量　经营活动是指企业投资活动和筹资活动以外的所有交易和事项。就房地产开发企业来说，经营活动主要包括销售商品房屋、转让土地、提供劳务、出租房屋、发包工程、征用和批租土地、购买设备材料、接受劳务、缴纳税款等。

2）投资活动产生的现金流量　投资活动是指企业长期资产的购建和不包括在现金等价物范围内的投资及其处置活动。其中，长期资产是指固定资产、在建固定资产工程、无形资产、其他资产等持有期限在1年或超过1年的一个营业周期以上的资产。投资活动主要包括取得或收回投资，购建和处置固定资产、无形资产和其他长期资产等。作为现金等价物的投资属于现金内部的变动，不包括在投资活动现金流量中，如购买3个月或更短时间内到期的债券等。通过投资活动产生的现金流量，可以分析企业的投资活动获取现金的能力，以及投资活动现金流量对企业现金流量净额的影响程度。

3）筹资活动产生的现金流量　筹资活动是导致房地产开发企业资本及债务规模和构成

发生变化的活动，包括房地产开发企业向投资者筹集资金引起实收资本（股本）、资本公积发生增减变化的活动以及房地产开发企业向债权人筹集资金引起债务规模发生变化的活动，表现为吸收投资所收到的现金、发行短期和长期应付债券收到的现金、向金融企业借入短期和长期借款收到的现金等现金流入以及分配股利或利润或偿付利息所支付的现金、支付融资租入固定资产租赁费所支付的现金等现金流出。

现金流量表的结构也正是按照此分类得来的。

现金流量表的格式如表6-8和表6-9所示。

表6-8 现金流量表

编制单位：　　　　　　　　　年　月　　　　　　　　　单位：元

项　目	本期金额	上期金额
一、经营活动产生的现金流量		
销售商品、提供劳务收到的现金		
收到的税费返还		
收到其他与经营活动有关的现金		
经营活动现金流入小计		
购买商品、接受劳务支付的现金		
支付给职工以及为职工支付的现金		
支付的各项税费		
支付其他与经营活动有关的现金		
经营活动现金流出小计		
经营活动产生的现金流量净额		
二、投资活动产生的现金流量		
收回投资收到的现金		
取得投资收益收到的现金		
处置固定资产、无形资产和其他长期资产收回的现金净额		
处置子公司及其他营业单位收到的现金净额		
收到其他与投资活动有关的现金		
投资活动现金流入小计		
购建固定资产、无形资产和其他长期资产支付的现金		
投资支付的现金		
取得子公司及其他营业单位支付的现金净额		
支付其他与投资活动有关的现金		
投资活动现金流出小计		
投资活动产生的现金流量净额		
三、筹资活动产生的现金流量		
吸收投资收到的现金		
取得借款收到的现金		
收到其他与筹资活动有关的现金		

(续)

项 目	本期金额	上期金额
筹资活动现金流入小计		
偿还债务支付的现金		
分配股利、利润或偿付利息支付的现金		
支付其他与筹资活动有关的现金		
筹资活动现金流出小计		
筹资活动产生的现金流量净额		
四、汇率变动对现金及现金等价物的影响		
五、现金及现金等价物净增加额		
加：期初现金及现金等价物余额		
六、期末现金及现金等价物余额		

表6-9 现金流量表补充资料

单位：元

补充资料	本期金额	上期金额
1．将净利润调节为经营活动现金流量：		
净利润		
加：资产减值准备		
固定资产折旧、油气资产折耗、生产性生物资产折旧		
无形资产摊销		
长期待摊费用摊销		
处置固定资产、无形资产和其他长期资产损失（收益以"－"号填列）		
固定资产报废损失（收益以"－"号填列）		
公允价值变动损失（收益以"－"号填列）		
财务费用（收益以"－"号填列）		
投资损失（收益以"－"号填列）		
递延所得税资产减少（增加以"－"号填列）		
递延所得税负债增加（减少以"－"号填列）		
存货的减少（增加以"－"号填列）		
经营性应收项目的减少（增加以"－"号填列）		
经营性应付项目的增加（减少以"－"号填列）		
其他		
经营活动产生的现金流量净额		
2．不涉及现金收支的重大投资和筹资活动		
债务转为股本		
一年内到期的可转换债券		

(续)

补 充 资 料	本 期 金 额	上 期 金 额
融资租入固定资产		
3. 现金及现金等价物净变动情况：		
现金的期末余额		
减：现金的期初余额		
加：现金等价物的期末余额		
减：现金等价物的期初余额		
现金及现金等价物净增加额		

6.4.2 现金流量表的编制方法

编制现金流量表时，填列经营活动现金流量的方法有两种：一是直接法；二是间接法。

所谓直接法，是指通过现金收入和支出的主要项目反映来自企业经营活动的现金流量。在实务中，一般是以利润表或损益表中的营业收入为起算点，调整与经营活动各项目有关的增减变动，然后分别计算出经营活动的现金流量。

所谓间接法，是指以本期净利润为起算点，调整不涉及现金的收入、费用、营业外收支以及应收应付等项目的增减变动，据以计算并列示经营活动的现金流量。

在现行会计准则中，要求企业按照直接法编制现金流量表，并在补充资料中披露按间接法将净利润调节为经营活动现金流量的信息。

房地产开发企业现金流量表按照经营活动产生的现金流量、投资活动产生的现金流量、筹资活动产生的现金流量分别反映。

1. 经营活动产生的现金流量的编制方法

1）"销售商品、提供劳务收到的现金"项目，反映企业本期销售商品、提供劳务收到的现金，以及前期销售商品、提供劳务本期收到的现金（包括销售收入和应向购买者收取的增值税销项税额）和本期预收的款项，减去本期销售本期退回的商品和前期销售本期退回的商品支付的现金。企业销售材料和代购代销业务收到的现金，也在本项目反映。

2）"收到的税费返还"项目，反映企业收到返还的增值税、所得税、消费税、关税和教育费附加返还款等各种税费。

3）"收到其他与经营活动有关的现金"项目，反映企业收到的罚款收入、经营租赁收到的租金等其他与经营活动有关的现金流入，金额较大的应当单独列示。

4）"购买商品、接受劳务支付的现金"项目，反映企业本期购买商品、接受劳务实际支付的现金（包括增值税进项税额），以及本期支付前期购买商品、接受劳务的未付款项和本期预付款项，减去本期发生的购货退回收到的现金。

5）"支付给职工以及为职工支付的现金"项目，反映企业本期实际支付给职工的工资、奖金、各种津贴和补贴等职工薪酬，但是应由在建工程、无形资产负担的职工薪酬以及支付的离退休人员的职工薪酬除外。

6）"支付的各项税费"项目，反映企业本期发生并支付的、本期支付以前各期发生的以及预交的教育费附加、矿产资源补偿费、印花税、房产税、土地增值税、车船税等税费，计入固定资产价值、实际支付的耕地占用税、本期退回的增值税、所得税等除外。

7)"支付其他与经营活动有关的现金"项目,反映企业支付的罚款支出,支付的差旅费、业务招待费、保险费,经营租赁支付的现金等其他与经营活动有关的现金流出,金额较大的应当单独列示。

2. 投资活动产生的现金流量的编制方法

1)"收回投资收到的现金"项目,反映企业出售、转让或到期收回除现金等价物以外的交易性金融资产、长期股权投资而收到的现金,以及收回长期债权投资本金而收到的现金,但长期债权投资收回的利息除外。

2)"取得投资收益收到的现金"项目,反映企业因股权性投资而分得的现金股利,从子公司、联营企业或合营企业分回利润而收到的现金,以及因债权性投资而取得的现金利息收入,但股票股利除外。

3)"处置固定资产、无形资产和其他长期资产收回的现金净额"项目,反映企业出售、报废固定资产、无形资产和其他长期资产所取得的现金(包括因资产毁损而收到的保险赔偿收入),减去为处置这些资产而支付的有关费用后的净额,但现金净额为负数的除外。

4)"处置子公司及其他营业单位收到的现金净额"项目,反映企业处置子公司及其他营业单位所取得的现金减去相关处置费用后的净额。

5)"购建固定资产、无形资产和其他长期资产支付的现金"项目,反映企业购买、建造固定资产、取得无形资产和其他长期资产所支付的现金及增值税款、支付的应由在建工程和无形资产负担的职工薪酬现金支出,但为购建固定资产而发生的借款利息资本化部分、融资租入固定资产所支付的租赁费除外。

6)"投资支付的现金"项目,反映企业取得的除现金等价物以外的权益性投资和债权性投资所支付的现金以及支付的佣金、手续费等附加费用。

7)"取得子公司及其他营业单位支付的现金净额"项目,反映企业购买子公司及其他营业单位购买出价中以现金支付的部分,减去子公司或其他营业单位持有的现金和现金等价物后的净额。

8)"收到其他与投资活动有关的现金""支付其他与投资活动有关的现金"项目,反映企业除上述1)~7)各项目外收到或支付的其他与投资活动有关的现金流入或流出,金额较大的应当单独列示。

3. 筹资活动产生的现金流量的编制方法

1)"吸收投资收到的现金"项目,反映企业以发行股票、债券等方式筹集资金实际收到的款项,减去直接支付给金融企业的佣金、手续费、宣传费、咨询费、印刷费等发行费用后的净额。

2)"取得借款收到的现金"项目,反映企业举借各种短期、长期借款而收到的现金。

3)"偿还债务支付的现金"项目,反映企业以现金偿还债务的本金。

4)"分配股利、利润或偿付利息支付的现金"项目,反映企业实际支付的现金股利、支付给其他投资单位的利润或用现金支付的借款利息、债券利息。

5)"收到其他与筹资活动有关的现金""支付其他与筹资活动有关的现金"项目,反映企业除上述1)~4)各项目外收到或支付的其他与筹资活动有关的现金流入或流出,包括以发行股票、债券等方式筹集资金而由企业直接支付的审计和咨询等费用,为购建固定资产而发生的借款利息资本化部分,融资租入固定资产所支付的租赁费,以分期付款方式购建固定资产以后各期支付的现金等。

4. "汇率变动对现金及现金等价物的影响"项目的编制方法

1)企业外币现金流量及境外子公司的现金流量折算为记账本位币时,所采用的现金流量发生日的即期汇率或按照系统合理的方法确定的、与现金流量发生日即期汇率近似的汇率折算的金额。

2)"现金及现金等价物净增加额"中外币现金净增加额按期末汇率折算的金额。

5. 现金流量表补充资料的编制方法

企业应当采用间接法在现金流量表附注披露将净利润调节为经营活动现金流量的信息。间接法是指以净利润为起算点,调整不涉及现金的收入、费用、营业外收支等有关项目,剔除投资活动、筹资活动对现金流量的影响,据此计算出经营活动产生的现金流量。

(1)"将净利润调节为经营活动现金流量"各项目

1)"资产减值准备"项目,反映企业本期计提的坏账准备、存货跌价准备、长期股权投资减值准备、债权投资减值准备、投资性房地产减值准备、固定资产减值准备、在建工程减值准备、无形资产减值准备、商誉减值准备、生产性生物资产减值准备、油气资产减值准备等资产减值准备。

2)"固定资产折旧、油气资产折耗、生产性生物资产折旧"项目,分别反映企业本期计提的固定资产折旧、油气资产折耗、生产性生物资产折旧。

3)"无形资产摊销""长期待摊费用摊销"项目,分别反映企业本期计提的无形资产摊销、长期待摊费用摊销。

4)"处置固定资产、无形资产和其他长期资产损失"项目,反映企业本期处置固定资产、无形资产和其他长期资产发生的损益。

5)"固定资产报废损失"项目,反映企业本期固定资产盘亏发生的损失。

6)"公允价值变动损失"项目,反映企业持有的金融资产、金融负债以及采用公允价值计量模式的投资性房地产的公允价值变动损益。

7)"财务费用"项目,反映企业利润表"财务费用"项目的金额。

8)"投资损失"项目,反映企业利润表"投资收益"项目的金额。

9)"递延所得税资产减少"项目,反映企业资产负债表"递延所得税资产"项目的期初余额与期末余额的差额。

10)"递延所得税负债增加"项目,反映企业资产负债表"递延所得税负债"项目的期初余额与期末余额的差额。

11)"存货的减少"项目,反映企业资产负债表"存货"项目的期初余额与期末余额的差额。

12)"经营性应收项目的减少"项目,反映企业本期经营性应收项目(包括应收票据、应收账款、预付账款和其他应收款中与经营活动有关的部分及应收的增值税销项税额等)的期初余额与期末余额的差额。

13)"经营性应付项目的增加"项目,反映企业本期经营性应付项目(包括应付票据、应付账款、预收账款、应付职工薪酬、应交税费、应付利息、应付股利、其他应付款中与经营活动有关的部分及应付的增值税进项税额等)的期初余额与期末余额的差额。

(2)"不涉及现金收支的重大投资和筹资活动"各项目

1)"债务转为股本"项目,反映企业本期转为资本的债务金额。

2)"一年内到期的可转换债券"项目,反映企业1年内到期的可转换公司债券的本息。

3)"融资租入固定资产"项目,反映企业本期融资租入固定资产的最低租赁付款额扣除应分期计入利息费用的未确认融资费用的净额。

4)"现金及现金等价物净增加额"与现金流量表中的"现金及现金等价物净增加额"项目的金额应当相等。

【例6-3】 沿用例6-1和例6-2的资料,天华股份有限公司其他相关资料如下:

(1)2017年度利润表有关项目的明细资料如下:

1)管理费用的组成:职工薪酬17 100元,无形资产摊销60 000元,折旧费20 000元。支付其他费用60 000元。

2)财务费用的组成:计提借款利息11 500元,支付应收票据(银行承兑汇票)贴现利息30 000元。

3)资产减值损失的组成:计提坏账准备900元,计提固定资产减值准备30 000元。上年年末坏账准备余额900元。

4)投资收益的组成:收到股息收入30 000元,与本金一起收回的交易性股票投资收益500元,自公允价值变动损益结转投资收益1 000元。

5)资产处置收益的组成:处置固定资产净收益50 000元(其所处置固定资产原价400 000元,累计折旧150 000元,收到处置收入300 000元)。假定不考虑与固定资产处置有关的税费。

6)营业外支出的组成:报废固定资产净损失19 700元(其所报废固定资产原价为200 000元,累计折旧为180 000元,支付清理费用500元,收到残值收入800元)。

7)所得税费用的组成:当期所得税费用122 496元,递延所得税收益9 900元。

除上述项目外,利润表中的销售费用20 000元至期末已经支付。

(2)资产负债表有关项目的明细资料如下:

1)本期收回交易性股票投资本金15 000元、公允价值变动1 000元,同时实现投资收益500元。

2)存货中生产成本、制造费用的组成:职工薪酬324 900元,折旧费80 000元。

3)应交税费的组成:本期增值税进项税额42 466元,增值税销项税额212 500元,已交增值税100 000元;应交所得税期末余额为20 097元,应交所得税期初余额为0;应交税费期末数中应由在建工程负担的部分为100 000元。

4)应付职工薪酬的期初数无应付在建工程人员的部分,本期支付在建工程人员职工薪酬200 000元。应付职工薪酬的期末数中应付在建工程人员的部分28 000元。

5)应付利息均为短期借款利息,其中本期计提利息11 500元,支付利息12 500元。

6)本期用现金购买固定资产101 000元,购买工程物资300 000元。

7)本期用现金偿还短期借款250 000元。偿还一年内到期的长期借款1 000 000元;借入长期借款560 000元。

根据以上资料,采用分析填列的方法,编制天华股份有限公司2017年度的现金流量表。

(1) 天华股份有限公司2017年度现金流量表各项目金额,分析确定如下:
1) 销售商品、提供劳务收到的现金
= 主营业务收入 + 应交税费(应交增值税——销项税额)+
  (应收账款年初余额 – 应收账款期末余额)+
  (应收票据年初余额 – 应收票据期末余额)–
  当期计提的坏账准备 – 票据贴现的利息
= 1 250 000 + 212 500 + (299 100 – 598 200) + (246 000 – 66 000) – 900 – 30 000
= 1 312 500(元)

2) 购买商品、接受劳务支付的现金
= 主营业务成本 + 应交税费(应交增值税——进项税额)–
  (存货年初余额 – 存货期末余额)+
  (应付账款年初余额 – 应付账款期末余额)+
  (应付票据年初余额 – 应付票据期末余额)+
  (预付账款期末余额 – 预付账款年初余额)–
  当期列入生产成本、制造费用的职工薪酬 –
  当期列入生产成本、制造费用的折旧费和固定资产修理费
= 750 000 + 42 466 – (2 580 000 – 2 484 700) + (953 800 – 953 800) + (200 000 – 100 000) + (100 000 – 100 000) – 324 900 – 80 000
= 392 266(元)

3) 支付给职工以及为职工支付的现金
= 生产成本、制造费用、管理费用中的职工薪酬 +
  (应付职工薪酬年初余额 – 应付职工薪酬期末余额)–
  [应付职工薪酬(在建工程)年初余额 – 应付职工薪酬(在建工程)期末余额]
= 324 900 + 17 100 + (110 000 – 180 000) – (0 – 28 000)
= 300 000(元)

4) 支付的各项税费
= 当期所得税费用 + 税金及附加 + 应交税费(应交增值税——已交税金)–(应交所得税期末余额 – 应交所得税期初余额)
= 122 496 + 2 000 + 100 000 – (20 097 – 0)
= 204 399(元)

5) 支付其他与经营活动有关的现金
= 其他管理费用 + 销售费用
= 60 000 + 20 000 = 80 000(元)

6) 收回投资收到的现金
= 交易性金融资产贷方发生额 + 与交易性金融资产一起收回的投资收益
= 16 000 + 500
= 16 500(元)

7) 取得投资收益收到的现金

=收到的股息收入
=30 000（元）

8）处置固定资产收回的现金净额
=300 000+（800-500）
=300 300（元）

9）购建固定资产支付的现金
=用现金购买的固定资产、工程物资+支付给在建工程人员的薪酬
=101 000+300 000+200 000
=601 000（元）

10）取得借款收到的现金=560 000（元）

11）偿还债务支付的现金=250 000+1 000 000=1 250 000（元）

12）偿付利息支付的现金=12 500（元）

(2) 将净利润调节为经营活动现金流量各项目计算分析如下：

1）资产减值准备=900+30 000=30 900（元）

2）固定资产折旧=20 000+80 000=100 000（元）

3）无形资产摊销=60 000（元）

4）处置固定资产、无形资产和其他长期资产的损失（减：收益）
=−50 000（元）

5）固定资产报废损失=19 700（元）

6）财务费用=11 500（元）

7）投资损失（减：收益）=−31 500（元）

8）递延所得税资产减少=0−9 900=−9 900（元）

9）存货的减少=2 580 000−2 484 700=95 300（元）

10）经营性应收项目的减少
=（246 000−66 000）+（299 100+900−598 200−1 800）
=−120 000（元）

11）经营性应付项目的增加
=（100 000−200 000）+（100 000−100 000）+［（180 000−28 000）−110 000］+［（226 731−100 000）−36 600］
=32 131（元）

(3) 根据上述数据，编制现金流量表（见表6-10）及其补充资料（见表6-11）。

表6-10 现金流量表

编制单位：天华股份有限公司　　　　2017年度　　　　　　　　　　　　单位：元

项　目	本期金额	上期金额
一、经营活动产生的现金流量：		略
销售商品、提供劳务收到的现金	1 312 500	
收到的税费返还	0	
收到其他与经营活动有关的现金	0	

(续)

项目	本期金额	上期金额
经营活动现金流入小计	1 312 500	
购买商品、接受劳务支付的现金	392 266	
支付给职工以及为职工支付的现金	300 000	
支付的各项税费	204 399	
支付其他与经营活动有关的现金	80 000	
经营活动现金流出小计	976 665	
经营活动产生的现金流量净额	335 835	
二、投资活动产生的现金流量：		
收回投资收到的现金	16 500	
取得投资收益收到的现金	30 000	
处置固定资产、无形资产和其他长期资产收回的现金净额	300 300	
处置子公司及其他营业单位收到的现金净额	0	
收到其他与投资活动有关的现金	0	
投资活动现金流入小计	346 800	
购建固定资产、无形资产和其他长期资产支付的现金	601 000	
投资支付的现金	0	
取得子公司及其他营业单位支付的现金净额	0	
支付其他与投资活动有关的现金	0	
投资活动现金流出小计	601 000	
投资活动产生的现金流量净额	−254 200	
三、筹资活动产生的现金流量：		
吸收投资收到的现金	0	
取得借款收到的现金	560 000	
收到其他与筹资活动有关的现金		
筹资活动现金流入小计	560 000	
偿还债务支付的现金	1 250 000	
分配股利、利润或偿付利息支付的现金	12 500	
支付其他与筹资活动有关的现金	0	
筹资活动现金流出小计	1 262 500	
筹资活动产生的现金流量净额	−702 500	
四、汇率变动对现金及现金等价物的影响	0	
五、现金及现金等价物净增加额	−620 865	
加：期初现金及现金等价物余额	1 406 300	
六、期末现金及现金等价物余额	785 435	

表 6-11 现金流量补充资料

单位：元

补充资料	本期金额	上期金额
1. 将净利润调节为经营活动现金流量：		略
净利润	197 704	
加：资产减值准备	30 900	
固定资产折旧、油气资产折耗、生产性生物资产折旧	100 000	
无形资产摊销	60 000	
长期待摊费用摊销	0	
处置固定资产、无形资产和其他长期资产损失（收益以"-"号填列）	-50 000	
固定资产报废损失（收益以"-"号填列）	19 700	
公允价值变动损失（收益以"-"号填列）	0	
财务费用（收益以"-"号填列）	11 500	
投资损失（收益以"-"号填列）	-31 500	
递延所得税资产减少（增加以"-"号填列）	-9 900	
递延所得税负债增加（减少以"-"号填列）	0	
存货的减少（增加以"-"号填列）	95 300	
经营性应收项目的减少（增加以"-"号填列）	-120 000	
经营性应付项目的增加（减少以"-"号填列）	32 131	
其他	0	
经营活动产生的现金流量净额	335 835	
2. 不涉及现金收支的重大投资和筹资活动：		
债务转为资本	0	
一年内到期的可转换公司债券	0	
融资租入固定资产	0	
3. 现金及现金等价物净变动情况：		
现金的期末余额	785 435	
减：现金的期初余额	1 406 300	
加：现金等价物的期末余额	0	
减：现金等价物的期初余额	0	
现金及现金等价物净增加额	-620 865	

6.5　所有者权益（股东权益）变动表

6.5.1　所有者权益（股东权益）变动表的内容和结构

所有者权益（股东权益）变动表是房地产（股份制房地产）开发企业资产负债表的附

表，是用以说明资产负债表所有者权益（股东权益）各组成部分当期增减变动情况的报表。该表中，企业至少应当单独列示反映下列信息的项目：

1）综合收益总额。
2）所有者投入和减少资本。
3）会计政策变更和前期差错更正的累积影响金额。
4）利润分配。
5）所有者权益内部结转。
6）实收资本或股本、资本公积、盈余公积、未分配利润等的期初和期末余额及其调节情况。

房地产开发企业所有者权益（股东权益）变动表的格式如表 6-12 所示。

6.5.2　所有者权益（股东权益）变动表的填列方法

（1）"上年年末余额"项目　"上年年末余额"项目反映企业上年资产负债表中实收资本（或股本）、资本公积、库存股、盈余公积、未分配利润的年末余额。

（2）"会计政策变更"和"前期差错更正"项目　"会计政策变更"和"前期差错更正"项目反映企业采用追溯调整法处理的会计政策变更的累积影响金额和采用追溯重述法处理的会计差错更正的累积影响金额。

（3）"本年增减变动金额"项目

1）"综合收益总额"项目，反映企业当年实现的净利润（或净亏损）与其他综合收益的合计金额。

2）"投资者投入和减少资本"项目，反映企业当年所有者投入的资本和减少的资本。

① "所有者投入的普通股"项目，反映企业接受投资者投入资本形成的实收资本（或股本）和资本溢价（或股本溢价）。

② "股份支付计入股东权益的金额"项目，反映企业处于等待期中的权益结算的股份支付当年计入资本公积的金额。

3）"利润分配"项目，反映企业当年的利润分配金额。

① "提取盈余公积"项目，反映企业按照规定提取的盈余公积。

② "对所有者（或股东）的分配"项目，反映对所有者（或股东）分配的利润（或股利）金额。

4）"所有者（或股东）权益内部结转"项目，反映企业构成所有者权益的组成部分之间的增减变动情况。

① "资本公积转增股本"项目，反映企业以资本公积转增资本或股本的金额。

② "盈余公积转增股本"项目，反映企业以盈余公积转增资本或股本的金额。

③ "盈余公积弥补亏损"项目，反映企业以盈余公积弥补亏损的金额。

【例 6-4】 沿用例 6-1～例 6-3 的资料，天华股份有限公司其他相关资料为提取盈余公积 24 770.4 元，向投资者分配现金股利 32 215.85 元。

根据上述资料，天华股份有限公司编制 2017 年度的所有者权益变动表，如表 6-13 所示。

表 6-12 所有者权益变动表

编制单位：_____ 年度_____ 单位：元 会企 04 表

项目	本年金额										上年金额									
	实收资本（或股本）	其他权益工具			资本公积	减：库存股	其他综合收益	盈余公积	未分配利润	所有者权益合计	实收资本（或股本）	其他权益工具			资本公积	减：库存股	其他综合收益	盈余公积	未分配利润	所有者权益合计
		优先股	永续债	其他								优先股	永续债	其他						
一、上年末余额																				
加：会计政策变更																				
前期差错更正																				
其他																				
二、本年初余额																				
三、本年增减变动金额（减少以"-"号填列）																				
（一）综合收益总额																				
（二）所有者投入和减少资本																				
1. 所有者投入的普通股																				
2. 股份支付计入所有者权益的金额																				
3. 其他																				
（三）利润分配																				
1. 提取盈余公积																				
2. 对所有者（或股东）的分配																				
3. 其他																				
（四）所有者权益内部结转																				
1. 资本公积转增资本（或股本）																				
2. 盈余公积转增资本（或股本）																				
3. 盈余公积弥补亏损																				
4. 其他																				
四、本年末余额																				

第6章 财务报告

表 6-13　所有者权益变动表
2017 年度

编制单位：天华股份有限公司　　　　　　　　　　　　　　　　　　　　　　　　　　　　单位：元

项 目	本年金额					上年金额				
	实收资本（或股本）	资本公积	减：库存股	盈余公积	未分配利润	所有者权益（股东权益）合计	实收资本（或股本）	资本公积	减：库存股	盈余公积	未分配利润	所有者权益（股东权益）合计
一、上年年末余额	5 000 000	0	0	100 000	50 000	5 150 000					
加：会计政策变更											
前期差错更正											
二、本年年初余额	5 000 000	0	0	100 000	50 000	5 150 000					
三、本年增减变动金额（减少以"-"号填列）					197 704	197 704					
（一）综合收益总额											
（二）所有者投入和减少资本											
1. 所有者投入的普通股											
2. 股份支付计入所有者权益的金额											
3. 其他											
（三）利润分配				24 770.4	−24 770.4	0					
1. 提取盈余公积											
2. 对所有者（或股东）的分配					−32 215.85	−32 215.85					
3. 其他											
（四）所有者（或股东）权益内部结转											
1. 资本公积转增资本（或股本）											
2. 盈余公积转增资本（或股本）											
3. 盈余公积弥补亏损											
4. 其他											
四、本年年末余额	5 000 000	0	0	124 770.4	190 717.75	5 315 488.15					

思 考 题

1. 什么是财务报告？房地产开发企业的财务报告包括哪些部分？
2. 什么是财务报表？企业财务报表主要有哪些？
3. 资产负债表的结构有什么特点？利润表的结构有什么特点？
4. 什么叫现金流量？现金流量表的内容包括哪些？现金流量表有什么作用？

练 习 题

某企业2017年12月底各账户期末余额如表6-14所示。

表6-14 各账户期末余额

单位：元

账户名称	借方余额	账户名称	贷方余额
库存现金	350	短期借款	41 000
银行存款	76 700	应付账款	4 050
应收账款	7 000	其他应付款	8 700
其他应收款	750	应付职工薪酬	7 000
原材料	349 800	应付票据	4 100
开发成本	36 000	应交税费	39 670
开发产品	50 400	累计折旧	230 500
长期股权投资	7 500	本年利润	158 765
固定资产	628 500	实收资本	721 000
利润分配	95 785	盈余公积	38 000
合计	1 252 785	合计	1 252 785

各损益类账户累计发生额有："主营业务收入"1 144 900元，"主营业务成本"944 280元，"税金及附加"64 320元，销售费用"14 600元，"其他业务收入"45 000元，"其他业务成本"35 000元，"营业外收入"800元，"营业外支出"5 000元，"管理费用"20 800元，"财务费用"6 200元。

要求：

（1）根据资料编制资产负债表。

（2）根据资料编制利润表。

第 2 篇 房地产财务管理

第 7 章 房地产开发企业财务管理概述

本章导读

作为保障和改善民生的重要领域,房地产业不仅影响着经济发展,更牵动着政府和人民群众的神经。如今,经过密集的调控政策"洗礼"后,房地产从"经济支柱"的经济命题转向"住有所居"的民生命题,最终将回归保障和改善民生。这就要求房地产企业实现自身经济价值的同时,应承担起更多的社会责任,满足人民群众日益增长的美好生活需要。

2011 年,中国建设报社联合权威单位制定发布了《中国房地产企业社会责任评价指标体系》,填补了行业理论研究空白,并由此开启了"中国责任地产"系列活动,定期发布"中国责任地产 TOP100"榜单。经不断完善与传播,如今"中国责任地产"已成为中国房地产社会责任的一面旗帜。

首届"中国责任地产"就提出了新时代地产发展观——责任地产观,倡导企业创造人居价值、创新生活方式、关心生态环境、关注中低收入阶层的住房问题、积极参与各种社会公益事业,在改善城市面貌、提高居住质量、创造社会财富等方面不断努力。一年后发现,房地产企业履行社会责任的意识有了较大的提高,积极参建保障房、推进住宅产业化、强化节能减排措施,特别在社会公益活动与慈善捐赠等方面做了很多努力和奉献。

但进入 2012 年后,房地产行业不断曝出负面新闻,其大背景是持续的楼市调控给市场运营环境带来了变化与压力,这给房地产企业的持续发展带来了巨大的挑战与考验。倡导社会责任对企业的生存与发展意义突显。进入 2013 年,"第三届中国责任地产 TOP100"榜单在深圳(楼盘)揭晓,万科、绿地、万达、远洋、首开、亿达、金地、保利等上榜企业获得关注。2015 年年初,在新经济、新常态下,中国房地产业协会会长刘志峰提出了"房地产企业要对城市设计规划认真负责,要对诚信经营认真负责,要对节能减排、环境保护、居住健康认真负责,要对建立良好的社区服务认真负责,要对经营上下游供应关系认真负责"的要求。到了 2015 年年底,经济爬坡、市场分化、创新转型,成为中国房地产企业必须面对的挑战。此时提出了"工匠精神、百年企业"的主题，使房地产企业重树百年企业的责任自信。2016年，房地产行业经过10多年的快速发展，又提出了"市场风云变幻企业责任为本"的主题，对房地产的价值与风险进行了再判断。

党的十九大胜利召开以来，"加快建立多主体供给、多渠道保障、租购并举的住房制度，让全体人民住有所居"已经深入人心。当前，碧桂园、万科、金科、中南等众多房地产企业纷纷向"美好生活"靠拢进行转型或者业务调整优化。以"美好生活"为话题，通过业务拓展搭建全生命周期的产品体系，成为行业大势。

以龙头房地产企业碧桂园为例，集团总裁莫斌表示，在今后很长一个时期，创新企业发展模式、共筑人们美好生活，是碧桂园努力的方向。"碧桂园将结合党的十九大提出的目标，努力实践供给侧结构性改革、建设创新型国家、乡村振兴战略、区域协调发展等新发展理念，推动集团不断前行，为新时代中国特色社会主义建设做出贡献。"

我国房地产开发企业在经历30多年的发展中，房地产开发企业特别是大型房地产开发企业的财务管理目标都经历了从利润最大化，股东财富最大化或企业价值最大化，再到努力承担社会责任，关注利益相关者的转变，承担社会责任成了企业完善自身，树立形象的自觉行动。

因此本章将对房地产开发企业为了实现财务管理的目标而如何开展财务管理活动、如何处理财务关系和所面临的财务管理环境等问题展开探讨。

（整理自：周丽."责任地产"再起航　携手共筑"美好生活". 中国建设报，2018-01-31.）

7.1　房地产开发企业财务管理的概念

在社会主义市场经济条件下，房地产开发企业从事生产经营活动有双重任务：一方面房地产开发企业必须根据市场需求，以市场机制为导向，生产出适销对路的商品；另一方面，房地产开发企业需要通过理财活动，不断提高经济效益，为企业的扩大再生产积累资金。为此，房地产开发企业除了对生产经营进行组织和监督外，还需要对企业的财务活动和产生的财务关系进行科学的管理。因此，房地产开发企业财务管理就是组织房地产开发企业财务活动，处理其财务关系的一项综合性经济管理工作。房地产开发企业财务活动就是企业再生产过程中的资金运动，它也同时体现了房地产开发企业同各方面的财务关系。

7.1.1　房地产开发企业的财务活动

在房地产开发企业再生产过程中，资金从货币资金形态开始，依次通过购买、生产、销售三个阶段，分别表现为货币资金、生产储备资金、未完工产品（在产品）资金、成品资金等不同形态，然后又回到货币资金形态。从货币资金开始，经过若干阶段，又回到货币资金形态的运动过程叫作资金运动或资金循环，资金周而复始不断重复的循环叫作资金的周转。因此，房地产开发企业财务活动中的资金运动，对应不同的资金形态主要包括资金的筹集、投放、营运和分配等方面的内容。

1. 资金筹集引起的财务活动

房地产开发企业从事生产经营活动，首先必须从各种渠道筹集资金，表现为资金的收入。由于资金来源的性质不同，主要包括权益资金和债务资金。房地产开发企业的权益资金是通过吸收拨款、接受直接投资、发行股票等方式从投资者那里取得的，投资者包括国家、其他企业、个人、外商等。房地产开发企业的债务资金是通过向银行借款、发行企业债券、预收款项和应付款项等方式取得的。房地产开发企业从投资者、债权人那里筹集来的资金，一般是货币资金形态，也可以是实物、无形资产形态，对实物和无形资产要通过资产评估确定其货币金额。其次企业要为筹集的资金付出代价，表现为资金的支出，即企业需要支付股利、偿还借款、支付利息以及各种筹资费用等。这种因企业筹集资金的活动而产生的资金收支，就是由资金筹集引起的财务活动。筹集资金是企业资金运动的起点，是企业投资活动的前提。

筹资是为满足房地产开发企业投资或营运的资金需要的行为。因此，在筹资活动中，首先要预测企业对资金的需要量，根据需要量来确定筹资规模；其次选择合适的筹资渠道和方式，合理确定筹资结构和期限，从而降低筹资成本和风险，提高企业价值。

2. 资金投放引起的财务活动

房地产开发企业的资金投放包括在经营活动上的投资和对其他单位的投资，表现为资金的支出，其目的都是为了取得一定的收益。房地产开发企业在经营活动上的资金支出活动，一方面是进行固定资产投资，如购置房屋、建筑物开发的施工机械、运输设备等，形成企业各种生产资料；另一方面是购进开发使用的土地、原材料等，形成各种劳动对象。企业通过对内投资使货币资金转化为固定资产和流动资产。房地产开发企业对其他单位的投资是采取现金、实物或无形资产等方式购买各种证券、与其他企业联营或收购等，形成企业的短期投资和长期投资。当企业变卖其对内投资的各种资产或收回对外投资时，则表现为资金的收入。这种因企业投资而产生的资金收支，就是由资金投放引起的财务活动。资金投放是资金运动的中心环节，它不仅对资金筹集提出要求，而且是决定企业未来经济效益的必备条件。

投资是房地产开发企业为未来发展的需要而进行的战略性决策行为。因此，在进行投资活动时，确定合适的投资方向，预测好投资项目的现金流入与现金流出，做好项目的投资分析和决策，才能降低投资风险，提高投资效益。

3. 资金营运引起的财务活动

在房地产开发的日常经营中，会发生各种资金的收支活动。将开发的产品销售出去可取得销售收入，或因租赁、物业服务、对外投资等取得收入，还可以因临时需要筹集短期资金等，这些都表现为资金的营运收入；开发和购销过程中发生的采购、支付工资等各种成本和费用，则表现为资金的营运支出；可以实现房地产开发企业的利润。这样，房地产开发企业支出的货币资金、生产储备资金、用于支付工资的资金等，先转化为在建产品资金，随着产品开发的完成转化为成品资金，又通过销售回到货币资金。在此资金收入和支付的过程中创造出了新的价值，包括为生产者自身劳动创造的价值和为社会劳动创造的价值。所以资金的营运活动也就是资金的增值过程。资金营运是资金运动的关键环节，它不仅关系着投资收益的实现，更关系着资金耗费的补偿，它是进行资金分配的前提。

资金营运是房地产开发企业为价值不断提升而进行的管理行为。因此，在进行营运资金活动时，应加快资金的周转速度，提高资金的利用效率，从而使企业获得更多的报酬。

4. 资金分配引起的财务活动

房地产开发企业所取得的销售收入，在弥补生产耗费后，按规定缴纳各种税金，剩余部分为房地产开发企业的营业利润。营业利润和投资收益、其他净收入构成房地产开发企业的利润总额。利润总额首先要按国家规定缴纳所得税，税后利润要提取公积金，分别用于扩大积累、弥补亏损，其余利润作为投资收益分配给投资者或暂时留存在企业。房地产开发企业从经营中收回的货币资金，还要按计划向债权人还本付息。用以分配投资收益和还本付息的资金，就退出了房地产开发企业资金运动过程，留存在企业的用于扩大再生产。资金分配是一次资金运动过程的终点，也是下一次资金运动过程的起点。

分配是房地产开发企业为获得长期利益而给予相关者的必要回报。在分配活动中，涉及股利支付率的确定问题，过高的股利支付率，影响房地产开发企业再投资的能力，会使未来收益减少造成股价下跌；过低的股利支付率，可能引起股东不满，股价也会下跌。因此，房地产开发企业需要依据法律的有关规定，结合企业自身的情况确定合理的股利分配率，采用最佳的利润分配政策。股利分配决策也可以说是保留盈余决策，可将其看成是房地产开发企业的内部筹资问题。

以上四个方面相互联系、相互依存，共同构成了房地产开发企业财务活动的基本内容。资金的筹集和投放，以价值形式反映了房地产开发企业对资金的取得和使用；资金的营运和分配，以价值形式反映了房地产开发企业物化劳动和活劳动消耗的补偿和对成果的分配。因此，房地产开发企业的资金运动就是房地产开发企业再生产的价值实现过程。

7.1.2 房地产开发企业的财务关系

房地产开发企业在资金的筹集、投放、营运和分配活动中，不可避免地要与企业内外的有关各方发生密切的联系。房地产开发企业在组织财务活动中与有关各方发生的经济利益关系就是房地产开发企业的财务关系，它主要包括以下几个方面：

1. **房地产开发企业与投资者和受资者之间的财务关系**

房地产开发企业从投资者那里筹集资金进行生产经营活动，并将所实现的利润按各投资者的出资额进行分配。房地产开发企业还可将自身的法人财产向其他单位投资，这些被投资单位即为受资者。受资者应向房地产开发企业分配投资收益。房地产开发企业与投资者、受资者的关系，即投资与分享投资收益的关系，在性质上属于所有权关系。处理这种财务关系必须维护投资方或受资方的合法权益。

2. **房地产开发企业与债权人、债务人、往来客户之间的财务关系**

房地产开发企业购买材料、销售产品，要与购销客户发生货款收支结算关系；在购销活动中由于延期收付款项，要与有关单位发生商业信用——应收账款和应付账款；当房地产开发企业资金不足或资金闲置时，要向银行借款、发行债券或购买其他单位债券。业务往来中的收支结算，要及时收付款项，以免相互占用资金，一旦形成债权债务关系，则债务人不仅要还本，而且要付息。房地产开发企业与债权人、债务人、购销客户的关系，在性质上属于债权关系、合同义务关系。处理这种财务关系必须要求各方依法履行各自的权利和义务，保障有关各方的权益。

3. **房地产开发企业与税务机关之间的财务关系**

房地产开发企业应按照国家税法的规定缴纳各种税款，包括所得税、流转税和计入成本的税金。国家以社会管理者的身份向房地产开发企业征收的税金，是国家财政收入的主要来源。房地产开发企业及时足额地纳税，是生产经营者对国家应尽的义务，必须认真履行。房地产开发企业与税务机关之间的财务关系反映的是依法纳税和依法征税的税收权利义务关系（在税法上称税收法律关系）。

4. 房地产开发企业内部各单位之间的财务关系

一般来说，房地产开发企业内部各部门、各单位与房地产开发企业财务部门都要发生领款、报销、代收、代付的收支结算关系。在实行内部经济核算制和经营责任制的条件下，房地产开发企业内部各单位都有相对独立的资金定额或独立支配的费用限额，各部门、各单位之间提供产品和劳务要进行计价结算。这样，在房地产开发企业财务部门同各部门、各单位之间，各部门、各单位相互之间，就发生资金结算关系，它体现着房地产开发企业内部各单位之间的经济利益关系。处理这种财务关系，要严格分清有关各方的经济责任，以便有效地发挥激励机制和约束机制的作用。

5. 房地产开发企业与职工之间的财务关系

房地产开发企业要用自身的产品销售收入，按照职工提供的劳动数量和质量进行分配，向职工支付工资、津贴、奖金等。这种房地产开发企业与职工之间的结算关系，体现着职工个人和集体在劳动成果上的分配关系。处理这种财务关系，要正确地执行有关的分配政策。

房地产开发企业的资金运动从表面上看是钱和物的增减变动，其实，钱和物的增减变动都离不开人与人之间的关系。我们要透过资金运动的现象，看到人与人之间的财务关系，自觉处理好财务关系，促进生产经营活动的正常运行。

7.1.3 房地产开发企业财务管理的特点

房地产开发企业的管理活动是相互关联的多种管理活动集合，如生产管理、技术管理、人力资源管理、销售管理、财务管理等。财务管理与其他管理的主要区别在于：它是一种价值管理，是对房地产开发企业再生产过程中的价值运动进行的管理。财务管理的特点具体表现在以下几个方面：

1. 涉及面广

财务管理与房地产开发企业的各个方面具有广泛的联系。房地产开发企业购、产、销、技术、人事、行政等各部门业务活动的进行，无不伴随着房地产开发企业资金的收支。每个部门都会通过资金的收付与财务管理部门发生联系，每个部门也都要在合理使用资金和组织收入方面接受财务管理部门的指导，受到财务管理制度的约束。

2. 灵敏度高

财务管理能迅速提供反映生产经营状况的财务信息。房地产开发企业的财务状况是经常变动的，具有很强的敏感性。各种经济业务的发生，特别是经营决策的得失，经营行为的成败，都会及时地在财务状况中表现出来。成品资金居高不下，往往反映产品不适销对路。财务管理部门通过向房地产开发企业经理人员提供财务状况信息，可以协助其适时控制和调整各项生产经营活动。

3. 综合性强

财务管理能综合反映房地产开发企业生产经营各方面的工作质量。以价值形式表现出来的财务状况和经营成果具有很强的综合性。资金、成本、利润等价值指标，能全面系统地反映各种财产物资的数额、结构和周转情况，反映房地产开发企业各种人力消耗和物资消耗，反映各种营业收入和非营业收入及经济效益。透过财务信息把房地产开发企业生产经营的各种因素及其相互影响综合全面地反映出来，并有效地反作用于房地产开发企业各方面的活动，是财务管理的一个突出特点。

综上所述，房地产开发企业财务管理是企业管理的重要组成部分，是涉及企业全方位的即时的且侧重于价值管理的一项综合性管理工作。搞好财务管理对于改善房地产开发企业经营管理，提高房地产开发企业经济效益具有独特的作用。

7.2 房地产开发企业财务管理的目标

7.2.1 房地产开发企业的目标及其对财务管理的要求

房地产开发企业是营利性组织，其经营的出发点和归宿是获利。房地产开发企业一旦成立，就会面临竞争，并始终处于生存和倒闭、发展和萎缩的矛盾之中。房地产开发企业必须生存下去才可能获利，只有不断发展才能求得生存。因此，房地产开发企业管理的目标可以概括为生存、发展和获利。

1. 生存

房地产开发企业只有生存，才可能获利。房地产开发企业在市场中生存下去的首要条件是以收抵支。房地产开发企业一方面付出货币，从市场上取得所需的资源；另一方面提供市场需要的商品或服务，从市场上换回货币。因此，房地产开发企业的生命力在于它能不断创新，以独特的产品和服务取得收入，并且不断降低成本，减少货币的流出。如果出现相反的情况，房地产开发企业没有足够的货币从市场换取必要的资源，房地产开发企业就会萎缩，甚至因无法维持最低的运营条件而终止。如果房地产开发企业长期亏损，扭亏无望，就失去了存在的意义。为避免进一步扩大损失，房地产开发企业应主动终止营业。

房地产开发企业生存的另一个基本条件是到期偿债。房地产开发企业为扩大业务规模或满足经营周转的临时需要，可以向其他个人或法人借债。国家为维持市场经济秩序，通过立法规定债务人必须偿还到期债务，必要时"破产偿债"。房地产开发企业如果不能偿还到期债务，就可能被债权人接管或被法院判定破产。

因此，房地产开发企业生存的主要威胁来自两方面：一个是长期亏损，它是房地产开发企业终止的内在原因；另一个是不能偿还到期债务，它是房地产开发企业终止的直接原因。力求保持以收抵支和偿还到期债务的能力，减少破产的风险，使房地产开发企业能够长期、稳定地生存下去，是对财务管理的第一个要求。

2. 发展

房地产开发企业是在发展中求得生存的。在科技不断进步的现代经济中，产品不断更新换代，房地产开发企业必须不断推出更好、更新、更受顾客欢迎的产品，才能在市场中立足。一个房地产开发企业如不能发展，不能提高产品和服务的质量，不能扩大自己的市场份额，就会被其他房地产开发企业挤出市场。房地产开发企业的停滞是其死亡的前奏。房地产开发企业的发展集中表现为扩大收入。扩大收入的根本途径是提高产品质量，扩大销售数量，这就要求不断更新设备、技术和工艺并不断提高各种人员的素质，也就是要投入更多更好的物质资源、人力资源，并改进技术和管理。因此，房地产开发企业的发展终归离不开资金，筹集充足的房地产开发企业发展所需要的资金是对财务管理的第二个要求。

3. 获利

房地产开发企业必须获利才有存在的价值。创立房地产开发企业的目的是盈利。已经创立起来的房地产开发企业虽然有改善职工收入、改善劳动条件、扩大市场份额、提高产品质量、减少环境污染等各种目标，但盈利是最具综合能力的目标。盈利不但体现了房地产开发企业经营的出发点和归宿，而且可以概括其他目标的实现程度并有助于其他目标的实现。因此，通过合理、有效地使用资金使房地产开发企业获利，是对财务管理的第三个要求。

综上所述，房地产开发企业的目标是生存、发展和获利。房地产开发企业的这些目标要求财务管理必须完成筹措资金并有效地投放和使用资金的任务。

7.2.2 房地产开发企业财务管理的目标

房地产开发企业财务管理的目标就是通常所说的理财目标，是指房地产开发企业组织财务活动、处理财务关系所要达到的根本目的。它是评价房地产开发企业财务管理活动是否合理有效的基本标准，它决定着房地产开发企业财务管理的基本方向。随着财务经济学的发展和房地产开发企业管理实践的变革，财务管理的目标也在不断演化，在财务理论界产生了不同的提法，具有广泛影响的主要有以下几种观点：

1. 利润最大化

利润最大化财务管理目标在我国和西方都曾是流传甚广的一种观点，在实务界尤有重大的影响。一般所讲的利润最大化，就是指反映在房地产开发企业利润表中的税后利润总额的最大化。

以利润最大化作为财务管理目标的优点在于：①利润额是房地产开发企业在一定期间经营收入和经营费用的差额，而且是按照收入费用配比原则加以计算的，它反映了当期经营活动中投入（所费）与产出（所得）对比的结果，在一定程度上体现了房地产开发企业经济效益的高低。房地产开发企业追求利润最大化，就必须加强管理、改进技术、提高劳动生产率、降低成本，这都有利于资源的合理配置，有利于经济效益的提高。②利润是增加投资者投资收益、提高职工劳动报酬的来源，也是房地产开发企业补充资本积累、扩大经营规模的源泉。在市场经济条件下，在房地产开发企业自主经营的条件下，利润的多少不仅体现了房地产开发企业对国家的贡献，而且与房地产开发企业职工的利益息息相关。因此，利润最大化对于国家、房地产开发企业和职工都是有利的。

利润最大化的目标在实践中也暴露出一些问题：①利润最大化中的利润额是个绝对数，它没有反映出所得利润额与投入资本额之间的关系，不便于在不同时期、不同房地产开发企业之间进行比较，因而也不能科学地说明房地产开发企业经济效益水平的高低。②如果片面强调利润额的增加，有可能使得房地产开发企业产生追求短期利益的行为。例如，费用少摊、损失不计、废品按正品估价、材料盘亏不反映、利大的商品积极推销、冷背的商品长期积压等，这样做的结果是，房地产开发企业利润虚增，资产虚估，把许多潜亏留在账上。一旦进行清产核资，这些潜亏就要变成明亏，使房地产开发企业和国家背上沉重的包袱。

需要注意的是，对利润最大化目标的缺点应当进行实事求是的分析。不少论著都对它异口同声地指责说，利润最大化中的利润是一定时期内实现的利润，它没有说明房地产开发企业利润发生的时间，没有考虑资金的时间价值，而且也没有有效地反映风险问题，可能导致房地产开发企业不顾风险大小而一味地追求最多的利润。这里应该看到，如果采取利润最大化的观点，在业绩评价时用来与目标利润额进行比较的是实际利润额，而不是预测利润额。实际利润额不是未来值，当然就不存在折成现值的问题，也无法去估量它在今后可能遇到的风险。所以这种指责实际上是站在"未来收益贴现值"方法的角度来要求房地产开发企业当期实现的利润额，这是不切实际的。

从另一个角度来看，按照企业会计准则中的谨慎性原则，房地产开发企业要计提坏账准备、商品削价准备，还可采用加速折旧法，利润的计算已考虑了某些风险因素。有的学者主张，在利用会计利润时，要扣除股权资本的机会成本，从而考虑其经济成本，这样也就考虑资金的时间价值了。

利润总额直观、明确，容易计算，便于分解落实，广大职工都能理解，所以这种并不十分理想的财务管理目标在现实还有一定的应用。

2. 权益资本利润率或每股利润最大化

针对利润总额最大化目标存在的问题，在我国和西方，分别提出了以权益资本利润率或每股利润作为考察财务管理目标的主要指标。权益资本利润率是指房地产开发企业净利润与所有者权益的比率，反映房地产开发企业利用自有资本获得收益的能力。每股利润是指房地产开发企业净利润扣除优先股股利后与发行在外的普通股股数的比率，反映的是每股的净盈余。这两个指标的特点是把房地产开发企业实现的利润额同投入的自有资本或股本股数联系起来，能够确切地说明房地产开发企业的盈利水平，因而对于进行财务分析、财务预测都有重要的作用。这两个指标虽然克服了利润最大化目标的第一个缺点，但仍没有能够避免第二个缺点。

3. 股东财富最大化

按照现代委托代理学说，房地产开发企业的代理关系是一种契约关系。在这种关系中，房地产开发企业的日常财务管理工作由受委托的经营者负责处理，基于委托代理条件下的受托的财产责任，经营者应最大限度地谋求股东或委托人的利益，而股东或委托人的利益目标则是提高资本报酬率、增加股东财富、实现权益资本的保值增值。因此，股东财富最大化这一财务管理目标受到人们的普遍关注。股东财富最大化常用股票市价或每股市价来表示。在股份制房地产开发企业中，投资者持有公司的股票并成为公司的股东。人们认为，股票市场价格的高低体现着投资大众对公司价值所做的客观评价，以每股市价代表股东财富的优点体现在：它反映着资本和利润之间的关系；它受预期每股盈余的影响，反映着每股盈余的大小和取得的时间；它受房地产开发企业风险大小的影响，可以反映每股盈余的风险。因此，股东财富最大化的目标，在一定条件下也就演变成股票市场价格最大化这一目标。

以股票市价或每股市价最大化作为财务管理目标在实践中很难普遍采用，其原因有如下几点：①无论是在我国还是在西方，上市公司在全部房地产开发企业中只占极少一部分，大量的非上市房地产开发企业不可能采用这一目标；②即使对上市公司而言，股票市价也要受多种因素包括非经济因素的影响，股票价格并不总能反映房地产开发企业的经营业绩，也难以准确体现股东的财富。

4. 企业价值最大化

房地产开发企业价值通俗地说是房地产开发企业本身值多少钱。在对房地产开发企业评价时，看重的不是房地产开发企业已经获得的利润水平，而是房地产开发企业潜在的获利能力。可见，所谓"房地产开发企业价值"应该相当于房地产开发企业"资产负债表"左方的资产的价值。它是房地产开发企业债务与股票的价值总和，包括房地产开发企业的债券（债务）的现值和股票的现值，其中债券的价值包括面值和利息的现值，股票的价值是未来收益的现值。应该说，房地产开发企业价值同股东财富价值在性质上和数额上都是有差别的。

房地产开发企业价值最大化目标有两种计量办法：一种是未来房地产开发企业报酬贴现值法。它是以未来一定期间归属于企业的现金流量，按考虑风险报酬率的"资金成本"换算为现值而得到的"企业价值的现值"。以未来房地产开发企业报酬贴现值作为财务管理目标，在可操作性上存在着难以克服的缺陷：①房地产开发企业的未来报酬以及按此报酬折算出来的房地产开发企业资产价值，都是针对房地产开发企业整体而言的，资产价值中也包括由债务资本形成的资产。因此，如果房地产开发企业本年资产价值较上年增长，并不一定能说明企业经济效益的提高（如房地产开发企业增加负债，提高资产负债率，相应地增加了房地产开发企业资产的价值）。②未来各年的房地产开发企业报酬和与房地产开发企业风险相适应的贴现率是很难预计的，预计中可能出现较大的误差，因而很难作为对各部门要求的目标和考核的依据。③房地产开发企业价值的目标值是通过预测方法来确定的，对房地产开发企业进行考评时，其实际值却无法按要求来取得，如果依然采用预测方法确定，则实际与目标的对比毫无意义，业绩评价就很难进行。另一种是资产评估值法。它是由专业资产评估师所进行的评估，用一套科学的方法、法定的程序，评估结果比较符合资产的市场价值。但是，资产评估通常是在房地产开发企业经营方式变更、资产流动、产权转移时采用，在房地产开发企业日常管理、业绩评价中采用则费时费事，事实上也很难行得通。

可见，房地产开发企业价值最大化是通过经营者的经营管理，采用最优的财务政策（如资本结构决策和股利政策等），在考虑货币时间价值和风险的情况下，不断增加房地产开发企业的财富，使房地产开发企业的总价值达到最大。以房地产开发企业价值最大化作为财务管理的目标，其优点与股东财富最大化相似，其基本估价思想也一致。

现代房地产开发企业理论中的利益相关理论认为，公司的目标应满足各利益相关者的不同需求和利益。因此，房地产开发企业的目标应该是追求房地产开发企业的内在价值和长期价值。房地产开发企业价值最大化目标，不仅考虑了股东的利益，还考虑了债权人、经理层、房地产开发企业员工等利益主体的利益。

以企业价值最大化为房地产开发企业财务管理目标的最大困难，就是企业价值的估价方法问题。目前虽然理论上有一些常用的价值评估方法，但受评估标准和评估方式的影响，这种估价不易做到客观和准确，带来企业价值目标采用的障碍。

综合各种目标的利弊，本书建议上市的房地产开发股份制公司可采用股东财富最大化目标，非上市的房地产开发企业可采用企业价值最大化目标。

7.2.3 影响房地产开发企业财务管理目标实现的因素

房地产开发企业财务管理的目标是股东财富或企业价值的最大化，股票价格代表了股东财富，因此股价高低反映了财务管理目标的实现程度。公司股价受外部环境和管理决策两方面因素的影响。外部环境是房地产开发企业不可控制的因素，管理决策是房地产开发企业的管理者可以控制的因素。

从公司管理者可以控制的因素来看，股价的高低取决于房地产开发企业的报酬率和风险，而房地产开发企业的报酬率和风险，又是由房地产开发企业的投资项目、资本结构和股利政策决定的。因此，这五个因素影响房地产开发企业的价值。财务管理正是通过投资决策、筹资决策和股利决策来提高报酬率、降低风险，实现其目标的。

1. 投资报酬率

在风险相同的情况下，提高投资报酬率可以增加股东财富。虽然利润总额可以反映公司盈利的高低，但是利润总额不能反映股东的财富。例如，房地产开发企业为增加利润，拟扩大规模，增发普通股，如果预计盈利增加比例低于股票发行增加比例，此时，股东的每股收益不但不会增加，反而还会下降。由此可见，股东财富的大小要看投资报酬率，而不是利润总额。

2. 风险

任何决策都是面向未来的，并且会有或多或少的风险。决策时需要权衡风险和报酬，才能获得较好的结果。不能仅考虑每股盈余，不考虑风险。房地产开发企业在决策时，只有在风险与可望得到的额外报酬相称时，方案才是可取的。

3. 投资项目

投资项目是决定报酬率和风险的首要因素。一般来说，被房地产开发企业采纳的投资项目，应该能够增加报酬，否则房地产开发企业就没有必要为它投资。与此同时，任何项目都有风险，区别只在于风险大小不同。因此，房地产开发企业的投资计划会改变其报酬率和风险，并影响股票的价格。

4. 资本结构

资本结构会影响报酬率和风险。资本结构是指所有者权益与负债的比例关系。一般情况下，当借债的利率低于其投资的预期报酬率时，公司可以通过借债提高预期每股盈余，但同时也会增大预期每股盈余的风险。因为一旦情况发生变化，如销售萎缩等，实际的报酬率低于利率，则负债不但没有提高每股盈余，反而使每股盈余减少，房地产开发企业甚至可能因不能按期支付本息而破产。资本结构安排不当是公司破产的一个重要原因。

5. 股利政策

股利政策也是影响报酬率和风险的重要因素。股利政策决定了公司赚得的盈余中，有多少作为股利发放给股东，有多少保留下来以备再投资之用，以便使未来的盈余源泉得以维持。股东既希望分红，又希望每股盈余不断增长。前者是当前利益，后者是长远利益，两者有矛盾。加大保留盈余，会提高未来的报酬率，但再投资的风险比立即分红要大。因此，股利政策会影响报酬率和风险。

7.2.4 实现财务管理目标中利益关系的协调

现代房地产开发企业的一个重要特征，就是所有权与经营权的分离，由此就产生了委托代理关系。委托代理关系是指某人或某些人（称为委托人）为将责任委托给他人（称为代理人），雇佣他或他们而形成的关系。当委托人与代理人的利益目标不一致时，就产生了所谓的代理问题。在现实生活中，所有者与经营者、所有者与债权人、企业与社会的关系就是委托代理关系。

1. 房地产开发企业所有者与经营者

在所有权和经营权分离以后，房地产开发企业所有者总是期望股东财富最大化，要求经营者尽最大努力去实现这一目标，而执行日常管理职能的经营者具体行为的目标则与之不同，他们主要是追求物质报酬和非物质的待遇，较少的劳动时间和较低的劳动强度，避免工作中的风险，宁可实现中等收益，而不愿为房地产开发企业争取更高的收益使自己付出较多的代价。这就是所有者和经营者在追求各自目标方面存在的矛盾。在处理这种矛盾时，如果所有者过分强调自身的利益，则难以调动经营者的积极性，甚至抑制了他们的聪明才智；而经营者如果不顾大局，也会背离所有者的利益。这种背离主要有两种情况：①消极运作。经营者为了自己的利益，不尽最大努力去提高房地产开发企业的经济效益。本着但求无过，不思进取，不积极努力去争取可能到手的效益。消极运作只是道德问题，并不构成法律责任、行政责任，所有者也很难追究他们的直接责任。②逆向运作。经营者为了自己的利益，不惜明显地损害所有者的利益，如装修豪华的办公室、会议室，购置高档汽车、办公用具，以工作需要为借口请客送礼等。

为了解决所有者与经营者在实现财务管理目标上存在的矛盾，应当建立激励和约束这两种机制。

（1）建立激励机制　要利用激励机制消除经营者地位上的不安全感和利益上的不平衡感，促使其自觉采取提高房地产开发企业经济效益的措施。通常可采用以下激励方式：①适当延长经营者任期。优秀者可以连任，有的还可成为"终生员工"，促使经营者为房地产开发企业的长远利益而奋斗。②实行年薪制。使经营者的报酬同房地产开发企业一定期间的绩效直接挂起钩来。③实行"绩效股"。在股份制房地产开发企业中，可用每股利润等指标来评价经营的业绩，视经营者业绩大小给予适当数量的股票作为报酬。

（2）建立约束机制　经营者背离所有者的财务管理目标，其条件是双方的信息不一致，容易出现"内部人控制"的现象。为了解决这一矛盾，就要加强对经营者的监督，并采取必要的制约措施：①实行经营状况公开。利用财务报告、厂报、快报等多种形式，及时向所有者和劳动者通报房地产开发企业经营情况，使房地产开发企业的重大经济活动置于所有者和劳动者的监督之下。②实行对经理定期审计制度。由股东会（股东大会）委托监事会，对经理进行年末和中期的审计，发现经营者行为损害房地产开发企业的利益，要立即予以纠正。③实行严格的奖惩制度。经营者不认真履行职责，给房地产开发企业造成经济损失时，股东会（股东大会）和监事会应依照奖惩制度采取制裁措施，如降低浮动工资、降低年薪标准、处以罚款、降级使用直至解聘。

2. 房地产开发企业所有者与债权人

房地产开发企业向债权人借入资金以后，两者之间形成一种委托代理关系。债权人把资金借给房地产开发企业，意在到期收回本金，并获得约定的利息收入；而房地产开发企业借款则是为了扩大经营，投入有风险的生产经营项目，两者的目标并不一致。

债权人事先知道借出资金是有风险的，并把这种风险的应得报酬计入利率，在确定利率时通常要考虑房地产开发企业现有资产的风险和新增资产的风险，房地产开发企业现有的负债比率和预期未来的资本结构。但是，资金借出后，债权人就失去了对资金的控制权，所有者可以通过经营者为了谋求自身利益而损害债权人的利益。这样，在实现房地产开发企业财务管理目标上所有者与债权人就发生了矛盾，主要有两种情况：①所有者不经债权人同意，把借款投资于比债权人预期风险高的其他项目。如果高风险的投资计划侥幸成功，超额的利润归所有者享有；如果计划不幸失败，则债权人与股东将共同承担由此造成的损失，一旦房地产开发企业破产，破产财产不足以偿债，债权人将无法收回本利。②股东为了提高股东价值，不征得原有债权人同意，要求经营者发行新债，致使旧债券的价值下降，原有债权人蒙受损失。

为了协调所有者与债权人之间的利益冲突，房地产开发企业经营者在谋求股东财富的同时，必须公平对待债权人，遵守债务契约的条款和精神。房地产开发企业经营者应积极与债权人沟通情况，向债权人公布房地产开发企业举债规模和债券资金的使用情况；如需要发行新债或改变原有债务资金的用途，应及时向债权人说明情况和原因，争取他们的谅解与合作，必要时在经济上予以补偿。当债权人在借款合同中加入"限制性条款"（如规定债券资金的用途、限制新债的发行等）时，要争取与债权人共同协商，妥善解决。

3. 房地产开发企业与社会

房地产开发企业的目标和社会的目标在许多方面是一致的。房地产开发企业在追求自己的目标时，自然会使社会受益。例如，房地产开发企业为了生存，必须生产出符合顾客需要的产品，满足社会的需求；房地产开发企业为了发展，要扩大规模，自然会增加职工人数，解决社会的就业问题；房地产开发企业为了获利，必须提高劳动生产率，改进产品质量，改善服务，从而提高社会生产效率和公众的生活质量。

房地产开发企业的目标和社会的目标也有不一致的地方。例如，房地产开发企业为了获利，可能生产伪劣产品，可能不顾工人的健康和利益，可能造成环境污染，可能损害其他房地产开发企业的利益等。

股东只是社会的一部分人，他们在谋求自己利益的时候，不应当损害他人的利益。为此，国家颁布了一系列保护公众利益的法律，一般来说，房地产开发企业只要依法经营，在谋求自己利益的同时就会使公众受益。但是，法律不可能解决所有问题，况且目前我国的法制尚不健全，房地产开发企业有可能在合法的情况下从事不利于社会的事情。因此，房地产开发企业还要受到商业道德的约束，要接受政府有关部门的行政监督，以及社会公众的舆论监督，进一步协调房地产开发企业和社会的矛盾，促进构建和谐社会。

7.3 房地产开发企业财务管理的环境

房地产开发企业的财务管理环境又称理财环境，是指对房地产开发企业财务活动产生影响的外部条件。它是房地产开发企业财务决策难以改变的外部约束，房地产开发企业必须适应其变化，做好财务管理工作。对财务管理影响比较大的环境因素主要有法律环境、经济环境和金融市场环境。

7.3.1 法律环境

财务管理的法律环境是指房地产开发企业与外部发生经济关系时所应遵守的各种法律、法规和规章。房地产开发企业在其经营活动中，要和国家、其他企业或社会组织、企业职工或其他公民，以及国外的经济组织或个人发生经济关系。国家管理这些经济活动和经济关系的手段包括行政手段、经济手段和法律手段三种。在市场经济条件下，行政手段已逐步减少，而经济手段、法律手段日益增多。特别是法律手段，越来越多的经济关系和经济活动的准则开始用法律的形式固定下来。同时，众多的经济手段和必要的行政手段的使用，必须逐步做到有法可依，从而转化为法律手段的具体形式，真正实现国民经济管理的法制化。

房地产开发企业的理财活动，无论是筹资、投资还是利润分配，都要和房地产开发企业外部发生经济关系。在处理这些经济关系时，应当遵守有关的法律规范。

影响房地产开发企业经营和财务活动的法律环境涉及房地产开发企业经营管理的各个方面。按房地产开发企业的行为类型，可大致分为如下几类：①房地产开发企业组织方面的法律法规；②税收征管方面的法律法规；③公司上市交易与信息披露方面的法律及监管；④会计核算与财务管理方面的法律法规；⑤规范房地产开发企业各种交易行为的法律法规；⑥房地产开发企业应遵守的其他法律法规。

7.3.2 经济环境

这里所说的经济环境是指房地产开发企业进行财务活动的宏观经济状况。

1. 经济发展状况

经济发展的速度，对房地产开发企业财务管理有重大影响。近几年，我国经济增长比较快。房地产开发企业为了跟上这种发展速度并在其行业中维持它的地位，至少要有同样的增长速度。房地产开发企业要相应增加购地、房屋存货、专业人员等。这种增长，需要大规模地筹集资金，需要借入巨额款项或增发股票。

经济发展的波动，即有时繁荣有时衰退，对房地产开发企业财务管理有极大影响。这种波动，最先影响的是房地产开发企业销售额。销售额下降会阻碍房地产开发企业现金的流转，例如，产品积压不能变现，需要筹资以维持运营。销售增加会引起房地产开发企业经营失调，例如，存货枯竭，需筹资以扩大开发经营规模。财务人员对这种波动要有所准备，筹措并分配足够的资金，用以调整开发经营。

2. 通货膨胀

通货膨胀不仅对消费者不利，也给房地产开发企业财务管理带来了很大困难。房地产开发企业面对通货膨胀，为了实现期望的报酬率，必须加强收入和成本管理，同时，使用套期保值等办法减少损失，如提前购买土地和存货、买进现货卖出期货等。

3. 利率波动

银行贷款利率的波动，以及与此相关的股票和债券价格的波动，既给房地产开发企业以机会，也是对房地产开发企业的挑战。

在为过剩资金选择投资方案时，利用这种机会可以获得营业以外的额外收益。例如，在购入长期债券后，由于市场利率下降，按固定利率计息的债券价格上涨，房地产开发企业可以出售债券获得较预期更多的现金流入。当然，如果出现相反的情况，房地产开发企业则会蒙受损失。

在选择筹资来源时，情况与此类似。在预期利率将持续上升时，以当前较低的利率发行长期债券，可以节省资本成本。当然，如果后来事实上利率下降了，则房地产开发企业要承担比市场利率更高的资本成本。

4. 政府的经济政策

我国政府具有较强的调控宏观经济的职能，国民经济的发展规划、国家的产业政策、经济体制改革的措施、政府的行政法规等，对房地产开发企业的财务活动都有重大影响。

国家对某些地区、行业、经济行为的优惠、鼓励和倾斜构成政府政策的主要内容。从反面来看，政府政策也是对另一些地区、行业和经济行为的限制。房地产开发企业在财务决策时，要认真研究政府政策，按照政策导向行事，才能扬长避短。

问题的复杂性在于政府政策会因经济状况的变化而调整。房地产开发企业在财务决策时为这种变化留有余地，甚至预见其变化的趋势，对房地产开发企业财务管理大有好处。

5. 竞争

竞争广泛存在于市场经济之中，任何房地产开发企业都不可回避。房地产开发企业之间、各产品之间、现有产品和新产品之间的竞争，涉及设备、技术、人才、营销、管理等各个方面。竞争能促使房地产开发企业用更好的方法来生产更好的产品，对经济发展起推动作用。但对房地产开发企业来说，竞争既是机会，也是威胁。为了改善竞争地位，房地产开发企业往往需要大规模投资，成功之后房地产开发企业盈利增加，但若投资失败则竞争地位更为不利。竞争是"商业战争"，检验房地产开发企业的综合实力，经济增长、通货膨胀和利率波动带来的财务问题，以及房地产开发企业的相应对策都会在竞争中体现出来。

7.3.3 金融市场环境

广义的金融市场环境是指一切资本流动的场所，包括实物资本的流动和货币资本的流动。广义的金融市场交易对象包括货币借贷、票据承兑和贴现、有价证券的买卖、黄金和外汇买卖、办理国内外保险、生产资料的产权交换等。狭义的金融市场环境主要是指以票据和有价证券为交易对象的金融市场环境。一般金融市场是指狭义的金融市场。

1. 金融市场的分类

1）按交易的期限，金融市场可划分为短期资金市场和长期资金市场。短期资金市场是指期限不超过一年的资金交易市场，因为短期有价证券易于变成货币或作为货币使用，所以也叫货币市场。长期资金市场是指期限在一年以上的股票和债券交易市场，因为发行股票和债券主要用于固定资产等资本货物的购置，所以也叫资本市场。

2）按交割的时间，金融市场可划分为现货市场和期货市场。现货市场是指买卖双方成交后，当场或几天之内买方付款、卖方交出证券的交易市场。期货市场是指买卖双方成交后，在双方约定的未来某一特定的时日才交割的交易市场。

3）按交易的性质，金融市场可划分为发行市场和流通市场。发行市场是指从事新证券和票据等金融工具买卖的转让市场，也叫初级市场或一级市场。流通市场是指从事的旧证券或票据等金融工具买卖的转让市场，也叫次级市场或二级市场。

4）按交易的直接对象，金融市场可划分为同业拆借市场、国债市场、债券市场、股票市场、金融期货市场等。

2. 金融市场对财务管理的影响

房地产开发企业的生存和发展与金融市场息息相关。金融市场对房地产开发企业财务管理的影响主要体现在以下几个方面：

1）提供房地产开发企业筹资和投资的场所。金融市场能够为资本所有者提供多种投资渠道，为资本需求者提供多种可供选择的筹资方式。

2）促进房地产开发企业资本灵活转换，保持房地产开发企业的流动性。房地产开发企业可以通过金融市场上的各种交易活动实现资本的相互转换，如资本在时间上、空间上、数量上的相互转换。这种多方式的相互转换能够调剂房地产开发企业的资金供求，保持其流动性。

3）引导房地产开发企业资金流向，提高资本利用效率。金融市场通过调整利率的变化，调节人们的投资预期收益率，进而调节房地产开发企业的资金流向，使资本在不同房地产开发企业间、不同地区间、不同部门间充分、合理流动，实现社会资源的优化配置。

4）为房地产开发企业财务管理提供有用的决策信息。房地产开发企业在进行投资、筹资决策时，可充分利用金融市场中的各种信息，如股市行情、市场利率、宏观经济政策、行业景气情况、物价水平、市场需求、房地产开发企业经营状况、盈利水平、成长性与发展前景等信息，这些信息对房地产开发企业的投融资决策具有重要价值。

思 考 题

1. 简述房地产开发企业财务活动的内容。
2. 简述房地产开发企业财务关系包括的内容。
3. 简述房地产开发企业财务管理的原则。
4. 简述房地产开发企业财务管理的概念、内容和特点。
5. 简述房地产开发企业财务管理的目标。
6. 简述房地产开发企业财务管理的环境。

第 8 章 财务管理价值观念

本章导读

自 2008 年 12 月 23 日起，五年期以上商业贷款利率从原来的 6.12% 降为 5.94%，以个人住房商业贷款 50 万元（20 年）计算，降息后每月还款额将减少 52 元。但即便如此，在 12 月 23 日以后贷款 50 万元（20 年）的购房者，在 20 年中，累计需要还款 85.5 万多元，需要多还银行 35 万余元，这就是资金的时间价值在其中起作用。

假设通过辛勤工作你积攒了 10 万元，有两个项目可以投资，第一个项目是购买利率为 5% 的短期国库券，第一年年末将获得确定的 0.5 万元报酬；第二个项目是购买 A 公司的股票。如果 A 公司的研发计划进展顺利，则你投入的 10 万元将增值到 21 万元，然而，如果其研发失败，股票价值将跌至 0，你将血本无归。如果预测 A 公司研发成功与失败的概率各占 50%，则股票投资的预期价值为 10.5 万元（0.5×0＋0.5×21）。扣除 10 万元的初始投资成本，预期报酬为 0.5 万元，即预期报酬率为 5%。两个项目的预期报酬率一样，选择哪一个呢？只要是理性投资者，就会选择第一个项目，表现出风险规避。多数投资者都是风险规避投资者。

从上面第一个例子可以看出，在购房贷款时，现在同样的贷款额度由于贷款利率和贷款期限的不同，每月还款额和总还款额也会有所不同，这就是资金时间价值的作用。从第二个例子可以看出，任何项目的投资除了要考虑预期收益外，还要考虑其风险，投资者冒着风险投资需要得到相应的补偿，也就是要得到相应的风险价值。因此，资金时间价值和投资风险价值如何表示和计算就是本章所要涉及的内容。

8.1 资金时间价值

资金时间价值是财务活动中的一个重要概念，也是资金使用中必须认真考虑的一个标准。只有建立资金时间价值观念，科学运用资金时间价值理论，才能对房地产开发企业财务活动做出正确合理的决策。

8.1.1 资金时间价值的含义与意义

1. 资金时间价值的含义和来源

（1）资金时间价值的含义 在日常生活中，我们都知道，如果银行的存款年利率为

3.5%，那么把今年的100元钱现在存入银行，到明年这时就可以从银行取出103.5元（不考虑利息税），这3.5元就是资金的时间价值。或者说今年的100元与明年的103.5元是等价的，明年的100元与今年的96.62元（100/1.035）是等价的，其中100元与96.62元之间的差别也是资金的时间价值。由此也可看出，现在的100元比一年后的100元更值钱。因此，认识和计算资金的时间价值，对于投资方案的比较非常重要。

货币作为投资参与社会生产过程的循环时被称为资金，而这种资金在未来的使用中会发生增值，即资金时间价值。因此，资金时间价值是指资金在生产和流通过程中随着时间的推移而发生的增值。或者可以说，资金时间价值就是指当前所持有的一定量资金比未来获得的等量资金具有更高的价值。

资金时间价值的实质是资金周转使用后的增值额。资金由资金使用者从资金所有者处筹集来进行周转使用，资金所有者要分享一部分资金的增值额。这个增值额对于资金所有者来说是让渡资金使用权应得的报酬，对于资金使用者来说是使用资金应付出的代价。那么，这个增值额或者资金时间价值是如何产生的呢？

（2）资金时间价值的来源 对于资金时间价值的来源，主要有以下两种观点：

1）节欲论。从消费者或从资金所有者的角度来看，其所拥有的资金一旦用于投资，就不能用于现时消费，必须把现时的消费推迟到将来，因此，资金使用者应当付出一定的代价，作为对放弃现时消费的补偿和对提供资金者的鼓励，这就是利息（资金的机会成本）。该观点认为，资金时间价值由"耐心"创造。

2）劳动价值论。从生产者或资金使用者的角度来看，生产的产品除了弥补生产中的物化劳动和活劳动消耗外，还会有剩余价值。从资金的运动过程来看，就表现为初始投资经过生产过程产生了增值即利润。因此，资金时间价值的真正来源是工人创造的剩余价值。

由"耐心"创造价值的观点有些不全面和不确切，也就是说它只是说明一些表面现象，并没有揭示资金时间价值的本质和来源。马克思认为，货币只有当作资本投入生产和流通后才能增值，也就是说只有把货币作为资金投入生产经营活动才能产生时间价值。马克思没有用"时间价值"这一概念，但正是他揭示了这种所谓的"耐心的报酬"其实就是剩余价值。在发达的商品经济条件下，商品流通的运动形式是 G（货币）—W（商品）—G'，其中 $G' = G + \Delta G$，即等于原预付货币额加上一个增值额。这个增值额就叫作剩余价值。如果把生产过程和流通过程结合起来分析，则资金运动的全过程是 $G \rightarrow W \rightarrow P$（生产）$\rightarrow W' \rightarrow G'$。由此看出，处于终点的 G' 是由 W' 实现的，而 W' 是包含增值额在内的全部价值是在生产过程中形成的物质形态，其中增值部分就是工人创造的剩余价值。因此，时间价值不可能由"时间"或"耐心"创造，而只能由工人的劳动创造，时间价值的真正来源是工人创造的剩余价值。

2. 资金时间价值的意义

商品经济的高度发展和借贷关系的普遍存在是资金时间价值产生和应用的前提与基础。因此，在我国市场经济条件下，资金时间价值的观念和理论已得到了广泛的应用。资金时间价值应用的意义主要表现在以下两个方面：

（1）能促进决策者做出更加科学的投资、筹资决策 任何一个房地产开发项目从规划、建设到投入使用均需要经过一段较长的时间，尤其是大型房地产开发项目，更有投资数额大、建设周期长等特点，决策者在进行投资决策时必须考虑资金的时间价值，把不同时点上的投资额和投资收益折算成某一时点上的现值，从而评价其投入产出的经济效益，对投资做出取舍的科学决策。同时，房地产开发项目形成及运营过程中都伴随着一定的筹资活动，决策者也要根据资金的时间价值原理，比较筹资方案的综合资本成本，做出最优的筹资决策。

（2）能促进资金使用者更加合理有效地使用资金　由于资金时间价值的存在，使资金使用者认识到，使用资金或闲置资金都是要付出代价的，且使用的来源不同代价也不同。这就会使他们努力使资金的流向更加合理，并对其使用严加控制，从而达到合理有效利用资金的目的。如房地产开发项目在开发过程中，必须充分考虑资金时间价值，千方百计缩短开发周期，加速资金周转，提高资金的使用效率。

8.1.2　资金时间价值的表示方法

资金时间价值可以用绝对数表示，也可以用相对数表示，即以利息（利润）或利率（利润率）来表示。但是在实际工作中对这两种表示方法并不做严格的区别，通常以利率（利润率）进行计量。

1. 利息

利息是衡量资金时间价值大小的绝对尺度。狭义是指占用资金所付出的代价或放弃资金使用权所得的补偿。广义是指资金投入到生产或流通领域中，一定时间后的增值部分。在借贷过程中，债务人支付给债权人超过原借贷金额的部分就是利息。即

$$I = F - P \tag{8-1}$$

式中　I——利息；
　　　F——还本付息额；
　　　P——借贷的资金额（本金）。

2. 利率

利率是衡量资金时间价值大小的相对尺度，是资金在单位时间（一个计息周期）内所发生的增值（利息或利润）与投入的资金额（本金）之比。即

$$i = \frac{I_t}{P} \times 100\% \tag{8-2}$$

式中　i——利率；
　　　I_t——单位时间内所得的利息；
　　　t——计息周期。

计算利息的时间单位称为计息周期，通常有年、半年、季、月、周等。故利率有年利率、半年利率、季利率、月利率、周利率等。

利率的实际内容是社会资金利润率。各种形式的利率（贷款利率、债券利率等）的水平，就是根据社会资金利润率确定的。但是，一般的利率除了包括资金时间价值因素以外，还包括风险价值和通货膨胀因素。资金时间价值通常被认为是没有风险和没有通货膨胀条件下的社会平均利润率，这是利润平均化规律作用的结果。作为资金时间价值表现形态的利率，应以社会平均资金利润率为基础，而又不应高于这种资金利润率。

8.1.3　资金时间价值的计算

资金时间价值在银行体现为存款和借款的利息，利息的大小通常取决于以下几个基本因素：

1）本金 P（投资额），投资的资金越大，利息越大。

2）利率 i，一般来说，在其他条件不变的情况下，利率越高，利息越大；反之，则越小。
3）时间 n，在其他条件不变的情况下，时间越长，利息越大；反之，则越小。
通常利息的计算有单利和复利两种。

1. 单利

单利是"本金生息，利息不生息"，按照单利计算，n 期内每期的利息及本利和如表 8-1 所示。

表 8-1　单利法计算公式的推导过程

计息周期	期初本金	本期利息	期末本利和
1	P	Pi	$F = P + Pi = P(1+i)$
2	$P(1+i)$	Pi	$F = P(1+i) + Pi = P(1+2i)$
3	$P(1+2i)$	Pi	$F = P(1+2i) + Pi = P(1+3i)$
⋮	⋮	⋮	⋮
n	$P[1+(n-1)i]$	Pi	$F = P[1+(n-1)i] + Pi = P(1+ni)$

因此，单利法 n 期后的本利和为

$$F = P(1+ni) \tag{8-3}$$

单利法 n 期的利息为

$$I_n = Pni \tag{8-4}$$

【例 8-1】 某房地产开发企业存入银行 500 万元，以 5% 的年存款利率存 3 年，问按单利法该企业 3 年后能从银行取出多少钱？所得利息是多少（不考虑利息税）？

单利法 3 年后的本利和为
$F = P(1+ni) = 500 \times (1+3 \times 5\%) = 575$（万元）
单利法 3 年的利息为
$I_3 = Pni = 500 \times 3 \times 5\% = 75$（万元）
或 $I = F - P = 575 - 500 = 75$（万元）

单利法没有考虑利息的再利用，因此是不完善的。

2. 复利

复利是"本金生息，利息也生息"，即俗称"利滚利"，按照复利计算，n 期内每期的利息及本利和如表 8-2 所示。

表 8-2　复利法计算公式的推导过程

计息周期	期初本金	本期利息	期末本利和
1	P	Pi	$F = P + Pi = P(1+i)$
2	$P(1+i)$	$P(1+i)i$	$F = P(1+i) + P(1+i)i = P(1+i)^2$
3	$P(1+i)^2$	$P(1+i)^2 i$	$F = P(1+i)^2 + P(1+i)^2 i = P(1+i)^3$
⋮	⋮	⋮	⋮
n	$P(1+i)^{n-1}$	$P(1+i)^{n-1}i$	$F = P(1+i)^{n-1} + P(1+i)^{n-1}i = P(1+i)^n$

因此,复利法 n 期后的本利和的计算公式为
$$F = P(1+i)^n \tag{8-5}$$
复利法 n 期的利息为
$$I_n = F - P = P(1+i)^n - P = P[(1+i)^n - 1] \tag{8-6}$$

【例 8-2】 仍用上例,问按复利法该企业 3 年后能从银行取出多少钱?所得利息是多少(不考虑利息税)?

复利法 3 年后的本利和为
$$F = P(1+i)^n = 500 \times (1+5\%)^3 = 578.8125(万元)$$
复利法 n 期的利息为
$$I_n = F - P = 578.8125 - 500 = 78.8125(万元)$$

从以上计算可看出,在相同条件下,一般按复利计算的利息大于按单利计算的利息。在单利计息中,忽略了利息本身的时间价值,而复利计息更能体现出全部资金的时间价值。因此,建设项目经济评价中应采用复利加以计息。利率越高、时间越长,所赢得的利润及增值也越多。

8.1.4 现金流量和现金流量图

1. 现金流量

房地产开发项目从投资建设到建成投产直至最后报废可以看作一个项目系统,在不同时点上发生各种资金收支。其中,流出系统的资金称为现金流出(记为 CO);流入系统的资金称为现金流入(记为 CI);同一时点的现金流入与现金流出之差称为这一时点的净现金流量(记为 NCF = CO - CI);现金流入、现金流出及净现金流量统称为现金流或现金流量。

项目的现金流入通常包括营业收入、回收固定资产余值和回收流动资金等;现金流出通常包括项目投资、流动资金和营业成本等。

房地产开发项目不同阶段的净现金流量的确定方法如下:
(1)建设期现金流量的确定:
$$CO - CI = -固定资产投资 - 流动资金$$
(2)销售或运营期现金流量的确定:
$$CO - CI = 营业收入 - 营业成本 - 税金及附加 - 所得税$$
$$= 营业收入 - (营业成本 + 折旧) - 税金及附加 - 所得税 + 折旧$$
$$= 营业收入 - 总成本费用 - 税金及附加 - 所得税 + 折旧$$
$$= 利润总额 - 所得税 + 折旧$$
$$= 税后利润 + 折旧$$
(3)结束期现金流量的确定:
$$CO - CI = 营业收入 + 回收固定资产余值 + 回收流动资金 - 营业成本 -$$
$$税金及附加 - 所得税$$

2. 现金流量图

为了表述资金的变化过程,通常用图示的方法将现金流入与流出、量值的大小、发生的时点形象地描绘出来,并把该图称为现金流量图。

【例8-3】 某房地产项目投资销售期6年，初期项目开发投资和固定资产投资共计100万元，第二年年初开始预售，投资流动资金50万元，第二年年末到第六年年末每年销售的净现金流量为55万元，第六年年末流动资金回收50万元，固定资产残值10万元，则该项目的现金流量图如图8-1所示。

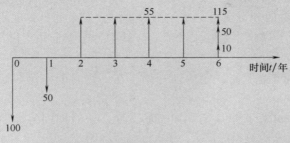

图8-1　现金流量图（单位：万元）

图中水平轴表示时间坐标，时间的推移从左到右。轴上分成若干相等的间隔，每一个间隔代表一个时间单位，可以是年、季、月、周等。时间轴上的点称为时点，通常表示该时间段的末期，同时也是下一时间段的初期。垂直箭线表示现金流量，箭头向上表示现金流入（正现金流），箭头向下表示现金流出（负现金流），线段的长短与现金流入、流出的多少成比例，并在箭头末端标注其金额的大小。同一时点上的现金流入与现金流出的代数和为净现金流量。

需要说明的是：虽然房地产开发在寿命期内的现金流量随时发生，但为了计算分析的方便，项目评价时通常假设现金流量均在其时间段的期末时点发生。另外，房地产开发项目评价时，由于评价所站的角度不同，现金流量构成和表示方法也有相应的区别。

8.1.5　资金等值的计算

1. 资金等值的含义

由于资金具有时间价值，现金流量图中，各个时点发生的现金流量是不能直接相加的，因此对资金进行比较时，应该把不同时点的金额换算到同一个时点，我们把这个资金转换的过程称作资金等值计算。

资金时间价值的存在，使得现在拥有的一定数量的资金，等价于若干年后更大数量的一笔资金；同理，若干年后的一笔资金，折算为现值时要打折扣。一年后的资金折算为现在的资金时所打的折扣，称为折现率。因此，要对房地产开发项目进行经济评价，需要将不同时点发生的资金收付以复利的计息方法换算到同一时点，变成可以衡量的资金。

资金等值计算有以下几个相关概念：

（1）现值与终值

1）现值，用 P（Present Value）表示。我们把将来某一时点的现金流量换算成与现在时点等值的现金流量的过程称为折现，其换算的结果就是"现值"。

2）终值，用 F（Future Value）表示，是指与现值等值的某一将来时刻的资金价值。如果把现值看作是本金的话，那么终值就是本利和，也称将来值。

（2）一次支付款项和系列支付款项

1）一次支付款项。一次支付款项是指在某一特定时间内只发生一次的简单现金流量，如投资于到期一次偿还本息的公司债券就是单一支付款项的问题。

2）系列支付款项。系列支付款项是指在 n 期内多次发生的现金流入或现金流出。

年金 A（Annual Value）是系列支付款项的特殊形式，是指在一定时期内每隔相同时间（如一年）发生相同金额的现金流量。按照每次收付款发生的具体时点不同，可以把年金分为普通年金、预付年金、递延年金和永续年金。其中普通年金和预付年金是年金的两种基本类型。

① 普通年金。普通年金是指从第一期开始，在一定时期内每期期末等额收付的系列款项，又称后付年金。

② 预付年金。预付年金是指从第一期开始，在一定时期内每期期初等额收付的系列款项，又称先付年金。

③ 递延年金。递延年金是指从第一期以后才开始的，在一定时期内每期期末等额收付的系列款项。它是普通年金的特殊形式。凡不是从第一期开始的普通年金都是递延年金。

④ 永续年金。永续年金是指从第一期开始，无限期每期期末等额收付的系列款项。它也是普通年金的特殊形式。

（3）年折现率 折现时使用的利率，一般用 i 表示；年限或称项目的寿命期，一般用 n 表示。

2. 一次支付款项的终值和现值计算

一次支付款项的终值和现值一般简称为复利终值和复利现值。

（1）复利终值（已知现值 P，求终值 F） 复利终值是指一项现金流量按复利计算的一段时期后的价值，其计算公式为

$$F = P(1+i)^n \tag{8-7}$$

式中，$(1+i)^n$ 通常称为"复利终值系数"，记作 $(F/P, i, n)$，可直接查阅复利终值系数表（见附表 A）取得，故上式又可写成：

$$F = P(F/P, i, n) \tag{8-8}$$

【例8-4】 某房地产开发企业获得贷款 800 万元，协议规定贷款年利率为 8%，要求本利第 5 年年末一次还清，问到时应还多少钱？

根据公式得：

$F = P(1+i)^n = 800 \times (1+8\%)^5 = 1\ 175.46$（万元）

也可直接查复利终值系数表，得 $(F/P, 8\%, 5) = 1.469\ 3$，则

$F = P(F/P, i, n) = 800 \times 1.469\ 3 = 1\ 175.44$（万元）

两种计算方法结果的差异是由于小数点后保留位数不同引起的，一般不会影响决策。

（2）复利现值（已知终值 F，求现值 P） 计算现值的过程通常称为折现。折现是指将未来预期发生的现金流量按折现率调整为现在的现金流量的过程。对于单一支付款项来说，现值和终值是互为逆运算的。现值的计算公式为

$$P = F(1+i)^{-n} \tag{8-9}$$

式中，$(1+i)^{-n}$ 通常称为"复利现值系数"，记作 $(P/F, i, n)$，可直接查阅复利现值系

表（见附表 B）取得，故上式又可写成：

$$P = F(P/F, i, n) \tag{8-10}$$

【例 8-5】 某房地产开发企业对年报酬率为 12% 的项目进行投资，若希望 5 年后得到 1 000 万元的本利和，问现在应投资多少？

根据公式得：

$P = F(1+i)^{-n} = 1\ 000 \times (1+12\%)^{-5} = 567.43$（万元）

也可直接查复利现值系数表，得 $(P/F, 12\%, 5) = 0.567\ 4$，则

$P = F(P/F, i, n) = 1\ 000 \times 0.567\ 4 = 567.40$（万元）

3. 系列支付款项的终值和现值计算

由于系列支付款项可以分为普通年金、预付年金、递延年金和永续年金等形式，因此计算终值和现值时要区别对待，这里重点讲述普通年金的计算。

（1）普通年金终值计算（已知普通年金 A，求终值 F） 普通年金又称后付年金，是指一定时期内，每期期末发生的等额现金流量。年金终值犹如零存整取的本利和，它是一定时期内每期期末现金流量的复利终值之和。普通年金终值的计算公式为

$$F = A\left[\frac{(1+i)^n - 1}{i}\right] \tag{8-11}$$

式中，方括号中的数值称作"年金终值系数"，记作 $(F/A, i, n)$，可以直接查阅年金终值系数表（见附表 C）取得，故上式又可写成：

$$F = A(F/A, i, n) \tag{8-12}$$

【例 8-6】 某房地产开发企业投资大型项目建设期 5 年，除自有资金外，于每年年末以 7% 的年利率向银行贷款 400 万元，问第 5 年年末该企业贷款的本利和是多少？

根据公式得：

$F = A\left[\dfrac{(1+i)^n - 1}{i}\right] = 400 \times \left[\dfrac{(1+7\%)^5 - 1}{7\%}\right] = 2\ 300.30$（万元）

也可以直接查年金终值系数表，得 $(F/A, 7\%, 5) = 5.751$，则

$F = A(F/A, i, n) = 400 \times 5.751 = 2\ 300.40$（万元）

（2）偿债基金计算（已知终值 F，求普通年金 A） 在实际工作中，公司可根据要求在贷款期内建立偿债基金，以保证在期满时有足够的现金偿还贷款的本金或兑现债务。此时的债务实际上等于年金终值 F，每年提取的偿债基金等于分次付款的年金 A。也可以说，年偿债基金的计算实际上是年金终值的逆运算。其计算公式为

$$A = F\left[\frac{i}{(1+i)^n - 1}\right] \tag{8-13}$$

式中，方括号中的数值 $\dfrac{i}{(1+i)^n - 1}$ 称作偿债基金系数，记作 $(A/F, i, n)$，可直接查阅偿债基金系数表取得，也可通过年金终值系数的倒数推算出来，故上式又可写成：

$$A = F(A/F, i, n) \text{ 或 } A = F\left[\frac{1}{(F/A, i, n)}\right] \tag{8-14}$$

【例8-7】 某房地产开发企业想在5年后从银行提出20万元偿债,若银行存款的年利率为4%,问从现在起每年年末应等额存入多少钱?

根据公式得:

$$A = F\left[\frac{i}{(1+i)^n - 1}\right] = 200\,000 \times \left[\frac{4\%}{(1+4\%)^5 - 1}\right] = 36\,925.42 \text{(万元)}$$

也可直接查偿债基金系数表,得 $(A/F, 4\%, 5) = 0.184\,6$,则

$$A = F(A/F, i, n) = 200\,000 \times 0.1846 = 36\,920 \text{(万元)}$$

(3) 普通年金现值计算(已知普通年金 A,求现值 P) 普通年金现值是指一定时期内每期期末现金流量的现值之和。年金现值计算的一般公式为

$$P = A\left[\frac{1-(1+i)^{-n}}{i}\right] \tag{8-15}$$

式中,方括号内的数值 $\frac{1-(1+i)^{-n}}{i}$ 称作"年金现值系数",记作 $(P/A, i, n)$,可直接查阅年金现值系数表(见附表 D)取得,故上式又可写成:

$$P = A(P/A, i, n) \tag{8-16}$$

【例8-8】 某房地产开发企业开发项目将以7%的年利率贷得一笔所需资金,估计开发项目销售后,8年内每年可从净收益中拿出500万元还本付息,问现在可贷多少以便到第8年年末能全部偿还本利?

根据公式得:

$$P = A\left[\frac{1-(1+i)^{-n}}{i}\right] = 500 \times \left[\frac{1-(1+7\%)^{-8}}{7\%}\right] = 2\,985.65 \text{(万元)}$$

也可直接查年金现值系数表,得 $(P/A, 7\%, 8) = 5.971\,3$,则

$$P = A(P/A, i, n) = 500 \times 5.971\,3 = 2\,985.65 \text{(万元)}$$

(4) 资本回收额的计算(已知现值 P,求普通年金 A) 年金现值的逆运算即是年资本回收额。资本回收额是指在给定的年限内等额回收或清偿初始投入的资本或所欠的债务,年资本回收额的计算公式为

$$A = P\left[\frac{i}{1-(1+i)^{-n}}\right] \tag{8-17}$$

式中方括号内的数值 $\frac{i}{1-(1+i)^{-n}}$ 称作"资本回收系数",记作 $(A/P, i, n)$,可直接查阅资本回收系数表取得,也可利用"年金现值系数"的倒数求得。

$$A = P(A/P, i, n) \text{ 或 } A = P\left[\frac{1}{(P/A, i, n)}\right] \tag{8-18}$$

【例8-9】 某房地产开发企业向租赁公司租一台设备价值300万元,租赁期5年,租金年利率9%,问该企业每年年末应等额偿还多少租金?

根据公式得:

$$A = P\left[\frac{i}{1-(1+i)^{-n}}\right] = 300 \times \left[\frac{9\%}{1-(1+9\%)^{-5}}\right] = 77.13 \text{(万元)}$$

也可直接查资本回收系数表，得 $(A/P, 9\%, 5) = 0.2571$，则
$A = P(A/P, i, n) = 300 \times 0.2571 = 77.13$（万元）

8.1.6 名义利率与有效利率

1. 名义利率的计算

计息周期实际发生的利率称为计息周期利率。

名义利率是指计息周期利率 i 乘以一年内的计息周期数 m 得到的年利率。在实务中，金融机构提供的利率报价通常为名义利率，记作 r。即

$$r = i \times m$$

若每月计息 1 次，一年计息 12 次，月利率为 1%，则年名义利率为 12%。很显然，计算名义利率时忽略了前面各期利息再生的因素，这与单利的计算相同。

2. 有效利率的计算

有效利率是资金在计息期中所发生的实际利率。一般将名义利率按不同计息期调整后的利率称为有效利率。故有效利率包括计息周期有效利率和年有效利率两种情况。

1) 计息周期有效利率，即计息周期利率 i，由上式可得：

$$i = \frac{r}{m} \tag{8-19}$$

2) 年有效利率，即年实际利率。若用计息周期利率来计算年有效利率，并将年内的利息再生因素考虑进去，则这时所得的年利率称为年有效利率（又称年实际利率）。根据利率的概念即可推导出年有效利率的计算公式。

已知单位计息周期的利率为 $i = \dfrac{r}{m}$，根据一次支付终值公式可得一年复利 m 期后的本利和 F，即

$$F = P\left(1 + \frac{r}{m}\right)^m \tag{8-20}$$

根据利息的定义可得该年的利息为

$$I = F - P = P\left(1 + \frac{r}{m}\right)^m - P = P\left[\left(1 + \frac{r}{m}\right)^m - 1\right] \tag{8-21}$$

根据利率定义，得该年的实际利率，即有效利率为

$$i = \frac{I}{P} = \left(1 + \frac{r}{m}\right)^m - 1 \tag{8-22}$$

由此可知，名义利率与有效利率的关系实质上和复利与单利的关系一样。若年利率为 12%，每年计息 1 次，则 12% 为有效利率；若年利率为 12%，每月计息 1 次，则有效利率为

$$i_{ear} = \left(1 + \frac{r}{m}\right)^m - 1 = \left(1 + \frac{12\%}{12}\right)^{12} - 1 = 12.68\%$$

当 $m = 1$ 时，名义利率等于有效利率；当 $m > 1$ 时，有效利率大于名义利率；当 $m \to \infty$ 时：

$$i = \lim_{m \to \infty}\left[\left(1 + \frac{r}{m}\right)^m - 1\right] = \lim_{m \to \infty}\left[\left(1 + \frac{r}{m}\right)^{\frac{m}{r}}\right]^r - 1 = e^r - 1$$

为了进一步说明两者的关系，表8-3给出了名义利率6%在不同计息周期时的有效利率。

表8-3 名义利率6%在不同计息周期时的有效利率

计 息 期	年计息次数/次	计息期利率（%）	年有效利率（%）
年	1	6.00	6.00
半年	2	3.00	6.09
季度	4	1.50	6.14
月	12	0.50	6.17
星期	52	0.115 4	6.18
日	365	0.016 4	6.18
连续	∞	0.000 0	6.18

由表8-3可以看出，一年内计息次数多于一次，则按复利法计算的有效利率会大于名义利率，计息次数越多，相差越大；且随着复利次数的增加，有效利率逐渐趋于一个定值。

8.1.7 计息期小于（或等于）资金收付期时的资金等值计算

计息期小于（或等于）资金收付期时的等值分析计算有以下两种处理方法：

1）将名义利率换算为有效利率后，再按上述资金等值计算公式进行计算。

2）直接按单位计息周期利率来计算，但计息期数要做相应调整。如 n 年复利终值的计算：

$$F = P\left(1 + \frac{r}{m}\right)^{mn} = P\left(F/P, \frac{r}{m}, mn\right) \tag{8-23}$$

【例8-10】 现存款1 000元，年利率为4%，每季度计息一次，问第10年年末的存款本利和为多少？

(1) 年有效利率为

$$i = \left(1 + \frac{r}{m}\right)^m - 1 = \left(1 + \frac{4\%}{4}\right)^4 - 1 = 4.06\%$$

用年有效利率求解，得

$$F = P(1+i)^n = 1\,000 \times (1 + 4.06\%)^{10} = 1\,488.81 \text{（元）}$$

(2) 用季度利率求解：

$$F = P\left(1 + \frac{r}{m}\right)^{mn} = 1\,000 \times \left(1 + \frac{4\%}{4}\right)^{4 \times 10} = 1\,488.86 \text{（元）}$$

8.2 资金风险价值

财务活动经常是在有风险的情况下进行的。承担风险，就要得到相应的额外收益。投资者由于承担风险进行投资而要求的超过资金时间价值的额外收益，就称为资金的风险价值，也称为风险收益或风险报酬。房地产开发企业投资理财时，必须研究风险、计量风险并设法控制风险，以求最大限度地扩大企业财富。

8.2.1 风险的概念

风险一般是指某一行动的结果具有多样性。在风险存在的情况下，人们只能事先估计到采取某种行动可能导致的结果，以及每种结果出现的可能性，而行动的真正结果究竟会怎样，不能事先确定。

与风险相关的另一个概念是不确定性，即人们事先只知道采取某种行动可能形成的各种结果，但不知道它们出现的概率，或者两者都不知道，而只能做些粗略的估计。例如，房地产开发企业开发一个新楼盘事先只能肯定该楼盘会产生销售好或坏两种可能，但不会知道这两种后果出现可能性的大小。又如房地产开发企业进行股票投资，投资前事先确定可能达到的报酬率及其出现概率的大小。经营决策一般都是在不确定的情况下做出的。西方国家的企业通常对风险和不确定这两个概念不加以区分，把不确定视同风险而加以计量，以便进行定量分析。在实务中，当说到风险时，可能指的是确切意义上的风险，但更可能指的是不确定性的风险，一般对两者不做区分。

总之，某一行动的结果具有多种可能而不确定，就叫有风险；反之，若某一行动的结果很肯定，就叫没有风险。从财务管理的角度来看，风险就是企业在各项财务活动过程中，由于各种难以预料或无法控制的因素作用，使企业的实际收益与预计收益发生背离的可能性。由于人们普遍具有风险反感心理，因而一提到风险，多数都将其错误地理解为与损失是同一概念。事实上，风险不仅能带来超出预期的损失，呈现其不利的一面，而且还可能带来超出预期的收益，呈现其有利的一面。

8.2.2 风险报酬

上节讲述的资金时间价值是投资者在无风险条件下进行投资所要求的报酬率（同时不考虑通货膨胀因素）。这是以确定的报酬率为计算依据的，也就是以肯定能取得的报酬为条件的。但是，企业财务和经营管理活动总是处于或大或小的风险之中，任何经济预测的准确性都是相对的，预测的时间越长，不确定的程度就越高。因此，为了简化决策分析工作，在短期财务决策中一般不考虑风险的因素。而在长期财务决策中，则不得不考虑风险因素，同时需要计量风险程度。

任何投资者宁愿要肯定的某一报酬率，而不愿意要不肯定的同一报酬率，这种现象称为风险反感。在风险反感普遍存在的情况下，诱使投资者进行风险投资的，是超过时间价值的那部分额外报酬，即风险报酬。

风险报酬的表现形式是风险报酬率，就是投资者因冒风险进行投资而要求的，超过资金时间价值的那部分额外报酬率。

如果不考虑通货膨胀的话，投资者进行风险投资所要求或期望的报酬率便是资金的时间价值（无风险报酬率）与风险报酬率之和。即

期望投资报酬率 = 资金时间价值（或无风险报酬率）+ 风险报酬率

假如，资金时间价值为8%，某项投资期望报酬率为12%，在不考虑通货膨胀的情况下，该项投资的风险报酬率即为4%。

8.2.3 风险衡量

风险客观存在，广泛影响着房地产开发企业的财务和经营活动，因此，正视风险并将风

险程度加以量化，进行较为准确的衡量，就成为房地产开发企业财务管理中的一项重要工作。为了有效地做好财务管理工作，就必须弄清不同风险条件下的投资报酬率之间的关系，掌握风险报酬的计算方法。下面分别介绍单项资产的风险报酬和资产组合的风险报酬的计算方法。

1. 单项资产的风险报酬

风险报酬的计算是一个比较复杂的问题，下面结合实例分步加以说明。

（1）确定概率分布 在现实生活中，某一事件在完全相同的条件下可能发生也可能不发生，即可能出现这种结果也有可能出现那种结果，我们称这类事件为随机事件。概率就是用百分数或小数来表示随机事件发生可能性及出现某种结果可能性大小的数值。例如，一个房地产开发企业的利润有 60% 的机会增加，有 40% 的机会减少。如果把所有可能的事件或结果都列示出来，且每一事件都给予一种概率，把它们列示在一起，便构成了概率分布。上例的概率分布如表 8-4 所示。

表 8-4　概率分布表

可能出现的结果（i）	概率（P_i）（%）
利润增加	60
利润减少	40
合计	100

概率分布必须符合以下两个要求：

1) 所有的概率 P_i 都在 0 和 1 之间，即 $0 \leq P_i \leq 1$。

2) 所有结果的概率之和应等于 1，即 $\sum_{i=1}^{n} P_i = 1$，这里，n 为可能出现的结果个数。

（2）计算期望报酬率 期望报酬率是各种可能的报酬率按其概率进行加权平均得到的报酬率，它是反映集中趋势的一种量度，代表着投资者的合理预期。期望报酬率可按下列公式计算：

$$\overline{K} = \sum_{i=1}^{n} K_i P_i \tag{8-24}$$

式中　$\overline{K}$——期望报酬率；

　　　K_i——第 i 种可能结果的报酬率；

　　　P_i——第 i 种可能结果的概率；

　　　n——可能结果的个数。

【例 8-11】 甲和乙两个房地产开发企业股票的报酬率及其概率分布情况如表 8-5 所示，试分别计算两个企业的期望报酬率。

表 8-5　甲企业和乙企业股票报酬率的概率分布

经济情况	该种经济情况发生的概率（P_i）	报酬率（K_i）（%）	
		甲企业	乙企业
繁荣	0.20	40	70
一般	0.60	20	20
衰退	0.20	0	-30

下面根据上述期望报酬率公式分别计算甲企业和乙企业的期望报酬率。
甲企业：
$$\overline{K} = K_1P_1 + K_2P_2 + K_3P_3$$
$$= 40\% \times 0.20 + 20\% \times 0.60 + 0\% \times 0.20$$
$$= 20\%$$

乙企业：
$$\overline{K} = K_1P_1 + K_2P_2 + K_3P_3$$
$$= 70\% \times 0.20 + 20\% \times 0.60 + (-30\%) \times 0.20$$
$$= 20\%$$

两个企业股票的期望报酬率都是20%，但甲企业各种情况下的报酬率比较集中，而乙企业却比较分散，所以甲企业的风险小。这种情况可通过图8-2来说明。

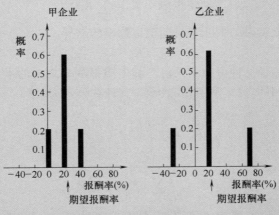

图8-2　甲企业与乙企业报酬率的概率分布图

以上只是假定存在繁荣、一般和衰退三种情况。实践中，经济状况可以在极度衰退和极度繁荣之间发生无数种可能的结果。如果对每一可能的经济情况都给予相应的概率，并对每一种情况都给予一个报酬率，把它们绘制在直角坐标系中，便可得到连续的概率分布，如图8-3所示。

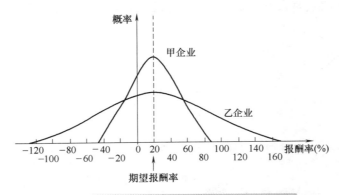

图8-3　甲企业与乙企业报酬率的连续分布图

(3) 计算标准差　标准差是各种可能的报酬率偏离期望报酬率的综合差异，是反映离散程度的指标。标准差可按下列公式计算：

$$\sigma = \sqrt{\sum_{i=1}^{n} (K_i - \overline{K})^2 P_i} \tag{8-25}$$

式中　σ——期望报酬率的标准差；
　　　$\overline{K}$——期望报酬率；
　　　K_i——第 i 种可能结果的报酬率；
　　　P_i——第 i 种可能结果的概率；
　　　n——可能结果的个数。

具体来讲，计算标准差的程序如下：
1）计算期望报酬率。

$$期望报酬率\ \overline{K} = \sum_{i=1}^{n} K_i P_i \tag{8-26}$$

2）计算每一种可能结果的报酬率与期望报酬率的差异。

$$D_i = K_i - \overline{K} \tag{8-27}$$

3）计算方差。方差是每种可能结果值与其期望报酬率之差的平方，以每种可能结果的概率为权数计算的加权平均数。常用 σ^2 表示。其计算公式为

$$\sigma^2 = \sum_{i=1}^{n} (K_i - \overline{K})^2 P_i \tag{8-28}$$

4）计算标准差。

$$\sigma = \sqrt{\sum_{i=1}^{n} (K_i - \overline{K})^2 P_i} \tag{8-29}$$

【例8-12】承前例，将例中甲企业和乙企业的资料代入上述公式得到两个企业的标准差：

甲企业的标准差为

$$\sigma = \sqrt{(40\% - 20\%)^2 \times 0.20 + (20\% - 20\%)^2 \times 0.60 + (0\% - 20\%)^2 \times 0.20} = 12.65\%$$

乙企业的标准差为

$$\sigma = \sqrt{(70\% - 20\%)^2 \times 0.20 + (20\% - 20\%)^2 \times 0.60 + (-30\% - 20\%)^2 \times 0.20} = 31.62\%$$

标准差越小，说明离散程度越小，风险也就越小。根据这种测量方法，乙企业的风险要大于甲企业。

(4) 计算标准差率：

$$V = \frac{\sigma}{\overline{K}} \times 100\% \tag{8-30}$$

式中　V——标准差率。

【例8-13】承前例，可得甲企业的标准差率为

$$V = \frac{12.65\%}{20\%} \times 100\% = 63.25\%$$

乙企业的标准差率为

$$V = \frac{31.65\%}{20\%} \times 100\% = 158.1\%$$

（5）计算风险报酬率：

$$R_R = bV \qquad (8\text{-}31)$$

式中　R_R——风险报酬率；

　　　b——风险报酬系数；

　　　V——标准差率。

那么，投资的总报酬率可表示为

$$K = R_F + R_R = R_F + bV$$

式中　K——投资报酬率；

　　　R_F——无风险报酬率。

无风险报酬率就是资金时间价值，西方一般把投资于国库券的报酬率视为无风险报酬率。风险报酬系数是将标准差率转化为风险报酬的一种系数。

【例8-14】 承前例，假设甲企业的风险报酬系数为5%，乙企业的风险报酬系数为8%，则两家企业的股票风险报酬率分别为

甲企业 $R_R = bV = 5\% \times 63.25\% = 3.16\%$

乙企业 $R_R = bV = 8\% \times 158.1\% = 12.65\%$

如果无风险报酬率为10%，则两家企业股票的投资报酬率分别为

甲企业 $K = R_F + bV = 10\% + 5\% \times 63.25\% = 13.16\%$

乙企业 $K = R_F + bV = 10\% + 8\% \times 158.1\% = 22.65\%$

风险报酬系数的确定，有如下几种方法：

1）根据以往的同类项目的有关资料推导确定。风险报酬系数为b，可以参照以往同类投资项目的历史资料，运用前述有关公式来确定。例如，某房地产开发企业准备进行一项投资，此类项目含风险报酬率的投资报酬率一般为20%左右，其报酬率的标准差率为100%，无风险报酬率为10%，则由公式 $K = R_F + bV$ 推导可得

$$b = \frac{K - R_F}{V} = \frac{20\% - 10\%}{100\%} = 10$$

2）由企业领导或企业组织有关专家确定。以上第一种方法必须在历史资料比较充分的情况下才能采用。如果缺乏历史资料，则可由企业领导，如总经理、财务副总经理、总会计师、财务主任等根据经验加以确定，也可由企业组织有关专家确定。实际上，风险报酬系数的确定，在很大程度上取决于每个企业对待风险的态度。比较敢于承担风险的企业，往往把b值定得低些；反之，比较稳健的企业，则常常把b值定得高些。

3）由国家有关部门组织专家确定。国家有关部门如财政部、中国人民银行等，根据各行业的条件和有关因素，组织专家来确定各行业的风险报酬系数，由国家定期公布，作为国家参数供投资者参考。

2. 资产组合的风险报酬

资产组合或称证券投资组合，是指房地产开发企业作为投资者在进行证券投资时，不是

将所有的资金都投向单一的某种证券,而是有选择地投向一组证券。建立系统科学的证券投资组合,可以帮助投资者全面捕捉获利机会,有效地降低投资风险,因此,必须了解证券组合的风险报酬。

(1) 证券组合的风险　证券组合的风险可以分为两种性质完全不同的风险,即可分散风险和不可分散风险,现分述如下:

1) 可分散风险。可分散风险又叫非系统性风险或公司特别风险,是指某些因素对单个证券造成经济损失的可能性,如某企业的一项重大投资计划失败等。这种风险,可通过证券持有的多样化来抵消,即多买几家企业的股票,其中某些企业的股票报酬上升,另一些股票的报酬下降,从而将风险抵消。因而,这种风险称为可分散风险。现举例说明如下:

假设 W 股票和 M 股票构成一证券组合,每种股票在证券组合中各占 50%,它们的报酬率和风险情况如表 8-6 所示。

表 8-6　完全负相关的两种股票构成的证券组合的收益情况

年份 (t)	W 股票 $\overline{k_w}(\%)$	M 股票 $\overline{k_m}(\%)$	WM 股票组合 $\overline{K_{wm}}(\%)$
2013 年	40	-10	15
2014 年	-10	40	15
2015 年	35	-5	15
2016 年	-5	35	15
2017 年	15	15	15
平均报酬率 ($\overline{K}$)	15	15	15
标准差 (σ)	22.4	22.4	0.00

从表 8-6 可以看出,如果分别持有两种股票,都有很大风险,但如果把它们组合成一个证券组合,则没有风险。

W 股票和 M 股票之所以能结合起来组成一个无风险的证券组合,是因为它们报酬的变化正好呈相反的态势——当 W 股票的报酬下降时,M 股票的报酬上升;反之亦然。我们把股票 W 和 M 叫作完全负相关。这里相关系数 $r = -1.0$。

与完全负相关相反的是完全正相关 ($r = +1.0$),两个完全正相关的股票报酬将一起上升或下降,这样的两种股票组成的证券组合不能抵消任何风险。

通过以上分析我们知道,当两种股票完全负相关 ($r = -1.0$) 时,所有的风险都可以分散掉;当两种股票完全正相关 ($r = +1.0$) 时,从抵减风险的角度来看,分散持有股票没有好处。实际上,大部分股票都是正相关,但不是完全正相关,一般来说,随机取两种股票相关系数为 +0.6 左右的最多,而对绝大多数两种股票而言,r 将位于 +0.5 与 +0.7 之间。在这种情况下,把两种股票组合成证券组合能抵减风险,但不能全部消除风险。不过,如果股票种类较多,则能分散掉大部分风险,而当股票种类足够多时,几乎能把所有的非系统风险分散掉。

2) 不可分散风险。不可分散风险又称系统性风险或市场风险,指的是由于某些因素给市场上所有的证券都带来经济损失的可能性,如宏观经济状况的变化、国家税法的变化、国家财政政策和货币政策的变化、世界能源状况的改变都会使股票收益发生变动。这些风险影响到所有的证券,因此,不能通过证券组合分散。对投资者来说,这种风险是无法消除的,故称不可分散风险。但这种风险对不同的企业也有不同的影响。

不可分散风险的程度,通常用 β 系数来计量。β 系数有多种计算方法,实际计算过程十分复杂,但幸运的是 β 系数一般不需要投资者自己计算,而由一些投资服务机构定期计算并公布。

作为整体的证券市场的 β 系数为 1。如果某种股票的风险情况与整个证券市场的风险情况一致,则这种股票的 β 系数也等于 1;如果某种股票的 β 系数大于 1,则说明其风险大于整个市场风险;如果某种股票的 β 系数小于 1,则说明其风险小于整个市场的风险。

单种股票 β 系数可以由有关的投资服务机构提供,在此基础上,可计算证券组合的 β 系数。它是单个证券 β 系数的加权平均,权数为各种股票在证券组合中所占的比重。其计算公式为

$$\beta_p = \sum_{i=1}^{n} \beta_i x_i \tag{8-32}$$

式中 β_p——证券组合的 β 系数;
 x_i——证券组合中第 i 种股票所占的比重;
 β_i——第 i 种股票的 β 系数;
 n——证券组合中股票的数量。

通过以上分析,可得出结论:

① 一种股票的风险由两部分组成,它们是可分散风险和不可分散风险。这可以用图 8-4 加以说明。

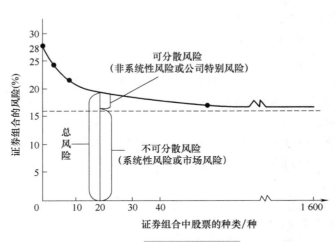

图 8-4　证券风险构成图

② 可分散风险可通过证券组合来消减,从图 8-4 可以看到,可分散风险随证券组合中股票数量的增加而逐渐减少。近几年的资料显示,由一种股票组成的证券组合的标准差大约为 28%,由所有股票组成的证券组合的标准差大约为 15.1%。这样,如果一个证券组合包含有 40 种股票而且又比较合理,那么大部分可分散风险都能被消除。

③ 股票的不可分散风险由市场变动而产生,它对所有股票都有影响,不能通过证券组合而消除。不可分散风险是通过 β 系数来测量的,一些标准的 β 值如下:

$\beta = 0.5$,说明该股票的风险只有整个市场股票风险的一半。

$\beta = 1.0$，说明该股票的风险等于整个市场股票的风险。

$\beta = 2.0$，说明该股票的风险是整个市场股票风险的2倍。

（2）证券组合的风险报酬　投资者进行证券组合投资与进行单项投资一样，都要求对承担的风险进行补偿，股票的风险越大，要求的报酬就越高。但是，与单项投资不同，证券组合投资要求补偿的风险只是不可分散风险，而不要求对可分散风险进行补偿（可分散风险通过证券投资组合可消除）。因此，证券组合的风险报酬是投资者因承担不可分散风险而要求的、超过时间价值的那部分额外报酬。可用下列公式计算：

$$R_p = \beta_p(K_m - R_F) \tag{8-33}$$

式中　R_p——证券组合的风险报酬率；

β_p——证券组合的β系数；

K_m——所有股票的平均报酬率，也就是市场上所有股票组成的证券组合的报酬率，简称市场报酬率；

R_F——无风险报酬率，一般用国库券的利率来衡量。

【例8-15】某房地产开发企业持有由甲、乙、丙三种股票构成的证券组合，它们的β系数分别是2.0、1.0和0.5，它们在证券组合中所占的比重分别为50%、30%和20%，股票的市场报酬率为15%，无风险报酬率为10%，试确定这种证券组合的风险报酬率。

（1）确定证券组合的β系数。

$$\beta_p = \sum_{i=1}^{n} \beta_i x_i = 50\% \times 2.0 + 30\% \times 1.0 + 20\% \times 0.5 = 1.4$$

（2）计算该证券组合的风险报酬率。

$$R_p = \beta_p(K_m - R_F) = 1.4 \times (15\% - 10\%) = 7\%$$

计算出风险报酬率后，便可根据投资额和风险报酬率计算出风险报酬的数额。

从以上计算可以看出，调整各种证券在证券组合中的比重可改变证券组合的风险、风险报酬率和风险报酬额。

（3）风险和报酬率的关系　在西方金融学和财务管理学中，有许多模型论述风险和报酬率的关系，其中一个最重要的模型为资本资产定价模型（Capital Asset Pricing Model，CAPM）。这一模型为

$$K_i = R_F + \beta_i(K_m - R_F) \tag{8-34}$$

式中　K_i——第i种股票或第i种证券组合的必要报酬率；

R_F——无风险报酬率；

β_i——第i种股票或第i种证券组合的β系数；

K_m——所有股票的平均报酬率。

【例8-16】某房地产开发企业股票的β系数为2.0，无风险利率为6%，市场上所有股票的平均报酬率为10%，那么，该企业股票的报酬率应为

$$K_i = R_F + \beta_i(K_m - R_F) = 6\% + 2.0 \times (10\% - 6\%) = 14\%$$

也就是说，该房地产开发企业股票的报酬率达到或超过14%时，投资者才会进行投资。如果低于14%，则投资者不会购买该企业的股票。

资本资产定价模型通常可用图形加以表示,叫作证券市场线(简称 SML)。它说明必要报酬率 K 与不可分散风险 β 系数之间的关系,用图 8-5 加以说明。

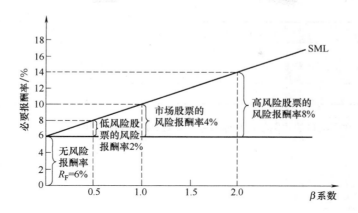

图 8-5　证券报酬率与 β 系数的关系

从图 8-5 可以看到,无风险报酬率为 6%,β 系数不同的股票有不同的风险报酬率,当 $\beta=0.5$ 时,风险报酬率为 2%,当 $\beta=1.0$ 时,风险报酬率为 4%;当 $\beta=2.0$ 时,风险报酬率为 8%。也就是说,β 值越高,要求的风险报酬率也就越高,在无风险报酬率不变的情况下,必要报酬率也就越高。

思 考 题

1. 资金时间价值的含义是什么?
2. 在现值计算中,常将用以计算现值的利率称为贴现率,如何理解贴现率的含义?
3. 年金的含义是什么?它具体包括哪些类型?
4. 简述风险的含义及对财务管理的意义。
5. 什么是系统风险、非系统风险?区分系统风险和非系统风险对于财务管理有何意义?
6. 简述 β 系数的含义及其意义。
7. 什么是证券投资组合?建立证券投资组合的目的是什么?

练 习 题

1. 某房地产开发企业拟购置一项设备,目前有 A、B 两种可供选择。A 设备的价格比 B 设备高 50 000 元,但每年可节约维修保养费等费用 10 000 元。假设 A 设备的经济寿命为 6 年,利率为 8%,该公司在 A、B 两种设备中必须选择其一的情况下,应选择哪一种设备?

2. 某房地产开发企业有一项付款业务,有甲乙两种付款方式可供选择。甲方案:现在支付 15 万元,一次性结清。乙方案:分 5 年付款,1~5 年各年年末的付款分别为 3 万元、3 万元、4 万元、4 万元、4 万元,年利率为 10%。

要求:
(1) 计算分期付款的现值。
(2) 请为该房地产公司择优选择付款方式。

3. 某房地产开发企业有 A、B 两个投资项目，投资额均为 10 000 万元，其收益的概率分布如表 8-7 所示。

表 8-7　收益的概率分布

概　率	A 项目收益额（万元）	B 项目收益额（万元）
0.2	2 000	3 500
0.5	1 000	1 000
0.3	500	−500

要求：计算 A、B 两项目的预期收益和标准差，并对其风险做出判断。

第 9 章 筹资管理

本章导读

房企融资渠道面临全面收紧的局面。2018年，恒丰银行一份被曝光的内部文件显示，其于1月29日下发关于暂停受理房地产行业新增授信业务的通知，而恒丰银行随后也表示这是基于银行贷款结构调整做出的正常经营决策，属于暂时性内部管理措施。与此同时，银监会以及各地银监局出政策和开罚单"两手抓"，对违规房地产开发企业融资实行高压监管。除了商业银行信贷渠道，信托公司银信合作业务以及房企发债融资也依然受到监管层严控。房企融资通道进一步缩紧，资金链压力雪上加霜。随着调控持续，楼市进入调整期，2018年第三季度或将是房企兑付压力窗口期，资金获取或成为2018年房企业务的关键。

银行融资面临严监管。2017年召开的中央经济工作会议确定"打好防范化解重大风险攻坚战，重点是防控金融风险"，并明确"促进形成金融和实体经济、金融和房地产、金融体系内部的良性循环"。在国家整体房地产调控的基调之下，相关部门对涉及房地产开发企业融资的违规行为已经体现出监管高压态势。银监会1月发布《2018年整治银行业市场乱象工作要点》，第五条市场乱象就是"违反房地产行业政策"。上海银监局于1月29日下发《上海银监局关于规范开展并购贷款业务的通知》，就并购贷款展开进一步规范。从年初起，各地银监局开出的多张罚单也直指银行为房地产开发企业提供违规融资的行为。在宏观调控和监管高压之下，银行对房地产开发企业的表内外融资也处于一种相对从紧的状态，尤其对于新增授信，一直较为谨慎。

房企寻求多渠道融资。在银行渠道收紧的背景下，一些有条件的房企也欲加快在债券市场融资的节奏。不过，境内发债的渠道也依然处在严管之下。2018年年初，不少房企在境内申请发债。2月2日，华侨城宣布，证监会批复向合格投资者公开发行总额不超过人民币130亿元公司债券。华夏幸福也公告称，公司收到上海证券交易所关于其非公开发行公司债券挂牌转让无异议的函，发行总额不超过50亿元。首开股份拟进行非公开发行公司债60亿元。但是，企业获得监管部门债券发行批复并不意味着立刻就能发债，目前，在国家整体的房地产调控基调之下，监管部门仍会严控房企的发债节奏。实际上，尽管房企融资需求旺盛，但境内发行债券渠道依然是收紧的。

和过去两年的整体趋势一致，一些房企将视线投向海外市场，并盯上可转债这一品种。2018年1月30日，中国恒大在香港交易所发布公告称，拟发行2023年到期的180亿港元可换股债券，年利率4.25%。碧桂园方面也发行了156亿港元可转换债券。同时，公司还以配股的方式融资约64亿港元。实际上，在房企融资通道全面收紧的背景下，资金获得已经成为房企业务的重中之重。

警惕还款高峰资金风险。华远集团原董事长任志强指出，2010～2014年的5年间，房企债务只有8 000多亿元。但2015～2016年两年间，房企新增债务就达到8 500亿元。据他估算，2017～2019年房企整体还债规模将超10 000亿元。其中，2018年，还债额度将达3 300亿元；2019年额度达到4 700亿元。同时，有业内人士表示，从2015年和2016年房地产开发企业发行公司债的期限结构就可以预知：2015年占总量44%的房地产公司债采用了3+2年的期限结构，有4%采用3+3年模式；2016年发行的房地产公司债中，分别有18%和7%的债券采用了2+1年和2+2年的期限结构，这些结构的公司债都将在2018年进入回售期，应警惕回售带来的企业流动性风险。

（整理自：梁倩，张莫．监管趋严，房企融资渠道再收紧．经济参考报 2018 02 05．）

从上述文章可看出，房地产开发企业作为资金密集型企业，同时也是典型的高负债行业，为了企业发展需要并防范资金链断裂风险，及时筹集所需资金就成为"重中之重"。筹资管理就是房地产开发企业根据企业发展需要，如何选择正确的筹资渠道和合适的筹资方式筹集资金，并确定最佳资本结构等问题。例如，是选择权益筹资还是债务筹资？是选择内部融资还是外部融资？是选择股票融资、银行借款还是债券融资？等等。不同的筹资方式有不同的资本成本，那这些成本如何计算？杠杆利益和风险如何衡量？资本结构理论又有哪些？本章将为你讲述这些相关内容。

9.1 筹资管理概述

筹资是房地产开发企业资本运作的起点，资本运用的前提。房地产开发企业筹集资金，就是企业根据其生产经营、对外投资和调整资本结构的需要，通过筹资渠道，运用筹资方式，在资金市场上，经济有效地筹措和集中资金。

9.1.1 房地产开发企业筹资动机

房地产开发企业筹资的基本目的是为了自身的维持与发展。房地产开发企业具体的筹资活动通常受特定动机的驱使，是多种多样的。在财务实践中，这些筹资动机归纳起来主要有三种类型，即扩张筹资动机、偿债筹资动机和混合筹资动机。

1. 扩张筹资动机

扩张筹资动机（Expansive Financing Motivate）是指房地产开发企业因扩大生产经营规模或追加对外投资的需要而产生的筹资动机。例如，房地产开发企业开发生产适销对路的新房屋；扩大生产规模，增加本企业房屋产品的市场供应量；引进新技术、新设备；开拓有发展前途的对外投资领域；追加有利的对外投资规模等。往往具有良好的发展前景、处于成长时期的房地产开发企业都会产生这些投资动机，都需要企业筹集一定数量的资金。

扩张筹资动机所产生的直接结果是房地产开发企业资产总额和筹资总额的增加，企业经营规模扩大。

2. 偿债筹资动机

偿债筹资动机（Debt Refunding Motivate）是指房地产开发企业为了偿还债务而引起的筹资动机。偿债筹资动机具体有两种：一是调整性偿债筹资，即房地产开发企业虽有足够的能力偿还到期债务，但为了调整原有的资本结构仍然筹集新资金，以使现有的资本结构更加合理；二是恶化性偿债筹资，即房地产开发企业现有的支付能力不足以偿还到期的债务，而被迫筹资还债。

偿债筹资动机所产生的直接结果是筹资后并没有扩大房地产开发企业的资产总额和筹资总额，只是改变了企业的资本结构（有时可能资本结构也不变）。

3. 混合筹资动机

混合筹资动机（Multiple Financing Motivate）是指同时具有扩张、偿债两种动机的筹资动机。这种筹资动机既能扩大房地产开发企业规模又能调整房地产开发企业的资本结构。

除上述三种筹资动机外，随着经营观念的不断变化，房地产开发企业具体的筹资动机也会出现一些相应的变化。例如，通过筹资为房地产开发企业起到广告效应；通过筹资为房地产开发企业起到抵税效应，甚至还会出现通过筹资来欺诈投资者等动机。

9.1.2 房地产开发企业筹资原则

房地产开发企业筹资是一项重要而复杂的工作，为了有效地筹集房地产开发企业所需资金，必须遵循以下基本原则：

1. 规模适当原则

一般情况下，房地产开发企业在不同时期的资金需求量是各不相同的，房地产开发企业要认真分析，采用一定的方法，预测资金的需求量，合理确定筹资规模。只有这样，才能既保证房地产开发企业正常生产经营所需资金，又可防止资金过剩造成浪费。

2. 筹措及时原则

资金具有时间价值，因此，房地产开发企业在筹措资金时一定要合理安排资金的筹集时间，适时获取所需资金，既要避免过早筹集资金形成资金投放前的闲置，又要防止取得资金的滞后，错过资金投放的最佳时机。

3. 来源合理原则

房地产开发企业可以选择不同的筹资渠道，在资金市场上筹集自己所需资金，然而不同来源的资金，具有不同的资本成本、不同的使用期限等差异，这些差异必将对房地产开发企业的资金应用产生重大影响。因此，房地产开发企业应认真分析研究，合理选择资金来源。

4. 方式经济原则

在确定筹资数量、筹资时间、资金来源的基础上，房地产开发企业还应合理选择筹资方式。不同筹资方式所获得的资金，企业要付出不同的代价。因此，房地产开发企业在筹资前，一定要选择经济、可行的筹资方式，恰当地做出资本结构决策。

9.1.3 筹资类型

房地产开发企业可以从不同的渠道采用不同的方式筹集所需资金，由于这些资金的性质、期限、方式、具体来源等的不同，形成了不同的筹资类型。

1. 按资金权益性质划分

按资金权益性质划分，筹资可分为自有资金筹集和借入资金筹集。

自有资金亦称自有资本或权益资本，是房地产开发企业依法筹集并长期拥有、自主调配运用的资金。它主要包括资本金（即实收资本或股本）、资本公积金、盈余公积金和未分配利润。

借入资金亦称借入资本或债务资本，是房地产开发企业依法筹集按期偿还并支付报酬的资金。它主要包括银行借款、公司（或房地产开发企业）债券和各种应付款项等。

混合性资本是指兼具权益性资本和债务性资本双重属性的长期资本类型，主要包括发行优先股筹资资本和发行可转换债券筹资资本。从筹资企业的角度来看，优先股股本属于房地产开发企业的权益资本，但优先股股利同债券利率一样，通常是固定的，因此，优先股筹资属于混合性筹资。可转换债券在其持有者将其转换为发行公司股票之前，属于债务性筹资，在其持有者将其转换为发行公司股票之后，则属于股权性筹资。可见，优先股和发行可转换债券都具有权益性筹资和债务性筹资的双重属性，因此属于混合性筹资。

2. 按资金的使用期限划分

按资金的使用期限划分，筹资可分为长期资金筹集和短期资金筹集。

长期资金是指使用期限在一年以上的资金。在一般情况下，房地产开发企业的自有资金均属于长期资金；借入资金中的长期借款、长期应付债券和长期应付款项等也属于长期资金。

短期资金是指使用期限在一年以内的资金，主要有短期借款、短期应付债券和各种商业信用等。

3. 按筹资活动是否以金融机构为媒介划分

按筹资活动是否以金融机构为媒介划分，筹资可分为直接筹资和间接筹资。按照这种标准，直接筹资是指房地产开发企业不经过银行等金融机构，直接向资金的供应者筹资。间接筹资是指房地产开发企业借助银行等金融机构而进行的筹资。

4. 按筹资来源划分

按筹资来源划分，筹资可分为内部筹资和外部筹资。

内部筹资是指房地产开发企业在企业内部通过留用利润而形成的资本来源。外部筹资是指房地产开发企业内部筹资不能满足需要时，向企业外部筹资而形成的资本来源。企业外部筹资可采用的方式比较多。

9.1.4 房地产开发企业筹资渠道

筹资渠道是指客观存在的筹措资金的来源方向与通道。目前，我国房地产开发企业筹资渠道主要包括：

1. 国家财政资金

国家对房地产开发企业的直接投资是国有房地产开发企业最主要的资金来源渠道，特别是国有独资房地产开发企业，其资本全部由国家投资形成。现有国有房地产开发企业的资金来源中，其资本部分大多是由国家财政以直接拨款方式形成的，除此之外，还有些是国家对房地产开发企业"税前还贷"或减免各种税款而形成的。不论是何种形式形成的，从产权关系上看，它们都属于国家投入的资金，产权归国家所有。

2. 银行信贷资金

银行对房地产开发企业的各种贷款，是我国目前各类房地产开发企业最为重要的资金来源。我国银行分为商业银行和政策性银行两种。商业银行是以盈利为目的、从事信贷资金投放的金融机构，它主要为房地产开发企业提供各种商业贷款。政策性银行是主要为特定房地产开发企业提供政策性贷款的金融机构。

3. 非银行金融机构资金

非银行金融机构主要指信托投资公司、保险公司、租赁公司、证券公司、房地产开发企业集团所属的财务公司等。它们所提供的各种金融服务，既包括信贷资金投放，也包括物资的融通，还包括为房地产开发企业承销证券等金融服务。

4. 其他企业资金

房地产开发企业在生产经营过程中，往往形成部分暂时闲置的资金，并为一定的目的而进行相互投资；另外，企业间的业务可以通过商业信用方式来完成，从而形成企业间的债权债务关系，形成债务人对债权人的短期信用资金占用。企业间的相互投资和商业信用的存在，使其他房地产开发企业资金也成为房地产开发企业资金的重要来源。

5. 居民个人资金

房地产开发企业职工和居民个人的结余货币，可用于对企业进行投资，形成民间资金来源渠道，成为房地产开发企业的资金来源。

6. 房地产开发企业自留资金

它是指房地产开发企业内部形成的资金，也称房地产开发企业内部资金，主要包括提取的公积金和未分配利润等。这些资金的主要特征是，它们无须房地产开发企业通过一定的方式去筹集，直接由房地产开发企业内部自动形成或转移而来。

7. 国外和我国港澳台地区资金

利用外资包括利用国际性组织、外国政府、外国社团、外国企业与外国个人的资金。房地产开发企业对国外和我国港澳台地区筹资不仅包括货币资金筹资，也包括设备、原材料等有形资产筹资以及专利、商标等无形资产筹资。由于利用外资是一种跨国境的经济行为，受外资政策、国家间政治关系、不同的文化传统及国际金融状况、外汇波动的影响均较大，因而必须在国家政策指导下，按积极、合理、有效的原则开展。

9.1.5 房地产开发企业筹资方式

筹资方式是指可供房地产开发企业在筹措资金时选用的具体筹资形式。我国房地产开发企业目前基本的长期筹资方式主要有以下几种：

1. 吸收直接投资

吸收直接投资是房地产开发企业以协议等形式吸收国家、其他企业、个人和外商等直接投入资本，形成房地产开发企业资本金的一种筹资方式。吸收直接投资不以股票为媒介，是非股份制房地产开发企业筹集自有资本的一种基本方式。

（1）吸收直接投资的种类　吸收直接投资按投资者的不同，分别形成国家资本金、法人资本金、个人资本金和外商资本金；按出资形式的不同，吸收直接投资可分为吸收现金直接投资、吸收实物直接投资和吸收无形资产直接投资。

(2) 吸收直接投资的条件　除了可以吸收资金外，还可以吸收实物资产或无形资产。但房地产开发企业通过吸收直接投资而取得的实物资产或无形资产，必须符合生产经营、科研开发的需要，在技术上能够消化应用；房地产开发企业通过吸收直接投资而取得的实物资产和无形资产，必须进行资产评估。

(3) 吸收直接投资的程序

1) 确定吸收直接投资的数量。房地产开发企业新建或扩大规模而吸收直接投资时，应当合理确定所需吸收直接投资的数量。国有独资房地产开发企业的增资必须由国家授权投资的机构或部门决定；合资或合营房地产开发企业的增资必须由出资各方协商决定。

2) 选择吸收直接投资的具体出资形式。吸收直接投资一般以现金形式为主。

3) 签署决定、合同或协议。房地产开发企业吸收直接投资，不论是为了新建还是为了发展，都应当由有关方面签署决定或协议等书面文件。对于国有房地产开发企业，应当由国家授权投资的机构或部门签署创建或增资拨款决定；对于合资房地产开发企业，应当由合资各方签订协议，明确各方投资比例。

4) 取得资金。签署决定或投资协议后，应按规定或计划确定拨款期限、每期数额及划拨方式，房地产开发企业可按计划取得现金。吸收出资各方以实物资产和无形资产投资的，应进行资产评估，然后办理产权的转移手续，取得资产。

(4) 吸收直接投资的优缺点　吸收直接投资是我国房地产开发企业筹资中最早采用的一种方式，在计划经济下被广泛采用。其优点有：

1) 吸收直接投资所筹资本属于房地产开发企业的自有资本，与借入资本相比较，它能够提高房地产开发企业的资信和借款能力。

2) 吸收直接投资不仅可以取得一部分现金，而且能够直接获得所需的先进设备和技术，能尽快形成生产经营能力。

3) 吸收直接投资的财务风险较低。

吸收直接投资的缺点主要有：

1) 资本成本高。吸收直接投资后房地产开发企业要给投资者带来丰厚的回报，一般资本成本较高。

2) 该融资方式没有以证券为媒介，产权关系有时不够明晰，也不便于产权交易。

3) 投资者资本进入容易出来难，难以吸收大量的社会资本，融资规模受到限制。

2. 发行股票

股票是股份公司为筹集自有资金而发行的有价证券，是公司签发的证明股东所持股份的凭证，它代表股东对股份制公司净资产的所有权。

(1) 股票的特点

1) 永久性。永久性是指发行股票所筹集的资金属于长期自有资金，没有期限，不需归还。换言之，股东在购买股票之后，一般情况下，不能要求发行公司退还股金。

2) 流通性。股票作为一种有价证券，在资本市场上可以自由转让、买卖和流通，也可以继承、赠送或作为抵押品。特别是上市公司发行的股票具有很强的变现能力，流动性很强。

3) 风险性。股东购买股票存在着一定的风险。由于股票的永久性使股东成为公司风险的主要承担者。股票价格的波动、股利发放的多少及公司破产清算时股东处于剩余财产分配的最后顺序等都为投资者带来很大风险。

4）参与性。股东作为股份公司的所有者，拥有经营者选择权、重大决策权、财产监督权、获取收益权等权利，也有承担有限责任、遵守公司章程等义务。

（2）股票的分类

1）按股东权利和义务的不同，股票可分为普通股和优先股。

普通股是一种最常见、最重要、最基本的标准型股票。普通股股票是股份制房地产开发企业发行的代表着股东享有平等的权利、义务，不加特别限制，股利不固定的股票。通常情况下，普通股股东个人行使的基本权利有经营收益的剩余请求权、优先认股权、股票转让权、检查公司账目权、公司解散清算的剩余财产获取权、阻止管理人员越权行为等。普通股股东整体行使的权利有制定和修改公司章程、选举公司董事、制定和修改公司的规章制度、任免公司重要人员、授权出售固定资产、批准并购行为、批准公司的资本结构变动、决定发行优先股和债券等。普通股股东的义务是遵守公司章程、缴纳所认购的股本、以所缴纳的股本为限承担有限责任等。

优先股也称特别股，是股份制房地产开发企业发行的优先于普通股股东分取经营收益和清算时剩余财产的股票。对优先股股东来说，其收益相对稳定而风险较小。

2）按股票是否记名，股票可分为记名股票和无记名股票。

记名股票是在股票上记载股东的姓名或名称并将其记入公司股东名册的一种股票。记名股票要同时附有股权手册，只有同时具备股票和股权手册，才能领取股利。记名股票的转让、继承都要办理过户手续。在我国，公司的国家股东、法人股东、发起人股东采用记名股票方式，社会公众股东可以采用记名股票方式，也可以采用无记名股票方式。

无记名股票是指在股票票面上不记载股东的姓名或名称的股票。股东的姓名或名称不记入公司的股东名册，公司只记载股票数量、编号及发行日期。凡持有无记名股票，都可成为公司的股东。无记名股票的转让、继承无须办理过户手续，只要将股票交给受让人，就可发生转让效力。

3）按股票是否标明票面金额，股票可分为有面额股票和无面额股票。

有面额股票是公司发行的票面记载有金额的股票。持有这种股票的股东，对公司享有权利和义务的大小，以其所拥有的全部股票的票面金额之和，占公司发行在外股票总额的比例大小来定。票面金额也是股东在有限公司中每股股票所负有限责任的最高限额。

无面额股票是指股票票面不标明每股金额的股票。无面额股票仅表示每一股在公司全部股票中占有的比例。也就是说，这种股票只在票面上注明每股占公司全部净资产的比例，其价值随公司财产价值的增减而增减。

我国《公司法》中规定，股票应当标明票面金额。

除上述分类外，目前在我国股票还可按投资主体的不同进行分类，可分为国家股、法人股、个人股和外商股；按发行对象和上市地点的不同，可分为A种股票、B种股票、H种股票、S种股票、N种股票、T种股票等；按发行公司的经营业绩，可分为绩优股、绩差股；按流通股数的大小，可分为大盘股和小盘股等。

（3）股票的发行

1）发行的动机。明确股票发行的目的、动机，是股份公司决定发行方式、发行程序、发行条件的前提。股份公司发行股票，总的来说是为了筹集资金，但具体来说有所不同。

① 筹集资本金。股份公司成立之初通过发行股票来筹集资本金，此时发行的股票称为始发股，这种股票的发行为公司获得了长期稳定的资本来源，从而使公司达到预定的资本规模。公司在经营过程中再次发行股票称为增资扩股，国家对此有一系列具体规定，通过增资扩股来扩大公司的资本规模。

② 扩大影响。发行股票尤其是股票上市发行，必须经过严格的筛选，具备特定的条件。因此，能够向社会公众公开发售股票的有限公司，往往是有实力、有潜力的公司，这实际上是替公司做了一次免费广告，提高了公司信誉。

③ 分散风险。股份公司的发展，对资本需求量越来越大，原股权投资者往往财力有限，而且，继续出资意味着风险过于集中。为了解决这些问题，可以通过发行股票的方式，既满足扩大资本规模的需求，又能吸引更多的投资者，从而把经营风险分散化。

④ 公积金转化为资本金。公司的资本公积金积累到一定数额，可将其一部分通过发行股票的方式转化为股本，此时的股票发行面向老股东，按原有股份的一定比例增发股票，老股东无须缴纳股金。在证券市场上，为此目的发行的股票被称为转增股。

⑤ 兼并与反兼并。公司的扩展有两条途径：一是依靠自己的力量不断积累壮大；二是兼并其他公司，而后者对于公司的扩展更为快捷。公司兼并其他公司可采用发行本公司的股票交换被兼并公司股票的方式进行，也可采用发行新股募集的资本购买被兼并公司的方式进行。同样，被列为被兼并对象的公司若要维持公司的经营权，解除被接管的威胁，也常常以发行新股的方式使对方的计划落空。

⑥ 股票分割。股票分割是指股份公司将流通在外的股份按一定比例拆细的行为，也称拆股。当公司经营顺利，股价迅速上扬时，股票的分割可以降低股票的价格，吸引更多的投资者，有利于实现公司价值的最大化。

此外，发行股票还有其他目的，如向股东派发股票（送红股）、将公司发行的可转换证券转换为股票等。

2）股票发行的条件。虽然股份公司和股票市场是当今经济发展中极为普遍的现象，而且也是商品经济发达程度的重要标志，但股份公司发行股票必须符合一定的条件，遵循相应的法律法规，现对我国股票发行的条件做适当说明：

① 房地产企业申请公开发行股票，应当符合下列条件：

a. 具备健全且运行良好的组织结构。

b. 具有持续盈利能力，财务状况良好。

c. 最近3年财务会计文件无虚假记载，无其他重大违法行为。

d. 证券监督管理机构规定的其他条件。

② 股份有限公司增资申请发行股票，必须具备下列条件：

a. 前一次发行的股份已募足，并间隔1年以上。

b. 公司在最近3年内连续盈利，并可向股东支付股利。

c. 公司在最近3年内财务会计文件无虚假记载。

d. 公司预期利润率可达到同期银行存款利率。

3）股票发行的基本程序。根据国际惯例，各国股票的发行都有严格的法律规定程序，任何未经法定程序发行的股票都不发生效力。

① 公司设立发行股票的基本程序

a. 发起人认购全部股份，交付股资。在发起设立方式下，发起人交付全部股资后，应选举董事会、监事会，由董事会办理设立登记事项。在募集设立方式下，发起人认足其应认购的股份并交付股资后，其余部分向社会公开募集。

b. 提出募集股份申请。发起人向社会公开募集股份时，必须向国务院证券管理部门递交募股申请，并报送批准设立公司的文件、公司章程、经营估算书、发起人的姓名或名称、发起人认购的股份数、出资种类、验资证明、招股说明书、代收股款银行的名称和地址以及承销机构的名称等有关协议文件。

c. 公告招股说明书、制作认股书，签订承销协议和代收股款协议。

d. 招认股份，缴纳股款。发行股票的公司或其承销机构一般用广告或通知的办法招募股份。认股者一旦填写了认股书，就是承担认股书中约定缴纳股款的义务。如果认股者总股数超过发起人拟招募总股数，则可以采取抽签的方式确定哪些认股者有权认股。认股者应在规定的期限内向代收股款的银行缴纳股款，同时交付认股书。股款收足后，发起人应委托法定机构验资，出具验资报告。

e. 召开创立大会，选举董事会、监事会。股款募足后，应在规定的期限内（法定30天）由发起人主持召开创立大会。创立大会应当由代表股份总数半数以上的认股人出席。

f. 办理设立登记，交割股票。创立大会选举的董事会应在创立大会结束后30天内办理申请公司设立的登记事项。登记成立后，即向股东正式交付股票。

② 增资发行股票的基本程序

a. 做出发行新股的决议。公司应根据生产经营状况，提出发行新股的计划。公司发新股的种类、股数及发行价格应由股东大会根据公司股票在市场上的推销前景、筹资的需要、公司的盈利和财产增值情况并考虑发行成本予以确定。

b. 由董事会向国务院授权的部门或省级人民政府提出增资发行股票的申请并经批准。

c. 公告新股招股说明书和财务会计报表及附属明细表，与证券经营机构签订承销合同，定向募集时向新股认购人发出认购公告或通知。

d. 招认股份，缴纳股款，交割股票。

e. 召开股东大会改选董事、监事，办理变更登记并公告。

4）股票发行的方式。股票发行方式是指公司通过何种途径发行股票。它可以按照不同的标准进行分类。

① 按照股东是否需要出资，分为有偿增资发行、无偿增资发行和有偿无偿并行增资发行三种。

有偿增资发行是指投资者须按股票面额或溢价，用现金或实物购买股票。股票发行的目的主要是为了筹集资金，有公开招股发行、老股东配股发行和第三者配股发行三种。

无偿增资发行是指公司不向股东收取现金或实物财产，而是无代价地将公司发行的股票交付给股东。这种做法的目的不在于筹资，而是为了调整公司所有者权益的内部结构，增强股东的信心，提高公司的社会影响。它包括转增方式、股票股利方式和股票分割方式。

有偿无偿并行增资发行是指股份公司发行新股交付股东时，股东只交付一部分股款，其余部分由公司公积金抵免。这种发行方式兼有筹集资金和调整所有者权益内部结构的作用。

② 按照股票是否公开发行，分为公开间接发行和不公开直接发行两种方式。

公开间接发行是指通过中介机构，公开向社会公众发行股票。我国股份有限公司采用募集设立方式向社会公开发行新股时，须由证券经营机构承销的做法就属于股票的公开间接发行。这种发行方式的发行范围广、发行对象多、易于足额募集资本；股票的变现性强，流通性好；股票的公开发行还有助于提高发行公司的知名度和扩大其影响力。但这种发行方式也有不足，主要是手续繁杂，发行成本较高。

不公开直接发行是指不公开对外发行股票，只向少数特定的对象直接发行，因而不需要经过中介机构承销。我国股份有限公司采用发起设立方式和无偿增资发行股票等方式均属于股票的不公开直接发行。这种发行方式弹性较大，发行成本低；但发行范围小，有时股票变现性差。

5) **股票推销方式**。股票推销方式是指股份有限公司在发行股票时所采取的股票销售方法，一般可分为自销和承销两类。

① **自销**。自销是指股份有限公司自行直接将股票出售给投资者，而不经过证券经营机构承销。这种销售方式可以节省发行费用，直接控制发行过程，实现发行意图，但往往筹资时间长，发行风险完全由发行公司承担，一般适用于发行数额不多、发行风险较小、知名度较高且有实力的大公司的股票发行。

② **承销**。承销是指发行公司将股票销售业务委托给证券承销机构代理。这种销售方式是发行股票所普遍采用的。在我国，股份有限公司向社会公开发行股票，必须与依法设立的证券经营机构签订承销协议，由证券经营机构承销。承销包括包销和代销两种具体形式。

包销是指根据承销协议商定的价格，证券经营机构一次性全部购进发行公司公开募集的股份，然后以较高的价格出售给社会上的认购者。这种方式便于发行公司及时筹足资金，免于承担发行风险；但股票以较低的价格销售给承销商，发行成本较高。

代销是指由证券经营机构代替发行公司代售股票，并收取一定的代销佣金，在规定的期限内，如果证券经营机构未能将全部股票出售，则代理方没有认购剩余股票的义务。

6) **股票发行价格**。股票发行价格，是股份公司发行股票时，将股票出售给投资者所采用的价格。股票发行价格通常由发行公司根据股票的面额、每股税后利润、市盈率的大小进行测算，与证券经营机构协商确定后，报国务院证券管理机构核准。在测算时一般用下列计算公式：

$$新股发行价格 = 每股税后利润 \times 市盈率 \qquad (9\text{-}1)$$

其中每股税后利润以发行前一年每股税后利润和发行当年摊销后每股税后利润加权平均数计算，一般前者的权数为70%，后者的权数为30%。所谓摊销，是指由于流通在外普通股股数增加而导致每股税后利润等指标的下降。市盈率的规定较为复杂，可考虑股市行情、流通盘大小、所属地区、所属行业和其他因素等分析确定，实际工作中，一般取值在14~22倍。

另外，初次发行时，少数公司有平价（按面值）发行股票的情况。再次发行股票时还有时价发行和中间价发行两种情况。

在我国，股票发行价格可以等于票面金额（平价），也可以超过票面金额（溢价），但不得低于票面金额（折价）。

(4) **股票上市** 股票上市是指股份有限公司公开发行的股票，符合规定条件，经过申请批准后在证券交易所作为交易的对象，进行挂牌交易。经批准在证券交易所上市交易的股票，称为上市股票，其股份有限公司称为上市公司。

1）股票上市的目的。股份有限公司申请股票上市，其基本目的是为了增强本公司股票的吸引力，形成稳定的资金来源，在更大范围内筹集大量资金。具体来说主要有以下目的：

① 促进公司股权的社会化，防止股权过于集中，分散风险。股票上市后，会有更多的投资者认购公司股份，公司则可将部分股份转售给这些投资者，再将得到的资金用于其他方面，这就分散了公司的风险。

② 提高公司所发行股票的流动性和变现能力，便于投资者认购、交易。

③ 便于筹措新资金。股票上市必须经过有关机构的审查批准并接受相应的管理，执行各种信息披露和股票上市的规定，这就大大增强了社会公众对发行公司的信赖，使之乐于购买公司的股票。同时，由于一般人认为上市公司实力雄厚，也便于公司采用其他方式（如负债）筹措资金。

④ 提高公司的知名度，吸引更多顾客，扩大销售量。

⑤ 便于确定公司价值。股票上市后，公司股份有价可循，因而便于确定公司的价值，有利于促进公司财富最大化。

⑥ 有助于确定公司增发新股的发行价格。

股票上市也有对公司不利的一面。这主要表现在：公司将负担较高的信息披露费用；各种信息公开的要求可能会暴露公司商业秘密；股价有时会歪曲公司的实际状况，甚至丑化公司声誉；可能会分散公司的控制权，造成管理上的困难。

2）股票上市的条件。公司公开发行的股票进入证券交易所挂牌买卖（即股票上市），须受严格的条件限制，这在我国的《证券法》中都有明确的规定。

具体规定如下：

① 股票经国务院证券监督管理机构核准已公开发行。

② 公司股本总额不少于人民币3 000万元。

③ 公开发行的股份达到公司股份总数的25%以上；公司股本总额超过人民币4亿元的，公开发行股份的比例为10%以上。

④ 公司最近三年无重大违法行为，财务会计报告无虚假记载。

此外，证券交易所可以另行规定高于此规定的上市条件，并报国务院证券监督管理机构批准。

3）股票上市的程序。股份有限公司申请股票上市，必须报经国务院证券监督管理机构核准，应当提交下列文件：

① 上市报告书。

② 申请上市的股东大会决议。

③ 公司章程和营业执照。

④ 经法定验证的最近三年的或者公司成立以来的财务会计报告。

⑤ 法律意见书和证券公司的推销书。

⑥ 最近一次的招股说明书。

获得国务院证券监督管理机构核准后，证券交易所应当自接到该股票发行人提交的规定文件之日起6个月内，安排该股票上市交易。上市公司应当在上市交易的5日前公告经核准的股票上市有关文件，并将该有关文件置备于指定场所供公众查阅。除此之外，还应当公告股票获准在证券交易所交易的日期,持有公司股份最多的前10名股东的名单和持股份额、董事、监事、经理及有关高级管理人员的姓名与持有本公司股票、债券的情况等。

4)股票上市决策。一个股份公司即使具备了股票上市的条件,也应该在申请股票上市交易前对公司状况进行分析,对上市股票的股利政策、上市方式和上市时机做出决策。

① 公司状况分析。已具备股票上市条件的公司,在申请股票上市前,需全面分析公司及股东的状况,权衡股票上市的利弊。如果公司面临的主要问题是资金不足,或现有股东持股比例过高,风险过大,则可以通过股票上市予以解决;如果公司目前的关键是控制权问题,降低控制权就会导致经营的不稳定,影响公司的长远发展,则不宜股票上市。

② 上市公司的股利政策。在一般情况下,上市公司的股利政策应当做到连续、一贯、丰厚,给股东以较好的回报,不能经常用"不分配""暂不分配"来搪塞股东,更不能经常用虚假的财务报告欺骗投资者,利用股票单纯实现"圈钱"的目的。

③ 股票上市方式的决策。实现股票上市一般有公开出售和反向收购等方式,拟定股票上市的公司要根据股市行情、投资者和本公司的具体情况进行决策。

a. 公开发售是股票上市的最基本方式。这种方式有利于达到公司增加现金资本的需要,有利于原股东转让其所持有的部分股份。

b. 反向收购是指申请上市的公司收购已上市的较小公司的股票,然后向被收购公司的股东配售新股,以达到筹资的目的,也称为"借壳上市"。一般情况下,被收购的公司是微利、流通盘较小、第一股东持股比例较低的上市公司。

④ 股票上市时机的选择。股票上市的最佳时机是公司预计未来年度将取得良好业绩的时候。除此之外,还应考虑拟定上市时的股市行情。因为在股市低迷时,股市的管理层往往要减缓甚至会停止股票的上市,即使获准上市,股价也相对较低,不便于筹资。

(5)普通股筹资的利弊

1)普通股筹资的优点。与其他筹资方式相比,普通股筹资主要具有如下优点:

① 普通股筹资没有固定的到期日和固定的利息负担。利用普通股筹集的是永久性的资金,一般不需要偿还(除公司清算),股利的多少可根据公司的盈利情况和公司对资金的需求情况而定,若公司盈余较多且没有更好的投资项目,就可以多分股利;若公司盈余较少,或虽然盈余较多但公司资金短缺或有更好更有利的投资项目,就可以少分或不分股利。

② 筹资风险小。由于普通股没有固定的到期日,不用支付固定的利息,所以这种筹资方式不存在不能偿付的风险,是一种风险最小的筹资方式。

③ 发行普通股能增加公司的信誉。普通股股本和由此产生的资本公积金是公司借入债务的基础。有了较多的普通股股本,就可为债权人提供较大的损失保障。因此,普通股筹资有利于提高公司的信用价值,同时也为筹集债务资金提供了强有力的支持。

④ 筹资限制相对较少。相对于利用优先股和债券筹资而言,普通股筹资限制相对较少。

2)普通股筹资的缺点有:

① 资本成本较高。首先,普通股的发行费用较高。其次,股利支付没有抵税效应,即利息可在税前扣除,股利要从净利中支付。最后,从投资者的角度来看,投资于普通股风险较大,相应地要求有较高的投资报酬率。因此,普通股筹资的成本一般要高于债务筹资的成本。

② 分散公司的控制权。利用普通股筹资,发行新股,可能会引起原有股东持股比例的

变动，扩大持股人范围，分散公司的控制权，因此，利用普通股筹资会受到很大的制约。

③ 公司过度依赖普通股筹资，会降低普通股的每股净收益，引发股价的下跌，进而影响公司其他融资手段的使用。

3. 利用留存收益

留存收益是指房地产开发企业从历年实现的利润中提取或形成的留存于房地产开发企业的内部积累，它主要包括盈余公积和未分配利润。留存收益来源于房地产开发企业在生产经营活动中所实现的净利润，所有权归房地产开发企业的所有者，它的存在实质上是房地产开发企业所有者向房地产开发企业追加投资，是房地产开发企业的一种筹资活动。所以，留存收益筹资亦称内部筹资或收益留用筹资。

留存收益筹资是当今房地产开发企业的重要筹资方式之一，与其他筹资方式相比，除了具有股票筹资方式的优点外，留存收益还具有不发生取得成本的优点。房地产开发企业从外部筹集资金，无论采用何种筹资方式，都要发生取得成本，特别是发行股票和债券，资金的取得成本是相当高的。因此，使用内部筹资对房地产开发企业非常有利，可以为房地产开发企业节约一大笔资金取得成本的支出。

留存收益筹资也有其缺点，主要表现在：保留留存收益往往会受到一些股东的反对；保留留存收益过多，股利支付过少，可能不利于股票价格的上涨，影响房地产开发企业在债券市场上的形象，增加房地产开发企业今后增发股票和发行债券的筹资难度。

4. 银行借款

银行借款筹资是指房地产开发企业根据借款合同从有关银行或非银行金融机构借入所需资金的一种筹资方式。

（1）银行借款的分类

1）按照借款的期限长短，银行借款可分为短期借款、中期借款和长期借款三种。短期借款是指借款期限在 1 年以内（含 1 年）的借款；中期借款是指借款期限在 1 年以上（不含 1 年）5 年以下（含 5 年）的借款；长期借款是指借款期限在 5 年以上（不含 5 年）的借款。

2）按照借款的条件，银行借款可分为信用借款、担保借款和票据贴现三种。信用借款是指以借款人的信誉为依据而获得的借款，它无须房地产开发企业的财产做抵押。担保借款是指以一定的财产做抵押或以一定的保证人做担保为条件所取得的借款。票据贴现是指房地产开发企业以持有的未到期的商业票据向银行贴付一定的利息而取得的借款。

3）按照提供贷款的机构，银行借款可分为政策性银行贷款和商业银行贷款和其他金融机构贷款。政策性银行贷款是指执行国家政策性贷款业务的银行向房地产开发企业发放的贷款。它包括国家开发银行提供的贷款、中国进出口银行提供的贷款、中国农业发展银行提供的贷款等。商业银行贷款是指商业银行向房地产开发企业提供的贷款，这种贷款主要满足房地产开发企业建设竞争性项目的资金需要，房地产开发企业取得贷款后应自主决策，自担风险，到期还本付息。其他金融机构贷款是指除银行以外的金融机构向房地产开发企业提供的贷款，主要包括房地产开发企业向财务公司、信托投资公司、投资公司、保险公司等金融机构借入的款项。

（2）银行借款的程序　房地产开发企业向银行借款一般要经过以下几个步骤：

1）提出申请。房地产开发企业向银行借入资金必须具备贷款条件。房地产开发企业申请贷款应具备的条件主要有：具备法人资格；生产经营方向和业务范围符合国家政策，且贷款用途符合银行贷款办法规定的范围；借款房地产开发企业具有一定的物资和财产保证，或担保单位具有相应的经济实力；具备还贷能力；在银行开立账户，办理结算。

已具备贷款条件的房地产开发企业，除填写包括借款金额、借款用途、偿还能力及还款方式等主要内容的"借款申请书"外，还应提供下列资料：借款人及保证人的基本情况；财政部门或会计师事务所核准的上年度财务报告；原有的不合理借款的纠正情况；抵押物清单及同意抵押的证明，保证人拟同意保证的有关证明文件；项目建议书和可行性报告；银行认为需要提交的其他资料等。

2）银行审批。银行收到房地产开发企业的"借款申请书"及有关资料后，应根据贷款原则和贷款条件，对借款房地产开发企业进行审查，按照审批权限，核准房地产开发企业申请的借款金额和用款计划。我国金融部门对贷款规定的原则是按计划发放、择优扶植、有物资保障、按期归还。

银行审查的主要内容有：房地产开发企业的财务状况；信用情况；盈利的稳定性；发展前景；借款投资项目的可行性；抵押品和担保情况等。

3）签订合同。借款申请被批准后，为了维护借贷双方的合法权益，保证资金的合理使用，双方应正式签订借款合同，以明确贷款的数额、利率、期限和一些约束性条款等。

4）取得借款。借款合同签订后，房地产开发企业可在核定的贷款指标范围内，根据用款计划和实际需要，一次或分次将贷款转入房地产开发企业的存款结算户，以便使用。

5）归还借款支付利息。房地产开发企业应依据借款合同按期清偿本息，如果房地产开发企业不能按期归还借款，则应在借款到期之前，向银行申请贷款展期。

（3）借款利息的支付方式

1）利随本清。利随本清又称收款法，是指在借款到期时向银行支付利息的方法。采用这种方法，借款的名义利率（即借款合同协定利率）等于其实际利率（即有效利率）。

2）贴现法。贴现法是指银行向房地产开发企业发放贷款时，先从本金中扣除利息部分，到期时借款房地产开发企业再偿还全部本金的一种计息方法。采用这种方法，房地产开发企业可利用的贷款额只有本金扣除利息后的差额部分，因此，实际利率高于名义利率。

其计算公式为

$$贴现贷款实际利率 = \frac{利息}{贷款金额 - 利息} \times 100\%$$

或

$$= \frac{名义利率}{1 - 名义利率} \times 100\% \quad (9\text{-}2)$$

3）定期等额还本付息法。定期等额还本付息法是指在贷款期内连本带息均按相等金额分期偿还的方法。分期偿还计划可按季、半年或一年制订。计算每期偿还额时，可将每次偿还额看成年金，用贷款本金除以年金现值系数求出每期偿还额。

（4）银行借款筹资的利弊

1）银行借款筹资的优点

① 筹资成本低。利用银行借款筹资，其利息可在税前支付，故可减少房地产开发企业实际负担的利息费用，因此比股票筹资的成本要低；就目前我国情况来看，利用银行借款所支付的利息要比发行债券支付的利息低，并且也不需要支付大量的发行费用。

② 筹资速度快。银行借款筹集资金，不像发行股票、债券那样经过印刷、申报、审批、推销等过程需要花费较长时间，它只需与银行等贷款机构达成协议即可。其程序相对简单，花费时间较短，房地产开发企业可以迅速获得所需资金。

③ 借款弹性强。在借款之前，房地产开发企业可根据当时的资金需求与银行等贷款机构直接商定贷款的时间、数量和条件。在借款期间，若房地产开发企业的财务状况发生某些变化，也可与银行等金融机构进行协商，修改借款数量、时间和条件，或提前偿还利息。借款到期后，如有正当理由，还可申请延期归还。

④ 便于利用财务杠杆效应。由于借款利息一般是固定或相对固定的，这就为房地产开发企业利用财务杠杆创造了条件。若房地产开发企业的资本报酬率超过了贷款利率，就会增加普通股股东的每股收益，提高房地产开发企业的净资产报酬率。

⑤ 不改变房地产开发企业的控制权。银行借款筹集的资金属于负债筹资，债权人无权管理房地产开发企业，所以银行借款筹资不改变房地产开发企业的控制权。

2）银行借款筹资的缺点

① 财务风险较大。房地产开发企业举借长期借款，必须按期足额还本付息，房地产开发企业在经营不利的情况下，可能会产生不能偿付的风险，甚至可能导致破产。

② 限制性条款较多。在借款合同中，对借款用途都有明确规定，房地产开发企业不得改变借款用途，必须定期报送有关报表等，另外银行对房地产开发企业资本支出额度、再融资等行为也有较严格的约束，这些条款可能会限制房地产开发企业的经营活动。

③ 筹资数额有限。银行借款的数额往往要受到贷款机构资本实力的制约，不可能像发行债券、股票那样一次筹集到大笔资金。

5. 债券筹资

债券是债务人为筹集资金而发行的，约定在一定期限内还本付息的一种有价证券。在我国，非公司制企业发行的债券称为企业债券，股份有限公司和有限责任公司发行的债券称为公司债券。从性质上讲，债券与借款一样是房地产开发企业的债务，发行债券一般不影响企业的控制权，发行的企业无论盈利与否必须到期还本付息。

（1）债券的分类 债券可以从不同的角度进行分类，现主要介绍以下几种分类方法：

1）按有无抵押担保，将债券分为信用债券、抵押债券和担保债券。

信用债券又称无抵押担保债券，是指没有具体财产担保而仅凭发行企业的信誉发行的债券。企业发行信用债券往往有许多限制条件，这些限制条件中最重要的是禁止企业将其财产抵押给其他债权人。由于这种债券没有具体的财产做抵押，所以，只有那些历史悠久信誉良好的企业才能发行这种债券。

抵押债券是指以一定的抵押品做抵押而发行的债券。抵押债券按抵押物品的不同又可以分为证券抵押债券、设备抵押债券和不动产抵押债券等。

担保债券是指由一定保证人做担保而发行的债券。这里的保证人应是符合《担保法》要求的企业法人，它必须具备以下条件：净资产不能低于被保证人拟发行债券的本息；近三年连续盈利，且有良好的业绩前景；不涉及改组、解散等事宜或重大诉讼案件；中国人民银行规定的其他条件。

2）按债券是否记名，将债券分为记名债券和无记名债券。

记名债券是指在债券票面上注明债权人姓名或名称并在发行公司的债权人名册上进行登

记的债券。对于这种债券，发行方只对记名人凭身份证或其他有效证件还本付息。在转让记名债券时，除要交付债券外，还要在债券上背书并在发行公司债权人名册上更换债权人姓名或名称。这种债券的优点是比较安全，缺点是转让时手续复杂。

无记名债券是指债券票面不记载债权人姓名和名称，也不用在发行公司债权人名册上进行登记的债券。这种债券的优点是转让时，只需将债券交付给受让人即发生效力，无须背书，比较方便；其缺点是丢失后不便于查找。我国发行的债券一般是无记名债券。

3) 按债券是否可以转换为股票，将债券分为可转换债券和不可转换债券。

可转换债券是指债券持有者在预定的期间内，根据规定的价格转换为发行公司股票（一般为普通股）的债券。

不可转换债券是指不能转换为发行公司股票的债券。在我国大多数债券属于这种债券。

除上述分类外，还有一些其他分类方法，在此不再一一介绍。

(2) 公司债券的发行

1) 债券发行的条件。我国《公司法》中明确规定，股份有限公司、国有独资公司和两个以上的国有企业或者两个以上的国有投资主体投资设立的有限责任公司具有发行债券的资格。上述公司在发行公司债券时，需具备如下条件：

① 股份有限公司的净资产额不低于人民币3 000万元，有限责任公司的净资产额不低于人民币6 000万元。

② 累计债券总额不超过公司净资产的40%。

③ 近三年平均可分配利润足以支付公司债券一年的利息。

④ 筹集资金的投向符合国家产业政策。

⑤ 债券的利率不得超过国务院限定的利率水平。

⑥ 国务院规定的其他条件。

2) 债券发行的基本程序

① 做出决议。公司在实际发行债券之前，必须由董事会做出发行债券的决议，以明确公司发行债券的总额、票面金额、发行价格、募集方法、偿还日期等内容。

② 提出申请。公司发行债券必须向国务院证券管理部门提出申请，并提交公司登记证明、公司章程、公司债券募集办法、资产评估报告和验资报告等书面资料，由国务院证券管理部门进行审批。

③ 公告募集办法。发行公司债券的申请被批准后，发行公司应当向社会公告债券募集办法。

④ 委托证券机构发售。根据我国有关法律、法规的要求，发行公司可以选择代销或包销方式通过承销团向社会发售债券。

⑤ 交付债券，收缴款项，登记债券存根簿。

3) 债券的发行价格。资金市场上的利率是经常变化的，而企业债券一经印制，就不便于再调整票面利率。从债券的开始印刷到正式发行，往往需要经过一段时间，在这段时间内如果资金市场上的利率发生变化，就要靠调整发行价格的方法来使债券顺利发行。因此，债券的发行价格可以有三种，即等价发行、折价发行和溢价发行。

等价发行亦称面值发行或平价发行，是指按债券的面值出售，此时票面利率与市场利率二者相等；折价发行是指以低于债券面值的价格出售，此时的票面利率低于市场利率；溢价发行是指以高于债券面值的价格出售，此时的票面利率高于市场利率。

在分期付息、到期一次还本，且不考虑发行费用的情况下，债券发行价格的计算公式为

$$债券发行价格 = \frac{票面金额}{(1+市场利率)^n} + \sum_{t=1}^{n}\frac{票面金额 \times 票面利率}{(1+市场利率)^n}$$

或

$$债券发行价格 = 票面金额 \times (P/F, i_1, n) + 票面金额 \times i_2 \times (P/A, i_1, n) \quad (9-3)$$

式中　n——债券期限；

　　　i_1——市场利率；

　　　i_2——票面利率。

在到期一次还本付息，且不考虑发行费用的情况下，债券发行价格的计算公式为

$$债券发行价格 = \frac{票面金额 \times (1+票面利率 \times n)}{(1+市场利率)^n}$$

或

$$= 票面金额 \times (1+i_2) \times (P/F, i_1, n) \quad (9-4)$$

经过上述公式测算后的发行价格，还应结合一些其他因素（如债券的流动性、期限长短、未来市场利率的变动趋势等）做出适当调整。

(3) 债券的偿还

1) 债券的偿还时间。债券的偿还时间按其实际发生与规定的到期日之间的关系，可分为到期偿还和提前偿还两类，其中到期偿还又分为一次偿还和分批偿还两种。

提前偿还又称提前赎回或收回，是指在债券尚未到期之前就予以偿还。它必须在发行债券的契约中明确规定有关允许提前偿还的条款，企业才可以提前偿还。提前偿还所支付的价格通常要高于债券的面值，并随到期日的临近而逐渐下降。当企业资金有结余时，可提前赎回债券；当预测利率下降时，也可提前赎回债券，以便将来再发行利率较低的新债券，所以有这种约定的债券，可使企业融资具有较大的弹性。

根据我国有关规定，面向社会公开发行的债券，在债券兑付起始日的15日前，发行人或代理兑付机构，应通过广播、电视、报纸等宣传工具向投资人公布债券的兑付办法，其主要内容有：兑付债券的发行人及债券名称；代理兑付机构的名称及地址；债券兑付的起止日期；逾期兑付债券的处理；兑付办法的公布单位及公章；其他需要公布的事项。

债券兑付起始日3日前，债券发行人应将兑付资金划入指定的账户，以便用于债券的偿还。

2) 债券的偿还形式。债券的偿还形式是指偿还债券时使用什么样的支付手段。可使用的支付手段包括现金、新发行的本公司债券（简称新债券）、本公司的普通股股票和本公司持有的其他公司发行的有价证券等。其中以新发行的本公司债券为支付手段的偿还形式称之为债券的调换，简称换债。

换债是当今企业运用较多的一种偿还形式。企业采用换债形式的主要原因有：原有债券的契约中订有较多的限制性条件，不利于企业的发展，而更换新债券；把多次发行、尚未彻底清偿的债券进行合并，以减少管理费用；债券到期，但企业现金不足；实现节约利息费用和继续融资的双重目的等。

(4) 债券筹资的利弊

1) 债券筹资的优点

① 资本成本低。与股票相比，债券的利息允许在税前扣除，并且发行费用也相对较低，

因此，公司实际负担的资本成本一般低于股票。

② 保证控制权。债券持有者一般无权参与发行公司的经营管理，因此发行债券一般不会分散公司股东的控制权。

③ 可以发挥财务杠杆作用。无论发行公司的盈利是多是少，债券持有者一般只收取固定的利息，而使更多的盈利用于分配给股东或留归房地产开发企业。

2）债券筹资的缺点

① 筹资风险高。债券通常有固定的到期日和票面利率，需要按期还本付息。在房地产开发企业不景气时，还本付息将成为房地产开发企业严重的财务负担，甚至有可能导致企业破产。

② 限制条件多。发行债券往往会有一些严格的限制性条款，从而限制了房地产开发企业对债券筹资的使用，甚至有些会影响企业的正常发展和今后的再筹资活动。

③ 筹资额有限。公司利用债券筹集资金一般要受到额度的限制。在我国的有关法规中明确指出，公司累计发行在外的债券总额不得超过公司净资产的40%。

6. 融资租赁

（1）融资租赁的含义　租赁是指出租人在承租人给予一定报酬的条件下，授予承租人在约定的期限内占有和使用财产权利的一种契约性行为。

租赁可分为经营租赁与融资租赁两种。经营租赁是指承租人为生产经营过程的临时性、季节性需要而向出租人短期租入资产的行为，它只是暂时取得租入资产的使用权。融资租赁又称财务租赁，是一种转移了与资产所有权有关的全部风险和报酬的租赁。它最终可能转移资产所有权，也可能不转移。这种租赁的租期较长，一般为租赁资产经济寿命的75%及其以上，由于它可满足房地产开发企业对资产的长期需要，所以有时也称为资本租赁，它是现代租赁的主要形式。

（2）融资租赁的形式　融资租赁可进一步细分为直接租赁、售后租回和杠杆租赁三种形式。

1）直接租赁。直接租赁是指承租方直接向出租方提出承租方需要的资产，出租方按照承租方的要求选购或制造资产后，再出租给承租方。对于承租方来说，它类似于分期付款购入资产。这种形式既能满足承租方对资产的需求，又不需要一次性地全额支付款项。它是融资租赁的主要形式。

2）售后租回。售后租回是指承租方（即销货方，下同）因面临财务困难，急需资金，将原来归自己所有的资产售给出租方（即购货方，下同），然后以租赁的形式从出租方原封不动地租回该资产。它类似于承租人以资产为抵押借入一笔资金（销货款），将来分期归还本息（租金）。这种形式下，一方面房地产开发企业可以获得现金流入，缓解企业的资金需求，另一方面又能继续使用原资产，不影响企业的日常生产经营活动的持续进行。这种租赁形式对于承租人来说与直接租赁没有任何区别。

3）杠杆租赁。杠杆租赁是指租赁涉及的资产价值昂贵时，出租方自己只投入部分资金（一般为资产价值的20%~40%），其余资金以该资产作为担保向第三方（通常为银行）借入，然后将该资产租给承租方的一种租赁形式。由于出租方只用少量资金（资产价值的20%~40%）就盘活了巨额的租赁业务，就如同杠杆原理一样，故称为杠杆租赁。这种租赁形式对于承租人来说与直接租赁没有任何区别。

(3) 融资租赁的程序

1) 选择租赁公司。房地产开发企业决定采用融资租赁方式租入资产后,首先需了解各个租赁公司的经营范围、业务能力以及与其他金融机构的关系和资信情况,取得租赁公司的融资条件和租赁费率等资料,经过比较选出最佳租赁公司。

2) 办理租赁委托。房地产开发企业选定租赁公司后,便可填写"租赁申请书",说明所需设备的具体要求,同时提供企业的财务报表,以办理租赁委托手续。

3) 签订购货合同。如果是需要购入资产的租赁(一般为直接租赁或杠杆租赁),应由承租房地产开发企业与租赁公司的一方或双方合作组织选定设备制造厂商,经过协商后,签订购货协议。

4) 签订租赁合同。租赁合同须由租赁双方共同签订,它是租赁业务的重要法律文件。

5) 办理验货与投保。租赁房地产开发企业收到租赁设备,要进行验收。租赁公司可以向保险公司办理保险事宜。

6) 按期支付租金。

7) 处理租赁期满的设备。租赁合同期满时,承租房地产开发企业应按租赁合同的规定,实行返还、留购和优惠续租。

(4) 融资租赁租金的计算 融资租赁租金的数额和支付方式对承租房地产开发企业的未来财务状况具有直接影响,也是租赁筹资决策的重要依据。

1) 融资租赁租金的构成。融资租赁的租金主要包括设备价款和租息,其中租息可分为融资成本和租赁手续费等。

① 设备价款。它是租金构成的主要内容,包括租赁资产的买价、运杂费和途中保险费等。

② 融资成本。它是租赁方为购买租赁资产所筹资金的成本,即资产租赁期间的利息。

③ 租赁手续费。它包括租赁方承办资产租赁业务时的营业费用和一定的盈利。

一般而言,租赁期限的长短会影响租金总额,进而影响每期租金数额。

下面介绍采用平均分摊法计算每次应付的租金。平均分摊法是指先以商定的利率和手续费率计算出租赁期间的利息和手续费,然后连同设备成本按支付次数平均。其公式为

$$A = \frac{(C-S)+I+F}{N} \tag{9-5}$$

式中 A——每次支付的租金;

C——租赁设备购置成本;

S——租赁设备预计残值;

I——租赁期间利息;

F——租赁期间手续费;

N——租期。

2) 租金的支付方式。租金的支付方式可以按不同的标准进行分类。

① 按支付时期长短划分,可分为年付、半年付、季付和月付等几种。

② 按各支付时期的具体支付时间划分,可分为先付租金和后付租金两种。先付租金是指在期初支付,后付租金是指在期末支付。

③ 按各支付时期支付的金额是否相等划分,可分为等额支付和不等额支付。

3）租金的计算方法。租金的计算原理是各期支付租金的现值应等于设备价款与租息的现值。

（5）融资租赁筹资的利弊

1）融资租赁筹资的优点

① 限制条件少。虽然融资租赁时类似于债券和银行借款的限制也有，但一般比较少。

② 筹资速度快。融资租赁是筹资与购置资产同时进行的，所以它比从银行贷款后再购置资产还要迅速，更不同于发行股票、债券那样要较长时间的前期准备和推销。

③ 设备淘汰风险小。融资租赁的租赁期一般为资产尚可使用年限的75%，它不会像自己购入的设备等资产那样在整个寿命期都承担风险。

④ 税收负担轻。融资租赁的有关支出最终都将以各种方式（如折旧、摊销、直接列入费用）计入费用，并且在税前扣除，具有抵税效应。

⑤ 财务风险小。租金一般为分期支付，不用到期归还大量资金，从而把一次性不能偿付的风险在整个租期内分解，减小了不能偿付的风险。

2）融资租赁筹资的缺点

① 资本成本较高。一般来说，融资租赁要比银行借款和发行债券负担的利息要高得多。

② 在房地产开发企业财务困难时，固定的租金也会构成一项较沉重的负担。

综上所述，房地产开发企业在选择筹资方式时，不要错误地按照"有钱就买，没钱就借，借不到就租"的思维模式，而是要考虑多种因素，综合分析比较。除了基本的筹资方式外，还可以利用金融创新而产生的新的筹资方式，如票据、可转债、资产证券化等方式，因限于篇幅不再赘述，商业信用因属于短期负债筹资方式，将在第11章中涉及。

筹资渠道与筹资方式的关系如下：筹资渠道是解决资金来源问题的，筹资方式则是解决通过何种方式取得资金问题的，前者是指客观存在的资金来源渠道，后者则是指房地产开发企业主观的筹资行为和形式，它们之间存在一定的对应关系。一定的筹资方式可能只适用于某一特定的筹资渠道，但是同一渠道的资金可采用不同的方式筹集，亦即一定的筹资方式又往往适用于不同的筹资渠道。它们之间的对应关系如表9-1所示。

表9-1 主要筹资方式与筹资渠道的对应关系

筹资渠道 \ 筹资方式	吸收直接投资	发行股票	利用留存收益	银行借款	发行公司债券	融资租赁	利用商业信用
国家财政资金	√	√					
银行信贷资金				√			
非银行金融机构资金	√	√		√	√	√	√
其他企业资金	√	√			√	√	√
居民个人资金							
房地产开发企业自留资金	√		√				
国外和我国港澳台地区资金	√	√			√		

9.1.6 筹资环境

房地产开发企业在筹资过程中要受到多种因素的影响，在诸多因素中有的是房地产开发企业内部的因素,有的是房地产开发企业外部的因素,我们将影响房地产开发企业筹资活动的各种因素的集合称为筹资环境。在筹资环境中有的属于硬环境,有的属于软环境;有的属于静态环境,有的属于动态环境。筹资环境对房地产开发企业筹资活动起着重要的影响作用,它一方面为房地产开发企业筹资提供机会和条件;另一方面又对房地产开发企业的筹资进行制约和干预。因此,房地产开发企业在筹资过程中,应该认真研究分析筹资环境,预见筹资环境的变化趋势,提高对筹资环境的适应能力和应变能力。

1. 筹资的法律环境

房地产开发企业筹资的法律环境是指影响房地产开发企业筹资活动的法律、法规,主要包括《宪法》《民法通则》《公司法》《证券法》《城市房地产管理法》等。这些法律、法规从不同的角度规范和制约着房地产开发企业的筹资活动。房地产开发企业在筹资过程中均应严格执行。

2. 筹资的金融环境

房地产开发企业的资金主要是通过金融市场筹集的,因此,金融环境是房地产开发企业筹资的最直接的外部环境,它对房地产开发企业的筹资活动有着十分重要的影响,房地产开发企业的财务人员必须了解金融市场的作用,熟悉金融机构的类型。

(1) 金融市场在房地产开发企业筹资活动中的作用

1) 金融市场为房地产开发企业筹资活动提供场所,使资金的供需双方通过交易实现资金的融通,促进双方资金在供需上达到平衡,使房地产开发企业的生产经营活动能够顺利进行。

2) 通过金融市场上的资金融通,促进社会资金的合理流动,调节房地产开发企业筹资以及投资的方向与规模,促使房地产开发企业合理使用资金,实现社会资源的合理配置。

(2) 金融机构 社会资金从资金供应者手中转入资金需求者手中,一般要通过金融机构来实现。金融机构在房地产开发企业筹资过程中是一个非常重要的角色。

1) 经营证券业务的金融机构。这类金融机构主要是指全国性或区域性的证券公司。它们通过承担证券的推销或包售工作,为房地产开发企业融通资金提供服务。

2) 经营存贷业务的金融机构。在我国,这类金融机构主要指各专业银行,如中国工商银行、中国建设银行、中国农业银行等。它们的基本功能就是通过吸收存款集聚资金,通过发放贷款将资金提供给需求者。

3) 其他金融机构。其他金融机构是指除上述两种金融机构以外的金融机构。它主要包括保险公司、融资租赁公司、基金公司、信托公司、财务公司等。

3. 筹资的经济环境

筹资的经济环境主要包括房地产开发企业或房地产行业寿命周期、经济周期、通货膨胀等因素。

(1) 寿命周期 房地产行业或企业产品的成长与发展都具有周期性。典型的寿命周期通常分为四个阶段,即初创期、扩张期、稳定期和衰退期。在这四个阶段中,其资金的需要量、经营风险等方面是各不相同的。初创期需要在短期内进行大量的资金投入;扩张期仍然需要大量的资金投入,但资金投入速度明显放缓;稳定期到衰退期资金投入逐渐减少。因此,房地产开发企业对产品寿命周期的不同阶段应采取不同的筹资策略。同样道理,房地产行业或房地产开发企业在其寿命周期的不同阶段,也应采取不同的筹资策略。

（2）经济周期　经济周期与房地产开发企业产品寿命周期一样，也影响房地产开发企业的筹资决策。例如，在经济复苏、繁荣阶段，往往需要大量的资金投入，表现为资金紧缺，需要及时筹集；在经济衰退、萧条阶段一般应削减投资，表现为资金相对过剩，不再需要筹集资金。

（3）通货膨胀　通货膨胀也会影响房地产开发企业的筹资。这主要表现在：通货膨胀引起资金占用大量增加，增加房地产开发企业的资金需求量；引起利率上升，加大房地产开发企业的资本成本；引起资金供应紧张，有价证券价格下跌，增加房地产开发企业的筹资难度等。因此，房地产开发企业财务人员对通货膨胀的发生及影响必须有所预见，以适时恰当地调整房地产开发企业的筹资策略。

9.2　资本成本

9.2.1　资本成本概述

1. 资本成本的含义

资本成本是指房地产开发企业为筹集和使用资本而付出的代价。资本成本有广义和狭义之分，其中广义的资本成本包括各种资本的资本成本；狭义的资本成本仅指长期资本的资本成本，它包括资本的取得成本和占用成本。

资本的取得成本是指房地产开发企业在筹集资本过程中所发生的各种费用，也称之为筹资费，如发行股票、债券支付的印刷费、发行手续费、律师费、评估费、公证费、担保费、广告费和行政费用等。取得成本与筹资的次数相关，与所筹集资本的数量关系不大，一般属于一次性支付的固定成本。

资本的占用成本是指房地产开发企业因占用资本而支付的费用，如普通股的股利、优先股的股息、债券的利息、银行借款的利息等，资本占用成本具有经常性、定期性支付的特征，它与筹集的资本额、使用期限的长短有关，可视为变动成本。

2. 资本成本的性质

（1）资本成本是商品经济条件下资本所有权与使用权相分离的必然结果　资本成本是资本使用者向资本所有者和中介机构支付的费用，是资本所有权与使用权相分离的结果。当资本所有者有充裕的资本而被闲置时，可以直接通过中介机构将其闲置的资本的使用权转让给急需资本的筹资者，让渡资本的使用权后，它必然要求获得一定的回报，而资本成本就表现为让渡资本使用权所带来的报酬；对筹资者来说，由于取得了资本的使用权，也必须支付一定的代价，资本成本便表现为取得资本使用权所付出的代价。因此，资本成本是资本所有权与使用权相分离的必然结果。

（2）资本成本是利益分配关系的体现　资本成本作为一种耗费，最终要通过收益来补偿，所以，资本成本体现了一种利益分配关系。

（3）资本成本是资金时间价值与风险价值的统一　资本成本与资金时间价值既有联系，又有区别。资金时间价值是资本成本的基础，二者为正相关关系；资本成本不仅包括资金时间价值，而且还包括风险价值、筹资费用等因素的影响。

3. 资本成本的作用

资本成本是财务管理中的重要概念，它在房地产开发企业筹资决策和投资决策中具有重要作用。

(1) 资本成本在房地产开发企业筹资决策中的作用 不同的资本来源,具有不同的资本成本。房地产开发企业为了以较少的支出取得企业所需要的资本,就必须认真分析各种资本成本的高低,因此,资本成本对房地产开发企业筹资决策具有重大影响,是筹资决策时需要考虑的首要问题,其作用具体表现在以下几个方面:

1) 资本成本是房地产开发企业选择资本来源的基本依据。房地产开发企业的资本可以从不同的来源渠道来筹集,企业究竟选择何种来源渠道,首先要考虑各种来源渠道所筹集资本的资本成本。

2) 资本成本是房地产开发企业选用筹资方式的参考因素。房地产开发企业在筹集资本时,可选用不同的筹资方式,如发行股票、债券,银行借款等,房地产开发企业最终选择何种方式,必须充分考虑资本成本这一因素。

3) 资本成本是影响房地产开发企业筹资总额的重要因素。即使通过同一资本来源渠道,采用同一筹资方式来筹集资本,资本成本也会随着筹资总额的变动而变动。因此,房地产开发企业必须根据自身的经营需要,在不超过企业资本成本的承受限度内,合理确定筹资总额,节约使用资本。

4) 资本成本是确定最优资本结构的主要依据。一个房地产开发企业的资本结构是否合理、是否达到最优状态,不仅要看企业的财务风险,还要看企业的资本成本,最优的资本结构必然要求资本成本低、财务风险小、企业价值高。

(2) 资本成本在投资决策中的作用 资本成本是评价投资方案、进行投资决策的重要标准。房地产开发企业在对多个相容的投资项目进行评价时,只要预期投资报酬率大于资本成本,则该投资项目就具有经济上的可行性;房地产开发企业在对多个不相容投资项目进行评价时,可以将各自投资报酬率与其资本成本相比较,其中正差额最大的项目是效益最高的,应予以首选。因此,资本成本是房地产开发企业投资项目的"最低收益率",或者是判断投资项目可行性的"取舍率"。

(3) 资本成本是评价房地产开发企业经营业绩的重要依据 资本成本是房地产开发企业使用资本应获得收益的最低界限。资本成本的高低不仅能反映房地产开发企业资本管理人员的管理水平,还可以用于衡量房地产开发企业整体的经营业绩,反映房地产开发企业整体的经营理念。

9.2.2 资本成本的计量

不同的筹资方式,其资本成本的计量也各不相同。即使如此,在计算各种筹资方式的资本成本时也有一般的通用模型,即

$$资本成本 = \frac{资本占用成本}{筹资总额 - 资本取得成本}$$

或

$$资本成本 = \frac{资本占用成本率}{1 - 资本取得成本率} \tag{9-6}$$

1. 长期借款成本

长期借款的占用成本一般是借款利息,取得成本是手续费,其中借款利息在所得税前扣除,可以起到抵税的作用。因此,在分期付息、到期一次还本的普通贷款方式下,资本成本

是通用模型公式乘以（1 - 所得税税率），即

$$K_L = \frac{iL(1-T)}{L(1-F)} = \frac{i(1-T)}{1-F} \tag{9-7}$$

由于银行借款筹资费（即手续费）较低，为简化计算，也可以忽略不计，则上式可简化为

$$K_L = \frac{iL(1-T)}{L} = i(1-T) \tag{9-8}$$

式中　K_L——银行借款资本成本；
　　　L——银行借款筹资总额；
　　　i——银行借款利率；
　　　T——所得税税率；
　　　F——银行借款筹资费率。

【例9-1】宏伟房地产公司取得5年期长期借款300万元，年利率为10%，每年付息一次，到期一次还本，筹资费用率为0.5%，房地产开发企业所得税税率为25%。该长期借款的资本成本为

$$K_L = \frac{300 \times 10\% \times (1-25\%)}{300 \times (1-0.5\%)} = 7.54\%$$

如果银行借款在有补偿余额条款、贴现付息的情况下，应将银行借款名义利率转化为实际利率才能正确计算出长期借款的资本成本。

2. 债券资本成本

债券资本成本的计算与银行借款成本的计算基本一致，在不考虑资金时间价值的情况下，一次还本、分期付息债券的资本成本的计算公式为

$$K_B = \frac{I(1-T)}{B_0(1-F)} = \frac{iB(1-T)}{B_0(1-F)} \tag{9-9}$$

式中　K_B——债券资本成本；
　　　I——债券每年支付的利息；
　　　T——所得税税率；
　　　B——债券面值；
　　　B_0——以债券的发行价格计算的筹资额；
　　　i——债券票面利率；
　　　F——债券筹资费率。

上述计算债券资本成本的方法，比较简便易行，如果需要将债券资本成本计算得更为准确，则应当依据以下方法：

第一步，采用内插法求出税前的债券资本成本。

$$B_0(1-F) = \sum_{t=1}^{n} \frac{iB}{(1+K)^t} + \frac{B}{(1+K)^n} \tag{9-10}$$

第二步，计算出税后的债券资本成本。

$$K_B = K(1-T) \tag{9-11}$$

式中　K——所得税前的债券成本；

K_B——所得税后的债券成本。

【例9-2】 某房地产公司发行面额为500万元的10年期债券,票面利率为12%,发行费用率为5%,发行价格为600万元,公司所得税税率为25%。该债券的资本成本计算如下:

第一步,计算所得税前的债券资本成本:

$$600 \times (1 - 5\%) = \sum_{t=1}^{10} \frac{500 \times 12\%}{(1 + K)^t} + \frac{500}{(1 + K)^{10}}$$

即

$$570 = 60 \times (P/A, K, 10) + 500 \times (P/F, K, 10)$$

运用内插法求得税前债券资本成本 $K = 9.76\%$。

第二步,计算税后债券资本成本:

$$K_B = 9.76\% \times (1 - 25\%) = 7.32\%$$

3. 优先股成本

优先股成本中的占用成本具体表现为股息,一般按年支付,比较固定;取得成本主要包括股票发行过程中的印刷费、手续费、律师费、广告费等筹资费用。优先股资本成本可按通用公式模型进行计算,公式如下:

$$K_P = \frac{D_P}{P_P(1 - F)} \tag{9-12}$$

式中 K_P——优先股资本成本;

D_P——优先股每年支付的股息;

P_P——优先股发行额。

4. 普通股成本

普通股成本的确定方法,与优先股成本基本相同。但是,普通股的股利一般不是固定的,通常是逐年增长的。下面介绍几种计算方法:

(1)评价法 评价法也称股利固定增长模型法。其计算公式如下:

$$K_S = \frac{D}{P_C(1 - F)} + G \tag{9-13}$$

式中 K_S——普通股资本成本;

P_C——普通股发行价格总额;

F——普通股的取得成本率;

D——普通股预期年股利;

G——普通股股利的固定增长率。

【例9-3】 宏达房地产公司发行面值为3元的普通股1 000万股,发行价格为5元,发行费用率为发行所得的4%,第一年股利率为20%,以后每年以5%的速度增长。该普通股资本成本为

$$K_S = \frac{1\ 000 \times 3 \times 20\%}{1\ 000 \times 5 \times (1 - 4\%)} + 5\% = 17.5\%$$

(2) 贝塔系数法 贝塔系数法也称资本资产定价模型法。普通股的资本成本可以用投资者对发行公司的风险程度与股票投资承担的平均风险水平来评价。其计算公式为

$$\text{普通股的资本成本} = \text{无风险报酬率} + \text{贝塔系数} \times (\text{股票市场平均报酬率} - \text{无风险报酬率})$$

即
$$K_S = R_F + \beta(R_m - R_F) \qquad (9\text{-}14)$$

实践研究证明，一般情况下，股票市场平均报酬率通常比无风险报酬率高 5%~7%。

【例 9-4】 通达房地产公司普通股的贝塔系数为 2，国家长期债券利率为 4%，股票市场平均报酬率为 10%，该公司普通股的资本成本为

$$K_S = 4\% + 2 \times (10\% - 4\%) = 16\%$$

贝塔系数法在理论上是比较严密的，但它同样建立在一定的假设基础上，即假设风险与报酬率呈线性关系，投资者进行了高度的多元化投资组合。因此，这种方法可能会有些不切合实际。

(3) 风险溢价法 风险溢价法是根据某项投资"风险越大，要求的报酬率越高"的原理，普通股股东对房地产开发企业的投资风险大于债券投资者，因而会在债券投资者要求的收益率基础上再要求一定的风险溢价。实践研究表明，风险溢价率一般为 3%~5%。当市场利率达到历史性高点时，风险溢价率通常较低，在 3% 左右；当市场利率处于历史性低点时，风险溢价通常较高，在 5% 左右；一般情况下，常常采用 4% 的平均风险溢价率。其计算公式为

$$\text{普通股资本成本} = \text{债券资本成本} + \text{风险溢价率} \qquad (9\text{-}15)$$

这种方法要求有一定的主观判断能力，所以，往往在判断不准时会出现较大误差。

(4) 历史报酬率法 历史报酬率法要求房地产开发企业在计算资本成本时，假设股东在过去买进股票，一直持有到现在，并且按市价出售股票。这时股东所获得的累计报酬就是普通股的资本成本总额，以此计算普通股的资本成本。

【例 9-5】 东方房地产公司 5 年前按面值 10 元的价格发行普通股 1 000 万股，每年每股支付股利 0.15 元，该股票现行市价为 15 元。则资本成本为

$$K_S = [0.15 + (15 - 10)/5]/10 = 11.5\%$$

由于历史报酬率法建立在诸多假设基础上，如预计公司未来经营业绩没有重大变化、利率水平没有重大变化、投资者对风险的态度没有变化等比较苛刻的条件，所以，采用这种方法必须多加小心。

(5) 市盈率法 市盈率法就是以市盈率的倒数作为普通股的资本成本。虽然这种方法计算比较简便，但亏损和零利润房地产开发企业无法计算市盈率，并且有些股票的价格严重偏离价值，市盈率失真，因此，市盈率法在实际工作中应用比较少。

5. 留存收益资本成本

留存收益是房地产开发企业税后净利润扣除当年股利后形成的，其所有权属于普通股股东，其实质是对房地产开发企业的追加投资。从表面上看，留存收益不需要现金流出，似乎不用计算资本成本，实际上留存收益也有资本成本，只不过表现为机会成本。因此，留存收益也必须计算资本成本，其计算方法与普通股相似，唯一的区别是留存收益的资本成本没有资本的取得成本。

6. 综合资本成本

由于受总体经济环境、法律、风险和其他多种因素的制约，房地产开发企业不可能只使用某种单一的筹资方式，往往需要通过多种方式筹集所需资本。为了进行筹资决策，就要计算确定房地产开发企业全部长期资本的总成本，即综合资本成本。

综合资本成本是以各种个别资本占全部资本的比重为权数，对个别资本成本进行加权平均确定的资本成本，又称加权平均资本成本或整体资本成本。其计算公式为

$$K_W = \sum_{j=1}^{n} K_j W_j \qquad (9\text{-}16)$$

式中　K_W——综合资本成本；

　　　K_j——第 j 种筹资方式的个别资本成本；

　　　W_j——第 j 种筹资方式的资本占全部资本的比重。

由此可见，按照前述个别资本成本计算方法确定了个别资本成本后，计算综合资本成本的关键是权数的确定，即以个别资本的何种价值来确定个别资本成本的权数的问题。现主要介绍以下四种价值形式：

（1）按账面价值确定权数　按个别资本的账面价值来确定权数的优点是资料容易取得，可以直接从资产负债表的右方得到。其缺点是账面价值反映的是过去的资本结构，不适应未来的筹资决策；当债券和股票市场价格脱离账面价值较大时，影响计算结果的准确性。

（2）按现行市价确定权数　按个别资本的现行市价来确定权数的优点是能够反映实际的资本成本。其缺点是现行市价经常处于变动之中，不易取得；现行市价只反映现实的资本结构，也不适应未来的筹资决策。

（3）按目标价值确定权数　按目标价值确定权数就是以未来预计的目标市场价值来确定权数。这种价值形式计算的综合资本成本，对房地产开发企业筹措新资本，反映期望的资本结构是非常有益的。其不足之处就在于目标价值的确定难免有主观性。

（4）按修正的账面价值确定权数　按修正的账面价值确定权数就是以各个别资本的账面价值为基础，根据债券和股票的市价脱离账面价值的程度，适当对账面价值予以修正，据以计算权数的一种形式。这种方法能比较好地反映实际资本成本和资本结构，但修正时也往往带有一些主观性。

需要指出的是，个别资本成本和综合资本成本，都是房地产开发企业过去筹集的或目前使用的资本成本，主要侧重于对过去或现在所占用资本的分析评价。

【例 9-6】　宏大房地产公司拥有长期资本 400 万元，其中长期借款 60 万元，资本成本为 3%；长期债券 100 万元，资本成本为 10%；普通股 240 万元，资本成本为 13%。该公司的综合资本成本为

$$K_W = \sum_{j=1}^{n} K_j W_j = 3\% \times \frac{60}{400} + 10\% \times \frac{100}{400} + 13\% \times \frac{240}{400} = 3\% \times 15\% + 10\% \times 25\% + 13\% \times 60\%$$
$$= 10.75\%$$

7. 边际资本成本

边际资本成本是房地产开发企业追加筹措资本的成本，即每增加一个单位的资本而增加的成本。边际资本成本也是按加权平均法计算的，是追加筹资所使用的加权平均成本。下面

通过实例来说明边际资本成本的计算和应用。

【例9-7】 接例9-6,现该公司由于有新的项目,拟筹集新资本。经调查分析,认为筹集新资本后仍保持目前的资本结构,其有关资料如表9-2所示,试确定再筹集资本的资本成本。

表9-2 宏大房地产公司资本筹集情况

资本种类	目标资本结构(%)	新筹资额(万元)	资本成本(%)
长期借款	15	4.5以下	3
		4.5~9	5
		9以上	7
长期债券	25	20以下	10
		20~40	11
		40以上	12
普通股	60	30以下	13
		30~60	14
		60以上	15

(1) 计算筹资突破点。由于花费一定的资本成本只能筹集到一定限度的资本,超过这一限度多筹集资本就要多支付资本成本,引起原资本成本的变化,我们把此时的资本限度称为现有资本结构下的筹资突破点。在筹资突破点范围内筹资时资本成本不会改变;一旦筹资额超过筹资突破点,即使维持现有的资本结构,其资本成本也会提高。筹资突破点的计算公式为

$$筹资突破点 = \frac{某种资本的成本分界点}{该种资本在资本结构中所占的比重}$$

资本成本为3%时,取得的长期借款筹资限额为4.5万元,其筹资突破点为

$$筹资突破点 = \frac{4.5}{15\%} = 30(万元)$$

资本成本为5%时,取得的长期借款筹资限额为9万元,其筹资突破点为

$$筹资突破点 = \frac{9}{15\%} = 60(万元)$$

按此方法,资料中各种情况下的筹资突破点的计算结果如表9-3所示。

表9-3 筹资突破点计算结果

资本种类	目标资本结构(%)	新筹资额(万元)	资本成本(%)	筹资突破点(万元)
长期借款	15	4.5以下	3	30
		4.5~9	5	60
		9以上	7	—
长期债券	25	20以下	10	80
		20~40	11	160
		40以上	12	—

(续)

资本种类	目标资本结构（%）	新筹资额（万元）	资本成本（%）	筹资突破点（万元）
普通股	60	30 以下 30～60 60 以上	13 14 15	50 100 —

（2）计算边际资本成本。根据上一步骤计算的筹资突破点，可以将筹资总额分为七组，对这七组筹资总额分别计算加权平均资本成本，即可得到各种筹资范围的边际成本。其计算结果如表 9-4 所示。

表 9-4　各种筹资范围的边际成本

筹资总额（万元）	资本种类	资本结构（%）	资本成本（%）	边际资本成本（%）	
30 以下	长期借款 长期债券 普通股	15 25 60	3 10 13	3×15%＝0.45 10×25%＝2.5 13×60%＝7.8	10.75
30～50	长期借款 长期债券 普通股	15 25 60	5 10 13	5×15%＝0.75 10×25%＝2.5 13×60%＝7.8	11.05
50～60	长期借款 长期债券 普通股	15 25 60	5 10 14	5×15%＝0.75 10×25%＝2.5 14×60%＝8.4	11.65
60～80	长期借款 长期债券 普通股	15 25 60	7 10 14	7×15%＝1.05 10×25%＝2.5 14×60%＝8.4	11.95
80～100	长期借款 长期债券 普通股	15 25 60	7 11 14	7×15%＝1.05 11×25%＝2.75 14×60%＝8.4	12.20
100～160	长期借款 长期债券 普通股	15 25 60	7 11 15	7×15%＝1.05 11×25%＝2.5 15×60%＝9	12.55
160 以上	长期借款 长期债券 普通股	15 25 60	7 12 15	7×15%＝1.05 12×25%＝3 15×60%＝9	13.05

若此时共有 6 个投资项目可供公司选择，且各投资项目的情况为：项目一的投资总额为 30 万元，内含报酬率为 13%；项目二的投资总额为 40 万元，内含报酬率为 12.9%；项目三的投资总额为 20 万元，内含报酬率为 12.5%；项目四的投资总额为 30 万元，内含报酬率为 12%；项目五的投资总额为 15 万元，内含报酬率为 10.8%；项目六的投资总额为 25 万元，

内含报酬率为10%。公司筹集资本首先用于内含报酬率最大的项目一，其次再选择项目二、项目三，若继续选择项目四进行投资，需要累计新筹资120万元[（30＋40＋20）＋30]，此时的边际资本成本为12.55%，项目四的内含报酬率为12%，所以，项目四应舍去，不应选择该投资项目，项目五、项目六也同样应予舍去。

9.3 杠杆利益与风险衡量

杠杆是物理学的专用名词，是指在力的作用下能绕固定支点转动的杆，如果改变支点和力的作用点之间的距离，可以起到固定大小的力产生大小不同的力矩的作用。经济学中的杠杆是无形的，主要有经营杠杆、财务杠杆和复合杠杆三种。

杠杆分析是财务经理在进行财务分析时经常运用的工具，为分析方便，做以下假设：①公司仅销售一种产品，且价格不变；②经营成本中的单位变动成本和固定成本总额在相关范围内保持不变。

9.3.1 经营杠杆

经营杠杆（Operating Leverage），又称营业杠杆或营运杠杆，是企业在经营决策时对经营成本中固定成本的利用。运用经营杠杆，房地产开发企业可以获得一定的经营杠杆利益，同时也承受相应的经营风险。

1. 经营杠杆利益与经营风险

经营杠杆利益是指在其他条件不变的情况下，业务量的增加虽然不会改变固定成本总额，但会降低单位固定成本，提高单位利润，使息税前利润的增长率大于业务量的增长率，从而为房地产开发企业创造更多的经济利益。

经营风险也称营业风险，是指在其他条件不变的情况下，业务量的减少虽然不会改变固定成本总额，但会提高单位固定成本，降低单位利润，使息税前利润的下降率大于业务量的增长率，从而给房地产开发企业带来更大的经营风险。

【例9-8】 某房地产预制构件厂的基准销售额为200万元，变动成本率为70%，固定成本总额为50万元。试分别计算：①销售额增长5%，息税前利润的增长率；②销售额降低3%，息税前利润的降低率。

基准销售额时：

变动成本＝200×70%＝140（万元）

固定成本＝50（万元）

息税前利润＝200－（140＋50）＝10（万元）

销售额增长5%时：

销售额＝200×（1＋5%）＝210（万元）

变动成本＝210×70%＝147（万元）

固定成本＝50（万元）

息税前利润＝200－（147＋50）＝13（万元）

> 息税前利润增长率 = (13 - 10) ÷ 10 = 30%
> 即销售额增长5%时息税前利润增长30%。
> 销售额降低3%时:
> 销售额 = 200 × (1 - 3%) = 194 (万元)
> 变动成本 = 194 × 70% = 135.8 (万元)
> 固定成本 = 50 (万元)
> 息税前利润 = 194 - (135.8 + 50) = 8.2 (万元)
> 息税前利润增长率 = (8.2 - 10) ÷ 10 = -18%
> 即销售额降低3%时息税前利润降低了18%。
> 也就是说,销售额增长5%,息税前利润却增长30%;销售额降低3%,息税前利润却降低18%。

由此可见,由于固定成本的存在,若业务量有小的增长,息税前利润就会有大的增长,从而为房地产开发企业带来杠杆利益;若业务量有小的降低,息税前利润就会有大的降低,从而给房地产开发企业带来一定的风险。

2. 经营杠杆系数

为了反映经营杠杆的作用程度,估计经营杠杆利益的大小,评价经营风险的高低,需要测算经营杠杆系数。

经营杠杆系数(Degree of Operating Leverage,DOL),也称经营杠杆程度,是息税前利润的变动率与业务量变动率之间的比率。其计算公式为

$$\text{DOL}_Q = \frac{\Delta \text{EBIT}/\text{EBIT}}{\Delta Q/Q} \quad (9\text{-}17)$$

也可用销售额来计算,其公式为

$$\text{DOL}_S = \frac{\Delta \text{EBIT}/\text{EBIT}}{\Delta S/S} \quad (9\text{-}18)$$

为便于计算,还可将上述两式变换如下:

由于

$$\text{EBIT} = Q(P-V) - F = S - VC - F$$

故有简化公式:

$$\text{DOL}_Q = \frac{Q(P-V)}{Q(P-V) - F} \quad (9\text{-}19)$$

或

$$\text{DOL}_S = \frac{S - VC}{S - VC - F} = \frac{\text{EBIT} + F}{\text{EBIT}} \quad (9\text{-}20)$$

式中 DOL——经营杠杆系数;
　　　EBIT——息税前利润;
　　　　Q——业务量或销售量;
　　　　P——单位销售价格;
　　　　V——单位变动成本;
　　　　S——营业收入或销售额;
　　　VC——变动成本总额;
　　　　F——固定成本总额。

【例 9-9】 通达房地产公司 2016 年与 2017 年的年销售额、固定成本总额、变动成本总额等有关资料如表 9-5 所示。

表 9-5 有关资料　　　　　　　　　　　　　单位：万元

项　目	2016 年	2017 年	变　动　额	变动率（%）
销售额	1 000	1 200	200	20
变动成本	600	720	120	20
固定成本	200	200	0	0
息税前利润	200	280	80	40

试计算该公司 2018 年的经营杠杆系数。

根据表中资料可用上述公式得：

$$DOL = \frac{(280-200)/200}{(1\ 200-1\ 000)/1\ 000} = \frac{40\%}{20\%} = 2$$

或

$$DOL = \frac{1\ 000 - 600}{1\ 000 - 600 - 200} = 2$$

3. 经营杠杆与经营风险的关系

引起房地产开发企业经营风险的主要原因，是产品需求、售价的变动和单位产品变动成本的变化，经营杠杆本身并不是利润不稳定的根源。但是，当产销量增加时，息税前利润将以 DOL 的倍数增加；当产销业务量减少时，息税前利润又将以 DOL 的倍数减少。由此可见，经营杠杆扩大了市场和生产等因素对利润变动的影响。而且经营杠杆系数越高，利润变动越激烈，房地产开发企业的经营风险就越大。因此，房地产开发企业一般可以通过增加销售额、降低单位产品变动成本、降低固定成本在总成本中的比重等措施使房地产开发企业的经营杠杆系数得以降低，从而降低经营风险，但是这些措施往往要受到条件的制约。

9.3.2　财务杠杆

财务杠杆（Financial Leverage），又称融资杠杆或资本杠杆，是房地产开发企业在制定资本结构决策时对债务筹资的利用。运用财务杠杆，房地产开发企业可以获得一定的财务杠杆利益，同时也承受相应的财务风险。

1. 财务杠杆利益与财务风险

财务杠杆利益是指利用债务筹资这个杠杆而给股权资本带来的额外收益。在房地产开发企业资本结构一定的条件下，企业从息税前利润中支付的债务利息（及优先股股息，下同）是相对固定的，当息税前利润增长时，每一元息税前利润所负担的债务利息就会相应地降低，使普通股的每股收益以更快的速度增长，从而给普通股股东带来更多的经济利益。

财务风险也称融资风险或筹资风险，是指在房地产开发企业资本结构一定的条件下，企业从息税前利润中支付的债务利息是相对固定的，当息税前利润下降时，每一元息税前利润所负担的债务利息就会相应地增长，使普通股的每股收益以更快的速度下降，从而给房地产开发企业带来更大的财务风险。

【例 9-10】 某房地产预制构件厂 2017 年的息税前利润为 20 万元，债务利息为 5 万元，所得税税率为 25%，在资本结构一定、债务利息保持不变的条件下，试分别计算息税前利润增长 20% 与下降 10% 两种情况的税后利润变动率。

息税前利润为 20 万元时：
所得税税额 =（20 - 5）×25% = 3.75（万元）
税后利润 = 20 - 5 - 3.75 = 11.25（万元）
息税前利润增长 20% 时：
所得税税额 = [20×(1 + 20%) - 5]×25% = 4.75（万元）
税后利润 = 20×(1 + 20%) - 5 - 4.75 = 14.25（万元）
税后利润增长率 =（14.25 - 11.25）/11.25 = 26.67%
息税前利润下降 10% 时：
所得税税额 = [20×(1 - 10%) - 5]×25% = 3.25（万元）
税后利润 = 20×(1 - 10%) - 5 - 3.25 = 9.75（万元）
税后利润降低率 =（11.25 - 9.75）/11.25 = 13.33%
即息税前利润增长 20%，税后利润却增长 26.67%；息税前利润下降 10%，税后利润却下降 13.33%。

2. 财务杠杆系数

为了反映财务杠杆的作用程度，估计财务杠杆利益的大小，评价财务风险的高低，需要测算财务杠杆系数。

财务杠杆系数（Degree of Financial Leverage，DFL），又称财务杠杆程度，是指普通股每股利润变动率（或普通股利润率的变动率或非股份制房地产开发企业的净资产利润率的变动率）与息税前利润变动率之间的比率。其计算公式为

$$DFL = \frac{\Delta EPS/EPS}{\Delta EBIT/EBIT} \quad (9-21)$$

由于

$$EPS = \frac{(EBIT - I)(1 - T)}{N}$$

$$\Delta EPS = \frac{\Delta EBIT(1 - T)}{N}$$

故可得公式

$$DFL = \frac{EBIT}{EBIT - I} \quad (9-22)$$

式中　DFL——财务杠杆系数；
　　　EPS——普通股每股利润；
　　　　I——债务利息。

在有优先股的条件下，由于优先股股息通常也是固定的，并且在税后扣抵，所以上述公式应改为

$$DFL = \frac{EBIT}{EBIT - I - PD/(1 - T)} \quad (9-23)$$

式中　　PD——优先股股息；
　　　　T——所得税税率。

【例9-11】 东方房地产公司全部资本为1 000万元，债务资本比率为40%，债务利率为10%，所得税税率为25%。息税前利润为120万元，其财务杠杆系数为

$$DFL = \frac{120}{120 - 1\,000 \times 0.4 \times 10\%} = 1.5$$

财务杠杆系数为1.5，表示当息税前利润增长1倍时，普通股每股利润将增长1.5倍；反之，当息税前利润下降100%时，普通股每股利润将下降150%。

当资本结构、债务利率、息税前利润等因素发生变化时，财务杠杆利益和财务风险也不同程度地发生变动，具体表现为财务杠杆系数越大，对财务杠杆利益的影响就越强，财务风险也就越高。因此，房地产开发企业所有者为了提高自身利益，在正常经营情况下，往往要多筹集债务资本，提高债务资本比率，以获取财务杠杆利益；为了降低财务风险，往往要适当调整资本结构，降低债务资本比率等，以降低财务杠杆系数，达到降低财务风险的目的。

9.3.3　复合杠杆

通过上述分析可知，经营杠杆是通过扩大销售量来影响息税前利润的；财务杠杆是通过扩大息税前利润来影响普通股每股利润的。二者最终都影响到普通股的收益。如果房地产开发企业同时利用经营杠杆和财务杠杆，那将对普通股收益的影响更大，风险会更高。我们把综合利用经营杠杆和财务杠杆给企业普通股股东收益造成的影响称为复合杠杆或联合杠杆。

复合杠杆系数（Degree of Combined Leverage，DCL）是用于反映经营杠杆和财务杠杆综合利用程度的，其计算公式为

$$DCL = DOL \times DFL = \frac{\Delta EPS/EPS}{\Delta Q/Q} = \frac{\Delta EPS/EPS}{\Delta S/S} \tag{9-24}$$

【例9-12】 某房地产公司经营杠杆系数为2，财务杠杆系数为1.6，则该公司的复合杠杆系数为

$$DCL = 2 \times 1.6 = 3.2$$

复合杠杆系数为3.2，表示销售量或营业收入每增长1倍时，普通股每股收益将增长3.2倍；反之，当销售量或营业收入每下降100%时，普通股每股收益将下降320%。综合反映了复合杠杆给公司带来的总风险的大小。

9.4　资本结构决策

资本结构优化是房地产开发企业筹资决策的核心问题。房地产开发企业应综合考虑有关影响因素，运用适当的方法确定最佳资本结构，并在以后追加筹资中继续保持。若房地产开发企业现有资本结构不合理，则应通过筹资活动主动调整，使其趋于合理，达到最优化状态。

9.4.1 资本结构概述

1. 资本结构的含义

资本结构是指房地产开发企业各种资本的构成及其比例关系。一个房地产开发企业的资本结构既可以用各种资本的绝对数(金额)来反映,也可以用各种资本的相对数(所占比例)来表示。

资本结构有广义和狭义之分。广义的资本结构是指房地产开发企业全部资本的构成。狭义的资本结构是指长期资本结构,不包括短期资本。

房地产开发企业的资本结构是由房地产开发企业采用各种筹资方式筹集形成的。各种筹资方式的不同组合决定着房地产开发企业的资本结构及其变化。通常情况下,房地产开发企业都采用债务筹资和权益筹资的组合,由此形成的资本结构又称为搭配资本结构或杠杆资本结构。因此,资本结构问题总的来说是债务资本比率问题,即债务资本在资本结构中安排多大比例的问题。

2. 资本结构中债务资本的作用

一个房地产开发企业的债务资本是企业外部债权人对企业的投资,房地产开发企业使用债权人的投资进行经营就是举债经营。通过举债经营,为房地产开发企业和股东创造更大的经济利益,被认为是最精明的举动。

1)举债可以降低资本成本。债务资本的利率一般低于权益资本的股息率或分红率;债务资本的利息在所得税前扣除,具有抵税效应。因此,债务的成本一般要低于权益资本的成本。

2)举债可以获得财务杠杆利益。

3)举债可以增加权益资本收益。除了财务杠杆利益的原因之外,还由于在经济上升阶段,房地产开发企业经营比较顺利,获利水平往往较高,特别是投资收益率大于债务资本利率时,房地产开发企业举债越多,权益资本收益率就会越高。

4)举债可以减少货币贬值的损失。在通货膨胀加重的情况下,利用举债扩大再生产,比利用权益资本更为有利,它可以减少因通货膨胀而造成的贬值损失。

但是,举债经营也并非完美无缺,这主要表现在举债经营可以发挥财务杠杆作用的同时,也给房地产开发企业带来了一定的财务风险。

9.4.2 资本结构决策的方法

1. 最佳资本结构理论

在我国,最佳资本结构是指企业在一定条件下,使企业的加权平均资本成本最低,企业价值最大的资本结构。

在西方国家,主要有 MM 理论和权衡理论。MM 理论认为:在无公司税的情况下,资本结构不影响企业价值和资本成本;在有公司税的情况下,负债会因税赋节约而增加企业价值,负债越多,企业价值越大,权益资本的所有者获得的收益也越大。权衡理论认为:负债企业的价值等于无负债企业价值加上税赋节约,减去预期财务拮据成本(指因财务拮据而发生的成本)的现值和代理成本(指为处理股东和经理之间、债券持有者与经理之间的关系而发生的成本,即监督成本)的现值。最优资本结构存在于税赋节约与财务拮据成本和代理成本相互平衡的点上。

2. 最佳资本结构的选择

（1）每股利润分析法　资本结构是否合理，可以通过每股利润的变化进行分析。一般情况下，凡是能够提高每股利润的资本结构就是合理的；反之，则认为是不合理的。然而，每股利润的高低，不仅要受资本结构的影响，还要受销售收入的影响。要处理这三者的关系，则必须运用每股利润无差别点的方法来分析。每股利润分析法就是利用每股利润无差别点来进行资本结构决策的方法。

每股利润无差别点是指两种资本结构下，每股收益相等时的息税前利润点（或销售额点），也称息税前利润平衡点或筹资无差别点。其计算公式为

$$\frac{(\overline{EBIT}-I_1)(1-T)}{N_1}=\frac{(\overline{EBIT}-I_2)(1-T)}{N_2} \quad (9-25)$$

或

$$\frac{(\overline{S}-VC-F-I_1)(1-T)}{N_1}=\frac{(\overline{S}-VC-F-I_2)(1-T)}{N_2} \quad (9-26)$$

式中　$\overline{EBIT}$——每股利润无差别点或息税前利润平衡点；
　　　$\overline{S}$——每股利润无差别点的销售额；
　　　I_1、I_2——两种资本结构下的长期债务年利息；
　　　N_1、N_2——两种资本结构下的普通股股数。

当预期息税前利润（或销售额）大于该无差别点时，资本结构中债务比重高（低）的方案为较优方案；反之，预期息税前利润（或销售额）小于该无差别点时，资本结构中债务比重低的方案为优。这种方法侧重于从资本的产出角度进行分析。下面举例说明该方法的应用。

【例9-13】宏远房地产公司目前资本结构为长期资本总额为1 000万元，其中债务300万元，普通股700万元，每股面值7元，100万股全部发行在外，目前市场价10元/股。债务利率为10%，所得税税率为25%。公司由于扩大业务需要追加筹资200万元，现有两个方案可供选择：

方案一：全部发行普通股，向现有股东配售，4配1，每股股价8元，共配发25万股。

方案二：向银行借入200万元，因风险加大，银行要求的利率为15%。

根据会计人员的测算，变动成本率为50%，固定成本为180万元，追加筹资后销售额可达到830万元，试对上述两方案进行决策。

设每股利润无差别点的销售额为$\overline{S}$，则

方案一：

$$每股利润\ EPS_1=\frac{(\overline{S}-\overline{S}\times 50\%-180-300\times 10\%)\times(1-25\%)}{100+25}$$

方案二：

$$每股利润\ EPS_2=\frac{(\overline{S}-\overline{S}\times 50\%-180-300\times 10\%-200\times 15\%)\times(1-25\%)}{100}$$

令上述两式相等，即$EPS_1=EPS_2$，解得每股利润无差别点的销售额$\overline{S}=720$万元（或无差别点的$EBIT=180$万元）。在此点上，两个方案的每股收益EPS相等，均为每股0.9元。因该企业的预期销售额为830万元，大于无差别点销售额720万元，所以资本结构中负债比重较高的方案，即方案二为较优方案。

（2）综合资本成本比较法　综合资本成本比较法就是计算和比较房地产开发企业的各种可能的筹资组合方案的综合资本成本，从中选择综合资本成本最低的方案为资本结构的最优方案。这种方法计算简便，但只从资本投入的角度对资本结构进行优选分析，较为片面。因此，这种方法在实际应用时还应考虑房地产开发企业的其他因素，对上述分析结果进行修正。

（3）综合分析法　每股利润分析法与综合资本成本比较法都没有考虑风险因素，显然是不够全面合理的。综合分析法正好克服了这个缺点，是将综合资本成本、房地产开发企业总价值及风险综合考虑进行资本结构决策的一种方法。在计算分析时，主要有以下几个问题：

1）房地产开发企业价值的测算。对于一个房地产开发企业的价值，目前尚有不同的认识及测算方法，主要有：①房地产开发企业价值等于未来净收益的现值；②房地产开发企业价值是其股票的现行市场价值；③房地产开发企业价值等于其债务和股票的现值。这里采用第三种观点，房地产开发企业的总价值 V 等于债务的现值 B 加上股票的现值 S，即 $V = B + S$。

其中，为简化计算，债务的现值等于债务的本金（或面值）；股票的现值按未来净收益贴现测算，即

$$S = \frac{(\text{EBIT} - I)(1 - T)}{K_S} \quad (9\text{-}27)$$

2）资本成本的测算。企业的综合资本成本可按下列公式测算：

$$K_W = \sum_{j=1}^{n} K_j W_j = K_B \frac{B}{V} + K_S \frac{S}{V} \quad (9\text{-}28)$$

3）房地产开发企业最佳资本结构的测算及判断。在风险变动的情况下，房地产开发企业价值最大、综合资本成本最低时的资本结构为最佳结构。现举例说明如下：

【例9-14】　某房地产公司的现有资本结构中全部为普通股，账面价值2 000万元，期望的息税前利润为500万元，假设无风险报酬率为6%，市场证券组合平均报酬率为10%，所得税税率为25%。该公司认为现有资本结构不能发挥财务杠杆作用，拟举债购回部分股票予以调整，经测算，目前的债务利率和贝塔值如表9-6所示。

表9-6　债务利率和贝塔系数值

债务的市场价值（万元）	债务利率（%）	贝塔系数值
0	0	1.5
200	8	1.55
400	8.3	1.65
600	9	1.8
800	10	2
1 000	12	2.3

根据上述资料，可计算出资本结构中不同债务时房地产开发企业的总价值和综合资本成本。计算结果如表9-7所示。

表 9-7　某房地产公司总价值与资本成本　　　　　　　单位：万元

债务的市场价值 ①	股票的市场价值 ②	公司总价值 ③	贝塔系数值 ④	债务利率（%）⑤	债务资本成本（%）⑥	普通股资本成本（%）⑦	综合资本成本（%）⑧
0	3 125.00	3 125.00	1.5	0	0	12.00	12.00
200	2 975.41	3 175.41	1.55	8.00	6.00	12.20	11.81
400	2 778.57	3 178.57	1.65	8.30	6.225	12.60	11.80
600	2 534.09	3 134.09	1.8	9.00	6.75	13.20	11.97
800	2 250.00	3 050.00	2	10.00	7.50	14.00	12.30
1 000	1 875.00	2 875.00	2.3	12.00	9.00	15.20	13.04

计算过程说明：

债务资本成本：⑥ = ⑤ × (1 − 25%)

普通股资本成本：⑦ = 6% + ④ × (10% − 6%)

股票的市场价值：② = [(500 − ① × ⑤) × (1 − 25%)] / ⑦

公司总价值：③ = ① + ②

综合资本成本：⑧ = ⑥ × (① ÷ ③) + ⑦ × (② ÷ ③)

可以看出，在没有债务的情况下，公司的总价值就是原有股票的价值；当公司增加一部分债务时，财务杠杆开始发挥作用，公司总价值上升，综合资本成本下降；在债务达到 400 万元时，公司总价值最高，综合资本成本最低；债务超过 400 万元之后，随着利率的不断上升，财务杠杆作用逐步减弱（即财务风险逐渐加大），公司总价值下降，综合资本成本上升。因此，该公司的债务为 400 万元时的资本结构是其最佳资本结构。

(4) 因素分析法　在实际工作中，通过计算准确地确定最佳资本结构几乎是不可能的，其主要原因是选择企业的资本结构不仅要在风险和报酬之间进行权衡，还要认真考虑影响资本结构的其他因素，并根据这些因素的定性分析来合理地确定房地产开发企业的资本结构。因为采用这种方法时，关键是要科学地分析影响资本结构的各种因素，所以，通常把这种方法称为因素分析法。

确定房地产开发企业资本结构时应分析的主要因素有：

1) 企业经营者与所有者的态度。房地产开发企业的资本结构决策是由企业经营者（包括企业的财务管理人员）和所有者做出的，所以他们的态度对企业的资本结构的选择具有重要影响。

从经营者的角度来看，房地产开发企业一旦发生财务危机，经营者的职务和利益将会受到重大影响。因此，经营者一般愿意尽量降低债务资本的比例；与之相反，房地产开发企业的所有者往往不愿分散其控制权，而不愿增发新股，要求经营者去举债。经营者与所有者在资本结构上的矛盾必然影响到房地产开发企业的资本结构决策。另外，即使二者的态度一致，喜欢冒险的决策者，则可能会安排比较高的负债比例；喜欢稳健的决策者，则可能会安排少举债的策略。

2) 企业的成长性与稳定性。在一般情况下，房地产开发企业发展速度快，成长性好，往往对企业外部资本的依赖性强；房地产开发企业的销售量稳定，则可较多地负担固定的财务费用，而选择举债经营；如果房地产开发企业的发展速度慢，成长性差或经营不稳定，则负担固定财务费用将会有较大的财务风险，应选择少举债。

3）企业的盈利能力。盈利能力强的房地产开发企业可以产生大量的税后利润，其内部积累可以在很大程度上满足企业扩大再生产的资本需求，因而对债务资本的依赖程度低。

4）企业信用等级与债权人的态度。房地产开发企业能否（或能有多少）以举债的方式筹资，不仅取决于企业经营者和所有者的态度，而且还取决于企业的信用等级和债权人的态度。如果房地产开发企业的信用等级不高，或现有的负债已经较高，债权人将不愿意向企业提供信用，使房地产开发企业无法达到它所希望的负债水平。

5）法律限制。现行法规对房地产开发企业的筹资行为是有限制的，企业必须在法律允许的范围内合法筹资。

6）行业因素。不同的行业，其资本结构存在着很大的差异。房地产开发企业必须考虑本企业所处行业的情况，以便正确做出资本结构决策。

7）所得税税率的高低。举债可以有抵税效应，因此，所得税税率越高，负债的好处越多；所得税税率越低，举债的抵税效应就越差。

8）利率的变动趋势。若利率暂时较低，预计不久的将来就会上升，则房地产开发企业应筹集长期负债；反之，若利率暂时较高，预计不久的将来就会下降，则房地产开发企业应少举债或少筹集长期负债。

除上述因素外，还有其他因素，房地产开发企业财务管理人员应在认真分析各种影响因素的基础上，结合自身实践经验来合理确定资本结构。

3. 资本结构调整的实用方法

在房地产开发企业财务管理实践中，当发现现有的资本结构不合理时，企业可以采用下列方法进行调整：

1）债转股、股转债。债转股是债权转为股权的简称，有广义与狭义之分。广义的债转股不仅包括企业之间债权与股权的交换，还包括可转换公司债券转换成股票成为房地产开发企业的股东。狭义的债转股则特指我国的一项政策，即以新成立的金融资产管理公司为投资主体，将商业银行原有的不良资产转给该公司，作为其持有原债务企业的股权。通过债转股，使商业银行与债务企业因信贷资本而建立的债权债务关系转变为金融资产管理公司与实施债转股操作企业之间的投资与受资关系，由原来的企业向商业银行还本付息转变为向金融资产管理公司按股分红。债转股后，金融资产管理公司实际上成为房地产开发企业阶段性的股东，依法使股东的权利，在房地产开发企业经营情况好转后，通过上市、转让或企业回购等形式，最终把这笔资本收回。债转股对债务企业来说，并非是一种筹资手段，它只是为了降低其资产负债率，并优化其资本结构。

2）调整权益资本结构，主要有优先股转换为普通股、股票回购减少公司股本、国有股减持（指按照特定方法减少国有股比重，增加其他股份的比重）等。

3）调整现有负债结构。与债权人协商，将短期负债转为长期负债，或将长期负债列入短期负债，收回发行在外的可提前收回债券等。

4）兼并其他企业、控股企业或进行企业分立，改善房地产开发企业的资本结构。

5）从外部取得增量资本。通过从外部取得增量资本也可以达到调整资本结构的目的。

思 考 题

1. 房地产开发企业的筹资动机是什么？
2. 我国房地产开发企业的筹资渠道有哪些？
3. 可供房地产开发企业选用的筹资方式有哪些？
4. 简述筹资渠道与筹资方式的关系。
5. 什么是股票？如何评价普通股筹资？
6. 什么是公司债券？如何评价债券筹资？
7. 什么是资本成本？资本成本的作用有哪些？
8. 长期借款、债券、普通股三种筹资方式的资本成本如何计算？
9. 什么是每股利润无差别点？为什么要确定每股利润无差别点？
10. 房地产开发企业应如何衡量和规避筹资风险？
11. 什么是房地产开发企业的最佳资本结构？应如何确定？

练 习 题

1. 某房地产公司从银行取得长期借款 50 万元，年利率为 10%，期限为三年，每年付息一次，到期还本。假定筹资费用率为 1%，所得税税率为 25%。要求：计算该借款的资本成本。

2. 某房地产公司在筹资前根据市场预测，拟发行一种面值为 100 元，票面利率为 7.8%，期限为 20 年，每年付息一次的债券。每张债券扣除发行费用后，筹资净额为 98 元，所得税税率为 25%。

要求：计算债券的资本成本（试用两种方法计算）。

3. 某房地产公司发行普通股 500 万股，面值为 1 元，筹资总额为 1 500 万元，筹资费率为 4%，已知第一年每股股利为 0.25 元，以后各年按 5% 的比率增长。又已知国库券收益率为 8.5%，市场平均的投资收益率为 13%，贝塔系数为 1.5。

要求：分别用两种方法计算该股票的资本成本。

4. 某房地产公司的长期资本账面价值为 1 050 万元，其具体资料如表 9-8 所示。

表 9-8 具体资料

资本来源	账面价值（万元）	比重（%）	资本成本（%）
公司债券	400		10.0
银行借款	200		6.7
普通股	300		14.5
留存收益	150		15.0
合计	1 050	100.00	

要求：计算该公司各资本来源的比重和综合资本成本（计算结果可填入表中）。

5. 某房地产预制件厂生产 A 预制件，固定成本为 60 万元，变动成本率为 40%。

要求：计算房地产开发企业的销售额分别为 200 万元、300 万元、400 万元时的经营杠杆系数。

6. 某房地产开发企业全部长期资本为 1 000 万元，其中借入资本为 300 万元，利率为 10%；普通股股本为 700 万元，无优先股。预期息税前利润为 200 万元，所得税税率为 25%。

要求：计算该公司的财务杠杆系数。

7. 某房地产开发企业目前拥有资本 1 000 万元，其结构为负债 200 万元（年利息 20 万元），普通股 800 万元（100 万股，每股面值 8 元）。现准备追加筹资 400 万元，有两种筹资方案可供选择。方案一：发行普通股 50 万股，每股面值 8 元；方案二：全部向银行借入，利率为 10%。公司追加筹资后，息税前利润预计为 160 万元，所得税税率为 25%。

要求：计算每股利润无差别点及无差别点的每股收益并对公司的筹资方案进行决策。

第 10 章　项目投资管理

 **本章导读**

2017年，房地产开发投资109 799亿元，增长7%，增速比上年同期提高0.1个百分点。房地产开发投资占全部投资的比重为17.4%，比上年同期提高0.2个百分点。分区域看，东部、中部、西部的开发投资同比增速分别为7.2%、11.6%和3.5%；分结构看，受库存量大、去化缓慢的影响，办公楼和商业营业用房开发投资增速仅为3.5%和-1.2%，远低于住宅开发投资增速（9.4%）。同时，房地产市场面临租赁市场发展滞缓、土地和住房供应主体单一、住房保障渠道多元化不够等问题，房地产开发投资需要把继续优化结构作为突破口和着力点。

下一步，将继续深入学习贯彻习近平新时代中国特色社会主义思想和党的十九大精神，加快建立多主体供应、多渠道保障、租购并举的住房制度，让人民住有所居。发展住房租赁市场特别是长期租赁，支持专业化、机构化住房租赁企业发展。积极推进各类棚户区改造等保障性安居工程建设。

（以上内容来自：国家发改委固定资产投资司. 2017年房地产开发投资保持平稳. http：//www.ndrc.gov.cn/jjxsfx/201802/t20180206_876764.html，2018-02-06.）

2017年房地产市场风云变幻，楼市迎来颠覆性变革，行业创新也迸发出活力。新京报传媒执行总裁张学冬表示，在这一年里，时代的剧烈变化扑面而来，我们看到了竞争的残酷与复杂，看到了"多元化"发展的千万张面孔，也看到了整个行业因即将到来的长效机制而发生的巨大变化。

对于未来经济和房地产的发展趋势，国务院参事、中国城市科学研究会理事长、住建部原副部长仇保兴提出了更深的理解与思考，他认为我国的城镇化进程伴随着十九大"以人为本"发展思路的提出，需要开始从速度转向深度。城市是所有问题的根源，也是解决问题的钥匙。深度城镇化正是速度城镇化、广度城镇化的解药。深度城镇化要求把城市的治理策略扩展到城市与城市之间，城市与乡村之间。更重要的是在扩大投资方面找到好的渠道，深度城镇化至少能产生30万亿元的有效投资需求，而且边际效应非常高，是非常好的投资领域。（整理并节选自：段文平，等. 消费升级将是房地产下一个风口. 新京报，2018-01-26.）

从以上导读可看出，房地产开发投资项目应随着宏观经济环境和国家政策的变化而不断进行调整。开发项目投资决策决定着企业的发展和企业价值的实现，但如何做好房地产开发项目可行性研究？如何估算开发项目投资的现金流量？如何对开发项目投资进行财务评价和风险分析？本章将讲述这些相关内容。

10.1 房地产开发项目可行性研究

10.1.1 房地产开发项目可行性研究的含义及作用

1. 房地产开发项目可行性研究的含义

房地产开发项目可行性研究是指在投资决策前，对与项目有关的市场、资源、工程技术、经济、社会等方面问题进行全面的分析、论证和评价，从而判断项目技术上是否可行、经济上是否合理，并对多个方案进行优选的科学方法。可行性研究的目的是使决策科学化、程序化，保证决策的可靠性，为项目的实施和控制提供依据或参考。

2. 房地产开发项目可行性研究的作用

可行性研究在项目投资实践中的作用主要体现在以下几方面：

（1）可行性研究是投资决策的重要依据　项目投资决策，尤其是大型项目的投资决策的科学合理，是建立在根据详细可靠的市场预测、成本分析和效益估算所进行的对项目的评价和分析基础上的。可行性研究完成的经济评价和分析是投资决策的重要依据。

（2）可行性研究是编制设计任务书的依据　可行性研究对开发项目的建设规模、建设项目的内容及建设标准等都做出了安排，这些正是项目设计任务书的内容。

（3）可行性研究是项目资金筹措的依据　房地产开发项目可行性研究对房地产项目的经济、财务指标进行了分析。从中可以了解项目的筹资还本能力和经营效益获取能力。银行等金融机构提供贷款是根据流动性、收益性和安全性三原则，可行性研究可以为金融机构提供项目获利信息。因此，可行性研究也是企业筹集资金和金融机构提供信贷的依据。

（4）可行性研究是开发商与各方签订合同的依据　开发商在可行性研究确定的项目实施方案框架内，按部就班地落实项目的前期工作，与设计、供应、资金融通等部门商签有关协议。因此，可行性研究也是开发商与各方签订合同的依据。

（5）可行性研究是项目审批的依据　在我国，投资项目必须列入国家的投资计划。尤其是房地产开发项目要经过政府相关职能部门立项、审批，而立项审批的依据之一就是可行性研究。

10.1.2 房地产开发项目可行性研究的内容

房地产开发项目可行性研究的内容因项目的复杂程度、环境状况和具体情况而有所不同，但一般包括三个方面的必要内容，即项目的必要性分析、项目实施的可能性分析及项目的技术和经济评价。可行性研究根据研究所处的阶段和研究的详细程度，分为投资机会研究、初步可行性研究和详细可行性研究三个阶段。房地产开发项目可行性研究的具体内容有以下几个方面：

1. 项目概况

项目概况主要包括项目名称及其背景，开发项目所具备的自然、经济、水文、地质等基本条件，开发对象的社会经济发展前景以及项目开发的宗旨、规模、功能和主要技术经济指标等。

2. 市场分析和需求预测

在深入调查和充分掌握各类资料的基础上，对拟开发项目的市场需求及市场供给状况，进行科学的分析并做出客观的预测，包括开发成本、市场售价、销售对象及开发周期、销售期等的预测。

3. 规划方案的优选

在对可供选择的规划方案进行分析、比较的基础上，优选出最为合理、可行的方案作为最后方案，并对其进行详细描述，包括选定方案的建筑物布局、功能分区、市政基础设施分布、建筑物及项目的主要技术参数、技术经济指标和控制性规划技术指标等。

4. 开发进度安排

对开发进度进行合理的时间安排，可以按照前期工程、主体工程、附属工程、交工验收等阶段安排好开发项目的进度。作为大型开发项目，由于建设期长、投资额大，一般需要进行分期开发，这就需要对各期开发的内容同时做出统筹安排。

5. 项目投资估算

对开发项目所涉及的成本费用进行分析估计。房地产开发项目涉及的成本费用主要有土地费用、前期工程费、建筑安装工程费、市政基础设施费用、公共配套设施费用、期间费用及各种税费。要说明费用估算依据和估算范围。就估算的精度而言，没有必要像预算那样精确，但应充分注意各项费用在不同建设期的变化情况，力争和未来事实相符，提高评价的准确性。

6. 资金的筹集方案和筹资成本估算

根据项目的投资估算和投资进度安排，合理估算资金需求量，拟订筹资方案，并对筹资成本进行计算和分析。房地产项目投资额巨大，开发商务必在投资前做好对资金的安排，通过不同方式筹措资金，保证项目的正常运行。

7. 财务评价

财务评价是依据国家现行财税制度、现行价格和有关法规，从项目角度对项目的盈利能力、偿债能力和外汇平衡等项目财务状况进行分析并借以考察项目财务可行性的一种方法。具体包括在项目的销售预测、成本预测基础上进行预计利润表、预计资产负债表、预计现金流量表的编制，债务偿还表、资金来源与运用表的编制，以及进行财务评价指标和偿债指标的计算，如财务净现值、财务内部收益率、投资回收期、债务偿还期、资产负债率等，据以分析投资的效果。

8. 风险分析

风险分析是可行性研究的一项重要内容，包括盈亏平衡分析、敏感性分析和概率分析等内容。风险分析通过对影响投资效果的社会、经济、环境、政策、市场等因素的分析，了解各因素对项目的影响性质和程度，为项目运作过程中对关键因素进行控制提供可靠依据。同时根据风险的可能性为投资者了解项目的风险大小及风险来源提供参考。

9. 国民经济评价

国民经济评价是按照资源合理配置的原则，从国民经济的角度出发，用一套国家参数（包括影子价格、影子公司、影子汇率和社会折现率等）计算、分析项目对国民经济的净贡献，以评价项目经济合理性的经济评价方法。国民经济评价是项目评价的重要组成部分，也是投资决策的重要依据。国民经济评价包括社会效益评价和环境效益评价。社会效益是指项目投资为满足社会需求所做贡献的大小,如对社会经济增长、对提高居住水平、对城市经济发展及其他关联企业的发展、对国家财政税收所做的贡献等。环境效益是指项目开发给城市环境改善带来的效益,如项目对于美化居住环境、改善居住条件和投资环境、美化城市及消除污染等所做的贡献。

根据对相关因素的分析和计算各项评价指标,对项目的可行与否做出明确结论,针对本项目存在的问题提出建议并对建议的效果做出估计。

房地产开发项目投资经济效益评价,是在技术可行性研究的基础上,对拟开发项目的不同开发方案的投资经济效益进行计算、分析和论证,并在多种开发方案的比较中,推荐最佳的方案,作为选择开发方案和进行项目投资决策的经济依据。本章关注的是可行性研究内容中的项目投资估算、财务评价和风险分析,后续将对这三部分内容分节阐述。

10.1.3 房地产可行性研究的步骤

1. 组织准备

进行可行性研究首先要求组建研究班子,具体负责可行性研究的构想、经费筹集、制订研究计划等。由于可行性研究是一个相当复杂的智力活动,研究班子的成员应包括了解房地产市场的专家、熟悉房地产开发的工程技术人员、熟悉城市规划及管理的专家,领导班子应由熟悉房地产市场、工程技术、经济管理和经营并善于进行协调工作的专业人员来主持。

2. 资料收集及市场调查

收集的资料主要有政府的方针、政策,城市规划资料,各类资源资料,有关社会经济发展、交通、地质、气象等方面的技术资料以及房地产市场分析的资料等。现场实际调查主要包括投资现场的自然、经济、社会、技术现状的调查,如居民人数、户数及结构现状调查,市政基础设施状况调查,地上、地下障碍物调查,非居民户生产经营状况调查等。

3. 开发方案的设计、评价和选择

对于开发项目而言,可以有不同的开发方案加以实施。每一种开发方案都有各自的特点,根据不同的开发方案会得到不同的经济效益和社会效益。

4. 详细研究

采用先进的技术经济分析方法,对优选出的项目开发方案进行财务评价、国民经济评价,分析项目的可行性。

5. 编写研究报告书

可行性研究报告书是对可行性研究全过程的描述,其内容要与研究内容相同,内容全面、翔实。

10.2 项目投资估算

房地产开发项目是否可行,需要估算开发项目的投资支出,即投资现金流出情况,包括开发项目的投资支出、成本、费用和税金等,同时也要估算其带来的营业收入,即投资现金流入情况,并以现金流入减去现金流出后的净现金流量为基础对项目投资做出财务评价。

10.2.1 开发项目投资支出的估算

房地产开发项目要进行投资经济效益的分析,首先要估算开发项目所需的投资。开发项目的投资支出,既是销售、转让房地产的经营成本,又是出租房地产的价值。对销售、转让的房地产来说,它的投资支出就是房地产的经营成本,与房地产销售、转让的营业收入进行对比,据以计算利润。对出租房地产来说,它的投资支出就是出租房地产的价值,据以计算出租房屋的折旧和出租土地的摊销。因此,开发项目的投资支出,应按房地产开发的完全成本估算。它不能按房地产开发企业会计中的开发成本估算,除了包括土地征用及拆迁补偿费或批租地价、前期工程费、基础设施费、建筑安装工程费、配套设施费和开发间接费等开发成本外,还包括开发期间发生的管理费用和财务费用。

1. 房地产开发项目的投资支出内容

(1) 土地征用及拆迁补偿费或批租地价 对征用土地,包括土地补偿费、拆迁补偿费和安置补助费。对批租土地,包括地租和拆迁安置费在内的批租地价。

(2) 前期工程费 前期工程费包括勘察设计费和可行性研究费。

(3) 基础设施费 基础设施费包括七通一平费和环卫绿化费。

(4) 建筑安装费 建筑安装费包括建筑工程费、设备购置费和安装工程费。

(5) 配套设施费 配套设施费包括非营业性公共配套设施费和按规定列入投资支出的大配套设施费。

(6) 开发间接费及管理费 开发间接费及管理费包括为组织管理开发项目而发生的工资、福利费、折旧费、修理费、办公费、水电费、劳动保护费、周转房摊销,以及开发企业分摊的管理费。

(7) 预备费 预备费也叫不可预见费,主要是指与施工图不相符的特殊现象(如地基出现古墓、废井、流沙等)和不可抗拒的自然灾害(如冰雹、台风、水灾等)所造成的损失和预防自然灾害所采取的措施费用。在存在通货膨胀、物价逐年上涨的情况下,预备费中还应充分考虑开发期间物价上涨所增加的各项工程、设备、费用支出,否则,就有可能使投资出现缺口。

2. 开发项目投资支出的估算方法

开发项目投资支出的估算,一般是指在开发项目决策之前项目建议书和可行性研究阶段对开发项目工程建设费用的预测和计算。为了合理确定并有效控制开发项目投资支出,提高投资经济效益,必须力求提高投资支出估算的精确度。

开发项目投资支出估算的方法,取决于要求达到的精确度。而精确度又是由项目研究和设计所处的不同阶段以及资料数据的可靠性决定的。通常在开发项目建议书阶段可采用单位土地、房屋面积投资估算法。

单位土地、房屋面积投资估算法,是根据已开发完成类似项目的投资支出和开发的土地面积(公顷或平方米)或房屋建筑面积(平方米),算出单位土地面积或房屋建筑面积所需投资支出,再将它乘以开发项目的土地面积或房屋建筑面积,来估算开发项目投资支出总额的方法。

为了提高开发项目投资支出估算的精确度,在开发项目可行性研究阶段应采用概算指标估算法。概算指标是参照概算定额和各项取费标准,算出单项工程、设施投资支出,土地征用及拆迁补偿费或批租地价，前期工程费、开发间接费和管理费、预备费等，然后汇总计算开发项目投资支出总额的方法。

【例 10-1】 某房地产开发企业，根据审定项目建议书，拟开发一个嘉园住宅小区，该小区占地面积 2.5 万 m^2，规划建造 8 栋 6 层住房，房屋建筑总面积为 5 万 m^2。嘉园住宅小区拟于 2017 年年初开工，2018 年年底完工。根据概算定额及有关取费标准估算各项投资支出和分年投资支出如表 10-1 所示。

表 10-1 开发项目投资支出估算简表

开发项目名称：嘉园住宅小区　　　　　　　　　　　　　　　　　　　　　单位：万元

工程及费用名称	估算投资支出	估算分年投资支出	
		2017 年	2018 年
批租地价	3 600	3 600	
前期工程费	480	480	
基础设施费	1 020	720	300
建筑安装工程费	9 000	3 120	5 880
配套设施费	1 800	600	1 200
开发间接费及管理费	1 560	780	780
预备费	540	300	240
投资支出总额	18 000	9 600	8 400
其中：人民币借款	9 000	3 000	6 000
开发期间人民币借款利息	849.6	120	729.6
包括开发期间借款利息的投资支出总额	18 849.6	9 720	9 129.6

对于用银行借款或发行债券资金开发的项目，还要计算开发期间的借款或债券利息。在计算开发期间银行借款利息时，要先确定项目投资支出中各年人民币借款和外币借款数额，然后按借款利率计算开发期间各年人民币借款利息和外币借款利息。

【例 10-2】 假如上述嘉园住宅小区开发项目在 2017 年 7 月月初向银行借入 3 000 万元，2018 年年初再向银行借入 6 000 万元，年利率为 8%，以年为计息期，借款合同规定于 2019 年年末偿还，则

开发期间 2017 年银行借款利息为

借款利息 $= 3\,000 \times \dfrac{6}{12} \times 8\% = 120$（万元）

开发期间 2018 年银行借款利息为

借款利息 $= (3\,000 + 120 + 6\,000) \times 8\% = 729.6$（万元）

开发期间各年银行借款利息总额为

借款利息 $= 120 + 729.6 = 849.6$（万元）

除了计算开发期间的银行借款利息外，还要计算开发期后的银行借款利息和还本付息总额。因为开发期后的银行借款利息，是不计入投资支出的，所以也应分年计算银行借款利息。

【例 10-3】 上述嘉园住宅小区开发项目的借款合同规定在 2019 年年末偿还，则还要计算 2019 年的银行借款利息。

借款利息 =（3 000 + 6 000 + 849.6）× 8% = 787.97（万元）

2019 年年末偿还银行借款的本息总额为

本息总额 = 3 000 + 6 000 + 849.6 + 787.97 = 10 637.57（万元）

10.2.2 开发项目营业收入和成本的估算

1. 商品房屋营业收入和成本的估算

开发项目开发的房屋，如果用以销售，则应估算商品房屋的营业收入和经营成本。

（1）商品房屋营业收入的估算 商品房屋营业收入即房屋销售收入。房屋销售与其他商品销售不同：①房屋扎根于土地，属于不动产，它的购买者一般局限于所在地区的企业单位和居民，不易在开发后立即全部销售出去。除了代开发房屋外，大都要分层、分单元出售，销售时间较长。②房屋开发周期较长，它的价格要受开发后销售年份房产市场有效需求和供应量的影响，必须预测今后房产市场的景气度，充分考虑它的价格变动趋势。③房屋开发所需的投资较大，占用资金多，为了解决开发企业周转资金，国家允许在完成房屋基础工程并具备一定条件后，即可进行预售，如果预售房屋时购房者一次付清房款，往往要打个折扣，以补偿预付期的资金占用费。其计算公式为

商品房屋营业收入 = 房屋销售面积 × 每平方米建筑面积房屋价格　　　（10-1）

【例 10-4】 如上述嘉园住宅小区拟开发房屋，经调查测算，在 2018 年能预售 1.5 万 m² 房屋，开发完成后的 2019 年能销售 2.5 万 m² 房屋，2020 年能销售其余 1 万 m² 房屋。每平方米建筑面积房屋平均售价为 6 500 元，预售一次性付款按房价的 98% 即 6 370 元计算。则在各个年份商品房屋营业收入为

2018 年营业收入 = 6 370 × 1.5 = 9 555（万元）

2019 年营业收入 = 6 500 × 2.5 = 16 250（万元）

2020 年营业收入 = 6 500 × 1 = 6 500（万元）

（2）商品房屋经营成本的估算 商品房屋的经营成本主要是房屋开发期间的投资支出（在会计中也叫开发成本）。由于商品房屋的销售一般是分年完成的，因此对销售房屋的经营成本，也要根据销售面积分年估算。先计算每平方米建筑面积房屋投资支出（包括开发期间借款利息），然后乘以销售面积。在房屋开发完成后如果借款没有偿还，则应将后期借款利息作为各年财务费用。

商品房屋经营成本可按照下列公式计算：

商品房屋经营成本 = 房屋销售面积 × 每平方米房屋建筑面积投资支出　　　（10-2）

【例 10-5】 如上述嘉园住宅小区商品房屋开发项目总建筑面积为 5 万 m²，2018 年年末房屋开发完成后的投资支出总额为 18 849.6 万元（包括开发期间借款利息 849.6 万元），则

每平方米建筑面积投资支出 = $\dfrac{18\ 849.6}{5}$ = 3 769.92（元）

各年包括开发期间借款利息的商品房屋营业成本为
2018 年营业成本 = 3 769.92 × 1.5 = 5 654.88（万元）
2019 年营业成本 = 3 769.92 × 2.5 = 9 424.80（万元）
2020 年营业成本 = 3 769.92 × 1 = 3 769.92（万元）

2. 出租房屋营业收入和经营成本的估算

房地产开发项目开发的房屋，如果不是用来销售，而是用于出租，则要估算出租房屋的年营业收入和年经营成本。

（1）出租房屋年营业收入的估算　出租房屋年营业收入即出租房屋年租金收入。出租房屋年租金收入，决定于房屋的租金，而房屋租金的高低，主要决定于房屋的价格。因房屋的租金与房屋的价格是相互依存的，房屋租金主要是按房屋价格计算出来的，而在出租的情况下，房屋价格必须通过房屋租金才能真正实现。如果出租房屋各年租金收入之和的现值，小于房屋销售价格，则房地产开发企业一般是不愿出租的。因在这种情况下，它从房屋租金中回收不了房屋的投资，是一种赔本的买卖。况且出租的房屋，不可能常年全部出租，在漫长的几十年中，总会遇到房地产市场不景气的年份，会有部分房屋空置。

【例 10-6】 上述嘉园住宅小区开发的房屋，按每平方米建筑面积 6 500 元价格计算，它的售价为 32 500 万元，在年利率 8%、房屋使用年限为 50 年的情况下，如果用来出租，则每年应回收的资金在不考虑残值和清理费用时，可按年利率 8%、回收期限 50 年的资金回收系数来估算。

出租房屋年应回收资金 = 32 500 × (A/P, 8%, 50)
= 32 500 × 0.081 7 = 2 655.25（万元）

在计算上述资金回收系数时，回收期限应按房屋使用年限和房屋基地批租年限孰短者计算。因为土地批租期满，地上房屋即归土地所有者，开发企业不能再收取租金。

出租房屋租金除了考虑房屋投资支出外，还要考虑修理费、房产税、保险费、土地使用税，以及今后房地产市场对出租房屋的供求等因素。在实际工作中，也可用市场比较法加以估算。出租房屋的租金，一般按使用面积计算。

【例 10-7】 如上述嘉园住宅小区开发的房屋，共有使用面积 4 万 m^2，根据该小区附近相同结构多层房屋租金，最高的为年每平方米使用面积 750 元，低的为年每平方米使用面积 650 元，如按年每平方米使用面积租金 700 元计算，这个开发项目如能将房屋全部租出，则在 2019 年及以后各年出租房屋年租金收入，即年营业收入为

年营业收入 = 700 × 4 = 2 800（万元）

（2）出租房屋年经营成本的估算　出租房屋的经营成本是指出租房屋经营业务有关的各项支出，一般包括下列各项费用：

① 业务人员工资。业务人员工资是指直接从事房屋出租经营人员的工资。

② 职工福利费。职工福利费是指按上述业务人员的工资总额和国家规定提取标准计提的福利费。

③ 办公费。办公费是指房屋出租经营管理办公用的文具、纸张、账表、印刷、邮电、书报、会议、水电等费用。

④ 出租房屋折旧费。

⑤ 差旅交通费。差旅交通费是指业务人员因公出差的差旅费、住勤补助费、市内交通费和误餐补助费、上下班交通补助，以及经营管理部门使用的交通工具的油料、养路费、牌照税等。

⑥ 修理费。修理费是指保证出租房屋及其附属设施的正常使用而进行的定期大修理和日常维修养护的费用。

⑦ 低值易耗品摊销。低值易耗品摊销是指经营管理用器具、家具等低值易耗品的购置、摊销费。

⑧ 保险费。保险费是指为了使出租房屋免遭意外损失而向保险公司投保支付的费用。

⑨ 土地使用税。

⑩ 房产税等。

在估算出租房屋年经营成本时，应根据出租房屋经营业务人员定编、工资奖金标准、出租房屋折旧费、修理费率、保险费率、有关税率及各项费用开支标准逐项计算加总。

为了便于对出租房屋投资经营活动全过程的投资经济效益进行分析，在估算出租房屋年经营成本时，要将年经营成本中的出租房屋年折旧费单独列出。

因为出租房屋折旧率虽属经营成本，但它的支出已包括在开发房屋的投资支出中，在出租房屋经营过程中，不发生资金支出，因而也不再将它算作资金的流出量。

这样，出租房屋经营成本就要估算包括出租房屋折旧费的经营成本和不包括出租房屋折旧费的经营成本。为了便于区分，可将前者叫作经营成本，后者叫作经营支出；前者用以计算出租房屋的经营利润，后者用以计算现金流出量。

【例10-8】 承上例，假定上述嘉园住宅小区出租房屋开发项目在不进行大修理年度的营业成本为1 140万元，假定每隔10年房屋大修理一次，每次大修理支出为1 800万元，则2029年、2039年、2049年、2059年出租房屋大修理年度的营业成本均为2 940万元。如根据投资支出按50年的使用寿命计算的出租房屋年折旧费为376.992万元，则不进行大修理年度用以计算现金流出量的年付现成本为763.008万元，进行大修理年度的年付现成本为2 563.008万元。

3. 商品土地营业收入和经营成本的估算

商品土地的营业收入即土地转让收入。它一般是指已进行七通一平，达到具备房屋建造条件的土地使用权的转让收入。

按每平方米土地价格计算商品土地营业收入时，其计算公式为

$$商品土地营业收入 = 每平方米土地价格 \times 转让土地面积 \tag{10-3}$$

按每平方米楼面地价计算商品土地营业收入时，应先根据转让土地面积和城市规划中允许容积率（即每平方米土地可以建造的房屋建筑面积）计算可以建造的房屋建筑面积，然后乘以每平方米楼面地价计算。其计算公式为

$$商品土地营业收入 = 转让土地面积 \times 容积率 \times 每平方米楼面地价 \tag{10-4}$$

【例 10-9】 某开发企业拟开发一块 1 万 m² 的土地，该块土地规定的容积率为 4，即可以建造 4 万 m² 建筑面积的房屋，开发后若能按每平方米楼面地价 1 500 元转让，则

商品土地营业收入 = 1×4×1 500 = 6 000（万元）

如果开发好土地要在不同年度分块转让，则要分年计算商品土地营业收入。

商品土地的营业成本主要是土地开发期间的投资支出或开发成本。假如土地分年转让出去，则要先计算每平方米土地营业成本，然后乘以转让土地面积。其计算公式为

每平方米土地营业成本 = 项目土地投资支出或开发成本总额 ÷ 开发土地总面积

(10-5)

商品土地营业成本 = 每平方米土地营业成本 × 转让土地面积　　(10-6)

如果土地转让的年限，小于扣除土地开发年限后的批租年限，则要按转让年限与扣除开发年限后批租年限的比例计算商品土地营业成本。其计算公式为

商品土地营业成本 = 每平方米土地营业成本 × 转让土地面积 ×

土地转让年限 /（土地批租年限 – 土地开发年限）　　(10-7)

【例 10-10】 某开发企业拟在 2017 年批租一块 2 万 m²、期限为 42 年的土地，估计在 2018 年年底开发完成，共发生开发成本 1 200 万元，2019 年年初将其中 1 万 m² 土地转让，转让期为 20 年。则

商品土地营业成本 = 1 200/2 × 1 × 20/(42 – 2) = 300（万元）

10.2.3　开发项目费用的估算

1. 销售费用的估算

开发项目的销售费用又称营业费用，是指开发企业在销售、出租、转让房屋、土地时所发生的各项费用，主要包括：

1）开发房屋、土地销售、出租、转让过程中发生的广告宣传费、展览费、代销手续费，以及空房看护费。

2）为销售、出租、转让开发房屋、土地而专设的销售机构的各项经费，包括销售机构人员工资、职工福利费、销售机构房屋设备折旧费、修理费、办公费、差旅费等。

3）将出租房、周转房转为商品房销售以前发生的改装修复费等。

2. 管理费用的估算

开发项目的管理费用是指开发企业行政管理部门（公司总部）为组织管理房地产开发经营活动而发生的各项费用，包括行政管理人员工资、职工福利费、办公费、差旅费、行政管理部门使用房屋设备折旧费、修理费、低值易耗品摊销、工会经费、职工教育经费、劳动保护费、开办费摊销、业务招待费、坏账损失、资料费等。这些费用与土地、房屋开发没有直接的联系，为了划清开发单位和企业行政管理部门的责任，在会计中不将它计入开发成本，而作为期间费用直接由企业当期利润补偿。但这些管理费用，也间接与土地、房屋开发营销有关，在估算开发项目利润时，应将它列作一项费用支出。

考虑到一个开发企业往往同时开发营销若干个开发项目，而且各个项目只有在开发完成以后，才有营业收入，可以分摊管理费用。在这种情况下，只能根据企业若干年（3 年、5

年）的历史数据，计算管理费用与营业收入的费率，即每100元营业收入发生的管理费用，然后根据这个管理费用费率乘以各个开发项目的营业收入，来估算各开发项目应分摊的管理费用。管理费用费率和开发项目应分摊管理费用的计算公式为

$$管理费用费率 = 企业前3年或5年管理费用合计 \div$$
$$企业前3年或5年营业收入合计 \times 100\% \quad (10-8)$$
$$开发项目应分摊管理费用 = 该开发项目营业收入 \times 管理费用费率 \quad (10-9)$$

【例10-11】承例10-8，嘉园住宅小区开发企业在2013～2017年内共发生管理费用120 000万元，营业收入2 400 000万元。如前估算嘉园住宅小区2018年、2019年和2020年的营业收入分别为9 555万元、16 250万元和6 500万元时，即可算得

$$管理费用费率 = \frac{120\ 000}{2\ 400\ 000} \times 100\% = 5\%$$

项目2018年应摊管理费用 = 9 555 × 5% = 477.75（万元）
项目2019年应摊管理费用 = 16 250 × 5% = 812.50（万元）
项目2020年应摊管理费用 = 6 500 × 5% = 325.00（万元）

3. 财务费用的估算

开发项目的财务费用主要是指房屋、土地开发完成以后发生的投资借款利息。在开发过程中发生的投资借款利息，应计入投资支出或开发成本。如果开发企业采用发行企业债券筹集开发资金的，应将开发完成以后发生的企业债券利息计作开发项目的财务费用。

10.2.4 开发项目税金的估算

与房地产开发项目直接有关的税种，主要有增值税、房产税、土地使用税、土地增值税、城市维护建设税、企业所得税等。

1. 增值税

增值税是以商品（含应税劳务）在流转过程中产生的增值额作为计税依据而征收的一种流转税。从计税原理上说，增值税是对商品生产、流通、劳务服务中多个环节的新增价值或商品的附加值征收的一种流转税。实行价外税，也就是由消费者负担，有增值才征税，没增值不征税。

房地产开发企业销售自行开发的房地产项目，房地产开发企业以接盘等形式购入未完工的房地产项目继续开发后，以自己的名义立项销售的均应按规定缴纳增值税。

（1）一般纳税人增值税缴纳规定

1）一般计税方法。房地产开发企业中的一般纳税人销售自行开发的房地产项目，适用一般计税方法计税，按照取得的全部价款和价外费用，扣除当期销售房地产项目对应的土地价款后的余额计算销售额。销售额的计算公式如下：

$$应纳增值税税额 = 当期销项税额 - 当期进项税额 \quad (10-10)$$
$$销项税额 = 销售额 \times 税率 \quad (10-11)$$
$$销售额 = 含税销售额 \div (1 + 税率) \quad (10-12)$$
$$含税销售额 = (全部价款和价外费用 - 当期允许扣除的土地价款) \quad (10-13)$$
$$当期允许扣除的土地价款 = (当期销售房地产项目建筑面积 \div$$
$$房地产项目可供销售建筑面积) \times 支付的土地价款 \quad (10-14)$$

当期销售房地产项目建筑面积是指当期进行纳税申报的增值税销售额对应的建筑面积。

房地产项目可供销售建筑面积是指房地产项目可以出售的总建筑面积，不包括销售房地产项目时未单独作价结算的配套公共设施的建筑面积。

支付的土地价款是指向政府、土地管理部门或受政府委托收取土地价款的单位直接支付的土地价款。

进项税额是指纳税人购进货物、加工修理修配劳务、服务、无形资产或者不动产，支付或者负担的增值税税额。

2）简易计税方法。一般纳税人销售自行开发的房地产老项目，可以选择适用简易计税方法按照5%的征收率计税。一经选择简易计税方法计税的，36个月内不得变更为一般计税方法计税。

房地产老项目是指：①《建筑工程施工许可证》注明的合同开工日期在2016年4月30日前的房地产项目；②《建筑工程施工许可证》未注明合同开工日期或者未取得《建筑工程施工许可证》但建筑工程承包合同注明的开工日期在2016年4月30日前的建筑工程项目。

一般纳税人销售自行开发的房地产老项目适用简易计税方法计税的，以取得的全部价款和价外费用为销售额，不得扣除对应的土地价款。

3）采取预收款方式计税方法。一般纳税人采取预收款方式销售自行开发的房地产项目，应在收到预收款时按照3%的预征率预缴增值税。应预缴税款按照以下公式计算：

$$应预缴税款 = 预收款 \div (1 + 适用税率或征收率) \times 3\% \quad (10-15)$$

适用一般计税方法计税的，按照11%的适用税率计算；适用简易计税方法计税的，按照5%的征收率计算。

注意：一般纳税人销售自行开发的房地产项目，兼有一般计税方法计税、简易计税方法计税、免征增值税的房地产项目而无法划分不得抵扣的进项税额的，应以《建筑工程施工许可证》注明的"建设规模"为依据进行划分。

$$不得抵扣的进项税额 = 当期无法划分的全部进项税额 \times (简易计税、$$
$$免税房地产项目建设规模 \div 房地产项目总建设规模) \quad (10-16)$$

一般纳税人适用一般计税方法计税的，应按照《营业税改征增值税试点实施办法》（财税〔2016〕36号文件，以下简称《试点实施办法》）第四十五条规定的纳税义务发生时间，以当期销售额和11%的适用税率计算当期应纳税额，抵减已预缴税款后，向主管国税机关申报纳税。未抵减完的预缴税款可以结转下期继续抵减。

（2）小规模纳税人增值税缴纳规定　房地产开发企业中的小规模纳税人采取预收款方式销售自行开发的房地产项目，应在收到预收款时按照3%的预征率预缴增值税。

应预缴税款按照以下公式计算：

$$应预缴税款 = 预收款 \div (1 + 5\%) \times 3\% \quad (10-17)$$

小规模纳税人应在取得预收款的次月纳税申报期或主管国税机关核定的纳税期限向主管国税机关预缴税款。

一般纳税人销售自行开发的房地产项目适用简易计税方法计税的和小规模纳税人销售自行开发的房地产项目的，均应按照《试点实施办法》第四十五条规定的纳税义务发生时间，以当期销售额和5%的征收率计算当期应纳税额，抵减已预缴税款后，向主管国税机关申报纳税。未抵减完的预缴税款可以结转下期继续抵减。

2. 房产税

房产税是以城镇和工矿区的房产为课征对象，由房产所有人缴纳的一种税。对自用房产的房产税，其计税依据是依照房产原值，一次减除10%~30%后的余值；没有房产原值做依据的，由房产所在地税务机关参照同类房产税核定，自用房产的房产税税率为1.2%。其税额的计算公式为

$$应纳房产税税额 = 房产原值 \times (1 - 一次减除率) \times 1.2\% \qquad (10-18)$$

对出租房屋的房产税，以房产租金收入即出租房屋营业收入为计税依据，出租房屋房产税税率为12%。其税额的计算公式为

$$应纳房产税税额 = 房屋全年租金收入 \times 12\% \qquad (10-19)$$

3. 土地使用税

土地使用税的全称为城镇土地使用税，用以调节土地级差收入，提高土地使用效益。开发项目土地使用税以项目实际占用的土地面积为计税依据。由于各地的具体情况不同，土地等级不同，土地使用税实行有幅度交叉的定额年税率：①大城市每平方米0.5~10元；②中等城市每平方米0.4~8元；③小城市每平方米0.3~6元；④县城、建制镇、工矿区每平方米0.2~4元。

4. 土地增值税

土地增值税是向转让国有土地使用权、地上建筑物及附着物即房地产并取得增值收入的单位征收的一种税。它是按转让房地产所取得的增值额和超额累进税率计算征收的。开发项目计算应纳土地增值税时的增值额是指转让房地产时所取得的营业收入减除规定扣除项目金额后的余额。计算土地增值税时的扣除项目包括：①取得土地使用权所支付的地价款和按国家规定缴纳的有关费用；②开发土地和新建房及配套设施的开发成本；③开发土地和新建房及配套设施有关的销售费用、财务费用和管理费用；④旧房及建筑物的评估价格；⑤与转让房地产有关的税金；⑥房地产开发企业还可按①②项规定的金额加计20%的扣除。土地增值税实行四级超额累进税率，即

增值额未超过扣除项目金额50%的部分，税率为20%。

增值额超过扣除项目金额50%、未超过扣除项目金额100%的部分，税率为40%。

增值额超过扣除项目金额100%、未超过扣除项目金额200%的部分，税率为50%。

增值额超过扣除项目金额200%的部分，税率为60%。

开发企业建造的普通标准住宅出售，增值额未超过上述①②③⑤⑥项扣除金额20%的，可以免缴土地增值税。

5. 城市维护建设税

城市维护建设税以缴纳的增值税为计税依据，并与增值税同时缴纳。城市维护建设税的计算公式为

$$应纳税额 = 增值税 \times 适用税率 \qquad (10-20)$$

税率依开发企业所在地的不同规定不同的税率。税率按纳税人所在地分别规定为市区7%，县城和镇5%，乡村1%。大中型工矿企业所在地不在城市市区、县城、建制镇的，税率为1%。

开发企业除了按增值税税额和规定税率缴纳城市维护建设税外，还要按增值税税额的3%缴纳教育费附加。增值税和按增值税税额的规定税率缴纳的城市维护建设税和教育费附加，叫作税金及附加。

6. 企业所得税

企业所得税是对我国境内企业，除外商投资企业和外国企业外，就其在中国境内、境外从事生产、经营所得和其他所得征收的一种税。国内企业应纳所得税额，按应纳税所得额计算，税率为25%。应纳税所得额为企业每一纳税年度的收入总额减去准予扣除项目后的余额。

10.3 项目投资财务评价

项目投资财务评价可以从静态和动态两个方面进行。从项目静态的角度可对商品房屋开发项目财务状况进行分析，目的是分析项目销售后的盈利能力和项目投资借款的偿还能力。从动态角度对项目投资进行经济效益评价则是对项目投资发生的现金流量在考虑时间价值后的客观评价。房地产开发项目包括商品房屋和出租房屋，因篇幅所限，本部分只对商品房屋进行评价。

10.3.1 商品房屋开发项目财务状况分析

项目财务状况分析和企业财务状况分析不同。前者是根据项目估算数据编制的利润表等，分析销售后的盈利能力和投资借款偿还能力；后者是根据企业会计核算报表资料，分析年度开发经营活动的盈利能力和财务实力。

由于项目从设计、开发到销售，往往要经历若干年，因此，在进行项目财务状况分析时，必须收集并估算一系列财务数据。除了估算项目各个年度的投资支出、营业收入、营业成本、税金及附加、销售费用、管理费用、财务费用、所纳所得税外，还要估算项目销售后各年实现的利润以及分析投资借款偿还的可能性。

1. 商品房屋开发项目利润估算表的编制

在估算拟开发商品房屋项目销售的各年营业收入、营业成本、税金及附加、销售费用、财务费用、管理费用以后，就可用下列公式算得各年利润总额、应纳所得税和净利润：

利润总额 = 营业收入 − 营业成本 − 税金及附加 − 销售费用 − 财务费用 − 管理费用

净利润 = 利润总额 − 应纳所得税 (10-21)

【例 10-12】承前例，嘉园住宅小区开发项目在 2018 年项目开发期间的投资借款利息已包括在营业成本中，2019 年在成本费用中包括投资借款利息的利润总额和净利润分别为

利润总额 = 16 250 − 9 424.80 − 1 300 − 325 − 787.97 − 812.5 = 3 599.73（万元）

净利润 = 3 599.73 × (1 − 25%) = 2 699.80（万元）

这样，就可将前面估算的嘉园住宅小区商品房屋开发项目各年的营业收入、营业成本和费用等各项目在开发项目利润估算表（见表 10-2）中加以列示。

表 10-2　开发项目利润估算表

开发项目名称：嘉园住宅小区商品房屋　　　　　　　　　　　　　　　　　　　单位：万元

项　　目	2018 年	2019 年	2020 年	合　　计
营业收入	9 555.00	16 250.00	6 500.00	32 305.00
营业成本	5 654.88	9 424.80	3 769.92	18 849.60
税金及附加①	764.40	1 300.00	520.00	2 584.40
销售费用	191.10	325.00	130.00	646.10
财务费用	0.00②	787.97	0.00	787.97
管理费用	477.75	812.50	325.00	1 615.25
利润总额	2 466.87	3 599.73	1 755.08	7 821.68
应纳所得税	616.72	899.93	438.77	1 955.42
净利润	1 850.15	2 699.80	1 316.31	5 866.26

① 本例为方便简化用综合税率 8% 计算税金及附加。
② 2018 年项目开发期间的投资借款利息已包括在营业成本中。

说明：表中管理费用和财务费用估算可见前面的例 10-11 和例 10-3；销售费用按其占营业收入的 2% 估算；税金及附加，由于受企业每年上缴的增值税数额和减免政策等的影响而较难估算。通过对实行"营改增"后的现行多家上市房地产企业税金及附加占营业收入的比例的计算，发现其平均值大约在 8% 左右。因此，为方便计算，本例采用综合税率 8% 估算。

2. 商品房屋开发项目盈利能力的分析

商品房屋开发项目盈利能力分析，是从项目微观经济的角度，不考虑资金的时间价值，对投资收益能力、营业收入盈利水平进行的静态分析。

（1）商品房屋开发项目投资收益能力的分析　商品房屋开发项目投资收益能力的静态分析，可通过投资收益率指标来进行。投资收益率是指项目收益额与项目投资支出总额的比率。它是从项目微观经济角度，按照国家现行财政、税收、会计制度，分析测算项目开发后给企业带来的投资经济效益。其计算公式为

　　　　　　投资收益率 = 项目收益额 ÷ 项目投资支出总额 × 100%　　　　（10-22）

式中，项目投资支出总额包括项目开发期间投资支出（开发成本）和投资借款利息。

项目收益额按其是否包括应纳所得税额，分为利润总额和净利润。按包括应纳所得税的利润总额计算的投资收益率叫作投资利税率，按不包括应纳所得税的净利润计算的投资收益率叫作投资利润率。

【例 10-13】　承前例，嘉园住宅小区商品房屋在 2017～2018 年开发期间的投资支出总额为 18 849.6 万元，2018～2020 年预计销售完成后的利润总额为 7 821.68 万元，净利润为 5 866.26 万元，所以这个商品房屋项目的投资利税率和投资利润率为

　　投资利税率 = 7 821.68 / 18 849.6 × 100% = 41.50%
　　投资利润率 = 5 866.26 / 18 849.6 × 100% = 31.12%

（2）商品房屋开发项目营业收入盈利水平的分析　商品房屋开发项目营业收入的盈利水平，可通过营业收入利税率和营业收入利润率指标加以分析。

营业收入利税率是指项目利润总额与营业收入的比率,说明商品房屋销售的盈利程度。它的计算公式为

$$营业收入利税率 = 项目利润总额 \div 项目营业收入 \times 100\% \qquad (10\text{-}23)$$

营业收入利润率也叫营业收入净利率。营业收入利税率虽能说明项目开发经营盈利能力的程度,但在利润总额中还包括应纳所得税,只有从利润总额中扣除应纳所得税,才归企业支配,所以只有将净利润(利润总额减应纳所得税)与营业收入相比,计算营业收入利润率,才能说明营业收入所获净利的程度。营业收入利润率的计算公式为

$$营业收入利润率 = 项目净利润 \div 项目营业收入 \times 100\% \qquad (10\text{-}24)$$

【例10-14】 前例中,嘉园住宅小区商品房屋在2018~2020年销售完成后的利润总额为 7 821.68 万元,净利润为 5 866.26 万元,营业收入为 32 305 万元,因此这个项目的营业收入利税率和营业收入利润率为

营业收入利税率 $= 7\,821.68/32\,305 \times 100\% = 24.21\%$

营业收入利润率 $= 5\,866.26/32\,305 \times 100\% = 18.16\%$

商品房屋开发项目的营业收入利税率和营业收入利润率如高于同行业其他开发企业商品房屋开发项目的营业收入利税率和营业收入利润率,则说明该项目在房地产市场上房价有一定竞争能力,当房地产市场不景气时,有降价空间,具有抗风险能力。

3. 商品房屋开发项目偿债能力的分析

商品房屋开发项目如举债开发的,要对项目偿债能力进行分析。商品房屋开发项目偿债能力的分析,可以根据开发项目投资支出估算表、开发项目利润估算表及有关资料进行。

一般按项目到债务偿还时的营业收入估算数,减去项目到债务偿还时发生的税金及附加、销售费用、管理费用和应纳所得税后的余额,是否大于投资借款本息来评价。如果大于投资借款本息,则说明项目是有偿还能力的。如果小于投资借款本息,则说明项目不能按期偿付投资借款本息,要设法延长还款期,或另行筹措自有资金,或在债务到期前另行向银行借款偿还。这也说明开发项目在举债开发以前,必须先测算拟开发项目到债务偿还时的营业收入减去各项税费后,是否有足够的资金偿还投资借款本息。

【例10-15】 设前例中,嘉园住宅小区开发项目截止到2019年年末投资借款偿还时的有关数据如下:

借款本息 $= 3\,000 + 6\,000 + 849.6 + 787.97 = 10\,637.57$(万元)

营业收入 $= 9\,555 + 16\,250 = 25\,805$(万元)

税金及附加 $= 764.4 + 1\,300 = 2\,064.4$(万元)

销售费用 $= 191.1 + 325 = 516.1$(万元)

管理费用 $= 477.75 + 812.50 = 1\,290.25$(万元)

应纳所得税 $= 616.72 + 899.93 = 1\,516.65$(万元)

项目投资借款偿还时营业收入减去有关税费后的余额为

$25\,805 - 2\,064.4 - 516.1 - 1\,290.25 - 1\,516.65 = 20\,417.6$(万元)

用以偿还到期投资借款本息 10 637.57 万元后,还有资金余额为

$20\,417.6 - 10\,637.57 = 9\,780.03$(万元)

说明该项目有较强的偿债能力。

10.3.2 项目投资经济效益评价

商品房屋开发项目投资经济效益的评价，应考虑资金时间价值来对项目投资经济效益进行分析评价，主要有净现值法和内部收益率法。

1. **商品房屋开发项目现金流量的计算**

要在商品房屋开发项目投资效益分析、评价中考虑资金的时间价值，必须对拟开发商品房屋项目在开发和销售期间的货币资金的流入量和流出量进行分析计算，以便通过折现系数把项目不同时期的货币资金收支折算成同一时点（通常为项目开发期初）的资金价值，然后进行对比分析。

开发项目在开发和销售期间资金流入和流出的数量，叫作现金流量或资金流量。现金流量的计算与常规的会计核算不同，它只在实际发生时计算货币资金的收支，不计算转账的收支。例如，开发项目经营成本和财务费用中的借款利息，都不加以计算。开发项目的经营成本，是由投资支出即开发成本转入，只是项目内部转账，不是货币资金支出，所以在分析计算项目现金流量时，只将投资支出列作现金流出量，不再将经营成本列作现金流出量。对于投资借款利息，由于已将投资支出列作现金流出量，在计算现值时，已考虑了资金的时间价值，所以也不再将投资支出中的借款利息和财务费用中的借款利息作为现金流出量。商品房屋开发项目的现金流入量是营业收入；现金流出量是投资支出、税金及附加、销售费用、管理费用和应纳所得税。

在算得商品房屋开发项目现金流入量和现金流出量后，就可通过下列公式计算两者的差额，算得净现金流量：

净现金流量 = 营业收入 − 投资支出 − 税金及附加 − 销售费用 − 管理费用 − 应纳所得税

(10-25)

【例10-16】 根据上述计算公式，可为嘉园住宅小区商品房屋开发项目编制如表10-3所示的现金流量计算表。

表 10-3 开发项目现金流量计算表

开发项目名称：嘉园住宅小区商品房屋　　　　　　　　　　　　　　　　　　　　单位：万元

项　目	2017 年	2018 年	2019 年	2020 年	合　计
现金流入量：					
营业收入	0.00	9 555.00	16 250.00	6 500.00	32 305.00
现金流出量：					
投资支出	9 720.00	9 129.60			18 849.60
税金及附加		764.40	1 300.00	520.00	2 584.40
销售费用		191.10	325.00	130.00	646.10
管理费用		477.75	812.50	325.00	1 615.25
应纳所得税		616.72	899.93	438.77	1 955.42
小计	9 720.00	11 179.57	3 337.43	1 413.77	25 650.77
净现金流量	−9 720.00	−1 624.57	12 912.57	5 086.23	6 654.23

2. 净现值法

净现值法也叫财务净现值法。它是把项目开发期和销售期发生的现金流入量和现金流出量，都按折现系数换算成现值收入和现值支出，然后对比现值收入和现值支出，来评价项目投资效益的动态分析法。

1）先计算开发期和销售期内各年与拟开发项目有关的现金流入量和现金流出量，求出净现金流量（在实际工作中，可在开发项目现金流量计算表中进行计算）。凡现金流入量超过现金流出量，净现金流量用正值表示；现金流出量超过现金流入量，净现金流量用负值表示。

2）将各年净现金流量都按折现系数折算成现值，并加总求得净现值。

3）净现值为正值，表示发生投资净收益，有财务效益，该项目可取；如净现值为负值，则表示发生投资亏损，没有财务效益，该项目不可取。

计算折现系数时的折现率，一般应采用行业基准投资收益率或行业平均资金利润率，而不宜采用市场利率或社会平均资金利润率。因为折现率的高低，直接影响现值的大小，关系着计算的净现值能否正确反映项目的投资财务效益。这在我国目前各行业投资收益还有差别的情况下必须加以注意。

在对两个以上开发方案进行比较时，如果仅从计算净现值的大小方面来比较，还不能据以判别哪个开发方案较好，因为各个开发方案的投资支出可能不同，所以还要通过净现值率的大小，来比较各个开发方案的投资财务效益。

净现值率是反映各个项目净现值与现值投资支出对比关系的一个指标。它说明单位现值投资支出产生的净现值。其计算公式为

$$净现值率 = 净现值/现值投资支出 \times 100\% \tag{10-26}$$

净现值率是一个相对投资财务效益评价指标，净现值率越大，说明开发方案的投资财务效益越好。

现举例说明如下：

【例10-17】 假如上述嘉园住宅小区商品房屋开发项目的现金流入量、现金流出量和净现金流量如表10-3所示，房地产行业基准投资收益率为13%，就可在表中将项目各年净现金流量折算为净现值，并求得项目净现值（为了简化计算，在计算净现值时，现金流量一般都视为年末数计算，下同）。

表10-4　开发项目现金流量计算表　　　　　　　　　　单位：万元

项　　目	2017年	2018年	2019年	2020年	合计
现金流入量	0	9 555.00	16 250.00	6 500.00	
现金流出量	9 720.00	11 179.57	3 337.43	1 413.77	
净现金流量	-9 720.00	-1 624.57	12 912.57	5 086.23	
折现系数（13%）	0.885 0	0.783 1	0.693 1	0.613 3	
净现值	-8 602.20	-1 272.20	8 949.70	3 119.38	2 194.69

净现值率 = 2 194.69/(9 720×0.885 0 + 1 624.57×0.783 1)×100% = 22.23%

表 10-4 中的数据说明，该开发项目在按 13% 的折现率折算现金流量时，净现值为 2 194.69 万元。由于净现值是正值，说明这个项目的收益额，除去回收投资外，投资收益率还在 13% 以上。如果这个收益率对房地产行业是可取的，那么这个拟开发商品房屋项目是值得投资开发的。

净现值法的优点是考虑了开发项目开发销售期的收益和资金的时间价值。它的缺点是难以确定折现率。因为项目净现值的大小，很大程度上依赖所采用的折现率。折现率的高低，对开发方案决策起着非常敏感的作用。如前例中，嘉园住宅小区商品房屋开发项目如按 25% 的折现率折算现金流量，则该开发项目的净现值就是 －121.17 万元，成为不可取的方案。同时，净现值仅仅说明按设定折现率折算的净现金流量，反映不出开发项目确切的收益率。所以在实际工作中，常采用下述的内部收益率法。

3. 内部收益率法

内部收益率法也叫财务内部收益率法。它是用内部收益率来评价拟开发项目财务效益的动态分析法。所谓内部收益率，就是现金流入现值总额与现金流出现值总额相等，即净现值等于零时的折现率。内部收益率需要用若干个折现率进行试算，直至找到净现值等于零或接近于零的那个折现率。净现值越接近零，求得的内部收益率越正确。它的计算步骤如下：

1）在计算净现值的基础上，如果净现值是正值，就要采用比这个净现值计算更高的折现率来测算，直到测算的净现值正值近于零。

2）继续提高折现率，直接测算出一个净现值为负值，如果负值过大，就降低折现率再测算接近于零的负值。

当找到按某一折现率所求得的净现值为正值，而按相邻的一个折现率所求得的净现值为负值时，就表明内部收益率在这两个折现率之间。

3）根据接近于零的相邻正负两个净现值的折现率，用线性插值法，求得精确的内部收益率。但要注意正负值的两个折现率的间距不能太大，否则，算得的内部收益率就不会精确。用线性插值法计算内部收益率的公式为

内部收益率 = 偏低折现率 + 两个折现率的间距 × 偏低折现率的净现值/两个折现率的净现值绝对数之和

【例 10-18】 假如上述嘉园住宅小区商品房屋开发项目按 20% 和 25% 折现率计算的净现值如表 5-5 所示。

表 10-5　净现值计算表　　　　　　　　　　　　　　单位：万元

项　目	2017 年	2018 年	2019 年	2020 年	合　计
净现金流量	－9 720.00	－1 624.57	12 912.57	5 086.23	6 654.23
折现系数（20%）	0.833 3	0.694 4	0.578 7	0.482 3	
净现值	－8 099.68	－1 128.10	7 472.50	2 453.09	697.82
折现系数（25%）	0.800 0	0.640 0	0.512 0	0.409 6	
净现值	－7 776.00	－1 039.72	6 611.24	2 083.32	－121.17

根据表 10-5 的计算结果，可以断定这个开发项目的内部收益率在 20% 和 25% 之间，就可用线性插值法计算出内部收益率。

内部收益率 = 20% + (25% − 20%) × 697.82 / (697.82 + 121.17) = 24.26%

内部收益率法的优点是能够把开发项目的收益与其投资总额联系起来，指出这个项目确切的收益率，便于同房地产行业的基准投资收益率对比，确定这个项目是否值得开发。如使用借款进行开发，在借款条件（主要指利率）还不很明确时，内部收益率还可以避开借款条件问题，先求得投资收益率，作为可以接受的借款利率的上限。因此，一些国际金融机构，如世界银行、亚洲开发银行等对项目财务评价均采用内部收益率法。但是，内部收益率表现的比率，不是绝对值。一个内部收益率较低的方案，可能由于其开发规模较大而有较大的净现值，因而更值得进行投资开发。所以，一个拟开发项目，如有几个开发方案进行比选时，必须将内部收益率与净现值结合起来考虑。

10.4 项目投资风险分析

10.4.1 开发项目经济效益评价中的不确定性因素

在开发项目投资经济效益分析评价中，我们使用了大量经济数据，如投资支出、开发期、房屋销售量、房屋出租量、每平方米建筑面积房屋价格、每平方米使用面积房屋租金、营业成本等。这些数据都不是实际发生数，它们在开发期间和销售、出租期间都会不断变动。这样，就会出现对开发项目的投资经济效益的分析、评价带有不确定性的因素。其中任何因素的变动，都会影响到项目投资经济效益的评价，甚至导致项目决策的失误。所以，在进行开发项目投资经济效益的分析、评价时，还要对开发项目的不确定性因素加以分析。

开发项目投资经济效益分析、评价中的不确定性因素是很多的，但对项目投资经济效益有较大影响的主要有以下因素：

（1）投资支出的变动　土地征用拆迁费、批租地价、建筑材料价格、建筑安装工程造价的变动，都会引起开发项目投资支出的变动。我国城市土地原来都属于无偿使用，随着城市土地使用权商品属性的确认，以及城市土地需求的不断增加，土地出让价格不断上涨，开发项目投资支出中的土地征用拆迁费、土地批租价格变得不易确定。我国的生产资料价格原来主要实行计划价格；建筑安装工程造价原来按照预算价格结算。随着生产资料价格和建筑市场的开放，开发项目投资支出中的建筑材料价格和建筑安装工程造价也变得不易确定。土地征用拆迁费、批租地价、建筑材料价格和建筑安装工程造价的变动，必然引起开发项目投资支出的相应变动，影响项目的投资经济效益。

（2）开发进度和交付使用期的变动　在房地产开发过程中，往往由于后续开发资金的不足使项目开发进度不能按期完成。有时开发的房屋虽已完成，但是与之配套的室外工程、公共设施没有同步建成，使开发项目无法及时交付使用。项目开发进度的放慢和房屋交付使用期的推迟，必然影响房屋的及时销售和出租，影响开发项目投资经济效益的发挥。

（3）商品房屋销售量和出租房屋出租量的变动　随着房地产市场的开放和形成，市场能否容纳原来预测的商品房屋的销售量和出租房屋的出租量，就成为对开发项目投资经济效益影响的不确定性因素。如果房屋开发以后房地产市场不景气，房屋不能及时销售和出租出去，就会严重影响开发项目的投资经济效益。

（4）商品房屋价格和出租房屋租金的变动　在一些对外开放、经济发展较快的城市，对房地产可能有旺盛的需求，从而引起商品房屋价格和出租房屋租金的猛涨。但当开发房屋过多、大大超过原预测的需求量时，房地产市场就会出现激烈的竞争，就会引起商品房屋价格和出租房屋租金的下降。因为在这种情况下，如不降低房屋价格和租金，就可能使商品房屋卖不出去，出租房屋租不出去。房屋价格和租金的升降，都会严重影响开发项目的投资经济效益。这时，商品房屋价格和出租房屋租金就成为对开发项目投资经济效益影响较大的不确定性因素。

总之，在开发项目投资经济效益分析中的不确定性因素是多种多样的，它们的成因不同，影响程度也不一样。我们在分析时要善于抓住主要的不确定性因素，分析其可能影响投资经济效益的程度。

不确定性分析是一系列经济分析手段或方法的总称。不确定性分析的手段或方法很多，分析的深度和达到的精确程度也不一样。下面介绍两种项目投资经济效益分析中常用的不确定性分析方法，即盈亏平衡分析和敏感性分析方法。

10.4.2　盈亏平衡分析

在商品房屋开发项目投资经济效益分析中，我们可以发现开发后销售的商品房屋的营业收入，营业成本及销售、财务、管理费用，利润总额之间，有着如下关系：

$$利润总额 = 营业收入 - 税金及附加 - 营业成本及销售、财务、管理费用$$
$$= 营业净收入 - 营业成本及销售、财务、管理费用 \quad (10\text{-}27)$$
$$营业收入 = 商品房屋销售量 \times 每平方米价格 \quad (10\text{-}28)$$
$$税金及附加 = 营业收入 \times 税费率 = 商品房屋销售量 \times 每平方米价格 \times 税费率$$
$$(10\text{-}29)$$

式中的营业净收入是指商品房屋营业收入减去税金及附加后的营业收入。由于税金及附加是要上缴国家的，不是企业的收入，所以这里将减去税金及附加后的营业收入叫作营业净收入。

从上式可以看出商品房屋营业收入、营业净收入都可以是商品房屋销售量的函数，当它们都是线性函数关系的时候，就可将它们与营业成本及销售、财务、管理费用一起在图 10-1 中所示同一坐标图上画出三条直线。图中横轴表示商品房屋销售量，纵轴同时表示营业收入、营业净收入和营业成本及销售、财务、管理费用。图 10-1 中表示营业收入和营业净收入的两条函数直线由于斜率不同，就会与营业成本及销售、财务、管理费用线产生两个

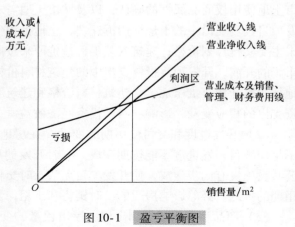

图 10-1　盈亏平衡图

交点，其中营业净收入与营业成本及销售、财务、管理费用两条直线的交点，表明商品房屋销售量达到一定时，商品房屋的营业净收入与营业成本及销售、财务、管理费用正好相等，也就是该项目的净收入和其完全成本正好相等。在交点以下，商品房屋的营业净收入小于营业成本及销售、财务、管理费用，要发生亏损；在这一交点以上，商品房屋的营业收入大于营业成本及营业、财务、管理费用，会带来利润。这一个交点，通常就叫作盈亏平衡点或保本点，所以盈亏平衡分析又称保本分析。

从图10-1中我们可以看出，商品房屋营业净收入线和营业成本及销售、财务、管理费用线的斜率和位置，决定了盈亏平衡点的高低位置。其中营业净收入线的斜率，取决于商品房屋销售量、每平方米价格和税费率等因素的变动；营业成本及销售、财务、管理费用线的位置，则取决于投资支出及销售、财务、管理费用的大小。任何一个因素的变动，都会影响盈亏平衡点的位置。通过这些不确定性因素对盈亏平衡点的影响来确定各种条件下商品房屋开发项目的保本销售量，可使企业掌握不致亏损必须达到的商品房屋销售量。

应该指出，商品房屋的开发与一般工业产品的生产不同。商品房屋的营业成本（即投资支出）及销售、财务、管理费用的发生，与商品房屋的销售量是没有关系的，对商品房屋来说，要么就将它建成销售、要么就不建，因此商品房屋营业成本及销售、财务、管理费用基本上都属于固定费用，它不随着销售量的增减而增减。而一般工业产品的生产，大都以销定产，产品销售成本中的原材料等属于变动费用，会随着销售量的增减而增减，只有其中的部分制造费用及销售、财务、管理费用才属于固定费用。这也是在商品房屋开发项目投资经济效益分析时必须加以注意的。

要进行盈亏平衡分析，首先必须确定盈亏平衡点。盈亏平衡点的确定，基本上有两种方法：一是上述的图示法；二是代数法。用代数法确定盈亏平衡点，就是求商品房屋营业净收入等于营业成本及销售、财务、管理费用时的销售量。由于：

营业收入＝商品房屋销售量×（每平方米价格－每平方米税金及附加）　　（10-30）

当营业净收入等于营业成本及销售、财务、管理费用时：

商品房屋销售量×（每平方米价格－每平方米税金及附加）＝营业成本及销售、财务、管理费用

（10-31）

整理上式后即得

商品房屋销售量即盈亏平衡点销售量＝营业成本及销售、财务、管理费用/

（商品房屋每平方米价格－每平方米税金及附加）　　（10-32）

式中的商品房屋每平方米价格减去每平方米税金及附加后的余额，是每平方米商品房屋营业净收入。它表示每销售一平方米商品房屋所能获得的可用来补偿营业成本及销售、财务、管理费用的数额。每平方米商品房屋营业净收入与销售量的乘积，就是营业净收入总额。营业净收入总额必须先用来补偿营业成本及营业、财务、管理费用，在有余额时才是企业的利润。在盈亏平衡点上，营业净收入总额正好补偿营业成本及销售、财务、管理费用，所以不盈也不亏。以后增加的营业净收入，就是企业的利润总额。上式表明，在营业净收入一定的情况下，需要多大的商品房屋销售量，使所获得的营业净收入能全部补偿营业成本及营业、财务、管理费用。

【例10-19】 上述嘉园住宅小区商品房屋开发项目共开发房屋50 000m² 建筑面积，每平方米销售价格为6 500 元，每平方米税金及附加为520 元（6 500×8%），营业成本（即投资支出）为18 849.6 万元，销售费用为646.10 万元，财务费用为787.97 万元，管理费用为1 615.25 万元，则

盈亏平衡点销售量 =（18 849.6 + 646.1 + 787.97 + 1 615.25）/（6 500 − 520）= 36 620.27（m²）

也就是说，这个商品房屋开发项目的销售量达到36 620.27m²、营业收入达到23 803.175 5万元（6 500×36 620.27）时，才能使商品房屋营业净收入等于营业成本及销售、财务、管理费用，做到不盈也不亏。

必须指出，盈亏平衡点分析是以商品房屋每平方米销售价格相同为前提的，如果房屋每平方米销售价格不同，计算的结果就会出现一定的误差。当然，这种误差一般不会太大，因而也不会影响对这种方法的应用。盈亏平衡点除了可用上面所说的商品房屋销售量来表示外，还可用每平方米商品房屋销售价格、盈亏平衡点商品房屋销售率等来表示。因而它在商品房屋开发项目投资效益分析、评价的不确定性分析中，具有多种用途。

1）在求得盈亏平衡点的商品房屋销售量后，可与项目房地产市场预测的销售量对比，判断商品房屋开发项目有无经营风险。

如商品房屋开发项目的盈亏平衡点销售量为36 620.27m²，而根据房地产市场预测的销售量为3.8 万 m²，就可说明开发这个项目是有经济效益、值得开发的；反之，如果房地产市场预测资料表明这个项目开发后的销售只有3 万 m²，就说明开发这个项目是要亏损、不值得开发的。

2）在已知商品房屋销售量、税金及附加税费率、营业成本及销售、财务、管理费用的情况下，可以求得达到盈亏平衡点时的每平方米商品房屋销售价格。因为在盈亏平衡时：

商品房屋销售量×每平方米价格×（1 − 税费率）= 营业成本及销售、财务、管理费用

(10-33)

所以：

盈亏平衡点商品房屋每平方米价格 = 营业成本及销售、财务、
管理费用/商品房屋销售量×（1 − 税费率） (10-34)

盈亏平衡时商品房屋每平方米价格表示在某种销售量条件下，保证商品房屋不亏本时的最低销售价格。将这个最低销售价格与房地产市场预测中得到的商品房屋价格信息对比，就能判断商品房屋开发项目在价格方面所承担的风险。

【例10-20】 如上述嘉园住宅小区商品房屋开发项目的商品房屋销售量为5 万 m²，税金及附加的税费率为8%，营业成本及销售、财务、管理费用为21 898.92 万元，则它的盈亏平衡点销售价格为

盈亏平衡点销售价格 = 21 898.92/[5×（1 − 8%）] = 4 760.64（元/m²）

也就是说，只有商品房屋每平方米销售价格超过4 760.64 元时，才能使企业不致亏损，在价格方面不承担风险。

3）在知道盈亏平衡点商品房屋销售量和商品房屋开发量时，还可以求得盈亏平衡点时

的商品房屋销售率指标，盈亏平衡点商品房屋销售率表示达到盈亏平衡点时实际销售的商品房屋数量占开发商品房屋数量的比率：这个比率是保证企业不亏本时的最低比率。这个比率小，则说明开发企业只要销售较少的商品房屋就可做到不亏损，具有承受较大经营风险的能力。这个比率大，则说明企业实际销售的商品房屋数量接近商品房屋开发数量时，才能做到保本，要承受较大的经营风险。盈亏平衡点商品房屋销售率的计算公式为

盈亏平衡点商品房屋销售率 = 盈亏平衡点商品房屋销售量/商品房屋开发量 × 100%

(10-35)

【例10-21】承前例，嘉园住宅小区商品房屋开发项目的盈亏平衡点商品房屋销售率为

盈亏平衡点商品房屋销售率 = 36 620.27/50 000 × 100% = 73.24%

说明商品房屋实际销售量只有达到开发量的73.24%时，才能使企业不致亏损。

10.4.3 敏感性分析

敏感性分析是指因素变动对开发项目投资经济效益影响的分析。它是在决定一个开发项目投资经济效益的许多不确定性因素中，测定其中一个或几个不确定性因素发生变动时对项目投资经济效益的影响情况。我们知道，影响开发项目投资经济效益的不确定性因素中，有一些因素稍有变动就会引起项目投资经济效益指标的明显变动；另有一些因素，当其变动时，只能引起项目投资经济效益指标一般性变动，有的甚至看不出什么变动。也就是说，项目的投资经济效益指标，对这些不确定性因素变动的反应程度不同，或敏感程度不同。一般将引起项目投资经济效益指标敏感反应的不确定性因素叫作敏感性因素，而将不太引起项目投资经济效益指标敏感反应的不确定性因素，叫作一般性敏感因素或不敏感因素。敏感性分析，就是在许多不确定性因素中，确定哪些因素是敏感性因素，哪些因素是不敏感因素，并分别确定各个不确定性因素对项目投资经济效益指标的影响程度。

进行敏感性分析，除了分析不确定性因素变动引起项目投资经济效益指标的变动幅度，使项目决策人员对项目的风险程度有所了解外，还有助于找出影响项目投资经济效益的最主要因素，使项目分析决策人员进一步了解这些主要因素数据的可靠程度，进而提高项目经济效益分析工作的质量。在对某个方案实施中的不确定性因素没有把握时，可以通过分析得知这些不确定性因素的误差允许达到多大程度时，方案仍然是可行的。如项目分析决策人员对未来商品房屋价格的变动没有把握时，通过敏感性分析可以提示价格在什么范围内变动，开发项目仍然是有经济效益、值得开发的。在多方案的比较中，可以区别哪个是敏感性大的方案，也就是风险大的方案，哪个是敏感性小的方案，也就是风险小的方案，从而进行多方案的优选。敏感性分析可按以下步骤进行：

1）要确定将哪些投资经济效益指标作为敏感性分析的对象。评价一个开发项目投资经济效益的指标是很多的，这些指标对某一具体开发项目的经济意义各不相同。在敏感性分析中，不必对这些投资经济指标都进行敏感性分析，通常只要针对开发项目的特点，选择某些最能反映该项目投资经济效益的指标作为敏感性分析的对象。这些指标一般有投资收益率、净现值、内部收益率等。

2）要寻找敏感性因素，即从不确定性因素中寻找哪些对开发项目投资经济效益有重大影响，并在开发和销售、出租期内可能发生较大变动的因素。显而易见，符合这两个要求的

敏感性因素是会因开发项目房地产类型、开发条件、开发时期等的差异而不同的。例如，某商品房屋开发项目在今后房地产市场上会有激烈竞争，销售量难以保证，其投资经济效益必然会受到销售量的影响，市场可容纳的商品房屋销售量就成为这个开发项目的敏感性因素。又如在土地批租价格、建筑材料价格和建筑安装工程造价波动时开发的项目，必然会影响项目的投资支出，而投资支出的变动，又会影响项目投资经济效益，因而投资支出也就成为这个开发项目的敏感性因素。

3) 根据敏感性因素的变动幅度，分别计算有关的投资经济效益指标。由于在敏感性分析时，一般假定除敏感性因素外，其他因素是不变动的，这就需要项目分析人员在进行敏感性分析时，充分注意到各有关数据之间的依存关系，对于与敏感性因素存在依存关系的数据，在分析过程中应该充分反映或表述出来。

【例 10-22】仍以上述嘉园住宅小区商品房屋开发项目为例。该项目在开发以后，由于宏观调控严格，房地产市场不太景气，商品房屋价格可能有所变动，估计要比原来测算价格降低 10% 才能销售，并只能在 2018 年以每平方米 5 733 元的价格预售 1.5 万 m^2，在 2019 年以每平方米 5 850 元的价格销售 2.5 万 m^2，在 2020 年以每平方米 5 850 元的价格销售 1 万 m^2。其他投资支出、销售费用、财务费用和管理费用金额不变。为了考虑资金的时间价值，以内部收益率作为敏感性分析的对象。在敏感性分析时，应先根据每平方米商品房屋变动后的价格计算各年营业收入和税金及附加（见表 10-6）。

表 10-6 营业收入、税金及附加计算表

时 间	每平方米价格（元）	销售数量/万 m^2	营业收入（万元）	税金及附加（税费率 8%）（万元）
2018 年	5 733	1.5	8 599.50	687.96
2019 年	5 850	2.5	14 625.00	1 170.00
2020 年	5 850	1.0	5 850.00	468.00
合计	—	—	29 074.5	2 325.96

再根据上述营业收入、税金及附加和有关该项目投资支出、销售费用、财务费用、管理费用计算各年应纳所得税（见表 10-7），编制开发项目现金流量计算表如表 10-8 所示。

表 10-7 应纳所得税计算表　　　　　　　　　　　　　　单位：万元

项　目	2018 年	2019 年	2020 年	合　计
营业收入	8 599.50	14 625	5 850	29 074.5
营业成本	5 654.88	9 424.80	3 769.92	18 849.60
税金及附加	687.96	1 170	468	2 325.96
销售费用	191.10	325.00	130.00	646.10
财务费用	0.00	787.97	0.00	787.97
管理费用	477.75	812.50	325.00	1 615.25
利润总额	1 587.81	2 104.73	1 157.08	4 849.62
应纳所得税	396.95	526.18	289.27	1 212.41
净利润	1 190.86	1 578.55	867.81	3 637.22

表 10-8 开发项目现金流量计算表

开发项目名称：嘉园住宅小区商品房屋　　　　　　　　　　　　　　　　　　　　单位：万元

项　目	2017 年	2018 年	2019 年	2020 年	合　计
现金流入量：					
营业收入	0	8 599.50	14 625.00	5 850.00	29 074.50
现金流出量：					
投资支出	9 720	9 129.60			18 849.6
税金及附加		687.96	1 170.00	468.00	2 325.96
销售费用		191.10	325.00	130.00	646.10
管理费用		477.75	812.50	325	1 615.25
应纳所得税		396.95	526.18	289.27	1 212.40
小计	9 720	10 883.36	2 833.68	1 212.27	24 649.31
净现金流量	-9 720	-2 283.86	11 791.32	4 637.73	4 425.19

然后按 15% 和 18% 的折现率在表 10-9 中计算净现值并据以算得内部收益率。

表 10-9 不同折现率净现值计算表

单位：万元

项　目	2017 年	2018 年	2019 年	2020 年	合　计
净现金流量	-9 720.00	-2 283.56	11 791.32	4 637.73	4 425.48
折现系数（15%）	0.869 6	0.756 1	0.657 5	0.571 8	—
净现值	-8 452.51	-1 726.83	7 752.79	2 651.85	225.31
折现系数（18%）	0.847 5	0.718 2	0.608 6	0.515 8	—
净现值	-8 237.70	-1 640.05	7 176.20	2 392.14	-309.42

$$\text{内部收益率} = 15\% + (18\% - 15\%) \times 225.31/(225.31 + 309.42)$$
$$= 15\% + 1.26\% = 16.26\%$$

计算结果表明，如果该商品房屋每平方米价格较原来测算的降低 10%，按 15% 折现率计算，这个项目的净现值为 225.31 万元，内部收益率为 16.26%。如果 15% 的内部收益率对这个项目是必须保证的，那么开发这个项目还是能够盈利的，但应随时注意规避其他因素变动的风险。

思　考　题

1. 什么是房地产项目可行性研究？可行性研究有哪些内容？具体步骤是什么？
2. 房地产开发项目的投资支出由哪些部分组成？怎样对它们进行估算？
3. 在分析商品房屋开发项目的盈利能力和偿债能力时，主要采用哪些指标？根据哪些资料来进行？
4. 分析、评价开发项目投资经济效益的方法有哪几种？这些方法各有哪些优缺点？
5. 影响开发项目投资经济效益的不确定性因素主要有哪些？为了保证项目投资经济效益评价工作的质量，通常可采用哪些方法对不确定性因素进行分析？这些分析方法各按怎样的程序进行？

练 习 题

某房地产公司商品房屋开发项目资料如下：

(1) 某房地产公司拟在 2016 年 1 月开发两幢共 15 000m² 建筑面积的商品住房，经估算共需投资支出 6 300 万元。

(2) 该商品住房开发期为两年，2016 年投资支出为 3 300 万元，2017 年投资支出为 3 000 万元。

(3) 该商品住房投资中部分资金拟向银行借款，在 2016 年年初拟向银行借入 1 500 万元，2017 年年初再向银行借入 1 500 万元，借款年利率为 6%，以年为计息期，借款本息于 2018 年年末一次偿还。

(4) 该商品住房于 2018 年年初开发完成，预计 2018 年能销售 10 000m²，2019 年能销售 5 000m²，每平方米售价为 7 000 元。

(5) 销售商品住房的增值税，城市建设维护税和教育费附加的综合税费率为 8%。

(6) 为销售该商品住房，估计在 2018 年、2019 年各需支出广告等销售费用分别为 100 万元和 50 万元。

(7) 在该商品住房销售年度，应按商品住房销售收入的 5% 分摊管理费用。

(8) 该公司的企业所得税税率为 25%。

(9) 该项目的行业基准投资收益率为 13%，并以这个基准收益率作为折现率。

要求：根据上列资料，为该商品住房开发项目具体计算和分析以下内容：

(1) 计算各年投资借款利息及到期偿还本息。

(2) 计算各年营业收入和税金及附加。

(3) 计算各年营业成本、销售费用和管理费用。

(4) 编制利润估算表。

(5) 计算营业收入利税率、营业收入利润率、投资利税率和投资利润率。

(6) 编制现金流量计算表。

(7) 计算净现值和净现值率。

(8) 计算内部收益率。

(9) 用分析计算得到的资料，对该开发项目进行财务评价，说明从财务角度是否值得开发。

(10) 计算盈亏平衡点销售量、盈亏平衡点每平方米销售价格和盈亏平衡点销售率。

第 11 章　营运资金管理

**本章导读**

2009年还是一片空地时,鹤壁御景城邦小区一经预售即吸引了众多业主前来认购。一期房产在开发商办理齐全五证后,业主纷纷签订了正式合同,很多业主过上了还房贷的日子,二期房产有些业主支付了全款还拿到了购房协议书。但小区楼盘却迟迟未能竣工,已经停工两年了。从御景城邦开始预售至今8年,造成1 200余名业主无家可归。

据业主们介绍,鹤壁御景城邦小区2009年开售,业主只需交付十几万元首付款,签订了团购房预定协议书,协议书显示2013年年底交房。由于没有完工,2014年11月份一期主体快建成的时候售楼部通知前去签订商品房买卖合同,业主们或交付全款或办理分期贷款,交房日期更改为2015年年底。二期房产手续还不全,大部分业主都是签订的协议书,房屋约定2016年年底交工。但在2015年5月工程全面停工。

十几栋空架子楼房停工两年,有记者在兴鹤大街与柳江路交会处看到了被"封存"的御景城邦,工地大门紧锁,围墙之内杂草丛生,枯干的树木也许久未被人照料,施工架子仍保留在半截子楼房上无人问津,记者转了一大圈,施工现场空无一人。在业主的介绍下,记者看到一期的9栋楼盘主体工程已经完工,没有二次结构建造。二期其中4栋楼盘主体几乎完工,2栋楼盘至今还未开工。

记者就此与房产管理中心一名工作人员联系,一位负责人表示,由于开发企业资金链断裂,御景城邦小区停工至今,政府在一年半前成立帮扶组,帮助企业解决困难。但里面问题很复杂,帮扶难度很大,目前资金缺口1.4亿元,而且里面可用房源很少,真正购房户700多户,顶账房几百户,一共1 200多户业主。(资料来源:大河网. 开发企业资金链断裂-楼盘五证齐全却停工半年. 2017-03-29, http://newspaper.dahe.cn/dhb/html/2017-03/29/content_132465.htm.)

营运资金管理是企业财务管理中的重要内容,直接影响着企业资金流的顺畅与否,是企业的血液,决定着企业的发展命运,有些企业即使有盈利,但没有足够的流动资金,也会最终导致资金链的断裂,使企业陷入破产境地,尤其在房地产企业,营运资金的作用更为明显。

本章将介绍房地产企业营运资金管理的内容,包括现金管理、应收账款管理、存货管理和流动负债管理;重点介绍现金持有动机及其最佳现金持有量的确定方法,应收账款管理的目标及制定合理的应收账款政策,存货的管理及最佳经济批量的计算等内容。

11.1 营运资金管理概述

11.1.1 营运资金的概念

营运资金是指在房地产企业生产经营活动中占用在流动资产上的资金。营运资金有广义和狭义之分，广义的营运资金又称毛营运资金，是指一个企业流动资产的总额；狭义的营运资金又称净营运资金，是指流动资产减流动负债后的余额。营运资金的管理既包括流动资产的管理，也包括流动负债的管理。

1. 流动资产

流动资产是指可以在一年以内或超过一年的一个营业周期内变现或运用的资产，流动资产具有占用时间短、周转快、易变现等特点，企业拥有较多的流动资产，可在一定程度上降低财务风险。流动资产按照其实物形态可分为现金、短期投资、应收及预付款项和存货。

（1）现金 现金是指可以立即用于购买物品、支付各项费用或用来偿还债务的交换媒介或支付手段，主要包括库存现金和银行活期存款，有时也将即期或到期的票据看作现金。现金是流动资产中流动性最强的资产，可直接支用，也可以立即投入流通。拥有大量现金的企业具有较强的偿债能力和承担风险的能力。但因为现金不会带来报酬或只有极低的报酬，所以，在财务管理比较健全的企业，都不会保留过多的现金。

（2）短期金融资产 短期投资是指各种准备随时变现的有价证券以及不超过一年的其他投资，主要是指有价证券投资。企业进行有价证券投资，一方面能带来较好的收益；另一方面又能增强企业资产的流动性，降低企业的财务风险。因此，适当持有有价证券是一种较好的财务策略。

（3）应收及预付款项 应收及预付款项是指企业在生产经营过程中所形成的应收而未收的或预先支付的款项，包括应收账款、应收票据、其他应收款和预付账款。在商品经济条件下，为了加强市场竞争能力，企业拥有一定数量的应收及预付款项是不可避免的，企业应力求加速账款的回收，减少坏账损失。

（4）存货 存货是指企业在生产经营过程中为销售或者耗用而储存的各种资产，房地产企业的存货一般有：

1）原材料类存货。原材料类存货是指用于开发土地、房屋、建筑物等开发产品的各种材料物资，如钢材、木材、砂石、水泥等。

2）设备类存货。设备类存货是指企业购入的用于房地产开发经营的各种设备，如电气设备、卫生设备、通风设备等。

3）在产品类存货。在产品类存货是指尚未完工的土地、房屋等开发产品。

4）产成品类存货。产成品类存货是指各种已完成开发建设全过程并已验收合格，可以按照合同规定交付使用或对外销售的各种开发产品，包括已开发完成的土地、房屋、配套设施、代建工程及分期收款开发产品、出租开发产品和周转房等。

5）开发用品类存货。开发用品类存货是指房地产企业在开发经营活动中所必需的各种用品，包括周转材料及其他用品等。

存货在流动资产中占的比重较大。房地产企业加强存货的管理与控制，使存货保持在最优水平上，便成为财务管理的一项重要内容。

2. 流动负债

流动负债是指需要在一年或者超过一年的一个营业周期内偿还的债务。流动负债又称短期融资，具有成本低、偿还期短的特点。流动负债按不同标准可做不同分类，现介绍其最常见的分类方式。

1）以应付金额是否确定为标准，可把流动负债分为应付金额确定的流动负债和应付金额不确定的流动负债。应付金额确定的流动负债是指那些根据合同或法律规定，到期必须偿付，并有确定金额的流动负债，如短期借款、应付票据、应付账款、应付短期融资券等。应付金额不确定的流动负债是指那些要根据企业生产经营状况，到一定时期才能确定的流动负债或应付金额需要估计的流动负债，如应交税费、应付利润、应付产品质量担保债务等。

2）以流动负债的形成情况为标准，可把流动负债分为自然性流动负债和人为性流动负债。自然性流动负债是指不需要正式安排，由于结算程序的原因自然形成的那部分流动负债。在房地产企业生产经营过程中，由于法定结算程序的原因，使一部分应付款项的支付时间晚于形成时间，这部分已形成但尚未支付的款项便成为企业的流动负债。因为它不需要做正规安排，是自然形成的，所以称之为自然性流动负债。人为性流动负债是指由财务人员根据企业对短期资金的需求情况，通过人为安排所形成的流动负债，如银行短期借款、应付短期融资券等。

11.1.2 营运资金的特点

为了有效地管理房地产企业的营运资金，必须研究营运资金的特点，以便有针对性地进行管理。房地产营运资金一般具有如下特点：

（1）营运资金的占用量大 与一般企业相比较，房地产企业的营运资金占用量大，在房地产企业的开发、生产、销售等各个阶段都需要大量的流动资金，否则很难完成其周转的价值。

（2）营运资金的周转期长 与一般企业相比较，房地产企业占用在流动资产上的资金，周转一次所需时间较长，通常会在超过一年的一个营业周期内才收回，完成一次周转的时间较长。

（3）营运资金的实物形态易变现 短期金融资产、应收账款、存货等流动资产一般具有较强的变现能力，如果遇到意外情况，企业出现资金周转不灵、现金短缺时，便可迅速变卖这些资产，以获取现金。这对财务上应对临时性资金需求具有重要意义。

（4）营运资金的数量具有波动性 流动资产的数量会随企业内外条件的变化而变化，时高时低，波动很大。季节性企业如此，非季节性企业也如此。随着流动资产数量的变动，流动负债的数量也会相应发生变动。

（5）营运资金的实物形态具有变动性 企业营运资金的实物形态是经常变化的，一般在现金、材料、在产品、产成品、应收账款之间按顺序转化。房地产企业的流动资金每次循环都要经过采购、生产、销售过程，并表现为现金、材料、在产品、产成品、商品、应收账款等具体形态。为此，在进行流动资产管理时，必须在各项流动资产上合理配置资金数额，以促进资金周转顺利进行。

（6）营运资金的来源具有灵活多样性 企业筹集长期资金的方式一般比较少，只有吸收直接投资、发行股票、发行债券、银行长期借款等方式。而企业筹集营运资金的方式却较为灵活性,通常有银行短期借款、短期融资券、商业信用、应交税费、应付利润、应付职工薪酬、预收账款、票据贴现等。

11.1.3 营运资金的管理原则

企业的营运资金在全部资金中占有相当大的比重,而且周期短,形态易变,所以是企业财务管理工作的一项重要内容。企业进行营运资金管理,必须遵循以下原则:

1)认真分析生产经营状况,合理确定营运资金的需要数量。企业营运资金的需要数量与企业生产经营活动有着直接关系。当企业产销两清时,流动资产会不断增加,流动负债也会相应增加。而当企业产销量不断减少时,流动资产和流动负债也会相应减少。因此,企业财务人员应认真分析生产经营状况,采用一定的方式预测营运资金的需要数量,以便合理使用营运资金。

2)在保证生产经营需要的前提下,节约使用资金。在营运资金管理中,必须正确处理保证生产经营需要和节约合理使用资金二者之间的关系。要在保证生产经营需要的前提下,遵守勤俭节约的原则,挖掘资金潜力,精打细算地使用资金。

3)加速营运资金周转,提高资金的利用效果。营运资金周转是指企业的营运资金从现金投入生产经营开始,到最终转化为现金的过程。在其他因素不变的情况下,加速营运资金的周转,也就相应地提高了资金的利用效果。因此,企业要千方百计地加速存货、应收账款等流动资产的周转,以便用有限的资金,取得最优的经济效益。

4)合理安排流动资产和流动负债的比例,保证企业有足够的短期偿债能力。流动资产、流动负债以及二者之间的关系能较好地反映企业的短期偿债能力。流动负债是在短期内需要偿还的债务,而流动资产则是在短期内可以转化为现金的资产。因此,如果一个企业的流动资产比较多,流动负债比较少,则说明企业的短期偿债能力较强;反之,则说明短期偿债能力较弱。根据惯例,流动资产是流动负债的一倍是比较合理的。因此,在营运资金管理中,要合理安排流动资产和流动负债的比例,以便既节约使用资金,又保证企业有足够的偿债能力。

11.2 现金管理

现金是企业以各种货币形态占用的资金。房地产企业的现金包括库存现金、银行存款和其他货币资金。现金是流动性最强的资产,拥有足够的现金对降低企业财务风险、增强企业资金的流动性具有十分重要的意义。

11.2.1 现金管理的目的与内容

为了说明现金管理的目的与内容,必须了解企业持有现金的动机。

1. 企业持有现金的动机

企业持有现金的动机主要有以下四个方面:

(1)支付的动机 支付的动机是指企业持有现金以便满足日常支付的需要,如用于购买材料、支付工资、缴纳税款、支付股利等。企业每天的现金收入和现金支出很少同时等额发生，保留一定的现金余额可使企业在现金支出大于现金收入时，不致中断交易。支付需要现金的数量，取决于其销售水平。正常营业活动所产生的现金收入和支出以及它们的差额，一般同销售量呈正比例变化。其他现金的收支，如买卖有价证券、购入机器设备、偿还借款等，比较难预测，但随着销售数量的增加，都有增加的倾向。

（2）预防的动机 预防的动机是指企业持有现金以应付意外事件对现金的需求。企业预计的现金需要量一般是指正常情况下的需要量，但有许多意外事件会影响企业现金的收入与支出。例如，地震、水灾、火灾等自然灾害；生产事故；主要顾客未能及时付款等，都会打破企业的现金收支计划，使现金收支出现不平衡。持有较多的现金，便可使企业更好地应付这些意外事件的发生。预防动机所需要现金的多少取决于以下三个因素：①现金收支预测的可靠程度；②企业临时借款能力；③企业愿意承担的风险程度。

（3）投机的动机 投机的动机是指企业持有现金，以便当证券价格剧烈波动时，从事投机活动，从中获得收益。当预期利率上升，有价证券的价格将要下跌时，投机的动机就会鼓励企业暂时持有现金，直到利率停止上升为止。当预期利率将要下降，有价证券的价格将要上升时，企业可能会将现金投资于有价证券，以便从有价证券价格的上升中得到收益。

（4）补偿的动机 银行为了降低贷款的风险，保证资金的安全，一般在给企业贷款的同时，要求企业必须在银行保留一定数额的存款，这种保留在银行账户中的现金是企业为获得银行贷款必须持有的，用于补偿动机的现金。

2．现金管理的目的

现金管理的目的，是在保证企业生产经营所需现金的同时，节约使用资金，并从暂时闲置的现金中获得最多的利息收入。企业的库存现金没有收益，银行存款的利率也远远低于企业的资金利润率。现金结余过多，会降低企业的收益；但现金太少，又可能会出现现金短缺，影响生产经营活动。现金管理应力求做到既保证企业交易所需资金，降低风险，又不使企业有过多的闲置现金，以增加收益。

3．现金管理的内容

现金管理的内容包括：

1）编制现金收支计划，以便合理地估计未来的现金需求。

2）对日常的现金收支进行控制，力求加速收款，延缓付款。

3）用特定的方法确定最佳的现金余额，当企业实际的现金余额与最佳的现金余额不一致时，采用短期融资策略或采用归还借款和投资于有价证券等策略来达到理想状况。现金管理的内容如图11-1所示。

11.2.2 现金收支计划的编制

现金收支计划是预计未来一定时期企业现金的收支状况，并进行现金平衡的计划，是企业财务管理的一个重要工具。

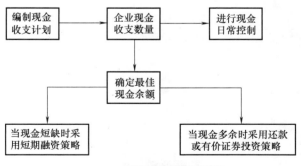

图 11-1　现金管理的内容

现金收支计划的编制方法很多，不同的方法采用不同的计划表格形式。现以现金全额收支法为例，列示现金收支计划的基本格式如表 11-1 所示。

表 11-1 现金收支计划　　　　　　　　　　　　　　　　单位：万元

序号	现金收支项目	上月实际	本月计划
1	1. 现金收入		
2	（1）营业现金收入		
3	现销和当月应收账款的收回		600
4	以前月份应收账款的收回		600
5	营业现金收入合计		1 200
6	（2）其他现金收入		
7	固定资产变价收入		100
8	利息收入		80
9	租金收入		50
10	股利收入		70
11	其他现金收入合计		300
12	（3）现金收入合计(3)=(1)+(2)		1500
13	2. 现金支出		
14	（4）营业现金支出		
15	材料采购支出		500
16	当月支付的采购材料支出		250
17	本月付款的以前月份采购材料支出		250
18	工资支出		100
19	管理费用支出		80
20	销售费用支出		80
21	财务费用支出		40
22	营业现金支出合计		800
23	（5）其他现金支出		
24	厂房、设备投资支出		200
25	税款支出		50
26	利息支出		50
27	归还债务		60
28	股利支出		100
29	证券投资		40
30	其他现金支出合计		500
31	（6）现金支出合计(6)=(4)+(5)		1 300
32	3. 净现金流量		
33	（7）现金收入减现金支出 (7)=(3)-(6)		200
34	4. 现金余缺		

(续)

序 号	现金收支项目	上月实际	本月计划
35	（8）期初现金余额		100
36	（9）净现金流量		200
37	（10）期末现金余额 （10）=（8）+（9） 　　　=（8）+（3）-（6）		300
38	（11）最佳现金余额		160
39	（12）现金多余或短缺 （12）=（10）-（11）		140

现金计划中各项目说明如下：

1. 现金收入

现金收入包括营业现金收入和其他现金收入两部分。

营业现金收入主要是指产品销售收入，其数字可从销售计划中获得。销售计划是编制企业其他计划的基础，一般应最先编制。财务人员根据销售计划资料编制现金计划时，应注意以下两点：①必须把现销和赊销分开，并单独分析赊销的收款时间和金额；②必须考虑企业收账中可能出现的有关因素，如现金折扣、销货退回、坏账损失等。

2. 现金支出

1）营业现金支出主要有材料采购支出、工资支出和其他支出。

在确定材料采购支出时，必须注意以下几点：

① 要确定材料采购付款的金额和时间与销售收入的关系。

材料采购的现金支出与销售量存在一定联系，但在不同企业、不同条件下这种关系并不相同，财务人员必须认真分析两者关系的规律性，以合理确定采购资金支出的数量和时间。

② 要分清现购和赊购，并单独分析赊购的付款时间和金额。

③ 设法预测外界的影响，如价格变动、材料供应紧张程度等。

④ 估计采购商品物资中可能发生的退货，可能享受的折扣等，以合理确定现金的支出数额。

直接人工的工资有可能随销售量和生产量的增长而增长，但在计时工资制下，工资的变动相对稳定，当生产稍有上升时，可能并不马上增加人员，只有当产销量大幅度变动或工资调整时，才会引起工资数额的大幅度变动。如果采用计件工资制，则工资的数量将随生产同比例变化。

另外，对销售费用和管理费用也必须做合理的预测和估计。

2）其他现金支出主要包括固定资产投资支出、偿还债务的本金和利息支出、所得税支出、股利支出或上缴利润等。固定资产投资支出一般都要事先规划，可从有关规划中获得这方面数据。债务的本金和利息的支付情况可从有关筹资计划中获得。所得税的数量应以当年预计的利润为基础进行估算。股利支出或上缴利润数额可根据企业利润分配政策进行测算。

3. 净现金流量

净现金流量是指现金收入与现金支出的差额。可按下式计算：

净现金流量＝现金收入－现金支出＝（营业现金收入＋其他现金收入）－
（营业现金支出＋其他现金支出） (11-1)

4. 现金余缺

现金余缺是指计划期现金期末余额与最佳现金余额（又称理想现金余额）相比后的差额。如果期末现金余额大于最佳现金余额，则说明现金有多余，应设法进行投资或归还债务；如果期末现金余额小于最佳现金余额，则说明现金短缺，应进行筹资予以补足。期末现金余缺额的计算公式为

现金余缺额＝期末现金余额－最佳现金余额＝（期初现金余额＋现金收入－现金支出）－
最佳现金余额＝期初现金余额±净现金流量－最佳现金余额 (11-2)

11.2.3 最佳现金余额的确定

现金是一种流动性最强的资产，又是一种营利性最差的资产。现金过多，会使企业盈利水平下降，而现金太少，又有可能出现现金短缺，影响生产经营。在现金余额问题上，也存在风险与报酬的权衡问题。在西方财务管理中，确定最佳现金余额的方法很多，现结合我国实际情况，介绍几种最常用的方法。

1. 现金周转模式

现金周转期是指从现金投入生产经营开始，到最终转化为现金的过程。它大致包括以下三个方面：

1）存货周转期。存货周转期是指将原料转化成产成品并出售所需要的时间。

2）应收账款周转期。应收账款周转期是指将应收账款转换为现金所需要的时间，即从产品销售到收回现金的期间。

3）应付账款周转期。应付账款周转期是指从收到尚未付款的材料开始到现金支出之间所用的时间。

现金周转期可用下列算式表示：

现金周转期＝存货周转期＋应收账款周转期－应付账款周转期 (11-3)

现金周转期确定后，便可确定最佳现金余额。其计算公式如下：

$$最佳现金余额 = \frac{企业年现金需求总额}{360} \times 现金周转期 \quad (11\text{-}4)$$

【例 11-1】 某企业预计存货周转期为 90 天，应收账款周转期为 40 天，应付账款周转期为 30 天，预计全年需要现金 720 万元，求最佳现金余额。

现金周转期＝90＋40－30＝100（天）

$$最佳现金余额 = \frac{720}{360} \times 100 = 200（万元）$$

现金周转模式简单明了，易于计算。但是这种方法假设材料采购与产品销售产生的现金流量在数量上一致，企业的生产经营过程在一年中持续稳定地进行，即现金需要和现金供应不存在不确定的因素。如果以上假设条件不存在，则求得的最佳现金余额将发生偏差。

2. 存货模式

确定现金最佳余额的存货模式来源于存货的经济批量模型（Economic-Order Quantity

Model）。这一模式最早由美国学者鲍莫（W. J. Baumol）于1952年提出，故又称鲍莫模型。

在存货模式中，假设收入是每隔一段时间发生的，而支出则是在一定时期内均匀发生的。在此时期内，企业可通过销售有价证券获得现金。现用图9-2加以说明。

在图11-2中，假定公司的现金支出需要在某一期间（如一个月）内是稳定的。公司原有 N 元资金，当此笔现金在 t_1 时用掉之后，出售 N 元有价证券补充现金；随后当这笔现金到 t_2 时又用完了，再出售 N 元有价证券补充现金。如此不断重复。

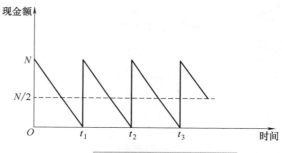

图11-2 确定现金余额的存货模式

存货模式的目的是要求出使总成本最小的 N 值。现金余额总成本包括以下两个方面：

1）现金持有成本。即持有现金所放弃的报酬。这是持有现金的机会成本，这种成本通常为有价证券的利率，它与现金余额呈正比例的变化。

2）现金转换成本。即现金与有价证券转换的固定成本，如经纪人费用、税费及其他管理成本，这种成本只与交易的次数有关，而与持有现金的余额无关。

如果现金余额大，则持有现金的机会成本高，但转换成本可减少。如果现金余额小，则持有现金的机会成本低，但转换成本要上升。两种成本合计总额最低条件下的现金余额即为最佳现金余额。

$$\mathrm{TC} = \frac{N}{2}i + \frac{T}{N}b \tag{11-5}$$

式中　TC——总成本；
　　　b——现金与有价证券的转换成本；
　　　T——特定时间内的现金需求总额；
　　　N——理想的现金转换数量（最佳现金余额）；
　　　i——短期有价证券利率。

年总成本、持有成本和转换成本的关系如图11-3所示。

图11-3中，TC是一条凹形曲线，可用导数方法求出最小值。

$$\mathrm{TC}' = \left(\frac{N}{2}i + \frac{T}{N}b\right)' = \frac{i}{2} - \frac{Tb}{N^2} \tag{11-6}$$

令：$\mathrm{TC}' = 0$，则

$$\frac{1}{2} = \frac{Tb}{N^2}$$

$$N^2 = \frac{2Tb}{i}$$

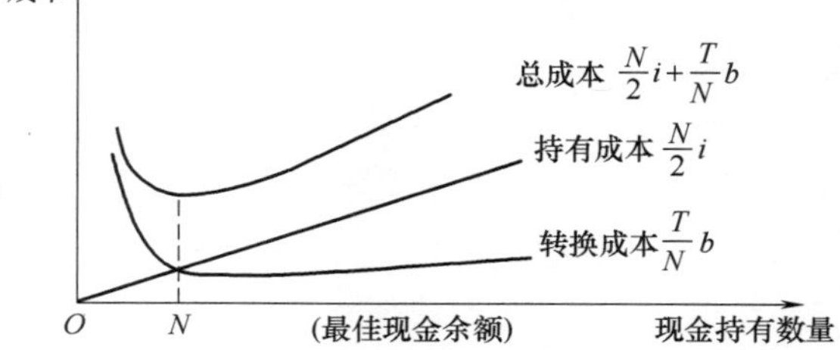

图11-3 最佳现金余额图

最佳现金余额

$$N = \sqrt{\frac{2Tb}{i}} \tag{11-7}$$

【例 11-2】 某企业预计全年需要现金 6 000 元,现金与有价证券的转换成本为每次 100 元,有价证券的利率为 30%。则最佳现金余额为

$$N = \sqrt{\frac{2 \times 6\,000 \times 100}{30\%}} = 2\,000 \text{（元）}$$

最佳现金余额为 2 000 元,这就意味着公司从有价证券转换为现金的次数为 3 次 (6 000/2 000)。

存货模式可以精确地测算出最佳现金余额和变现次数,表述了现金管理中基本的成本结构,它对加强企业的现金管理有一定的作用。但是这种模式以货币支出均匀发生、现金持有成本和转换成本易于预测为前提条件。因此,只有在上述因素比较确定的情况下才能使用此种方法。

3. 米勒-奥尔模型

米勒-奥尔模型是由莫顿·米勒和丹尼尔·奥尔创建的现金管理模型,如图 11-4 所示。

该模型是建立在对控制上限（H）、控制下限（L）以及目标现金余额（Z）这三者进行分析的基础之上的。企业的现金余额在上、下限间随机波动,在现金余额处于 H 和 L 之间时,不会发生现金交易。当现金余额升至 H 时,如点 X,则企业购入 $H-Z$ 单位的有价证券,使现金余额降至 Z。同样,当现金余额降至 L 时,如点 Y（下限）,企业

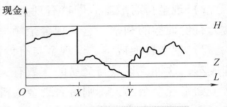

图 11-4 米勒-奥尔模型图

就需售出 $Z-L$ 单位的有价证券,使现金余额回升至 Z。这两种情况都是使现金余额回到 Z。其中,下限 L 的设置是根据企业对现金短缺风险的愿意承受程度而确定的。运用米勒-奥尔模型,管理者必须先完成以下四项工作:①设置现金余额的控制下限,该下限与管理者确定的最低安全边际有关;②估计日净现金流量的标准差;③确定利率;④估计转换有价证券的交易成本。通过这四步就可以计算出现金余额的上限和返回点。米勒和奥尔用一个大工业企业九个月的现金余额数据检验了他们的模型。由这一模型得出的日平均现金余额大大低于企业实际获得的平均数值。米勒-奥尔模型更加明确了现金管理的关键。首先,该模型说明最优返回点与交易成本正相关,而与机会成本负相关。这一发现与鲍莫模型的结论是基本一致的。其次,米勒-奥尔模型说明最优返回点及平均现金余额都与现金流量这一变量正相关。这就意味着,现金流量更具不确定性的企业应保持更大数额的平均现金余额。

4. 因素分析模式

因素分析模式是根据上年现金占用额和有关因素的变动情况,来确定最佳现金余额的一种方法。其计算公式如下:

最佳现金余额 =(上年现金平均占用额 - 不合理占用额)×(1 - 预计收入变化百分比)

(11-8)

【例 11-3】 某企业 2017 年平均占用现金为 1 000 万元,经分析其中有 50 万元的不合理占用额,2018 年销售收入预计较 2017 年增长 10%。则 2018 年最佳现金余额为

最佳现金余额 =(1 000 - 50)×(1 + 10%)= 1 045（万元）

因素分析模式考虑了影响现金余额高低的最基本因素，计算也比较简单。但是这种模式假设现金需求量与营业量呈同比例增长，有时情况并非完全如此。

以上各种计算模式分别从不同角度来计算最佳现金余额，各有优缺点，在实际工作中，可结合起来加以运用。另外，现金余额的多少是多种因素作用的结果，数学模型并不能把各种因素的变化都考虑进去，所以，在多数情况下，还需要财务管理人员根据经验加以确定。

5. 现金的日常控制

在现金管理中，企业除合理编制现金收支计划和认真确定最佳现金余额外，还必须进行现金的日常控制。

(1) 加速收款　为了提高现金的使用效率，加速现金周转，企业应尽量加速收款，即在不影响未来销售的情况下，尽可能地加快现金的收回。如果现金折扣在经济上可行，则应尽量采用，以加速账款的收回。企业加速收款的任务不仅是尽量使顾客早付款，还要尽快使这些付款转化为可用现金。

(2) 控制支出　企业在收款时，应尽量加快收款的速度，而在管理支出时，应尽量延缓现金支出的时间，在财务管理中，控制现金支出的方法一般有以下几种：

1) 运用浮游量。所谓现金的浮游量，是指企业账户上的存款余额与银行账户上所示的存款余额之间的差额。有时，公司账簿上的现金余额已为零或负数，而银行账簿上该公司的现金余额还有不少。这是因为有些支票公司虽已开出，但顾客还没有到银行兑现。如果能正确预测浮游量并加以利用，可节约大量资金。

当一个公司在同一国家有多个银行存款户时，可选用一个能使支票流通在外的时间最长的银行来支付货款，以扩大浮游量。

利用现金的浮游量，公司可适当减少现金数量，达到现金的节约。但是，一个公司的利益，就是另一个公司的损失，因而，利用浮游量往往对供应商不利，有可能破坏公司和供应商之间的关系，这一因素应加以考虑。

2) 控制支出时间。为了最大限度地利用现金，合理地控制现金支出的时间是十分重要的。例如，企业在采购材料时，如果付款条件是"2/10，$n/45$"，则应安排在发票开出日期后的第 10 天付款，这样，企业可以最大限度地利用现金而不丧失现金折扣。

3) 选择工资支出模式。许多公司都为支付工资而设立了一个存款账户。这种存款账户余额的多少，当然也会影响公司现金总额。为了减少这一存款数额，公司必须合理预测所开出支付工资的支票到银行兑现的具体时间。假设某企业在 1 月 3 日支付工资 10 万元，根据历史资料，3 日、4 日、5 日、6 日及 7 日以后的兑现比率分别为 20%、40%、20%、10%、5% 和 5%。这样公司就不必在 3 日存够 10 万元，再结合其他因素，公司就能求出应存入银行的应付工资支票的大概金额。

(3) 加强现金支出的综合控制

1) 力争现金流入与流出同步。如果企业能尽量使它的现金流入与现金流出发生的时间趋于一致，就可以使其所持有的交易性现金余额降到较低水平，这就是所谓的现金流量同步。基于这种认识，企业可以重新安排付出现金的时间，尽量使现金流入与现金流出趋于同步。

2) 实行内部牵制制度。在现金管理中，要实行管钱的不管账，管账的不管钱，使出纳人员和会计人员互相牵制，互相监督。凡有库存现金收付，应坚持复核制度，以减少差错，堵塞漏洞。出纳人员调换时，必须有交接手续，做到责任清楚。

3）及时进行现金的清理。在现金管理中，要及时进行现金的清理。库存现金的收支应做到日清月结，确保库存现金的账面余额与实际库存额相互符合；银行存款账中余额与银行对账单余额相互符合；库存现金、银行存款日记账数额分别与库存现金、银行存款总账数额相互符合。

4）做好银行存款的管理。企业超过库存现金限额的现金，应存入银行，由银行统一管理。对于结算户存款企业随时可以支取，具有与库存现金一样灵活的购买力，比较灵活方便。但结算户存款的利率很低，企业获得的报酬很少。而单位定期存款是企业按银行规定的存储期限存入银行的款项。企业向开户行办理定期存款，应将存款金额从结算户转入定期账户存储，由银行签发存单。存款到期凭存单支取，只能转入结算户，不能直接提取为库存现金。单位定期存款的利率较高，但使用不太方便，只有闲置的、一定时期内不准备动用的现金才能用于定期存款。

5）适当进行证券投资。企业库存现金没有利息收入，银行活期存款的利率也比较低，因此，当企业有较多闲置不用的现金时，可投资于国库券、大额定期可转让存单、企业债券、企业股票，以获取较多的利息收入，而当企业现金短缺时，再出售各种证券获取现金。这样，既能保证有较多的利息收入，又能增强企业的变现能力，因此，进行证券投资是调整企业现金余额的一种比较好的方法。

11.3 应收账款管理

11.3.1 应收账款的功能与成本

1. 应收账款的功能

应收账款的功能即它在生产经营过程中的作用，主要表现为以下几点：

（1）增加销售的功能　在激烈的市场竞争中，为了增加销售额，往往都采用赊销的方式吸引顾客，达到增加利润的目的。

（2）扩大市场占有率的功能　企业为了扩大市场占有率或开拓新市场，也常常采用赊销的方式推销其商品。对于某些准备进入市场的新产品更是如此。

（3）减少存货的功能　当企业商品积压过多时，通过赊销的方式可以大大减少存货，从而减少存货成本。

2. 应收账款的成本

应收账款的成本一般包括以下三种：

（1）应收账款所占用资金的资本成本　应收账款所占用的资金若是企业的自有资金，则其占用资金的成本就相当于用其投资于有价证券的收益，因而它实际上是一种机会成本，若所占用的资金来源于银行借款，则其资本成本就等于借款利息和一定的手续费。

（2）应收账款的管理成本　产生了应收账款，就要对其进行日常管理，与管理相关的费用主要有：①顾客信用状况调查费用；②收集各种信息的费用；③应收账款核算费用；④应收账款收款费用；⑤其他管理费用。

（3）坏账损失成本　实际情况表明，应收账款并不能保证百分之百收回，总有一部分形成坏账，从而给企业带来经济损失。这一数量一般与应收账款的数量成正比。

上述讨论说明应收账款有扩大销售、增加企业利润的一面，又有增加企业成本的一面。对应收账款的管理，就是要分析其所能增加的利润和所产生的成本，在利润与成本之间做出权衡，最终达到增加企业利润的目的。对利润与成本权衡的操作，是通过制定有效的信用政策来实现的。

11.3.2 信用政策

信用政策也称应收账款政策。其主要内容包括信用标准、信用条件和收账方针三个方面。企业要实现对应收账款的有效管理，事先就必须制定出合理的信用政策。在制定政策时，必须遵守收益大于成本的原则。

1. 信用标准

信用标准是判断顾客是否有资格享受企业提供的商业信用以及可以享受多少信用数额的一个标准。制定信用标准的关键在于考虑顾客拖延付款或拒付而给企业带来坏账损失的可能性。信用标准通常用允许的坏账损失率来表示。下面我们举例说明。

【例11-4】某房地产公司的经营情况及信用标准如表11-2所示。

表11-2 经营情况及信用标准

营业收入 200 000 元	平均坏账损失率：6%
应收账款 24 000 元	信用条件：30 天付清
税前利润 20 000 元	平均收款期：45 天
变动成本率 80%	应收款的资本成本：15%
信用标准 10%	

假设公司现准备改变信用标准，提出了A、B两个方案。方案A采用较紧的信用标准，只对坏账损失率在5%以下的顾客提供商业信用。方案B采用较松的信用标准，对坏账损失率在15%以下的顾客均提供商业信用。预计两个方案对销售与应收账款的影响，如表11-3所示。

表11-3 对销售与应收账款的影响

方案 A	信用标准：5%（坏账损失率）
	因标准变化减少的销售额：20 000 元
	减少的销售额的平均付款期限：60 天
	减少的销售额的平均坏账损失率：8%
方案 B	信用标准：15%（坏账损失率）
	因标准变化增加的销售额：30 000 元
	增加的销售额的平均付款期限：75 天
	增加的销售额的平均坏账损失率：12%

假设公司还有剩余生产能力，即增加的生产成本只有变动成本，而无固定成本。我们分别对这两个方案测算如下：

(1) 采用方案 A 后对利润和成本的影响：
1) 税前利润的减少额 = 减少的销售额 × (1 − 变动成本率)
   = 20 000 × (1 − 80%) = 4 000 (元)
2) 减少的资金占用成本 = 减少的销售额 × 变动成本率 × 资本成本 × 收款天数/360 = 20 000 × 80% × 15% × $\frac{60}{360}$ = 400 (元)
3) 坏账成本减少额 = 减少的销售额 × 减少部分的坏账损失率 = 20 000 × 8% = 1 600 (元)
4) 三个因素综合变化对利润的影响：
减少的成本 = 400 + 1 600 = 2 000 (元)
减少的利润 = 4 000 (元)
可见，利润的减少幅度大于成本的减少幅度，方案 A 不可取。
(2) 采用方案 B 后对利润和成本的影响：同方案 A 的测算方法类似。
1) 税前利润的增加额 = 30 000 × (1 − 80%) = 6 000 (元)
2) 增加的资金占用成本 = 30 000 × 80% × 15% × 75/360 = 750 (元)
3) 增加的坏账损失 = 30 000 × 12% = 3 600 (元)
4) 三个因素综合变化对利润的影响：
增加的利润 = 6 000 (元)
增加的成本 = 750 + 3 600 = 4 350 (元)
可见，增加的利润大于增加的成本，方案 B 可行。

2. 信用条件

信用条件是企业要求顾客支付货款的有关条件，包括信用期间和现金折扣两项内容。

(1) 信用期间　即企业为顾客规定的最长付款时间，如 30 天付款、60 天付款等。信用期间越长，销量会越大，利润会提高。但会增加应收账款，从而导致资金占用成本与坏账损失成本的增加。因此，是否延长信用期间，关键是要权衡延长信用期间所带来的收益是否大于所增加的成本。

(2) 现金折扣　即在顾客早付款时给予的优惠，目的是鼓励顾客尽早付款、加速货款回收，减少坏账损失。但这样的做法会增加折扣支出，账单上常见的"2/10，$n/30$"是指顾客在 10 天内付款，可以享受货款金额 2% 的折扣，即只需付货款的 98%。如果不想取得折扣，则这笔货款必须在 30 天内付清。是否提供现金折扣，提供多少折扣，也要比较相应的收益与成本。

【例 11-5】 某公司以 30 天内付清货款为信用条件，预计年销售量为 80 000 件，单价为 6 元，平均单位成本为 4.5 元。如果将信用条件确定为 60 天内付清货款，则年销量可达 10 万件，单位变动成本不变，单位固定成本下降 0.3 元。由于信用期延长，平均收账期由 30 天延长到 60 天，预计收账费用由 8 000 元上升到 10 000 元，坏账损失率由 1% 上升到 1.5%。公司的资本成本率为 25%，根据这些资料，可测算出这两种信用条件的有关指标，如表 11-4 所示。

表 11-4 两种信用条件的有关指标

项　目	30 天付款	60 天付款
① 销量（件）	80 000	100 000
② 销售额（元）	80 000 × 6 = 480 000	100 000 × 6 = 600 000
③ 销售成本（元）	80 000 × 4.5 = 360 000	4.2 × 100 000 = 420 000
④ 销售毛利②-③（元）	120 000	180 000
⑤ 收账费用（元）	8 000	10 000
⑥ 坏账损失（元）	480 000 × 1% = 4 800	600 000 × 1.5% = 9 000
⑦ 平均占用资金量（元）	$\frac{480\,000}{360} \times 30 = 40\,000$	$\frac{600\,000}{360} \times 60 = 100\,000$
⑧ 资本成本额（元）	40 000 × 25% = 10 000	100 000 × 25% = 25 000
⑨ 税前净利（④-⑤-⑥-⑧）（元）	972 000	136 000

测算结果表明，放宽信用期限至 60 天比信用期限为 30 天要增加利润 38 800 元（136 000 − 97 200）。因此，信用期限为 60 天是可行的。

在上例中，如果将 30 天付款的信用条件改为 "2/10，n/30"，预计全部顾客都在 10 天内付款，均获得现金折扣，则应收账款余额为 0，收账费用和坏账损失均为 0。如果将 60 天付款的信用条件改为 "2.5/10，n/60"，预计有一半顾客在 10 天内付款，得到现金折扣、收账费用、坏账损失及应收账款占用额均减少一半，则测算的有关结果如表 11-5 所示。

表 11-5 测算的有关结果　　　　　　　　　　　　　单位：元

信用条件 项　目	"2/10，n/30"	"2.5/10，n/60"
应付现金折扣	480 000 × 2% = 9 600	600 000 × 2.5% × 1/2 = 7 500
减少收账费用	8 000	10 000 × 1/2 = 5 000
减少坏账损失	4 800	9 000 × 1/2 = 4 500
减少占用资金成本	10 000	100 000 × 25% × 1/2 = 12 500
减少额小计	8 000 + 4 800 + 10 000 = 22 800	5 000 + 4 500 + 12 500 = 22 000
收支净额		22 000 − 7 500 = 14 500

可见，两种提供现金折扣 22 800 − 9 600 = 13 200 的方案都可行，且 "2.5/10，n/60" 比 "2/10，n/30"，还略好一些。

3. 收账方针

收账方针是指顾客违反信用条件时，企业所采取的收款政策。积极的收账方针可以减少坏账损失或资金占用成本，但也会增加收账费用，且可能会恶化与顾客的关系；反之，消极的收账方针则可减少收账费用，但必然增加坏账损失和资金占用成本。因此，究竟应采取什么样的收账方针，应根据具体情况以及有关经验来确定。

4. 综合信用政策

企业要制定最优的信用政策，就必须把信用标准、信用条件和收账方针结合起来，测算对收益与成本的综合影响结果，决策的原则就是收益大于成本。

11.3.3 应收账款的日常管理

应收账款的日常管理工作，就是按照已经建立的信用政策办事，这就需要对顾客的信用情况做出详细的调查和分析，以便决定是否给予顾客信用、采取什么样的收账措施等。

1. 对顾客进行信用调查

对顾客的信用评价是应收账款管理活动中最重要的一环，只有在对顾客的信用状况有正确评价的前提下，才可能正确地执行企业的信用政策。对顾客进行信用调查，收集其有关资料，是评价其信用情况的基础。顾客的信用资料一般可从以下几个方面获得：

1）财务报告。顾客最近的资产负债表、利润表和现金流量表是信用资料的重要来源。这些报表很容易取得。财务状况良好的企业，也乐于提供这方面的资料，拒绝提供财务报告的顾客多为财务状况较差的公司，根据报告中的数据，计算其流动比率、速动比率、存货及应收账款周转率，便能判断企业的偿债能力和信用状况。

2）信用评估机构。许多国家都有信用评估的专门机构。它们定期发布有关企业的信用等级报告。美国的邓白氏公司（Dun&Bradstreet）就是最著名的信用等级评审机构之一。该公司为其客户提供许多公司的信用等级资料。我国的信用评估机构目前有两种形式：一种是独立的社会评估机构，不受行政干预和集团利益牵制，独立自主地开办信用评估业务，如会计师事务所。另一种是由银行组织的评估机构，一般吸收有关专家参与对其客户进行评估。在评估等级方面，较常用的是三款九级制，即企业信用情况分为 AAA、AA、A、BBB、BB、B、CCC、CC、C 九等。评估机构是一种专门的信用评估部门，其可信度较高。

3）商业银行。许多银行都设有规模很大的信用部门，为自己的往来客户调查商业信用是其服务项目之一。企业的往来银行一般都能取得被调查对象的存款余额、借款情况、经营状况等信用资料，且愿与其他银行共享这些信息。因此，企业可委托其往来银行代理信用调查。

4）企业自身的经验。企业自身的经验是判断顾客信用好坏的一种重要依据。通过对顾客过去付款行为的分析，以及企业内部的销售人员、经常收账的财务人员的经验所提供的资料，基本上能判断出顾客的信用情况。

5）其他方面的资料。企业还可以从税务部门、顾客的上级主管部门、工商部门及证券交易部门收集有关顾客的信用资料。

2. 对顾客进行信用分析与评价

在调查掌握了有关资料后，应运用特定的方法，对顾客信用状况进行分析和评价。常用的方法有 5C 分析法和信用评分法。

（1）5C 分析法 即通过重点分析影响信用状况的五个方面的因素来评估顾客信用状况的方法。这五个方面的因素的英文首字母均为 C，因此称为 5C 分析法。

1）品德（Character）。品德是指顾客愿意履行其偿债义务的可能性，即顾客是否愿意尽自己的努力来归还货款。一般认为，品德是信用评估中最重要的因素。

2）能力（Capacity）。能力是指顾客偿还债务的能力，包括顾客的历史记录。

3）资本（Capital）。资本是指顾客的一般财务状况，主要根据各种财务比率，特别是流动比率和负债比率进行分析和判断。

4）抵押品（Collateral）。抵押品是指顾客是否愿意提供担保物以获取商业信用。如有担保物，在信用标准上可适当放宽。

5）情况（Conditions）。情况是指社会经济形势或某一特殊情况对顾客偿债能力的影响。

企业通过对顾客进行以上五个方面的分析，基本上可以判断顾客的信用状况，这就为是否为其提供商业信用做好了准备。

（2）信用评分法　这是一种从数量分析的角度来评价顾客信用的方法。其基本公式为

$$s = a_1x_1 + a_2x_2 + \cdots + a_nx_n = \sum_{i=1}^{n} a_ix_i \qquad (11-9)$$

式中　s——顾客的信用评分；

x_i——顾客第 i 种财务比率或信用状况的评分；

a_i——事先拟定的第 i 种财务比率或信用状况的加权权数，$\sum a_i = 1$。

例如，对某公司信用评分的分析如表 11-6 所示。

表 11-6　某公司信用评分表

项　目	信用状况	x_i（分）	a_i	a_ix_i（分）
流动比率	1.78	86	0.2	17.2
利息周转倍数	5	85	0.1	8.5
净利率	12%	90	0.1	9
评估机构评价	A 级	80	0.25	20
付款历史	好	85	0.2	17
企业未来情况	尚好	78	0.1	7.8
其他因素	好	90	0.05	4.5
合计			$\sum a_i = 1$	$\sum a_ix_i = 84$

表中财务比率和信用状况由收集的资料分析而得，分数 x_i 是由第一栏的资料及企业财务人员判断而得（采用百分制），第三栏是根据财务比率和信用状况的重要程度事先确定。

一般来说，评分在 80 分以上的，说明顾客信用良好；在 60～80 分之间的，信用一般；60 分以下的，信用较差。上例中顾客的信用评分为 84 分，说明信用良好。

3．决定是否向顾客提供信用

在收集分析了顾客的信用资料，对其信用做出评价之后，就要做出是否向顾客提供信用的决策，在进行决策时，还要分别对新顾客和老顾客采用不同的方法。

1）如果是新顾客，则主要根据企业信用政策中制定的信用标准来做出决策。例如，可根据有关资料，分析出信用评分与坏账损失率的关系如表 11-7 所示。

表 11-7　信用评分与坏账损失率

信用评分（分）	60 以下	60～70	70～75	75～80	80～85	85～90	90～100
坏账损失率	20% 以上	10%～20%	5%～10%	2%～5%	1%～2%	0.5%～1%	0～0.5%

如果企业的信用标准为允许坏账损失率等于 5%，则对信用评分为 75 分以上的顾客提供信用。

2）如果是老顾客，其情况又未发生大的变化，则一般不必再对其进行信用分析，主要是决定给予一个信用额度，即允许顾客在任何时候赊购货物的最大限度。例如，核定给某顾客的信用额度为 30 万元。第一次购货金额为 20 万元，若货款尚未支付，则第二次购货时，最多允许其赊购 10 万元的货物。信用额度一般必须定期核定，以适应顾客情况的变化，否则可能给企业带来经济损失。

4. 制定收账策略

收账策略是指对顾客逾期未付的应收账款采取的方法和措施，一般来说，大多数顾客都能按期付款，但总有一小部分会出现逾期未付的情况。理想的收账策略是既要顺利收回账款，又要维护好与顾客的关系，并降低收账费用，催收账款的程序是信函通知、电话催款、派人面谈、法律解决。

当顾客逾期未付时，可先发一封措辞礼貌的信函，提醒对方是否忘记付款日期了；然后一个催账电话；若仍无反应，企业就得派专人登门催收，如果顾客确实暂时有困难，则可以协商延期付款的时间。假如上述方法都不成功，则最后不得不采取法律手段。需要注意的是，企业在决定采用法律手段解决问题之前，必须慎重考虑两个因素：一是会恶化同顾客的关系；二是由法律手段解决后收回款项的可能性。因为对方可能正希望通过法律手段宣告破产，解除其财务困境。而待其清算的资产付清法律费、职工工资、国家税金及有担保的债务后，已所剩无几。因此，法律手段主要用于个别不讲信誉、故意拖欠、试图赖账的顾客。

5. 其他日常管理方法

除上述方法外，还有其他日常管理应收账款的方法，如 ABC（重点）管理法；账龄分析法，即通过编制应收账款账龄分析表，时常检测应收账款账龄发展趋势。当账龄分析表显示过期账户所占的百分比逐渐增加时，必须考虑紧缩企业的信用政策。

在国外，对应收账款还有信用保险的管理办法。如果企业的财务状况不太理想，其应收账款又集中于一两个风险较大的顾客身上，就十分有必要向保险公司申请对其应收账款进行信用保险。

11.4 存货管理

11.4.1 存货的概念

存货在房地产企业流动资产总额中占有很大的比重，存货管理是企业财务人员的重要工作内容。对存货管理的成功与否，直接影响到企业的正常经营与效益。

房地产开发企业存货可分为三大类：一是为房地产产品的开发建设耗用而储存的资产，包括库存材料、库存设备、周转材料等；二是处在开发建设过程中、尚未竣工验收的存货，主要是在建开发产品；三是处于出租经营过程中的或置存以便出售的存货，包括土地使用权、开发产品、出租开发产品、周转房等。存货是房地产开发企业最重要的资产，通常占资产总额的绝大部分，其中，在建开发产品和开发产品是最重要的存货。由于房地产开发阶段性强，工程材料和设备根据施工方的工程进度采购、供货，较容易控制，许多材料甚至采用包工包料的方式由施工方负责，因而库存材料和库存设备较少，存货主要表现为在建开发产品和开发产品。

11.4.2 存货的功能与成本

1. 存货的功能

存货的功能即存货在生产经营过程中的作用，主要表现为以下几个方面：

1）储存一定量的原材料和在产品，以防止正常生产的中断。如果无必要的原材料存货，则一旦未能按时采购材料，或者运输途中发生意外，或者质量、规格、数量方面出现差错，都将迫使企业停产。同样，如果没有在产品存货，则当生产线上某一环节出现故障，其后的所有工序都将受到影响。所以，为保证生产的正常进行，必须有一定量的原材料和在产品存货。

2）必要的商品或产品存货是保证销售正常的需要。首先，当市场需求突然增加时，在达到其最小批量之前，自然会形成一定的产成品存货；再次，顾客购买时，为节约采购费用，享受数量折扣，也会成批购买，当企业的产量未达到顾客要求的批量时，也会形成存货。

3）便于均衡生产、降低产品成本。有的产品属于季节性需求产品，有的产品其需求极不稳定。如果企业根据产品的需求状况安排生产，必然出现有时超负荷生产，有时生产能力又过剩的情况。这种不规则的生产状况会增加产品的成本。为了均衡生产，自然会形成一定量的产成品存货。

4）便于享受数量折扣，减少采购成本。成批地购进原材料、零部件或商品，往往可以获得价格上的优惠，享受到数量折扣。同时又可以减少采购、管理费用，从而降低采购成本，这样做，也会形成一定的存货。

5）适应市场价格变动，减少通货膨胀所带来的损失。当将出现严重通货膨胀时，为减小原材料或欲购进商品价格上的增长带来的损失，通常要尽早大量进货，这同时加大了存货量。

2. 存货的成本

存货固然是必要的，能给企业带来很多好处，但存货的成本也是不可忽视的。存货成本可分为以下三类：

1）储存成本。即与存货储存相关的成本，又可分为三种：第一种是存货占用资金的资金成本；第二种是由于保管存货而发生的仓库费，保险费、保暖、照明、保管工人工资等；第三种是存货发生变质、损坏、陈旧等折旧和报废成本。

储存成本一般与平均库存量成正比，而库存量又取决于订货次数（或者生产批次）。假设企业的年销售量为 S 单位，如果每年等量订货 N 次，则每次的订货量为 S/N 单位。若一年中存货是均匀地流出的，则在不考虑安全存量的情况下，企业平均的库存量 A ＝每次订购量$/2 = S/N/2$。再假设每单位存货的采购成本为 P，则企业存货平均占用资金量就等于 AP。设 C 为每一元存货的储存成本，则企业的总储存成本就等于 APC。

2）订货成本。即除购买价格以外的那些为使存货送达企业所必要的费用。如果存货来自企业外部，则订货成本就是请购、订购、运输、收货、验查和入库等活动所发生的费用。如果存货属于企业自己生产的，则订货成本就是与安排存货的生产而发生的生产调整准备费。该项成本一般只与订货次数（生产批次）有关，而与每次订货量（生产批量）

无关。

设每年订货 N 次，每次订货成本为 F，则

$$总订货成本\ TOC = NF = \frac{SF}{2A} \tag{11-10}$$

3）缺货成本。即由于缺少存货而使生产中断或丧失销售机会而造成的损失，如停工损失、临时高价采购材料而发生的额外支出、不能按时交货而产生的信誉损失等。缺货成本不易计量，但确实是一项重要因素。

11.4.3 存货管理的目的

从存货的功能与成本不难看出，企业没有存货是不可能的，从利用存货功能的角度出发，当然是存货越多越好，但持有存货又必然增加其储存成本。因此，从降低储存成本的立场出发，存货越少越好。如何处理好成本与功能的关系、确定一个合适的存货量，是存货管理的主要目的。或者说，存货管理的主要目的就是控制存货水平，在充分发挥存货功能的基础上，尽量降低存货成本。

11.4.4 存货管理模型

1. 经济批量模型

前面的讨论说明了与存货有关的成本主要有储存成本、订货成本与缺货成本。在不考虑缺货成本的情况下，存货总成本 TIC 就等于储存成本 TCC 与订货成本 TOC 之和。即

$$TCC = CPA = CPQ/2 \tag{11-11}$$

$$TOC = F\frac{S}{2A} = FS/Q \tag{11-12}$$

$$TIC = \frac{CPQ}{2} + \frac{FS}{Q} \tag{11-13}$$

设每次订货量为 Q，则

$$Q = S/N, \quad A = Q/2$$

可见，储存成本与每次订货量成正比，而订货成本与每次订货量成反比，TCC、TOC 及 TIC 三者的关系如图 11-5 所示。

我们的目的是要使存货总成本为最小，为此，对总成本 TIC 求关于 Q 的导数，并令其等于 0，则有

$$\frac{d(TIC)}{dQ} = \frac{CP}{2} = \frac{FS}{Q^2} = 0$$

$$\frac{CP}{2} = \frac{FS}{Q^2} \tag{11-14}$$

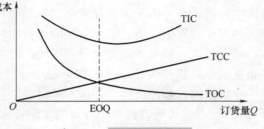

图 11-5　经济批量模型

即当订货批量 $Q = \sqrt{\frac{2FS}{CP}}$ 时，存货总成本可达到最小，此时的订货批量，称为经济批量，用 EOQ 表示，即

$$EOQ = \sqrt{\frac{2FS}{CP}} \tag{11-15}$$

式中　EOQ——经济批量；
　　　F——每次订货成本；
　　　S——年需要量；
　　　C——每一元存货的平均储存成本；
　　　P——进货单价。

由经济批量 EOQ 可以推出相应的经济批次和经济批量情况下的最低存货成本：

$$经济批次 = 全年需要量/经济批量 = \frac{S}{EOQ} = \sqrt{\frac{CPFS}{2}} \qquad (11-16)$$

$$最低存货成本 = \frac{CP}{2}EOQ + \frac{FS}{EOQ} = \sqrt{\frac{CPFS}{2}} + \sqrt{\frac{CPFS}{2}} = \sqrt{2CPFS} \qquad (11-17)$$

【例 11-6】 大兴百货公司经销某种商品，预计全年销量为 26 000 件，每件进货单价为 4.92 元。每次订货成本为 1 000 元，每元存货的平均储存成本为 0.25 元。则 $S = 26\,000$ 件，$P = 4.92$ 元，$F = 1\,000$ 元，$C = 0.25$ 元，于是：

$$EOQ = \sqrt{\frac{2FS}{CP}} = \sqrt{\frac{2 \times 1\,000 \times 26\,000}{0.25 \times 4.92}} \approx 6\,500 \text{（件）}$$

$$全年经济订货次数 = \frac{26\,000}{6\,500} = 4 \text{（次）}$$

$$最低的存货成本 = \sqrt{2CPFS} = \sqrt{2 \times 0.25 \times 4.92 \times 1\,000 \times 26\,000} \approx 8\,000 \text{（元）}$$

2. 有数量折扣的经济批量模型

在实际购销过程中，供应商为促进其商品的销售，往往采取提供数量折扣的办法鼓励购货方多进货。当每次进货量达到一定水平时，在价格上给予一定优惠。如前例中，如果每次订购量达到 10 000 件以上，则提供 2% 的折扣。在这种情况下，究竟按经济批量进货，还是按可享受折扣的批量进货，必须做进一步的测算与比较。可分两种情况来讨论。

1）当可享受折扣的批量小于经济批量时，问题比较简单，按经济批量进货既可享受批量折扣，又可使总存货成本最低。但此时需注意一个问题，因为原来计算经济批量时，没有考虑数量折扣因素，而当可享受折扣的批量小于经济批量时，需要按新的进货价格重新计算经济批量。而且修正后的经济批量会比原来计算的大一些（原因是进价降低，使储存成本降低，从而允许存货略为增加）。

【例 11-7】 承前例，当进货量达到 5 000 件以上时就可享受 2% 的数量折扣，而我们事先计算的经济批量为 6 500 件。因此，经济批量本身已经可享受数量折扣了。此时，可把折扣因素加上，修正原来计算的经济批量。由于折扣为 2%，所以进货单价由原来的 4.92 元变为 4.821 6 元（4.92 × 0.98），于是修正后的经济批量为

$$\overline{EOQ} = \sqrt{\frac{2FS}{CP}} = \sqrt{\frac{2 \times 1\,000 \times 26\,000}{0.25 \times 4.821\,6}} \approx 6\,570 \text{（件）}$$

修正后的经济批量比原来增加了 70 件。

2）如果可享受折扣的批量大于经济批量，就要把采购成本的因素加上，比较两种批量条件下的总成本，以总成本最小者作为实际进货批量。

【例11-8】 承前例，当批量达到10 000件时，可享受2%的折扣，则可分别测算如下：

(1) 按经济批量进货：

全年采购成本 = 26 000 × 4.92 = 127 920（元）

全年存货成本 = $\sqrt{2CFSP}$ = 8 000（元）

全年总成本 = 127 920 + 8 000 = 135 920（元）

(2) 按可享受折扣的批量进货：

全年采购成本 = 26 000 × 4.92 × (1 − 2%) = 125 361.6（元）

全年储存成本 = $\dfrac{C\overline{P}Q}{2}$ = $\dfrac{0.25 \times 4.92 \times (1-2\%) \times 10\,000}{2}$ = 6 027（元）

全年订货成本 = $\dfrac{FS}{Q}$ = $\dfrac{1\,000 \times 2\,600}{10\,000}$ = 2 600（元）

全年总成本 = 125 361.6 + 6 027 + 2 600 = 133 988.6（元）

由此可见，按可享受数量折扣的批量进货，比按经济批量进货可降低成本1 931.4元 (135 920 − 133 988.6)，因此应按每批10 000件进货。

3. 订货点的确定

订货点是指订购下一批存货时，本批存货还剩下的储存量。由于从订货到货物入库需要一定的时间，企业不能在库存耗尽时才订货，必须有一个提前量，那么在本批存货还剩下多少时，就应订购下一批货物呢？这就要确定订货点。

如果企业的耗用量均匀，且交货期（从订货到入库的时间）也稳定，则订货点的确定较为简单，此时：

$$\text{订货点} = \text{交货期} \times \text{平均耗用量} \tag{11-18}$$

【例11-9】 承前例，假设订货后两周才能收到商品，全年按52周计，每周耗用量为500件（26 000/52）。则

订货点 = 2 × 500 = 1 000（件）

即当存货下降到1 000件时，就应订货。当存货下降为0时，下一批货刚好入库。这样就不至于影响生产和销售，也不增加存货。

4. 安全存量下的存货模型

上述讨论中，我们假设存货的耗用量是均匀的，交货期是稳定的。这种假设与实际情况很不相符。实际经营过程中，耗用量是波动的，交货期也可能因种种原因而发生延迟。因此，在确定存货模型时，要考虑这些实际因素。

(1) 考虑安全存量时订货点的确定 为防止因耗用量突然增加或交货期延迟，企业应保持一定的安全存量。假设企业每周正常存货耗用量是500件，但每周最大耗用量也可达1 000件。如果订货点仍为1 000件，则1 000件也许只能维持一周的耗用，订货后要两周才能收到货物。因此，极有可能缺货一周。缺货量可能达到1 000件。为此，企业需增加1 000件的安全存量。初次订货时，批量为7 500件（6 500 + 1 000），以后当存货下降到2 000件，即发出订单订货。

所以，考虑安全存量时，其订货点的计算为

$$\text{订货点} = \text{交货期} \times \text{平均耗用量} + \text{安全存量} \qquad (11\text{-}19)$$

（2）安全存量的计算　在确定安全存量时，要考虑两方面的成本：一个是安全存量的储存成本，另一个是因存货不足所造成的缺货成本。显然，安全存量越大，储存成本越高，则缺货成本越低；反之，安全存量越小，储存成本越低，则缺货成本越高。因此，当储存成本与缺货成本之和为最小时的安全存量是最合理的。

由于耗用量的突然增加以及交货期的延迟都是随机发生的，所以，要计算缺货成本，就必须知道缺货成本发生的概率及发生时的实际成本。

【例 11-10】　承前例，假设企业在一个批量周期（13 周）内的耗用量及相应概率如表 11-8 所示。

表 11-8　一个批量周期内的耗用量及相应概率

耗用量（件）	5 500	6 000	6 500	7 000	7 500
概率	10%	20%	40%	20%	10%

并设每缺货一件造成的损失为 5 元，则根据前面的资料可计算出各种情况下的成本，如表 11-9 所示。

表 11-9　存在缺货情况下的成本

安全存量（件）(1)	缺货件数（件）(2)	缺货成本（元）(3)	概率（4）	期望缺货成本（元）(5)	储存成本（元）(6)	总成本（元）(7) = (5) + (6)
1 000	0	0	0	0	4.92×1 000×0.25 = 1 230	1 230
500	500	2 500	0.1	250	615	865
0	1 000	5 000	0.1	500	0	1 000
0	500	2 500	0.2	500	0	

说明：①由于最大耗用量为 7 500 件，经济批量为 6 500 件，所以当安全存量为 1 000 件时就不会发生缺货（概率为 0）；②期望缺货成本 = 缺货成本 × 相应概率；③安全存量为 500 件时，最高存货量为 7 000 件，由于最大耗用量为 7 500 件，所以可能发生缺货 500 件，其概率为 10%；④安全存量为 0 时，两种情况都可能发生，即耗用量为 7 500 件时，缺货 1 000 件，耗用量为 7 000 件时，缺货 500 件，此时的总成本为这两种情况的期望缺货成本之和。

从表中可以看出，当安全存量为 500 件时，总成本最小。因此，企业最佳安全存量为 500 件。

这里只讨论了因耗用量波动而引起缺货时安全存量的确定问题。同理，可讨论因交货期延迟引起缺货时安全存量的确定以及因耗用量波动与交货期延迟共同引起缺货时的安全存量问题。有兴趣的读者，可自己进行分析。

11.4.5　存货的日常控制

除了根据企业的情况求出经济批量、安全存量及订货点外，对日常在库的存货进行管理，尽量减少其管理费以及损坏、变质、过时等损失也是存货管理的内容之一。企业应制定出具体的存货日常管理制度，以保证存货能最大限度地发挥其功能。

在对存货的日常管理中，常用 ABC 分类管理法来提高其管理效果。由于企业存货有很多不同的种类，因而不可能对每种存货都进行相等程序的管理。应把精力放在价值高而数量相对较少的存货上。ABC 分类管理法就是对存货进行分类，然后按其价值大小分别控制。具体方法是价值高数量少的存货为 A 类，对其进行严格管理。价值低而数量多的存货为 C 类，对其进行简单管理即可。B 类是介于 A 类与 C 类之间的存货，对其控制的方法也介于二者之间。对存货分类的一般标准如下：

A 类存货：品种数量约占总存货的 10%，而其价值约占总存货价值的 70%。

B 类存货：品种数量约占总存货的 20%，其价值也约占总存货价值的 20%。

C 类存货：品种数量约占总存货的 70%，其价值约占总存货价值的 10%。

【例 11-11】某企业有 20 种存货，共占用资金 100 000 元，按占用资金多少的顺序排列后，根据上述标准可划分为 A、B、C 三类，其划分情况可用表 11-10 表示。

显然抓住了 A 类，就抓住了重点。可将主要精力放在对 A 类的管理上，对 C 类不必费多少精力。B 类介于 A 类、C 类之间，应给予相当的重视，但不必像 A 类那样管理。

表 11-10 ABC 存货管理

存货品种	占用资金总额（元）	类别	各类存货的数量与比重	各类存货占用资金数量与比重
1	50 000	A	2	75 000
2	25 000		10%	75%
3	10 000	B	5	20 000
4	5 000			
5	2 500		25%	20%
6	1 500			
7	1 000			
8	900	C	13	5 000
9	800			
10	700			
11	600			
12	500			
13	400			
14	300			
15	200			
16	190		65%	5%
17	180			
18	170			
19	50			
20	10			
合计	100 000		20 100%	100 000 100%

11.5 流动负债管理

11.5.1 银行短期借款

银行短期借款又称银行流动资金借款,是企业为解决短期资金需求而向银行申请借入的款项,是企业筹集短期资金的重要方式。

1. 银行短期借款的种类

企业的短期借款按其参与企业资金周转时间的长短和具体用途,可分为生产周转借款、临时借款和结算借款。

(1) 生产周转借款 生产周转借款是企业为满足生产周转的需要,在确定的流动资金计划占用额的范围内,弥补自有流动资金和流动资金借款不足部分而向银行取得的借款。核定的流动资金定额,扣除企业自有流动资金、流动资金借款和视同自有流动资金(定额负债)后的不足部分,通常为生产周转借款的数额。

(2) 临时借款 临时借款是企业在生产经营过程中由于临时性或季节性原因形成超定额物资储备,为解决资金周转困难而向银行取得的借款。

临时借款主要解决以下几种情况下出现的资金需求:

1) 由于客观原因不能及时销售产品。
2) 原材料的季节性储备。
3) 进口物资集中到货。
4) 企业为发展名优产品进行联合时所需要的资金。
5) 其他在核定资金占用额时无法核定又确属银行支持的款项,如引进软件、购买外汇等款项。

(3) 结算借款 结算借款是企业采用托收承付结算方式向异地发出商品,在委托银行收款期间为解决在途结算资金占用的需要,以托收承付结算凭证为保证向银行取得的借款。

企业的短期借款按其是否有担保,还可分为无担保借款和有担保借款。

(1) 无担保借款 无担保借款也称信用借款,是指不用保证人担保或没有财产做抵押,仅凭借款人的信用而取得的借款。按照确定信用额度或签订循环协议的不同,无担保借款分为信用额度借款和循环协议借款。信用额度借款是企业在未来一定时间内按照和银行签订的最高借款额度取得无担保借款的方式,信用额度一般不具有法律约束力,不构成银行必须借款给企业的法律责任。循环协议借款是一种特殊的信用额度借款,在借款协议下企业要和银行签订最高贷款限额,并且银行要收取协议费,在最高限额内,企业可以连续借款还款,银行因收取协议费而必须履行贷款的法律义务。

(2) 担保借款 担保借款是指有一定的担保人担保或利用一定的财产做抵押或质押而取得的借款。担保借款分为以下三类:

1) 保证借款。保证借款是按照《担保法》规定的保证方式,第三人承诺在借款人不能偿还到期债务时,按照约定承担一般保证责任或连带责任而取得的借款。
2) 抵押借款。抵押借款是按照《担保法》规定的抵押方式,以借款人或第三人的财产作为抵押物而取得的借款。

3）质押借款。质押借款是按照《担保法》规定的质押方式，以借款人或第三人的动产或权利作为质押物而取得的借款。

此外，票据贴现也是企业取得短期借款常用的一种方式。

2. 短期借款的基本程序

（1）企业提出申请　向银行借入短期借款时，必须在批准的资金计划范围内，按生产经营的需要，逐笔向银行提出申请。企业在申请书上应写明借款种类、借款数额、借款用途、借款原因、还款日期。另外，还要详细写明流动资金的占用额、借款限额、预计销售额、销售收入资金率等有关指标。

（2）银行对企业申请的审查　银行接到企业提出的借款申请书后，应对申请书进行认真的审查。这主要包括如下几方面内容：

1）审查借款的用途和原因，做出是否贷款的决策。

2）审查企业的产品销售和物资保证情况，决定贷款的数额。

3）审查企业资金周转和物资耗用状况，确定借款的期限。

（3）签订借款合同　为了维护借贷双方的合法权益，保证资金的合理使用，企业向银行借入流动资金时，双方应签订借款合同。借款合同主要包括以下四方面内容：

1）基本条款。这是借款合同的基本内容，主要强调双方的权利和义务，具体包括借款数额、借款方式、款项发放的时间、还款期限、还款方式、利息支付方式、利率的高低等。

2）保证条款。这是保证款项能顺利归还的一系列条款，包括借款按规定的用途使用、有关的物资保证、抵押财产、保证人及其责任等内容。

3）违约条款。这是对双方若有违约现象时应如何处理的条款，主要载明对企业逾期不还或挪用贷款等如何处理和银行不按期发放贷款的处理等内容。

4）其他附属条款。这是与借贷双方有关的其他一系列条款，如双方经办人、合同生效日期等条款。

（4）企业取得借款　借款合同签订后，若无特殊原因，银行应按合同规定的时间向企业提供贷款，企业便可取得借款。

如果银行不按合同约定按期发放贷款，则应偿付违约金。如果企业不按合同约定使用借款，也应偿付违约金。

（5）短期借款的归还　借款企业应按借款合同的规定按时、足额支付贷款本息。贷款银行在短期贷款到期1个星期之前，应当向借款企业发送还本、付息通知单，借款企业应当及时筹备资金，按期还本付息。

不能按期归还借款的，借款人应当在借款到期日之前，向贷款人申请贷款展期，但是否同意展期由贷款人视情况决定。申请保证借款、抵押借款、质押借款展期的，还应当由保证人、抵押人、出质人出具同意的书面证明。

3. 银行短期借款的优缺点

（1）银行短期借款的优点

1）银行资金充足，实力雄厚，能随时为企业提供比较多的短期贷款。对于季节性和临时性的资金需求，采用银行短期借款尤为方便。而那些规模大、信誉好的大企业，更可以比较低的利率借入资金。

2）银行短期借款具有较好的弹性，可在资金需要增加时借入，在资金需要减少时还款。

(2) 银行短期借款的缺点

1) 资本成本较高。采用短期借款成本比较高,不仅不能与商业信用相比,与短期融资券相比也高出许多。而抵押借款因需要支付管理和服务费用,成本更高。

2) 限制较多。向银行借款,银行要对企业经营和财务状况进行调查以后,才决定是否贷款,有些银行还要对企业有一定的控制权,要企业把流动比率、负债比率维持在一定的范围之内,这些都会构成对企业的限制。

11.5.2 商业信用

商业信用是指商品交易中的延期付款或延期交货所形成的借贷关系,是企业之间的一种直接信用关系。商业信用是由商品交易中钱与货在时间上的分离而产生的。它产生于银行信用之前,但银行信用出现之后,商业信用依然存在。

早在简单商品生产条件下,就已出现了赊销赊购现象,到了商品经济发达的资本主义社会,商业信用得到广泛发展。西方一些国家的制造厂家和批发商的商品,90%是通过商业信用方式售出的。我国商业信用的推行正日益广泛,形式多样,范围广阔,将逐渐成为企业筹集短期资金的重要方式。

1. 商业信用的形式

利用商业信用融资,主要有以下几种形式:

(1) 赊购商品 赊购商品是一种最典型、最常见的商业信用形式。在此种形式下,买卖双方发生商品交易,买方收到商品后不立即支付现金,可延期到一定时期以后付款。

(2) 预收货款 在这种形式下,卖方要先向买方收取货款,但要延期到一定时期以后交货,这等于卖方向买方先借一笔资金,是另一种典型的商业信用形式。通常,购买单位对于紧俏商品乐于采用这种形式,以便取得期货。另外,生产周期长、售价高的商品,如轮船、飞机等,生产企业也经常向订货者分次预收货款,以缓解资金占用过多的矛盾。

2. 商业信用条件

所谓商业信用条件,是指销货人对付款时间和现金折扣所做的具体规定,如 "2/10, $n/30$",便属于一种信用条件。作用条件从总体上来看,主要有以下几种形式:

(1) 预付货款 这是买方在卖方交出货物之前支付货款。一般用于以下两种情况:

1) 卖方已知买方的信用欠佳。

2) 销售生产周期长、售价高的产品。在这种信用条件下销货单位可以得到暂时的资金来源,但购货单位不但不能获得资金来源,还要预先垫支一笔资金。

(2) 延期付款,但不提供现金折扣 在这种信用条件下,卖方允许买方在交易发生一定时期内按发票面额支付货款,如 "net 45",是指在 45 天内按发票金额付款。这种条件下信用期间一般为 30~60 天,但有些季节性生产企业可能为其顾客提供更长的信用期间。在这种情况下,买卖双方存在商业信用,买主可因延期付款而取得资金来源。

(3) 延期付款,但早付款有现金折扣 在这种条件下,买方若提前付款,卖方可给予一定的现金折扣,如买方不享受现金折扣,则必须在一定时期内付清账款。如 "2/10, $n/30$" 便属于此种信用条件。西方企业在各种信用交易活动中广泛地应用现金折扣,这主要是为了加速账款的收现。现金折扣一般为发票面额的 1%~5%。

这种条件下，双方存在信用交易。买方若在折扣期内付款，则可获得短期的资金来源，并能得到现金折扣；若放弃现金折扣，则可在较长时间内占用卖方的资金。

如果销货单位提供现金折扣，则购买单位应尽量争取获得此项折扣，因为丧失现金折扣的机会成本很高。可按下式计算：

$$\text{资本成本} = \frac{CD}{1-CD} \times \frac{360}{N} \tag{11-20}$$

式中　CD——现金折扣的百分比；

　　　N——失去现金折扣后延期付款天数。

如上述的资本成本应为

$$\text{资本成本} = \frac{2\%}{1-2\%} \times \frac{360}{20} = 36.75\%$$

3. 商业信用集资的优缺点

（1）商业信用集资的优点

1）商业信用非常方便。因为商业信用与商品买卖同时进行，属于一种自然性融资，不用做非常正规的安排。

2）如果没有现金折扣，或企业不放弃现金折扣，则利用商业信用集资没有实际成本。

3）限制少。如果企业利用银行借款集资，则银行往往对贷款的使用规定一些限制条件，而商业信用则限制较少。

（2）商业信用集资的缺点　商业信用的时间一般较短，如果企业取得现金折扣，则时间会更短，如果放弃现金折扣，则要付出较高的资本成本。

11.5.3　短期融资券

短期融资券又称商业票据、短期债券，是由大型工商企业或金融企业所发行的短期无担保本票，是一种新兴的筹集短期资金的方式。

1. 短期融资券的发展过程

短期融资券源于商业票据。商业票据是一种古老的商业信用工具，产生于18世纪。它最初是随着商品和劳务而签发的一种债务凭证。例如，一笔交易不是采用现金交易，而采用票据方式进行结算，则当货物运走后，买方按照合同规定的时间、地点、金额，开出一张远期付款的票据给卖方，卖方持有票据，直至到期日再向买方收取现金。这种商业票据是随商品、劳务交易而产生的商业信用。商业票据是一种双名票据，即票据上列明收款方和付款方的名称。持有商业票据的公司如在约定付款期之前需要现金，可以向商业银行或贴现公司贴现。票据贴现，使办理贴现的银行或贴现公司得到了利息，又收回了本金，是一种很好的短期投资方式。于是，有的投资人便比照这种贴现方式，从持票人手中买下商业票据，待票据到期后持票向付款方收回资金。有时，贴进票据的银行因为资金短缺，也将贴进的票据重新卖出，由新的购买人到期收取款项。

有些大公司发现了商业票据的这一特点，便凭借自己的信誉，开始脱离商品交易过程来签发商业票据，以筹措短期资金。20世纪20年代，美国汽车制造业及其他高档耐用商品开始兴盛，为增加销售量一般都采用赊销、分期付款等方式向外销售，这样的销售方式导致企业资金不足，在银行借款受到多种限制的情况下，开始大量发行商业票据筹集短期资金。这样,商业票据与商品、劳务的交易相分离,演变成一种在货币市场上融资的票据,发行人与投资者成为一种单纯的债务、债权关系,而不是商品买卖或劳务供应关系。商业票据上用不着再列明收款人,只需列明付款人,成为单名票据。为了与传统商业票据相区别,人们通常把这种专门用于融资的票据叫作短期融资券或短期商业债券。

2. 短期融资券的种类

(1) 按发行方式分类 按发行方式的不同,短期融资券可分为经纪人代销的融资券和直接销售的融资券。

1) 经纪人代销的融资券又称间接销售融资券,是指先由发行人卖给经纪人,然后由经纪人再卖给投资者的融资券。经纪人主要有银行、投资信托公司、证券公司等。企业委托经纪人发行融资券,要支付一定数额的手续费。

2) 直接销售的融资券是指发行人直接销售给最终投资者的融资券。直接发行融资券的公司通常是经营金融业务的公司或自己有附属金融机构的公司,它们有自己的分支网点,有专门的金融人才,因此,有力量自己组织推销工作,从而节省了间接发行时应付给证券公司的手续费用。

(2) 按发行人分类 按发行人的不同,短期融资券可分为金融企业的融资券和非金融企业的融资券。

1) 金融企业的融资券主要是指由各大公司所属的财务公司、各种投资信托公司、银行控股公司等发行的融资券。这类融资券一般都采用直接发行方式。

2) 非金融企业的融资券是指那些没有设立财务公司的工商企业所发行的融资券。这类企业一般规模不大,多数采用间接方式来发行融资券。

(3) 按融资券的发行和流通范围分类 按融资券的发行和流通范围不同,短期融资券可分为国内融资券和国际融资券。

1) 国内融资券是一国发行者在其国内金融市场上发行的融资券。发行这种融资券一般只要遵循本国法规和金融市场惯例即可。

2) 国际融资券是一国发行者在其本国以外的金融市场上发行的融资券。发行这种融资券,必须遵循有关国家的法律和国际金融市场上的惯例。在美国货币市场和欧洲货币市场上,这种国际的短期融资券很多。

3. 短期融资券的发行程序

企业发行短期融资券,一般要按以下程序进行:

(1) 公司做出决策,采用短期融资券方式筹资 根据我国法律的相关规定,公司符合申请发行融资券的条件后才可以考虑发行融资券。公司财务人员对金融市场状况和企业筹资条件进行认真分析后,认为采用发行融资券筹资比较合适,就提出申请,报总经理或董事长做出最后决策。

(2) 办理发行融资券的信用评级 信用评级是由专家、学者组成专门的机构,运用科学的综合分析方法,对企业的财务状况和信用情况进行评定和估价。自美国1909年穆迪公司开始评估业务以来,信用评估机构对帮助发行者顺利发行证券,对帮助投资者科学选择证券,对规范金融市场都起了十分重要的作用。

短期融资券的评估程序如下:

1) 申请评估的企业应与评估公司签订委托协议书,并按规定在3天内提供所需全部材料。

2）协议书签订后，评估公司即组织有关行业专家组成评估小组，负责具体的评估工作，在若干天内进行调查和研究，写出评估报告。

3）评估公司根据企业经营的业务性质，组织有关专家对评估报告进行论证和审议，并实行定量计分的方式对该企业融资券的信用等级做出评定。

4）评估公司在此基础上，进一步综合分析有关情况，并确定该企业的融资券等级。融资券等级一般分四等七个级别。它们是：A、A-1、A-2、A-3、B、C、D，各等级的含义如下：A级为信用程度最好，风险最小，发展前景最好；A-1级为信用程度好，风险很小，发展前景好；A-2级为信用程度好，风险小，发展前景较好；A-3级为信用程度好，风险较小，发展前景尚好；B级为信用程度一般，有一定风险，尚有一些发展前景；C级为信用程度还可以，风险大，无发展前途；D级为信用程度最差，不准发行。

5）委托人在接到评估公司的融资券资信等级通知书后3天内如无异议，则评级成立。委托人如果对评估结果有异议，则应在接到信用等级通知后3天内申述理由，提供补充材料，并申请复评，经评估公司认可，即重新组织评估，如委托人对复议书仍有异议，则除有正当理由外，一般不再复评。

（3）向审批机关提出发行融资券的申请 中国人民银行总行与各省、直辖市、自治区分行是我国企业发行融资券的审批、管理机关。企业发行融资券，必须向各级人民银行提出申请，经过批准后才能发行，其申请书附件中必须提供以下内容：

1）营业执照。

2）发行融资券的申请报告。

3）发行融资券的章程或办法。

4）融资的效益预测、偿还计划和其他相关资料。

5）主管部门和开户银行对发行融资券的意见。

6）经注册会计师签证的上两年度和上一季度的财务报表。

7）信用评估公司对企业发行融资券的信用评估报告。

8）审批机关要求提供的其他材料。

（4）审批机关对企业的申请进行审查和批准 中国人民银行的金融管理部门接到企业申请后，要对以下内容进行认真审查：

1）对发行资格进行审查。这主要包括以下内容：审查发行单位是否在工商行政管理部门登记并领有营业执照；审查发行单位是否有足够的自有资产；审查发行单位是否有可靠的还款来源；审查信用担保人的资格和担保契约书的内容。

2）对资金用途进行审查。企业发行融资券所筹集的资金只能用于解决企业临时性、季节性流动资金不足，不能用于企业资金的长期需求和固定资产投资。

3）审查财务报表的内容。这主要包括：审查财务报表是否经注册会计师签字；审查财务报表中的资金来源和资金占用是否合理；审查企业盈利情况如何；审查企业的主要财务比率是否健全。

4）审查融资券的票面内容。融资券票面一般要载明如下内容：企业名称、地址；融资券票面金额；票面利率；还本期限和方式；利息支付方式；融资券的发行日期和编号；发行企业和企业法人代表签章等。

(5) 正式发行融资券、取得资金 融资券经审查机关审查同意后，便可正式发行。如果企业自己直接发行，则需要公告发行的数量、价格、时间等，以便让投资者了解一些基本情况。此后投资者还要与发行人洽谈买卖条件，如果双方认为条件可以，则投资者买入融资券，发行人取得资金。

如果采用间接发行，则要按如下步骤来进行：

1）发行融资券的企业与经纪人协商融资券的有关事项，并签订委托发行协议。
2）经纪人按协议中的有关条件和承销方式，发布公告并进行其他宣传活动。
3）投资者购买融资券，资金存入经纪人账户。
4）经纪人将资金划转至发行融资券的企业的账户，并按协议规定处理未售完的融资券。

4. 短期融资券筹资的优缺点

(1) 短期融资券筹资的优点

1）短期融资券筹资的成本低。在西方国家，短期融资券的利率加上发行成本，通常要低于银行的同期贷款利率。这是因为在采用短期融资券筹资时，筹资者与投资者直接来往，绕开了银行中介，节省了一笔原应付给银行的筹资费用。但目前我国短期融资券的利率一般要比银行借款利率高，这主要是因为我国短期融资券市场不成熟，投资者对短期融资券缺乏了解。随着短期融资券市场的不断完善，短期融资券的利率会逐渐接近银行贷款利率，直至略低于银行贷款利率。

2）短期融资券筹资数额比较大。银行一般不会向企业贷放巨额的流动资金借款，例如，在西方，商业银行贷给个别公司的最大金额不能超过该公司资本的10%。因而，对于需要巨额资金的企业，短期融资券这一方式尤为适用。

3）短期融资券筹资能提高企业的信誉。由于能在货币市场上发行短期融资券的公司都是著名的大公司，因而，一个公司如果能在货币市场上发行自己的短期融资券，就说明该公司的信誉很好。

(2) 短期融资券筹资的缺点

1）发行短期融资券的风险比较大。短期融资券到期必须归还，一般不会有延期的可能。到期不归还，会产生严重后果。

2）发行短期融资券的弹性比较小。只有当企业的资金需求达到一定数量时才能使用短期融资券，如果数量少，则不宜采用短期融资券方式。另外，短期融资券一般不能提前偿还，因此，即使公司资金比较宽裕，也要到期才能还款。

3）发行短期融资券的条件比较严格。并不是任何公司都能发行短期融资券，必须是信誉好、实力强、效益高的企业才能发行，而一些小企业或信誉不太好的企业则不能利用短期融资券来筹集资金。

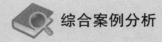

综合案例分析

保利地产营运资金分析

一、行业背景

2008年爆发的金融危机使得房地产企业遭受重创，国家为了维护房地产行业的良好运行，在2009年年初，贯彻落实了房地产的优惠政策刺激房市。这一举动下，北京、上海、广州等地的楼市迅速回暖，又一轮购地高潮就此展开。然而不久后，出现了房地产市场膨胀过快的现象，为了防止投机行为的出现，又于2009年11月开始陆续出台一些遏制政策。

2010年3月，"地王"屡见不鲜，房价问题引起了国家的高度重视。国家进行了多次调控，采取了一系列措施。"国十一条""19条土地调控新政"等的出台意味着房地产行业将不再处于宽松的政策环境中。这一举措对一线城市和房价涨幅较快的二线城市影响较大，对其他城市则无太大影响。

截至2011年3月20日，根据42家上市房地产企业公布的2010年年报可以粗略计算得到：2010年40多家上市房地产企业净利润累计298.66亿元，同比增长了37.88%。然而这些企业的经营性现金流量净值高达-513.26亿元，相比2009年同期下降了306.05%，其中29家企业同比下降。在超大的下降幅度下，企业只能大力举债维持经营。42家上市企业现金流锐减说明企业正面临着严重的财务风险，银行信贷和房地产信托也不再对它们融资，若企业不加强现金流的管理，很可能面临资金链断裂的危机。

二、公司背景

保利房地产（集团）股份有限公司（证券简称：保利地产，证券代码：600048）于1992年成立，隶属于中国保利控股公司，具有国家一级房地产开发资质。保利地产以开发商品住宅为主，适度开发商业性物业。公司在一二线城市以商业性房地产开发为主，在三四线城市则坚持以刚性住宅型房地产开发为主。

保利地产从上市以来，经营利润较好，但是经营活动现金流量一直为负，且不断恶化。2009年年底，保利地产经营现金流为-114.5亿元，到2010年年底的经营活动现金流净额赤字达到了-223.7亿元。

三、保利地产自由现金流的计算

由于保利地产2006年才上市，其2006年年报未披露。因此，本文选取了2007～2010年这几年年报数据，加上本文将研究重点放在随着国家政策出台企业陷于重大财务困境的这一时期，所以只对2009年和2010年的自由现金流加以研究分析。由于最早只能获得2007年的原始数据，所以对于2009年的资本支出增长率取两年的平均增长率。

房地产企业不同于制造业企业，制造业企业的资本性支出增长率可以体现企业的扩张程度，而房地产企业的扩张在很大程度上与其拿地的规模息息相关。所以，在自由现金流量模型中，将保利地产存货部分中的原材料划分为资本性支出。

保利地产随意性支出的计算如表11-11所示。

表11-11　保利地产随意性支出的计算　　　　　　　　　单位：万元

项　目	2010年	2009年	2008年	2007年
资本性支出	59 590.38	140 128.03	44 230.30	29 357.61
资本性支出三年平均增长率	172.80%	118.48%	—	—
产品销售成本	2 364 548.36	1 542 405.52	918 823.09	499 109.91
产品销售成本三年平均增长率	67.95%	77.73%	—	—
资本性支出过度增长率	104.85%	40.75%	0	—
随意性资本性支出	624 877.68	57 095.44	0	—

上述有关公式如下：

资本性支出过度增长率 = 资本性支出平均增长速度 - 产品销售成本平均增长率

随意性资本性支出 = 资本性支出过度增长率 × 资本性支出

保利地产 2009~2010 年的自由现金流量如表 11-12 所示。

表 11-12　保利地产 2009~2010 年的自由现金流量　　　　单位：万元

项目	2010 年	2009 年
经营活动现金净流量	-2 236 989.59	-114 479.12
总资本性支出	595 990.38	140 128.03
随意性资本性支出	624 877.68	57 095.44
自由现金流量	-2 208 102.29	-197 511.72

自由现金流量 = 税前利润 + 折旧和摊销 - 资本性支出（必要）

= 经营活动现金净流量 -（总资本性支出 - 随意性资本性支出）

由以上计算可以看出，企业最近两年资本性支出增长率远远大于费用成本增长率。可能是因为企业为了快速增长，有过度投资的行为。现金流呈现巨大的负数值提醒企业不应该再考虑净现值大于零的投资项目。为了维持正常运转，企业应制定与增长相匹配的战略。

四、现金流量分析在保利地产的应用

保利地产 2008~2010 年的现金流入结构如表 11-13 所示。

表 11-13　保利地产 2008~2010 年的现金流入结构　　　　单位：万元

项目	2010 年		2009 年		2008 年	
经营活动现金流入量及贡献率	6 054 615.12	56.49%	4 397 862.3	63.49%	1 737 540.38	53.52%
投资活动现金流入量及贡献率	-939.98	-0.01%	2 247.54	0.03%	2 928.09	0.09%
筹资活动现金流入量及贡献率	4 664 638.66	43.52%	2 526 381.27	36.47%	1 506 075.71	46.39%
现金总流入量	10 718 313.80		6 926 491.64		3 246 544.18	

和大多数房地产企业一样，经营性现金流是企业现金流的重要来源，且经营性现金流入量几乎全部来源于销售商品、提供劳务收到的现金，表中数据显示经营性活动现金流入量一直是递增的，这说明企业主营业务还是比较突出的，此外可以看出 2009 年经营活动现金流管理是最好的；第二大现金流来源是筹资性现金流，这部分现金的流入主要来自银行借款；而投资性现金流入量比较小，在 2010 年为负，说明企业投资亏损。

保利地产的现金流出结构分析如表 11-14 所示。

表 11-14　保利地产的现金流出结构分析　　　　单位：万元

项目	2010 年		2009 年		2008 年	
经营活动现金流出量及贡献率	8 291 604.71	80.28%	4 512 341.95	75.83%	2 496 587.63	78.95%
投资活动现金流出量及贡献率	184 794.90	1.79%	42 538.59	0.71%	9 110.14	0.29%

(续)

项　目	2010年		2009年		2008年	
筹资活动现金流出量及贡献率	1 851 373.94	17.93%	1 395 795.82	23.46%	656 474.26	20.76%
现金总流出量	10 327 773.55		5 950 676.36		3 162 173.83	

可以看出：经营活动现金流出量占比最大，且是逐年增长的，保利地产将大部分精力放在了经营活动上，这也是健康的；用于投资活动的现金流最少，说明企业近几年投资很少；筹资活动现金流占比适中，这是因为在国家宏观政策背景下，证监会对房地产行业关闭了融资这一渠道，企业只能向银行取得大额借款，巨大的利息费用是保利地产筹资环节大量现金流出的主要原因。

五、保利地产现金流综合情况

1. 全部资产现金回收率

保利地产全部资产现金回收率如表11-15所示。

表11-15　保利地产全部资产现金回收率　　　　金额单位：万元

项　目	2010年	2009年	2008年
经营活动现金流量净额	-2 236 989.59	-114 479.12	-759 047.25
总资产	15 232 797.26	8 983 072.39	5 363 216.27
比值	-0.15	-0.01	-0.14
行业平均值	-0.03	0.05	0.51

分析可知，保利地产的资产现金回收率一直低于行业平均水平，说明企业资产现金回收期相较于其他行业还存在一定差距，获利能力有待提高。

2. 短期偿债能力

保利地产短期偿债能力如表11-16所示。

表11-16　保利地产短期偿债能力　　　　金额单位：万元

项　目	2010年	2009年	2008年
经营活动现金流量净额	-2 236 989.59	-114 479.12	-759 047.25
流动负债	6 889 667.48	3 823 361.70	1 951 471.80
比值	-0.32	-0.03	-0.39
行业平均值	-0.07	0.09	-0.14

保利地产连续三年短期偿债能力低于行业平均水平，这很有可能让企业陷入债务危机中。所以保利地产应该及时采取有效措施，选择合适的举债方式，制订合理的偿债计划，或者加强存货的日常管理，尽力防止存货积压。

六、基于渠道的现金周转分析

1. 保利地产采购渠道营运资金周转分析

保利地产采购渠道营运资金周转分析如表11-17所示。

第 11 章　营运资金管理

表 11-17　保利地产采购渠道营运资金周转分析

项　目	2010 年	2009 年	2008 年
保利地产采购渠道营运资金周转期/天	96	111	115
万科地产采购渠道营运资金周转期/天	305	222	218
行业平均值/天	—	56	71

可以看出保利地产 2008 年和 2009 年比行业平均周期要长，但是比万科地产短。这很有可能是因为企业囤积了大量的土地。且保利地产营运资金周转期呈现下降的趋势，说明在采购中企业对现金的管控有所提高。

2．保利地产生产渠道营运资金周转分析

保利地产生产渠道营运资金周转分析如表 11-18 所示。

表 11-18　保利地产生产渠道营运资金周转分析

项　目	2010 年	2009 年	2008 年
保利地产生产渠道营运资金周转期/天	787	687	659
万科地产生产渠道营运资金周转期/天	406	280	294
行业平均值（天）		561	483

由表 11-18 中保利地产与行业平均值及万科地产的比较可以看出，生产渠道营运资金周转期都在变长，这可能与国家宏观调控有密切关系。

3．保利地产营销渠道营运资金周转分析

保利地产营销渠道营运资金周转分析如表 11-19 所示。

表 11-19　保利地产营销渠道营运资金周转分析

项　目	2010 年	2009 年	2008 年
保利地产营销渠道营运资金周转期/天	-335	-235	-160
万科地产营销渠道营运资金周转期/天	-346	-152	-137
行业平均值/天		-108	-66

注意：营销渠道周转期为负数是因为存在大量的预收账款，这是房地产行业的一个特点。

由表 11-19 可以看出，整个房地产行业的营销渠道营运资金周转在加快，保利地产的营销渠道周转期要短于行业平均值和万科地产，这是保利地产的一大优势。

思 考 题

1．什么是流动资产？主要包括哪些内容？
2．简述货币资金管理的目的。
3．如何控制货币资金的支出？
4．简述应收账款的功能与成本。
5．如何开展对顾客进行信用调查？
6．什么是存货？企业持有存货的原因是什么？

7. 存货管理的目的是什么？
8. 简述 ABC 分类管理法。
9. 银行短期借款有哪几种？
10. 商业信用有哪几种？

练 习 题

1. 某房地产企业预计全年需要现金 60 000 元，现金与有价证券的转换成本为每次 1 000 元，有价证券的利率为 20%。

要求：计算最佳现金余额。

2. 某房地产企业 2017 年平均占用现金为 2 000 万元，经分析其中有 75 万元的不合理占用额，2018 年销售收入预计比 2019 年增长 10%。

要求：计算 2018 年最佳现金余额。

3. 某房地产公司的经营情况及信用标准如表 11-20 所示。

表 11-20　经营情况及信用标准

销售收入	2 000 000 元	平均坏账损失率	6%
应收账款	240 000 元	信用条件	25 天付清
税前利润	200 000 元	平均收款期	35 天
变动成本率	70%	应收账款的资本成本	15%
信用标准	10%		

该公司现准备改变信用标准，提出了 A、B 两个方案。方案 A 采用较紧的信用标准，只对坏账损失率在 5% 以下的顾客提供商业信用。方案 B 采用较松的信用标准，对坏账损失率在 15% 以下的顾客均提供商业信用。预计两个方案对销售与应收账款的影响，如表 11-21 所示。

表 11-21　两个方案对销售与应收账款的影响

方案 A	信用标准：5%（坏账损失率）
	因标准变化减少的销售额 210 000 元
	减少的销售额平均付款期限为 60 天
	减少的销售额的平均坏账损失率为 8%
方案 B	信用标准：15%（坏账损失率）
	因标准变化增加的销售额 300 000 元
	增加的销售额平均付款期限为 65 天
	增加的销售额的平均坏账损失率为 12%

假设该公司还有剩余生产能力，即增加的生产成本只有变动成本，而无固定成本。

要求：分别对这两个方案的可行性进行分析。

4. 某房地产企业每年需要某种材料 720t，每吨材料价格为 100 元，每次订货成本为 400 元，存储费用为存货成本的 10%，平均每天消耗量为 2t，从订货到材料入库的时间为一个月，公司的安全库存量为 40t。

要求：计算经济订货批量及订货点。

第12章 利润分配管理

本章导读

2015年7月，股指不断走低，不少地产股跑输大盘，不仅有数十家公司紧急停牌避险，而且还有公司跌幅一度逼近70%。这般惊心动魄的下跌下，万科A（000002，SZ）成为当时成交量和流动性最好的地产股之一。除了之前几个月的业绩支撑，这还与万科管理层高调护盘有关。7月6日，股市一片绿，万科高调宣布了百亿回购计划，利好消息及时阻止了下跌趋势。这一举动使得地产龙头万科A出现难得一见的强劲走势，地产类个股纷纷跟风上扬。

早在2014年3月10日下午，万科董事会秘书谭华杰在网上业绩说明会上回答投资者提问时就透露，"公司总裁郁亮已经将其过去一年的几乎全部收入都买了万科A股票。"之后媒体核实，郁亮于10日从二级市场购入100万股万科A。当天万科A报收7.15元，以此计算，郁亮此次增持耗资超过700万元。万科A刚刚发布的年报显示，2013年，郁亮从公司领取的税后报酬总额为861万元，年内郁亮及其他3位高管因存在公益捐赠，缴纳的个人所得税有抵减。据了解，2013年郁亮的个人捐赠额应在100万元左右。这意味着，在扣除捐赠额后，郁亮2013年所领取的税后报酬基本全部买了万科股票。

郁亮除了本人动用年薪大笔买进万科，甚至连其女儿的压岁钱也折算成万科股票。2014年3月8日，郁亮在万科举行的年报业绩发布会上调侃称："我每年给我女儿的压岁钱都折算成万科的股票。今年我女儿说，爸爸，能不能别再折算成股票了。换成股票不仅今年的压岁钱蒸发了，连去年的也赔进去了。"

总裁倾其年薪增持，无疑给市场打了一针强心剂。3月11日早盘万科A高开高走，收盘涨幅4.90%，报7.50元。地产类个股集体上扬，至收盘大名城、万方发展、顺发恒业等三股涨停，荣盛发展、华远地产等涨逾5%，招保万金涨幅超过2.6%。

业内人士分析，郁亮买入万科股票彰显了以其为代表的管理层对于公司未来发展的信心和决心。而在郁亮买入股票的另一方面，则是万科B转H的稳步推进以及2014年开始大幅度提高分红比例，加上公司业绩的稳定增长，万科吸引了大量投资者的目光。

（资料来源：北京青年报，万科总裁700万年薪全买股票、万科A股价大涨4.9%．2014年03月12日，http://www.ce.cn/xwzx/gnsz/gdxw/201403/12/t20140312_2463898.shtml）

本章介绍了房地产企业利润的组成内容，股利支付的两种方式，现金股利和股票股利，介绍了企业利润分配的程序，阐述了股利政策相关理论即剩余股利政策、固定股利或稳定增

长的股利政策、固定股利支付率政策,及低正常股利加额外股利政策,分析了各种股利分配政策的特点及实施方法。

12.1 利润分配管理概述

12.1.1 房地产企业利润的形成

利润是企业在一定时期内生产经营活动的最终财务成果,是企业生产经营活动的效率和效益的最终体现。它不仅是反映企业经营状况的一个基本指标,也是考核、衡量企业经营成果与经济效益最重要的标准。企业生产经营活动的主要目的,就是要不断提高企业的盈利水平,增强获利能力。企业只有最大限度地获取利润,才能在市场经济中求生存得发展。因此,盈利水平的高低不仅反映企业的盈利水平,而且反映企业在市场中的生存和竞争能力。

房地产企业的利润,一般包括以下几部分:

$$利润总额 = 营业利润 + 投资净收益 - 营业外收入 - 营业外支出 \qquad (12\text{-}1)$$

1. 房地产营业利润

营业利润是房地产企业从事经营业务活动所取得的主营业务利润和其他业务利润减去销售费用、管理费用和财务费用的净收益。

$$营业利润 = 房地产营业利润 + 其他业务利润 - 销售费用 - 管理费用 - 财务费用$$

$$房地产营业利润 = 房地产营业收入 - 税金及附加 - 房地产营业成本 \qquad (12\text{-}2)$$

其中,房地产营业收入包括土地转让收入、商品房屋销售收入、配套设施销售收入、代建工程结算收入和出租土地房屋租金收入。房地产营业成本包括土地转让成本、商品房屋销售成本、配套设施销售成本、代建工程结算成本和出租土地房屋营业成本。

其他业务利润是房地产企业在一定时期内除了房地产营业业务以外其他业务收入减其他业务成本、税金及附加后的余额。这些业务主要有房屋售后服务、材料销售等。

2. 投资净收益

房地产开发企业投资净收益是企业对外股权投资、债券投资所获得的净利润。

$$投资净收益 = 投资收益 - 投资损失 \qquad (12\text{-}3)$$

投资收益包括企业对外投资分得的利润、股利、债券利息,投资到期收回或中途转让取得价款高于账面价值的差额,以及按照权益法核算的股权投资在被投资单位增加的净资产中所拥有的数额等。

投资损失包括企业对外投资分得的亏损,投资到期收回或中途转让取得价款低于账面价值的差额,以及按照权益法核算的股权投资在被投资单位减少的净资产中所拥有的数额等。

3. 营业外收入和营业外支出

房地产企业的营业外收入和营业外支出是指与企业房地产开发经营没有直接关系的收入和支出。

房地产企业的营业外收入主要包括包括债务重组利得(其中因处置非流动资产产生的利得和损失、非货币性资产交换产生的利得和损失按新准则应计入新增资产处置收益项目)、与企业日常活动无关的政府补助、盘盈利得、因债权人原因确实无法支付的应付款项、罚款收入、捐赠利得等。房地产企业的营业外支出主要包括债务重组损失、非常损失、盘亏损失、非流动资产毁损报废损失、公益救济性捐赠支出、赔偿金、违约金等。

【例 12-1】 某房地产公司 2017 年商品房销售利润 3 100 万元，其他业务利润 60 万元，投资净收益 10 万元，固定资产盘盈净收益 2 万元，支付罚款 6 万元，收到税务部门返还的增值税减免款 20 万元，审计中发现应予调整的上年度多计提的固定资产折旧额 20 万元，管理费用 14 万元，财务费用 6 万元，则该公司 2017 年的利润总额为

利润总额 = (3 100 + 60 - 14 - 6) + 10 + 20 + 2 - 6 + 20 = 3 186（万元）

12.1.2 利润分配的原则

1. 依法分配的原则

国家的有关法律法规如《公司法》《证券法》等都对企业利润分配的基本原则、分配程序、分配比例等做出了较为明确的规定，其目的是为了保障企业利润分配的有序进行，维护企业和所有者及债权人的合法权益。企业在实践中必须执行这些法律和法规，并且依据这些法律法规在公司的章程中明确企业利润分配的原则、方法、程序等。

2. 资本保全的原则

资本保全是现代企业制度的基础性原则之一，企业在分配中不能侵蚀资本。利润的分配是对经营中资本增值额的分配，不是对资本金的返还。按照这一原则，一般情况下，企业如果存在尚未弥补的亏损，则应首先弥补亏损，再进行其他分配。

3. 充分保护债权人利益的原则

按照风险承担的顺序及其合同契约的规定，企业必须在利润分配之前偿清所有债权人到期的债务，否则不能进行利润分配。同时，在利润分配之后，企业还应保持一定的偿债能力，以免产生财务危机，危及企业生存。此外，企业在与债权人签订某些长期债务契约的情况下，其利润分配政策还应征得债权人的同意或审核方能执行。

4. 兼顾多方及长短期利益的原则

利益机制是制约机制的核心，而利润分配的合理与否是利益机制最终能否持续发挥作用的关键。利润分配涉及投资者、经营者、职工等多方面的利益，企业必须兼顾，并尽可能地保持稳定的利润分配。在企业获得稳定增长的利润后，应增加利润分配的数额或百分比。同时由于发展及优化资本结构的需要，除依法必须留用的利润外，企业仍可以出于长远发展的考虑，合理留用利润。在积累与消费关系的处理上，企业应贯彻积累优先的原则，合理确定提取盈余公积金和分配给投资者利润的比例，使利润分配真正成为促进企业发展的有效手段。

12.1.3 利润分配的基本程序

企业实现了利润总额，取得了生产经营成果后，首先应履行纳税人的义务。按照国家税收法律规定计算并缴纳所得税。从这个角度来看，利润分配应该是指税后净利润的分配。它主要包括法定分配和企业自主分配两部分。如何合理确定所有者的资产收益和未分配给所有者的企业留存收益，涉及正确处理投资者与企业之间的经济利益关系，涉及正确处理投资者的近期利益与企业长远发展之间的关系。因此，建立企业利润分配的激励机制与约束机制，并与企业筹资、投资决策相互协调，是实现企业财务管理目标的重要保证。企业应按照下列

顺序分配利润:

1. 依法缴纳所得税

企业利润总额首先要按照国家规定做相应的调整后,依法缴纳所得税。

1) 税前利润弥补亏损。企业发生经营性亏损,应由企业自行弥补。当年亏损可以用下一年度的税前利润弥补。下一年度利润不足弥补的,可以在五年内延续弥补。五年内不足弥补的,用税后利润弥补。

2) 投资收益中已纳税项目或需补缴所得税的项目,以及国家规定其他应调减或调增计税利润的项目。因税法计算的应纳税利润与会计准则计算的会计利润口径不一致,导致在计算所得税时应将会计利润调整为税法利润。

3) 应纳税所得额。企业利润总额经过调整,即可计算应纳税所得额。其计算公式为

$$应纳税所得额 = 企业利润总额 - 弥补以前年度亏损 - 国家规定其他项目应调减的利润 + 国家规定其他项目应调增的利润 \quad (12-4)$$

4) 应纳所得税税额。其计算公式为

$$应纳所得税税额 = 应纳税所得额 \times 税率 \quad (12-5)$$

2. 税后利润分配

企业缴纳所得税后的利润,按照下列顺序分配:

1) 被没收的财务损失,支付各项税收的滞纳金和罚款。

2) 弥补企业以前年度亏损。

3) 提取法定盈余公积金。法定盈余公积金按照本年实现税后利润的一定比例提取。《公司法》规定,公司制企业按照10%的比例提取,其他企业根据自己的需要确定提取比例,但不得低于10%,企业提取的法定盈余公积金累计额已达注册资金的50%以上时可不再提取。

4) 提取任意盈余公积金。任意盈余公积金的提取比例一般按照股东大会决议提取。

5) 向投资者分配利润或股利。企业以前年度未分配的利润,可以并入本年度向投资者分配。企业实现的净利润在扣除上述项目后,再加上年初未分配利润和其他转入数(公积金弥补的亏损等)形成可供投资者分配的利润,公式如下:

$$可供投资者分配的利润 = 净利润 - 法定盈余公积 - 任意盈余公积 + 以前年度未分配利润 + 公积金转入数 \quad (12-6)$$

计算出可供投资者分配的利润后,再按照下列顺序进行分配:

1) 支付优先股股利。支付优先股股利是指企业按照利润分配方案分配给优先股股东的现金股利,优先股股利是按照约定的股利率计算支付的。

2) 分配普通股现金股利。分配普通股现金股利是指企业按照利润分配方案分配给普通股股东的现金股利,普通股现金股利一般是按照各股东的持股比例进行分配的,如果是非股份制企业则为分配给投资者的利润。

3) 转作资本(或股本)的普通股股利。转作资本(或股本)的普通股股利是指企业按照利润分配方案以分派股票股利的形式转作的资本(或股本)。

公司的税后利润,在弥补亏损和提取法定盈余公积金以前,不得分配股利。公司当年无利润时,一般不分配股利,但企业为维护股票信誉,在用盈余公积金弥补亏损后、经股东会特别决议,可以按照股票面值一定的比率用盈余公积金分配股利。但分配股利后,企业法定

盈余公积金不得低于注册资金的25%。

12.2 股利支付方式

12.2.1 股利分派程序

股份公司在决定分派股利后，应由公司董事会将分派股利的事项向全体股东宣告，并同时确定股利发放宣告日、股权登记日、除息日和股利发放日等分派股利的程序。

1. 股利发放宣告日

股利发放宣告日，即董事会发布消息，宣告股利发放事宜的当天。

2. 股权登记日

股权登记日是指决定股东能否取得股利的日期界限。由于股票可以在股票市场上自由买卖、交易，因此公司的股东经常变动，具有不确定性，为了明确具体的股利发放对象，公司必须规定股权登记日。凡在此日之前已列于公司股东名册上的股东，都将获得此次分派的股利，而在此日之后才取得公司股票的股东，则无权取得这次分派的股利，其股利仍归原股东所有。

3. 除息日

除息日，即除去股利的日期。除息日一般与股权登记日间隔若干天（一般为1~4天），间隔期间为非交易日。因为在股票交易所中，从股票委托成交到股票交割、过户，中间往往需要一段时间，所以，在股权登记日之前成交的股票，往往在股权登记日还未完成交割、过户手续，因而，在股权登记日营业结束之时，公司股权转移记录簿中就无法发现在该日之前已购入该公司股票的股东名字。当然，随着计算机技术的运用，其间隔期将缩短。凡在除息日当天或以后购买股票的股东，将不能领取这次分派的股利。因此，除息日对股票的价格有明显的影响，股票的市价将会下跌，一般下跌幅度与每股可得股利额相等。因为在除息日之前进行的股票交易，其股票价格中包括应得的股利收入，而在除息日当天或以后进行的股票交易，其股票价格中不包括股利收入。

4. 股利发放日

股利发放日，即正式支付股利的日期，又称付息日。从这一天起，公司应将股利支付给各位股东，同时冲销股利负债。

12.2.2 股利分配的方式

我国股份有限公司的股利发放主要采用现金股利和股票股利两种方式。在国外，除了这两种分配方式之外，还有财产股利、负债股利和清算股利等分配方式。

1. 现金股利

现金股利是指公司将股东应得的股利收益以现金的形式向股东分派股利。现金股利是公司股利发放中最常见也是最主要的发放方式，一般股东都比较希望得到现金股利。采用这种方式，公司必须有充足的现金。目前，我国大多数股份有限公司中都有相当比例的国家股，为了体现同股同权、股权平等、国有资产保值增值的原则，从理论上讲，对国家股应与个人股一样按同比例分派股利，并"按国家规定组织收取"。

2. 股票股利

股票股利是指采用增发股票的方式向现有股东分派股利。采用这种分配方式，相当于把公司的盈利直接转化为普通股股票，即盈利资本化，是一种增资行为，因而要按法定程序办理增资手续。从会计角度来看，发放股票股利既不增加股东权益总额，一般也不会改变股东的股权比例，更不会增加公司的资产，只不过是将资金从留存收益账户转移到其他股东权益账户。

【例12-2】 某房地产公司在发放股票股利之前"资产负债表"上的有关股东权益资料如表12-1所示。

表12-1　股东权益资料　　　　　　　　　　　　　　　　单位：万元

项目	金额
股本（普通股面值2元，已发行1 000万股）	2 000
资本公积	100
留存收益	1 400
股东权益合计	3 500

假定该公司宣布按股东所持股份5%的比例发放股票股利，即股东每持有100股可得到5股增发的普通股，公司共发放50万股的普通股股利。若此时该公司股票的公允市价为每股15元，则随股票股利的发放，公司留存收益中有750万元（1 000×5%×15）的资金要转移到"股本"和"资本公积"账户上去。股票股利发放后，对"资产负债表"上股东权益各项目的影响如表12-2所示。

表12-2　股利发放后对股东权益各项目的影响　　　　　　单位：万元

项目	金额
股本（普通股面值2元，已发行1 050万股）	2 100
资本公积	750
留存收益	650
股东权益合计	3 500

因此，发放股票股利仅增加了市场上股票的流通数量，却没有增加股票价值总量，从而将使股票的每股市价下降。另外，对于不足一股的股利也可用现金支付。

公司发放股票股利的原因及作用在于：①公司可能缺乏足够的现金发放现金股利，又难以从外部筹措现金，或现金虽充裕，但准备留作投资之用，而发放股票股利既可以节约现金支出，又可以使股东分享利润。②发放股票股利既可以使公司保持较高的股利支付比率，有利于公司在股东及未来潜在投资者面前保持良好形象；又可以使公司保留现金，留有足够的内部积累资金，增强公司的再投资能力和资金周转能力，有利于公司的长期发展。③对于公司的股东来说，虽然公司的股东权益总额和股权结构不变，但由于每个股东手中持有的股票数增加了，因此股东在证券市场上的交易能力和获取资本收益的能力增强了，若股东需用现金，也可以将股票在证券市场上抛出。④发放股票股利，股东权益总额不变而股份数却增加了，因此每股的账面价值下降，从而使公司股票的每股市价下跌。当公司股票市价较高且处于上升趋势时，采用股票股利就可抑制股价飞涨，有利于促进本公司股票交易。新建的或正处于发展中的公司，多采用股票股利方式，把公司的盈利用于投资新设备和扩大经营规模。

当然，对于任何一个公司而言，现金股利和股票股利两种方式应结合使用，才能相得益彰。

12.3 股利理论

12.3.1 股利无关论

股利无关论是由美国经济学家弗兰科·莫迪利安尼（Franco Modigliani）和财务学家默顿·米勒（Merton Miller）于 1961 年提出的，也称 MM 理论，该理论认为，在一个信息对称的完美资本市场里，在公司投资决策既定的条件下，公司的价值和公司的财务决策是无关的，因此，是否分配股利对股东的财富和公司价值没有影响，股利政策与股价无关，公司的股利政策不会影响股票的市价。该理论认为，投资者不关心公司的股利分配政策，若公司留有较多的利润用于再投资，会导致公司股票价格上升，此时尽管股利较低，但需要现金的投资者可以出售股票换取现金，若公司发放较多的股利，投资者又可以用现金再买入一些股票以扩大投资，即投资者对股利和资本利得并无偏好。

该理论是建立在完全资本市场理论之上的，假定条件包括：
1）公司的投资政策已确定并且已经被投资者所理解。
2）不存在股票发行和交易费用。
3）不存在个人或公司所得税。
4）不存在信息不对称。
5）经理与外部投资者之间不存在代理成本。

12.3.2 股利相关论

1. 税差理论

法拉和塞尔文在 1967 年提出所得税税率差异理论即税差理论，主张如果股利的税率比资本利得税税率高，投资者就会对高股利收益率股票要求较高的必要报酬率。因此，为了使资本成本降到最低，并使公司的价值最大，应当采取低股利政策。后来的一些研究说明股票的预期必要报酬率会随股票收益率增加而有正的线性关系，表明存在税收效果。

税差理论是建立在各个国家对不同收益索取的所得税不同的基础上。该理论认为资本利得所得税与现金所得税之间是存在差异的，理性的投资者更倾向于通过推迟获得资本收益而延迟缴纳所得税。该理论认为，股票的价格与股利支付比例成反比，权益资本费用与股利支付比例成正比。企业支付较低的股利，对实现企业价值最大化是有利的。

2. "一鸟在手"理论

该理论源于谚语"双鸟在林，不如一鸟在手"。该理论可以说是流行最广泛和最持久的股利理论之一。该理论认为，由于企业经营过程中会遇到很多不确定性因素，并且投资的风险随着时间的推移会进一步增大，用留存收益再投资给投资者带来的收益具有较大的不确定性，因此，股东会认为现实的现金股利会比未来的资本利得更重要，把资本利得比作林中之鸟，虽然看上去很多，但不一定能够抓得到，而把现金股利比作手上的鸟，是有把握得到的股利，因而投资者更喜欢现金股利，而不愿意将收益留存在公司内部，而去承担未来的投资风险。

3. 信号传递理论

信号传递理论认为，在信息不对称的情况下，企业经理人员比外部投资者拥有更多的企业经营状况与发展前景的信息，此时，可以将分配股利作为一种信息传递机制，使企业股东或市场中的投资者依据股利信息对企业经营状况和发展前景做出判断。公司可以通过股利政策向市场传递有关公司未来盈利能力的信息，从而会影响公司的股价。一般来讲，预期未来盈利能力强的公司往往愿意通过相对较高的股利支付水平，把自己同预期盈利能力差的公司区别开来，以吸引更多的投资者。

传递利好的股利信息会导致正的市场反应，而传递利空股利的信息会导致负的市场反应。股利信号的作用则与公司披露事项的多少及一致性相关。如果公司披露的信息足以揭示公司的经营状况，而且所披露的各类信息对公司经营状况的揭示具有高度一致性，那么股利增加信号所起的确定性作用对市场的影响就不强，因为所传递信息中非预期信息太少。但如果公司披露的信息较少或所披露信息之间一致性不强，那么股利信号所传递的信息价值就较高，它有利于消除投资者判断上的不确定性，所以更能引起市场反应。

4. 代理理论

代理理论认为，企业是一组契约的联结，这些契约引导企业行为。在企业利益攸关者之间，由于信息不对称和目标不一致，会产生这样那样的利益冲突，尤其是财务利益攸关者之间，由于委托代理关系，这种利益冲突更加凸现。企业中股东、债权人、经理等的相关目标并非完全一致，在追求自身利益最大化的过程中有可能以牺牲另一方的利益为代价，这种利益关系的冲突反映在公司股利分配决策的过程中，表现为不同的代理成本。这种代理关系包括股东和债权人代理关系、外部分散投资者和内部经理人之间的代理关系、控股股东与中小股东之间的代理关系。股利政策有利于减缓股东、债权人和经营者之间的利益冲突，降低代理成本，从而提高公司价值。

股东和债权人代理关系对股利政策的影响表现在股东在进行筹资或投资决策时，有可能为自身财富选择加大债权人风险，如通过举债加大股利支付率，或拒绝投资回报高的项目而选择发放股利，债权人为了降低风险而希望企业少分或不分股利，构成债务契约对股利政策的制约。

股东和经理人代理关系对股利政策的影响表现在当企业有较多自由现金流时，企业经理人可能为了私利用于低回报项目或自己在职消费等，企业股东可以通过制定高股利支付率的分配政策，既抑制经理人随意支配自由现金流的代理成本，又满足股东取得高股利收益的愿望。

控股股东与中小股东之间的代理关系对股利政策的影响表现在由于所有权集中，使得控股股东有可能通过各种手段侵害中小股东的利益，如制定出利于控股股东自己而损害中小股东的股利分配政策。

12.4 股利政策及其实施

股利政策，即股份公司税后利润分配政策，它是指在企业有限的税后利润中，如何确定分配给股东的股利与留存收益的比例，或者说如何确定分配给股东的股利占企业税后利润的比例，即确定股利支付比率，及为此企业所采取的一系列方针和策略的总称。

股利政策是现代财务管理的三大主要政策之一，是股份制企业所涉及的最为敏感的问题，它关系到企业如何处理发放股利与将盈利再投资于公司、如何处理短期利益与长期利益、如何处理公司与股东之间的关系的关键问题。

股利政策在一定程度上也可以说是企业的再筹资政策。增加留存收益比例，就能增加企业内部资金的积累，实质上是增加了企业的筹资量；增加留存收益比例，就能增加企业的权益资本，改变企业资本结构，提高企业对外举债筹资的能力。

股利政策的最终目标是使公司价值（或股票价格）最大化。股利往往可以向市场传递一些信息，股利的发放多寡，是否稳定、是否增长，往往是大多数投资者推测公司经营状况、发展前景优劣的依据，因此股利政策关系到公司在市场上，在投资者中间的形象，成功的股利政策有利于提高公司的市场价值。确定一个适度的股利支付比率，使其既能满足投资者对股利的要求，从而吸引更多的投资者，又能最大限度地满足公司投资、发展对资金的需求，优化公司资本结构，从而实现公司股票价格最大化。这是制定正确的股利政策的关键所在。

股份制企业通常可供借鉴的股利政策有以下四种类型：

1. 固定股利额政策

固定股利额政策又称稳定的股利政策，即不论经济情况如何，也不论公司经营状况好坏，每期均按固定的每股股利额支付给股东。采用这种政策的目的是为了向市场传递公司在任何情况下都经营正常的信息，有利于树立公司良好的形象，增强投资者对公司的信心，稳定公司股票价格，避免因经营不善而造成削减股利发放额的可能。即使公司的盈利减少，由于支付的股利额仍维持不变，因此投资者仍然会对公司有信心，认为公司的经营状况未来会好转。对于一些重视股利收入以便安排其现金收支计划的股东来说，稳定的股利政策更受欢迎。

但是这种股利政策的最大缺点是，股利分配与公司盈利状况相脱节，不考虑公司现金流量的实际情况，不考虑公司发展对内部积累资金的需求，不利于降低公司筹资成本，尤其在公司盈利很少的年份，若仍要维持较高的股利，则容易造成资金短缺，使公司财务状况恶化。

2. 固定股利支付率政策

固定股利支付率政策又称变动的股利（额）政策，是指公司确定一个股利支付率，每年按此固定的比率从税后利润中支付股利，使公司的股利支付与盈利状况保持稳定的比例，而股利额却随税后利润的变动而变动，呈现出不稳定的变动状态。经营状况好、税后利润大时，股利额高，有利于股票价格的稳定和上升；一旦经营受挫，出现相反情况时，股票价格将出现波动和下降。在市场经济中，企业的经营状况不可能绝对稳定，每年的税后利润不可能均相等，那么，股利额的频繁变动，将会在市场上传递"公司经营不稳定"的不良信息，不利于树立公司良好的形象，不利于实现公司股票价格最大化目标。因此，很少有公司采用这种股利政策。

3. 剩余股利政策

剩余股利政策是指公司在分配税后利润，确定股利支付率时，首先考虑营利性投资项目的资金需要，将可供分配的税后利润，先用于满足投资项目所需的权益性资金，若还有剩余，才将剩余的税后利润用于发放股利；若没有剩余，就不发放股利。

当公司有收益较高的良好投资机会或扩大生产经营规模,需要筹措权益资本时.适用剩余股利政策。投资机会、资本成本和资本结构是选择剩余股利政策的重要依据。

剩余股利政策将股利作为新的投资机会的变量,其根本目的是为了降低公司筹资成本,优化资本结构。这有利于满足公司对资金的需求,有利于稳定并提高公司股票价格,但由于每年支付的股利额随投资机会而变动,不能与盈余较好地配合,甚至可能不发股利,所以会被重视股利收入的股东所反对。

4. 低正常股利加额外分红政策

这是一种折中的股利政策。顾名思义,低正常股利加额外分红政策是指公司在一般情况下,每年固定支付数额较低的正常股利额,当公司可用于支付股利的盈余较多时,再根据实际情况,向股东增发一定金额的红利。

这种股利政策可以使公司具有很大的弹性,尤其对那些利润水平各年之间变动较大的公司,是一种较为理想的股利分配政策。由于向股东每年发放固定的股利,股东不会产生股利失落感,即使在低盈余年度,也可以使股东对公司有信心;而当公司盈余有较大幅度增加,且有充足现金时,再额外加付红利,可以使股东感受到公司经济的繁荣,对公司未来前景看好,有利于稳定并提高公司股票价格;由于能固定得到虽然较少但却稳定的股利,从而也吸引了重视股利收入的股东。这种股利政策既能保持股利的稳定,又能实现股利与盈余之间较好的配比,且在一定程度上弥补了固定股利额政策、固定股利支付率政策和剩余股利政策的缺点,故目前为许多公司所采纳。

以上介绍的几种股利政策各有特点,每个企业应结合自己的实际情况,制定适合本企业的股利政策。

 综合案例分析

招商局地产控股股份有限公司(以下简称招商地产)成立于1984年,公司总部设立于深圳,是招商集团旗下三大核心产业的主营上市公司平台之一,涉及房地产开发的年限远远超过20年之久。公司主营业务有房地产开发与销售、出租物业的经营、园区供电供水、物业管理。公司的总资产高达1 300多亿元,房地产开发项目涉及40多个城市,开发面积超过2 000万 m^2,公司的EPS稳定性一直维持在同行业的前十水平,良好的盈利水平使得公司具有较强的抗风险能力。1993~2011年间股利分配发放情况如表12-3所示。

表12-3 股利分配发放情况

年 份	股利分配 情况(元)	每股转 增数(股)	每股送股 数(股)	每股收益 (元)	股利 支付率(%)
1993 年	0.05	0.20			
1994 年	0.12	0.10	0	0.42	28.31
1995 年	0.20	0.30	0	0.45	44.18
1996 年	0.00	0	0	0.31	0
1997 年	0.18	0	0	0.29	62.29
1998 年	0.10	0.10	0	0.27	36.62

(续)

年　份	股利分配情况（元）	每股转增数（股）	每股送股数（股）	每股收益（元）	股利支付率（%）
1999 年	0.12	0	0	0.56	21.38
2000 年	0.13	0	0	0.62	20.81
2001 年	0.11	0.30	0	0.50	22.18
2002 年	0.12	0	0	0.56	21.38
2003 年	0.10	0.20	0	0.70	14.37
2004 年	0.15	0	0	0.62	24.32
2005 年	0.02	0	0	0.71	2.81
2006 年	0.10	0	0	0.96	26.13
2007 年	0.25	0.30	0.20	1.41	7.07
2008 年	0.10	0	0	0.64	15.73
2009 年	0.10	0	0	1.02	9.79
2010 年	0.10	0	0	1.45	8.30
2011 年	0.20	0	0	1.93	10.37

根据上表所给出的招商地产历年股利分配数据，分析房地产企业在制定股利分配政策时，国家宏观经济政策对其选择股利分配方案的影响。

对招商地产 1993～2011 年的股利分配政策进行总体的回顾，可以看出招商地产作为高回报的房地产企业，它的股利支付率多数年份维持在 10% 以上，现金股利分配金额相对也较为稳定。但是仔细观察数据会发现某些年份存在大幅度的股利政策变动。现分析宏观经济环境对股利政策的影响。

国家宏观调控对我国房地产市场环境的影响分为以下三个阶段：

第一阶段，1992～1996 年，房地产经济高速发展，引发一定程度的市场膨胀，于是 1993 年国家出台相关经济宏观调控政策，经过调整，房地产市场一直保持较为平稳的发展模式。招商地产在行业势头发展良好的背景下，启动了多个一线城市新楼盘开发项目，公司以募集设立方式向境内外总计发行股份总额 2.1 亿股。由于招商地产需要利用筹集到的资金进行新一轮的开发项目，所以 1993 年公司制定了低股利支付政策。之后的两年里，随着企业盈利水平的提升，才逐渐增长现金股利的支付水平。1996 年我国政府出台了法律政策调控房地产泡沫现象，招商地产在这一年没有进行股利分配，可能是企业想持有充足现金流以应对市场低迷。

第二阶段，1997～2007 年，城镇住房制度改革加奥运会因素，房地产市场发展迅猛。1997～2001 年，宏观调控的影响渐渐退去，房改政策的下达为房地产产业的迅猛发展提供了机会，招商地产采取了较为平稳的股利政策，但是不难发现，作为一个成长阶段的企业，此时它应该留有充足的资金以满足后续发展的需求，而它却以较高的股利支付率回馈给股东，可以看出企业在制定股利政策时充分考虑了信号传递理论，将公司前景发展良好的信息传达给投资者，提高企业的股票价值。2002 年我国加入世贸组织，政府刺激引导市场，奥运会的需求等多种因素，促使招商地产需要大量资金开发新楼盘，占领市场，在 2002～

2007年招商地产采用低现金股利加股票股利的支付政策，目的是为了向投资者传递未来有可持续获利的信息，在2005年国家出台了严厉的调控政策，涉及多个层面，企业为了保持现金流的稳定，满足日后运营的需求，将现金股利骤减至每股0.02元。

第三阶段，2008年，政府调控抑制房价上涨。2008年全球金融危机爆发，同时自2010年开始，政府出台了许多严厉的调控政策，调整市场供需不平衡的现象，将房价波动的幅度控制在一个合理的空间内，进而使房地产市场逐步降温。招商地产从2008年到2012年一直保持着10%左右的固定股利率发放政策，保持股利政策的稳定。

招商地产在制定股利政策时充分考虑到了宏观经济的影响，股利政策的大幅度变动几乎都与国家的调控政策相关，从其近年的发展来看，这些股利政策确实为企业融资和发展带来了促进作用，为公司的发展提供了充足的资金，并且保持了股价的相对平稳，维护了股东的利益，利用股利政策向外界传递了公司向好的战略意图，是信号传递理论在公司实务中的有效运用。

思 考 题

1. 简述股利分配的有关政策。
2. 税后利润分配的一般顺序是什么？

练 习 题

1. 某房地产公司2017年实现的税后净利为1 000万元，法定盈余公积金、任意盈余公积金的提取比率为15%，若2018年的投资计划所需资金为800万元，公司的目标资本结构为自有资金占60%。

要求：

（1）公司采用剩余股利政策，则2017年年末可发放多少股利？

（2）若公司发行在外的股数为1 000万股，计算每股利润及每股股利。

（3）若2018年公司决定将公司的股利政策改为逐年稳定增长的股利政策，设股利的逐年增长率为2%，投资者要求的必要报酬率为12%，计算该股票的价值。

2. 某房地产公司2018年1月31日的股东权益总计为2 980万元，其中股本为1 000万元（共1 000万股），资本公积为980万元，法定盈余公积为300万元，未分配利润为700万元，货币资金和可变现资产为200万元，公司2017年实现的税后净利为800万元，股东大会决议每股发放现金股利为0.45元，现在有一投资收益率为20%的房地产开发项目，公司打算开发，共需资金为1 200万元。

要求：

（1）应该计提多少法定盈余公积金？

（2）应发放多少现金股利？

（3）要筹集多少资金用于上述拟开发的房地产项目？

（4）利润分配之后还有多少股东权益？

附 录

附表 A 复利终值系数表

n/i	1%	2%	3%	4%	5%	6%	7%	8%	9%	10%
1	1.010 0	1.020 0	1.030 0	1.040 0	1.050 0	1.060 0	1.070 0	1.080 0	1.090 0	1.100 0
2	1.020 1	1.040 4	1.060 9	1.081 6	1.102 5	1.123 6	1.144 9	1.166 4	1.188 1	1.210 0
3	1.030 3	1.061 2	1.092 7	1.124 9	1.157 6	1.191 0	1.225 0	1.259 7	1.295 0	1.331 0
4	1.040 6	1.082 4	1.125 5	1.169 9	1.215 5	1.262 5	1.310 8	1.360 5	1.411 6	1.464 1
5	1.051 0	1.104 1	1.159 3	1.216 7	1.276 3	1.338 2	1.402 6	1.469 3	1.538 6	1.610 5
6	1.061 5	1.126 2	1.194 1	1.265 3	1.340 1	1.418 5	1.500 7	1.586 9	1.677 1	1.771 6
7	1.072 1	1.148 7	1.229 9	1.315 9	1.407 1	1.503 6	1.605 8	1.713 8	1.828 0	1.948 7
8	1.082 9	1.171 7	1.266 8	1.368 6	1.477 5	1.593 8	1.718 2	1.850 9	1.992 6	2.143 6
9	1.093 7	1.195 1	1.304 8	1.423 3	1.551 3	1.689 5	1.838 5	1.999 0	2.171 9	2.357 9
10	1.104 6	1.219 0	1.343 9	1.480 2	1.628 9	1.790 8	1.967 2	2.158 9	2.367 4	2.593 7
11	1.115 7	1.243 4	1.384 2	1.539 5	1.710 3	1.898 3	2.104 9	2.331 6	2.580 4	2.853 1
12	1.126 8	1.268 2	1.425 8	1.601 0	1.795 9	2.012 2	2.252 2	2.518 2	2.812 7	3.138 4
13	1.138 1	1.293 6	1.468 5	1.665 1	1.885 6	2.132 9	2.409 8	2.719 6	3.065 8	3.452 3
14	1.149 5	1.319 5	1.512 6	1.731 7	1.979 9	2.260 9	2.578 5	2.937 2	3.341 7	3.797 5
15	1.161 0	1.345 9	1.558 0	1.800 9	2.078 9	2.396 6	2.759 0	3.172 2	3.642 5	4.177 2
16	1.172 6	1.372 8	1.604 7	1.873 0	2.182 9	2.540 4	2.952 2	3.425 9	3.970 3	4.595 0
17	1.184 3	1.400 2	1.652 8	1.947 9	2.292 0	2.692 8	3.158 8	3.700 0	4.327 6	5.054 5
18	1.196 1	1.428 2	1.702 4	2.025 8	2.406 6	2.854 3	3.379 9	3.996 0	4.717 1	5.559 9
19	1.208 1	1.456 8	1.753 5	2.106 8	2.527 0	3.025 6	3.616 5	4.315 7	5.141 7	6.115 9
20	1.220 2	1.485 9	1.806 1	2.191 1	2.653 3	3.207 1	3.869 7	4.661 0	5.604 4	6.727 5
21	1.232 4	1.515 7	1.860 3	2.278 8	2.786 0	3.399 6	4.140 5	5.033 8	6.108 8	7.400 2
22	1.244 7	1.546 0	1.916 1	2.369 9	2.925 3	3.603 5	4.430 4	5.436 5	6.658 6	8.140 3
23	1.257 2	1.576 9	1.973 6	2.464 7	3.071 5	3.819 7	4.740 5	5.871 5	7.257 9	8.954 3
24	1.269 7	1.608 4	2.032 8	2.563 3	3.225 1	4.048 9	5.072 4	6.341 2	7.911 1	9.849 7
25	1.282 4	1.640 6	2.093 8	2.665 8	3.386 4	4.291 9	5.427 4	6.848 5	8.623 1	10.834 7
26	1.295 3	1.673 4	2.156 6	2.772 5	3.555 7	4.549 4	5.807 4	7.396 4	9.399 2	11.918 2
27	1.308 2	1.706 9	2.221 3	2.883 4	3.733 5	4.822 2	6.213 9	7.988 1	10.245 1	13.110 0
28	1.321 3	1.741 0	2.287 9	2.998 7	3.920 1	5.111 7	6.648 8	8.627 1	11.167 1	14.421 0

（续）

n/i	1%	2%	3%	4%	5%	6%	7%	8%	9%	10%
29	1.334 5	1.775 8	2.356 6	3.118 7	4.116 1	5.418 4	7.114 3	9.317 3	12.172 2	15.863 1
30	1.347 8	1.811 4	2.427 3	3.243 4	4.321 9	5.743 5	7.612 3	10.062 7	13.267 7	17.449 4

n/i	11%	12%	13%	14%	15%	16%	17%	18%	19%	20%
1	1.110 0	1.120 0	1.130 0	1.140 0	1.150 0	1.160 0	1.170 0	1.180 0	1.190 0	1.200 0
2	1.232 1	1.254 4	1.276 9	1.299 6	1.322 5	1.345 6	1.368 9	1.392 4	1.416 1	1.440 0
3	1.367 6	1.404 9	1.442 9	1.481 5	1.520 9	1.560 9	1.601 6	1.643 0	1.685 2	1.728 0
4	1.518 1	1.573 5	1.630 5	1.689 0	1.749 0	1.810 6	1.873 9	1.938 8	2.005 3	2.073 6
5	1.685 1	1.762 3	1.842 4	1.925 4	2.011 4	2.100 3	2.192 4	2.287 8	2.386 4	2.488 3
6	1.870 4	1.973 8	2.082 0	2.195 0	2.313 1	2.436 4	2.565 2	2.699 6	2.839 8	2.986 0
7	2.076 2	2.210 7	2.352 6	2.502 3	2.660 0	2.826 2	3.001 2	3.185 5	3.379 3	3.583 2
8	2.304 5	2.476 0	2.658 4	2.852 6	3.059 0	3.278 4	3.511 5	3.758 9	4.021 4	4.299 8
9	2.558 0	2.773 1	3.004 0	3.251 9	3.517 9	3.803 0	4.108 4	4.435 5	4.785 4	5.159 8
10	2.839 4	3.105 8	3.394 6	3.707 2	4.045 6	4.411 4	4.806 8	5.233 8	5.694 7	6.191 7
11	3.151 8	3.478 5	3.835 9	4.226 2	4.652 4	5.117 3	5.624 0	6.175 9	6.776 7	7.430 1
12	3.498 5	3.896 0	4.334 5	4.817 9	5.350 3	5.936 0	6.580 1	7.287 6	8.064 2	8.916 1
13	3.883 3	4.363 5	4.898 0	5.492 4	6.152 8	6.885 8	7.698 7	8.599 4	9.596 4	10.699 3
14	4.310 4	4.887 1	5.534 8	6.261 3	7.075 7	7.987 5	9.007 5	10.147 2	11.419 8	12.839 2
15	4.784 6	5.473 6	6.254 3	7.137 9	8.137 1	9.265 5	10.538 7	11.973 7	13.589 5	15.407 0
16	5.310 9	6.130 4	7.067 3	8.137 2	9.357 6	10.748 0	12.330 3	14.129 0	16.171 5	18.488 4
17	5.895 1	6.866 0	7.986 1	9.276 5	10.761 3	12.467 7	14.426 5	16.672 2	19.244 1	22.186 1
18	6.543 6	7.690 0	9.024 3	10.575 2	12.375 5	14.462 5	16.879 0	19.673 3	22.900 5	26.623 3
19	7.263 3	8.612 8	10.197 4	12.055 7	14.231 8	16.776 5	19.748 4	23.214 4	27.251 6	31.948 0
20	8.062 3	9.646 3	11.523 1	13.743 5	16.366 5	19.460 8	23.105 6	27.393 0	32.429 4	38.337 6
21	8.949 2	10.803 8	13.021 1	15.667 6	18.821 5	22.574 5	27.033 6	32.323 8	38.591 0	46.005 1
22	9.933 6	12.100 3	14.713 8	17.861 0	21.644 7	26.186 4	31.629 3	38.142 1	45.923 3	55.206 1
23	11.026 3	13.552 3	16.626 6	20.361 6	24.891 5	30.376 2	37.006 2	45.007 6	54.648 7	66.247 4
24	12.239 2	15.178 6	18.788 1	23.212 2	28.625 2	35.236 4	43.297 3	53.109 0	65.032 0	79.496 8
25	13.585 5	17.000 1	21.230 5	26.461 9	32.919 0	40.874 2	50.657 8	62.668 6	77.388 1	95.396 2
26	15.079 9	19.040 1	23.990 5	30.166 5	37.856 8	47.414 1	59.269 7	73.949 0	92.091 8	114.475 5
27	16.738 6	21.324 9	27.109 3	34.389 9	43.535 3	55.000 4	69.345 3	87.259 8	109.589 3	137.370 6
28	18.579 9	23.883 9	30.633 5	39.204 5	50.065 6	63.800 4	81.134 2	102.966 6	130.411 2	164.844 7
29	20.623 7	26.749 3	34.615 8	44.693 1	57.575 5	74.008 5	94.927 1	121.500 5	155.189 3	197.813 6
30	22.892 3	29.959 9	39.115 9	50.950 2	66.211 8	85.849 9	111.064 7	143.370 6	184.675 3	237.376 3

n/i	21%	22%	23%	24%	25%	26%	27%	28%	29%	30%
1	1.210 0	1.220 0	1.230 0	1.240 0	1.250 0	1.260 0	1.270 0	1.280 0	1.290 0	1.300 0
2	1.464 1	1.488 4	1.512 9	1.537 6	1.562 5	1.587 6	1.612 9	1.638 4	1.664 1	1.690 0

（续）

n/i	21%	22%	23%	24%	25%	26%	27%	28%	29%	30%
3	1.771 6	1.815 8	1.860 9	1.906 6	1.953 1	2.000 4	2.048 4	2.097 2	2.146 7	2.197 0
4	2.143 6	2.215 3	2.288 9	2.364 2	2.441 4	2.520 5	2.601 4	2.684 4	2.769 2	2.856 1
5	2.593 7	2.702 7	2.815 3	2.931 6	3.051 8	3.175 8	3.303 8	3.436 0	3.572 3	3.712 9
6	3.138 4	3.297 3	3.462 8	3.635 2	3.814 7	4.001 5	4.195 9	4.398 0	4.608 3	4.826 8
7	3.797 5	4.022 7	4.259 3	4.507 7	4.768 5	5.041 9	5.328 8	5.629 5	5.944 7	6.274 9
8	4.595 0	4.907 7	5.238 9	5.589 5	5.960 5	6.352 8	6.767 5	7.205 8	7.668 6	8.157 3
9	5.559 9	5.987 4	6.443 9	6.931 0	7.450 6	8.004 5	8.594 9	9.223 4	9.892 5	10.604 5
10	6.727 5	7.304 6	7.925 9	8.594 4	9.313 2	10.085 7	10.915 3	11.805 9	12.761 4	13.785 8
11	8.140 3	8.911 7	9.748 9	10.657 1	11.641 5	12.708 0	13.862 5	15.111 6	16.462 2	17.921 6
12	9.849 7	10.872 2	11.991 2	13.214 8	14.551 9	16.012 0	17.605 3	19.342 8	21.236 2	23.298 1
13	11.918 2	13.264 1	14.749 1	16.386 3	18.189 9	20.175 2	22.358 8	24.758 6	27.394 7	30.287 5
14	14.421 0	16.182 2	18.141 4	20.319 1	22.737 3	25.420 7	28.395 7	31.691 3	35.339 1	39.373 8
15	17.449 4	19.742 3	22.314 0	25.195 6	28.421 7	32.030 1	36.062 5	40.564 8	45.587 5	51.185 9
16	21.113 8	24.085 6	27.446 2	31.242 6	35.527 1	40.357 9	45.799 4	51.923 0	58.807 9	66.541 7
17	25.547 7	29.384 4	33.758 8	38.740 8	44.408 9	50.851 0	58.165 2	66.461 4	75.862 1	86.504 2
18	30.912 7	35.849 0	41.523 3	48.038 6	55.511 2	64.072 2	73.869 8	85.070 6	97.862 2	112.455 4
19	37.404 3	43.735 8	51.073 7	59.567 9	69.388 9	80.731 0	93.814 7	108.890 4	126.242 2	146.192 0
20	45.259 3	53.357 6	62.820 6	73.864 1	86.736 2	101.721 1	119.144 6	139.379 7	162.852 4	190.049 6
21	54.763 7	65.096 3	77.269 4	91.591 5	108.420 2	128.168 5	151.313 7	178.406 0	210.079 6	247.064 5
22	66.264 1	79.417 5	95.041 3	113.573 5	135.525 3	161.492 4	192.168 3	228.359 6	271.002 7	321.183 9
23	80.179 5	96.889 4	116.900 8	140.831 2	169.406 6	203.480 4	244.053 2	292.300 3	349.593 5	417.539 1
24	97.017 2	118.205 0	143.788 0	174.630 6	211.758 2	256.385 2	309.948 3	374.144 4	450.975 6	542.800 8
25	117.390 9	144.210 1	176.859 3	216.542 0	264.697 8	323.045 4	393.634 4	478.904 9	581.758 5	705.641 0
26	142.042 9	175.936 4	217.536 9	268.512 1	330.872 2	407.037 3	499.915 7	612.998 2	750.468 5	917.333 3
27	171.871 9	214.642 3	267.570 4	332.955 0	413.590 3	512.867 0	634.892 9	784.637 7	968.104 4	1 192.533 3
28	207.965 1	261.863 7	329.111 5	412.864 2	516.987 9	646.212 4	806.314 0	1 004.336 3	1 248.854 6	1 550.293 3
29	251.637 7	319.473 7	404.807 2	511.951 6	646.234 9	814.227 6	1 024.018 7	1 285.550 4	1 611.022 5	2 015.381 3
30	304.481 6	389.757 9	497.912 9	634.819 9	807.793 6	1025.926 7	1 300.503 8	1 645.504 5	2 078.219 0	2 619.995 6

附表 B　复利现值系数表

n/i	1%	2%	3%	4%	5%	6%	7%	8%	9%	10%
1	0.990 1	0.980 4	0.970 9	0.961 5	0.952 4	0.943 4	0.934 6	0.925 9	0.917 4	0.909 1
2	0.980 3	0.961 2	0.942 6	0.924 6	0.907 0	0.890 0	0.873 4	0.857 3	0.841 7	0.826 4
3	0.970 6	0.942 3	0.915 1	0.889 0	0.863 8	0.839 6	0.816 3	0.793 8	0.772 2	0.751 3
4	0.961 0	0.923 8	0.888 5	0.854 8	0.822 7	0.792 1	0.762 9	0.735 0	0.708 4	0.683 0
5	0.951 5	0.905 7	0.862 6	0.821 9	0.783 5	0.747 3	0.713 0	0.680 6	0.649 9	0.620 9

(续)

n/i	1%	2%	3%	4%	5%	6%	7%	8%	9%	10%
6	0.9420	0.8880	0.8375	0.7903	0.7462	0.7050	0.6663	0.6302	0.5963	0.5645
7	0.9327	0.8706	0.8131	0.7599	0.7107	0.6651	0.6227	0.5835	0.5470	0.5132
8	0.9235	0.8535	0.7894	0.7307	0.6768	0.6274	0.5820	0.5403	0.5019	0.4665
9	0.9143	0.8368	0.7664	0.7026	0.6446	0.5919	0.5439	0.5002	0.4604	0.4241
10	0.9053	0.8203	0.7441	0.6756	0.6139	0.5584	0.5083	0.4632	0.4224	0.3855
11	0.8963	0.8043	0.7224	0.6496	0.5847	0.5268	0.4751	0.4289	0.3875	0.3505
12	0.8874	0.7885	0.7014	0.6246	0.5568	0.4970	0.4440	0.3971	0.3555	0.3186
13	0.8787	0.7730	0.6810	0.6006	0.5303	0.4688	0.4150	0.3677	0.3262	0.2897
14	0.8700	0.7579	0.6611	0.5775	0.5051	0.4423	0.3878	0.3405	0.2992	0.2633
15	0.8613	0.7430	0.6419	0.5553	0.4810	0.4173	0.3624	0.3152	0.2745	0.2394
16	0.8528	0.7284	0.6232	0.5339	0.4581	0.3936	0.3387	0.2919	0.2519	0.2176
17	0.8444	0.7142	0.6050	0.5134	0.4363	0.3714	0.3166	0.2703	0.2311	0.1978
18	0.8360	0.7002	0.5874	0.4936	0.4155	0.3503	0.2959	0.2502	0.2120	0.1799
19	0.8277	0.6864	0.5703	0.4746	0.3957	0.3305	0.2765	0.2317	0.1945	0.1635
20	0.8195	0.6730	0.5537	0.4564	0.3769	0.3118	0.2584	0.2145	0.1784	0.1486
21	0.8114	0.6598	0.5375	0.4388	0.3589	0.2942	0.2415	0.1987	0.1637	0.1351
22	0.8034	0.6468	0.5219	0.4220	0.3418	0.2775	0.2257	0.1839	0.1502	0.1228
23	0.7954	0.6342	0.5067	0.4057	0.3256	0.2618	0.2109	0.1703	0.1378	0.1117
24	0.7876	0.6217	0.4919	0.3901	0.3101	0.2470	0.1971	0.1577	0.1264	0.1015
25	0.7798	0.6095	0.4776	0.3751	0.2953	0.2330	0.1842	0.1460	0.1160	0.0923
26	0.7720	0.5976	0.4637	0.3607	0.2812	0.2198	0.1722	0.1352	0.1064	0.0839
27	0.7644	0.5859	0.4502	0.3468	0.2678	0.2074	0.1609	0.1252	0.0976	0.0763
28	0.7568	0.5744	0.4371	0.3335	0.2551	0.1956	0.1504	0.1159	0.0895	0.0693
29	0.7493	0.5631	0.4243	0.3207	0.2429	0.1846	0.1406	0.1073	0.0822	0.0630
30	0.7419	0.5521	0.4120	0.3083	0.2314	0.1741	0.1314	0.0994	0.0754	0.0573
n/i	11%	12%	13%	14%	15%	16%	17%	18%	19%	20%
1	0.9009	0.8929	0.8850	0.8772	0.8696	0.8621	0.8547	0.8475	0.8403	0.8333
2	0.8116	0.7972	0.7831	0.7695	0.7561	0.7432	0.7305	0.7182	0.7062	0.6944
3	0.7312	0.7118	0.6931	0.6750	0.6575	0.6407	0.6244	0.6086	0.5934	0.5787
4	0.6587	0.6355	0.6133	0.5921	0.5718	0.5523	0.5337	0.5158	0.4987	0.4823
5	0.5935	0.5674	0.5428	0.5194	0.4972	0.4761	0.4561	0.4371	0.4190	0.4019
6	0.5346	0.5066	0.4803	0.4556	0.4323	0.4104	0.3898	0.3704	0.3521	0.3349
7	0.4817	0.4523	0.4251	0.3996	0.3759	0.3538	0.3332	0.3139	0.2959	0.2791
8	0.4339	0.4039	0.3762	0.3506	0.3269	0.3050	0.2848	0.2660	0.2487	0.2326
9	0.3909	0.3606	0.3329	0.3075	0.2843	0.2630	0.2434	0.2255	0.2090	0.1938

（续）

n/i	11%	12%	13%	14%	15%	16%	17%	18%	19%	20%
10	0.352 2	0.322 0	0.294 6	0.269 7	0.247 2	0.226 7	0.208 0	0.191 1	0.175 6	0.161 5
11	0.317 3	0.287 5	0.260 7	0.236 6	0.214 9	0.195 4	0.177 8	0.161 9	0.147 6	0.134 6
12	0.285 8	0.256 7	0.230 7	0.207 6	0.186 9	0.168 5	0.152 0	0.137 2	0.124 0	0.112 2
13	0.257 5	0.229 2	0.204 2	0.182 1	0.162 5	0.145 2	0.129 9	0.116 3	0.104 2	0.093 5
14	0.232 0	0.204 6	0.180 7	0.159 7	0.141 3	0.125 2	0.111 0	0.098 5	0.087 6	0.077 9
15	0.209 0	0.182 7	0.159 9	0.140 1	0.122 9	0.107 9	0.094 9	0.083 5	0.073 6	0.064 9
16	0.188 3	0.163 1	0.141 5	0.122 9	0.106 9	0.093 0	0.081 1	0.070 8	0.061 8	0.054 1
17	0.169 6	0.145 6	0.125 2	0.107 8	0.092 9	0.080 2	0.069 3	0.060 0	0.052 0	0.045 1
18	0.152 8	0.130 0	0.110 8	0.094 6	0.080 8	0.069 1	0.059 2	0.050 8	0.043 7	0.037 6
19	0.137 7	0.116 1	0.098 1	0.082 9	0.070 3	0.059 6	0.050 6	0.043 1	0.036 7	0.031 3
20	0.124 0	0.103 7	0.086 8	0.072 8	0.061 1	0.051 4	0.043 3	0.036 5	0.030 8	0.026 1
21	0.111 7	0.092 6	0.076 8	0.063 8	0.053 1	0.044 3	0.037 0	0.030 9	0.025 9	0.021 7
22	0.100 7	0.082 6	0.068 0	0.056 0	0.046 2	0.038 2	0.031 6	0.026 2	0.021 8	0.018 1
23	0.090 7	0.073 8	0.060 1	0.049 1	0.040 2	0.032 9	0.027 0	0.022 2	0.018 3	0.015 1
24	0.081 7	0.065 9	0.053 2	0.043 1	0.034 9	0.028 4	0.023 1	0.018 8	0.015 4	0.012 6
25	0.073 6	0.058 8	0.047 1	0.037 8	0.030 4	0.024 5	0.019 7	0.016 0	0.012 9	0.010 5
26	0.066 3	0.052 5	0.041 7	0.033 1	0.026 4	0.021 1	0.016 9	0.013 5	0.010 9	0.008 7
27	0.059 7	0.046 9	0.036 9	0.029 1	0.023 0	0.018 2	0.014 4	0.011 5	0.009 1	0.007 3
28	0.053 8	0.041 9	0.032 6	0.025 5	0.020 0	0.015 7	0.012 3	0.009 7	0.007 7	0.006 1
29	0.048 5	0.037 4	0.028 9	0.022 4	0.017 4	0.013 5	0.010 5	0.008 2	0.006 4	0.005 1
30	0.043 7	0.033 4	0.025 6	0.019 6	0.015 1	0.011 6	0.009 0	0.007 0	0.005 4	0.004 2
n/i	21%	22%	23%	24%	25%	26%	27%	28%	29%	30%
1	0.826 4	0.819 7	0.813 0	0.806 5	0.800 0	0.793 7	0.787 4	0.781 3	0.775 2	0.769 2
2	0.683 0	0.671 9	0.661 0	0.650 4	0.640 0	0.629 9	0.620 0	0.610 4	0.600 9	0.591 7
3	0.564 5	0.550 7	0.537 4	0.524 5	0.512 0	0.499 9	0.488 2	0.476 8	0.465 8	0.455 2
4	0.466 5	0.451 4	0.436 9	0.423 0	0.409 6	0.396 8	0.384 4	0.372 5	0.361 1	0.350 1
5	0.385 5	0.370 0	0.355 2	0.341 1	0.327 7	0.314 9	0.302 7	0.291 0	0.279 9	0.269 3
6	0.318 6	0.303 3	0.288 8	0.275 1	0.262 1	0.249 9	0.238 3	0.227 4	0.217 0	0.207 2
7	0.263 3	0.248 6	0.234 8	0.221 8	0.209 7	0.198 3	0.187 7	0.177 6	0.168 2	0.159 4
8	0.217 6	0.203 8	0.190 9	0.178 9	0.167 8	0.157 4	0.147 8	0.138 8	0.130 4	0.122 6
9	0.179 9	0.167 0	0.155 2	0.144 3	0.134 2	0.124 9	0.116 4	0.108 4	0.101 1	0.094 3
10	0.148 6	0.136 9	0.126 2	0.116 4	0.107 4	0.099 2	0.091 6	0.084 7	0.078 4	0.072 5
11	0.122 8	0.112 2	0.102 6	0.093 8	0.085 9	0.078 7	0.072 1	0.066 2	0.060 7	0.055 8
12	0.101 5	0.092 0	0.083 4	0.075 7	0.068 7	0.062 5	0.056 8	0.051 7	0.047 1	0.042 9
13	0.083 9	0.075 4	0.067 8	0.061 0	0.055 0	0.049 6	0.044 7	0.040 4	0.036 5	0.033 0
14	0.069 3	0.061 8	0.055 1	0.049 2	0.044 0	0.039 3	0.035 2	0.031 6	0.028 3	0.025 4

（续）

n/i	21%	22%	23%	24%	25%	26%	27%	28%	29%	30%
15	0.057 3	0.050 7	0.044 8	0.039 7	0.035 2	0.031 2	0.027 7	0.024 7	0.021 9	0.019 5
16	0.047 4	0.041 5	0.036 4	0.032 0	0.028 1	0.024 8	0.021 8	0.019 3	0.017 0	0.015 0
17	0.039 1	0.034 0	0.029 6	0.025 8	0.022 5	0.019 7	0.017 2	0.015 0	0.013 2	0.011 6
18	0.032 3	0.027 9	0.024 1	0.020 8	0.018 0	0.015 6	0.013 5	0.011 8	0.010 2	0.008 9
19	0.026 7	0.022 9	0.019 6	0.016 8	0.014 4	0.012 4	0.010 7	0.009 2	0.007 9	0.006 8
20	0.022 1	0.018 7	0.015 9	0.013 5	0.011 5	0.009 8	0.008 4	0.007 2	0.006 1	0.005 3
21	0.018 3	0.015 4	0.012 9	0.010 9	0.009 2	0.007 8	0.006 6	0.005 6	0.004 8	0.004 0
22	0.015 1	0.012 6	0.010 5	0.008 8	0.007 4	0.006 2	0.005 2	0.004 4	0.003 7	0.003 1
23	0.012 5	0.010 3	0.008 6	0.007 1	0.005 9	0.004 9	0.004 1	0.003 4	0.002 9	0.002 4
24	0.010 3	0.008 5	0.007 0	0.005 7	0.004 7	0.003 9	0.003 2	0.002 7	0.002 2	0.001 8
25	0.008 5	0.006 9	0.005 7	0.004 6	0.003 8	0.003 1	0.002 5	0.002 1	0.001 7	0.001 4
26	0.007 0	0.005 7	0.004 6	0.003 7	0.003 0	0.002 5	0.002 0	0.001 6	0.001 3	0.001 1
27	0.005 8	0.004 7	0.003 7	0.003 0	0.002 4	0.001 9	0.001 6	0.001 3	0.001 0	0.000 8
28	0.004 8	0.003 8	0.003 0	0.002 4	0.001 9	0.001 5	0.001 2	0.001 0	0.000 8	0.000 6
29	0.004 0	0.003 1	0.002 5	0.002 0	0.001 5	0.001 2	0.001 0	0.000 8	0.000 6	0.000 5
30	0.003 3	0.002 6	0.002 0	0.001 6	0.001 2	0.001 0	0.000 8	0.000 6	0.000 5	0.000 4

附表 C 年金终值系数表

n/i	1%	2%	3%	4%	5%	6%	7%	8%	9%	10%
1	1.000	1.000	1.000	1.000	1.000	1.000	1.000	1.000	1.000	1.000
2	2.010	2.020	2.030	2.040	2.050	2.060	2.070	2.080	2.090	2.100
3	3.030	3.060	3.091	3.122	3.153	3.184	3.215	3.246	3.278	3.310
4	4.060	4.122	4.184	4.246	4.310	4.375	4.440	4.506	4.573	4.641
5	5.101	5.204	5.309	5.416	5.526	5.637	5.751	5.867	5.985	6.105
6	6.152	6.308	6.468	6.633	6.802	6.975	7.153	7.336	7.523	7.716
7	7.214	7.434	7.662	7.898	8.142	8.394	8.654	8.923	9.200	9.487
8	8.286	8.583	8.892	9.214	9.549	9.897	10.260	10.637	11.028	11.436
9	9.369	9.755	10.159	10.583	11.027	11.491	11.978	12.488	13.021	13.579
10	10.462	10.950	11.464	12.006	12.578	13.181	13.816	14.487	15.193	15.937
11	11.567	12.169	12.808	13.486	14.207	14.972	15.784	16.645	17.560	18.531
12	12.683	13.412	14.192	15.026	15.917	16.870	17.888	18.977	20.141	21.384
13	13.809	14.680	15.618	16.627	17.713	18.882	20.141	21.495	22.953	24.523
14	14.947	15.974	17.086	18.292	19.599	21.015	22.550	24.215	26.019	27.975
15	16.097	17.293	18.599	20.024	21.579	23.276	25.129	27.152	29.361	31.772
16	17.258	18.639	20.157	21.825	23.657	25.673	27.888	30.324	33.003	35.950
17	18.430	20.012	21.762	23.698	25.840	28.213	30.840	33.750	36.974	40.545

（续）

n/i	1%	2%	3%	4%	5%	6%	7%	8%	9%	10%
18	19.615	21.412	23.414	25.645	28.132	30.906	33.999	37.450	41.301	45.599
19	20.811	22.841	25.117	27.671	30.539	33.760	37.379	41.446	46.018	51.159
20	22.019	24.297	26.870	29.778	33.066	36.786	40.995	45.762	51.160	57.275
21	23.239	25.783	28.676	31.969	35.719	39.993	44.865	50.423	56.765	64.002
22	24.472	27.299	30.537	34.248	38.505	43.392	49.006	55.457	62.873	71.403
23	25.716	28.845	32.453	36.618	41.430	46.996	53.436	60.893	69.532	79.543
24	26.973	30.422	34.426	39.083	44.502	50.816	58.177	66.765	76.790	88.497
25	28.243	32.030	36.459	41.646	47.727	54.865	63.249	73.106	84.701	98.347
26	29.526	33.671	38.553	44.312	51.113	59.156	68.676	79.954	93.324	109.182
27	30.821	35.344	40.710	47.084	54.669	63.706	74.484	87.351	102.723	121.100
28	32.129	37.051	42.931	49.968	58.403	68.528	80.698	95.339	112.968	134.210
29	33.450	38.792	45.219	52.966	62.323	73.640	87.347	103.966	124.135	148.631
30	34.785	40.568	47.575	56.085	66.439	79.058	94.461	113.283	136.308	164.494
n/i	11%	12%	13%	14%	15%	16%	17%	18%	19%	20%
1	1.000	1.000	1.000	1.000	1.000	1.000	1.000	1.000	1.000	1.000
2	2.110	2.120	2.130	2.140	2.150	2.160	2.170	2.180	2.190	2.200
3	3.342	3.374	3.407	3.440	3.473	3.506	3.539	3.572	3.606	3.640
4	4.710	4.779	4.850	4.921	4.993	5.066	5.141	5.215	5.291	5.368
5	6.228	6.353	6.480	6.610	6.742	6.877	7.014	7.154	7.297	7.442
6	7.913	8.115	8.323	8.536	8.754	8.977	9.207	9.442	9.683	9.930
7	9.783	10.089	10.405	10.730	11.067	11.414	11.772	12.142	12.523	12.916
8	11.859	12.300	12.757	13.233	13.727	14.240	14.773	15.327	15.902	16.499
9	14.164	14.776	15.416	16.085	16.786	17.519	18.285	19.086	19.923	20.799
10	16.722	17.549	18.420	19.337	20.304	21.321	22.393	23.521	24.709	25.959
11	19.561	20.655	21.814	23.045	24.349	25.733	27.200	28.755	30.404	32.150
12	22.713	24.133	25.650	27.271	29.002	30.850	32.824	34.931	37.180	39.581
13	26.212	28.029	29.985	32.089	34.352	36.786	39.404	42.219	45.244	48.497
14	30.095	32.393	34.883	37.581	40.505	43.672	47.103	50.818	54.841	59.196
15	34.405	37.280	40.417	43.842	47.580	51.660	56.110	60.965	66.261	72.035
16	39.190	42.753	46.672	50.980	55.717	60.925	66.649	72.939	79.850	87.442
17	44.501	48.884	53.739	59.118	65.075	71.673	78.979	87.068	96.022	105.931
18	50.396	55.750	61.725	68.394	75.836	84.141	93.406	103.740	115.266	128.117
19	56.939	63.440	70.749	78.969	88.212	98.603	110.285	123.414	138.166	154.740
20	64.203	72.052	80.947	91.025	102.444	115.380	130.033	146.628	165.418	186.688
21	72.265	81.699	92.470	104.768	118.810	134.841	153.139	174.021	197.847	225.026
22	81.214	92.503	105.491	120.436	137.632	157.415	180.172	206.345	236.438	271.031

（续）

n/i	11%	12%	13%	14%	15%	16%	17%	18%	19%	20%
23	91.148	104.603	120.205	138.297	159.276	183.601	211.801	244.487	282.362	326.237
24	102.174	118.155	136.831	158.659	184.168	213.978	248.808	289.494	337.010	392.484
25	114.413	133.334	155.620	181.871	212.793	249.214	292.105	342.603	402.042	471.981
26	127.999	150.334	176.850	208.333	245.712	290.088	342.763	405.272	479.431	567.377
27	143.079	169.374	200.841	238.499	283.569	337.502	402.032	479.221	571.522	681.853
28	159.817	190.699	227.950	272.889	327.104	392.503	471.378	566.481	681.112	819.223
29	178.397	214.583	258.583	312.094	377.170	456.303	552.512	669.447	811.523	984.068
30	199.021	241.333	293.199	356.787	434.745	530.312	647.439	790.948	966.712	1 181.882
n/i	21%	22%	23%	24%	25%	26%	27%	28%	29%	30%
1	1.000	1.000	1.000	1.000	1.000	1.000	1.000	1.000	1.000	1.000
2	2.210	2.220	2.230	2.240	2.250	2.260	2.270	2.280	2.290	2.300
3	3.674	3.708	3.743	3.778	3.813	3.848	3.883	3.918	3.954	3.990
4	5.446	5.524	5.604	5.684	5.766	5.848	5.931	6.016	6.101	6.187
5	7.589	7.740	7.893	8.048	8.207	8.368	8.533	8.700	8.870	9.043
6	10.183	10.442	10.708	10.980	11.259	11.544	11.837	12.136	12.442	12.756
7	13.321	13.740	14.171	14.615	15.073	15.546	16.032	16.534	17.051	17.583
8	17.119	17.762	18.430	19.123	19.842	20.588	21.361	22.163	22.995	23.858
9	21.714	22.670	23.669	24.712	25.802	26.940	28.129	29.369	30.664	32.015
10	27.274	28.657	30.113	31.643	33.253	34.945	36.723	38.593	40.556	42.619
11	34.001	35.962	38.039	40.238	42.566	45.031	47.639	50.398	53.318	56.405
12	42.142	44.874	47.788	50.895	54.208	57.739	61.501	65.510	69.780	74.327
13	51.991	55.746	59.779	64.110	68.760	73.751	79.107	84.853	91.016	97.625
14	63.909	69.010	74.528	80.496	86.949	93.926	101.465	109.612	118.411	127.913
15	78.330	85.192	92.669	100.815	109.687	119.347	129.861	141.303	153.750	167.286
16	95.780	104.935	114.983	126.011	138.109	151.377	165.924	181.868	199.337	218.472
17	116.89	129.02	142.43	157.25	173.64	191.73	211.72	233.79	258.15	285.01
18	142.44	158.40	176.19	195.99	218.04	242.59	269.89	300.25	334.01	371.52
19	173.35	194.25	217.71	244.03	273.56	306.66	343.76	385.32	431.87	483.97
20	210.76	237.99	268.79	303.60	342.94	387.39	437.57	494.21	558.11	630.17
21	256.02	291.35	331.61	377.46	429.68	489.11	556.72	633.59	720.96	820.22
22	310.78	356.44	408.88	469.06	538.10	617.28	708.03	812.00	931.04	1 067.28
23	377.05	435.86	503.92	582.63	673.63	778.77	900.20	1 040.36	1 202.05	1 388.46
24	457.22	532.75	620.82	723.46	843.03	982.25	1 144.25	1 332.66	1 551.64	1 806.00
25	554.24	650.96	764.61	898.09	1 054.79	1 238.64	1 454.20	1 706.80	2 002.62	2 348.80
26	671.63	795.17	941.46	1 114.63	1 319.49	1561.68	1 847.84	2 185.71	2 584.37	3 054.44
27	813.68	971.10	1 159.00	1 383.15	1 650.36	1 968.72	2 347.75	2 798.71	3 334.84	3 971.78
28	985.55	1 185.74	1 426.57	1 716.10	2 063.95	2 481.59	2 982.64	3 583.34	4 302.95	5 164.31
29	1 193.51	1 447.61	1 755.68	2 128.96	2 580.94	3 127.80	3 788.96	4 587.68	5 551.80	6 714.60
30	1 445.15	1 767.08	2 160.49	2 640.92	3 227.17	3 942.03	4 812.98	5 873.23	7 162.82	8 729.99

附表 D　年金现值系数表

n/i	1%	2%	3%	4%	5%	6%	7%	8%	9%	10%
1	0.990 1	0.980 4	0.970 9	0.961 5	0.952 4	0.943 4	0.934 6	0.925 9	0.917 4	0.909 1
2	1.970 4	1.941 6	1.913 5	1.886 1	1.859 4	1.833 4	1.808 0	1.783 3	1.759 1	1.735 5
3	2.941 0	2.883 9	2.828 6	2.775 1	2.723 2	2.673 0	2.624 3	2.577 1	2.531 3	2.486 9
4	3.902 0	3.807 7	3.717 1	3.629 9	3.546 0	3.465 1	3.387 2	3.312 1	3.239 7	3.169 9
5	4.853 4	4.713 5	4.579 7	4.451 8	4.329 5	4.212 4	4.100 2	3.992 7	3.889 7	3.790 8
6	5.795 5	5.601 4	5.417 2	5.242 1	5.075 7	4.917 3	4.766 5	4.622 9	4.485 9	4.355 3
7	6.728 2	6.472 0	6.230 3	6.002 1	5.786 4	5.582 4	5.389 3	5.206 4	5.033 0	4.868 4
8	7.651 7	7.325 5	7.019 7	6.732 7	6.463 2	6.209 8	5.971 3	5.746 6	5.534 8	5.334 9
9	8.566 0	8.162 2	7.786 1	7.435 3	7.107 8	6.801 7	6.515 2	6.246 9	5.995 2	5.759 0
10	9.471 3	8.982 6	8.530 2	8.110 9	7.721 7	7.360 1	7.023 6	6.710 1	6.417 7	6.144 6
11	10.367 6	9.786 8	9.252 6	8.760 5	8.306 4	7.886 9	7.498 7	7.139 0	6.805 2	6.495 1
12	11.255 1	10.575 3	9.954 0	9.385 1	8.863 3	8.383 8	7.942 7	7.536 1	7.160 7	6.813 7
13	12.133 7	11.348 4	10.635 0	9.985 6	9.393 6	8.852 7	8.357 7	7.903 8	7.486 9	7.103 4
14	13.003 7	12.106 2	11.296 1	10.563 1	9.898 6	9.295 0	8.745 5	8.244 2	7.786 2	7.366 7
15	13.865 1	12.849 3	11.937 9	11.118 4	10.379 7	9.712 2	9.107 9	8.559 5	8.060 7	7.606 1
16	14.717 9	13.577 7	12.561 1	11.652 3	10.837 8	10.105 9	9.446 6	8.851 4	8.312 6	7.823 7
17	15.562 3	14.291 9	13.166 1	12.165 7	11.274 1	10.477 3	9.763 2	9.121 6	8.543 6	8.021 6
18	16.398 3	14.992 0	13.753 5	12.659 3	11.689 6	10.827 6	10.059 1	9.371 9	8.755 6	8.201 4
19	17.226 0	15.678 5	14.323 8	13.133 9	12.085 3	11.158 1	10.335 6	9.603 6	8.950 1	8.364 9
20	18.045 6	16.351 4	14.877 5	13.590 3	12.462 2	11.469 9	10.594 0	9.818 1	9.128 5	8.513 6
21	18.857 0	17.011 2	15.415 0	14.029 2	12.821 2	11.764 1	10.835 5	10.016 8	9.292 2	8.648 7
22	19.660 4	17.658 0	15.936 9	14.451 1	13.163 0	12.041 6	11.061 2	10.200 7	9.442 4	8.771 5
23	20.455 8	18.292 2	16.443 6	14.856 8	13.488 6	12.303 4	11.272 2	10.371 1	9.580 2	8.883 2
24	21.243 4	18.913 9	16.935 5	15.247 0	13.798 6	12.550 4	11.469 3	10.528 8	9.706 6	8.984 7
25	22.023 2	19.523 5	17.413 1	15.622 1	14.093 9	12.783 4	11.653 6	10.674 8	9.822 6	9.077 0
26	22.795 2	20.121 0	17.876 8	15.982 8	14.375 2	13.003 2	11.825 8	10.810 0	9.929 0	9.160 9
27	23.559 6	20.706 9	18.327 0	16.329 6	14.643 0	13.210 5	11.986 7	10.935 2	10.026 6	9.237 2
28	24.316 4	21.281 3	18.764 1	16.663 1	14.898 1	13.406 2	12.137 1	11.051 1	10.116 1	9.306 6
29	25.065 8	21.844 4	19.188 5	16.983 7	15.141 1	13.590 7	12.277 7	11.158 4	10.198 3	9.369 6
30	25.807 7	22.396 5	19.600 4	17.292 0	15.372 5	13.764 8	12.409 0	11.257 8	10.273 7	9.426 9
n/i	11%	12%	13%	14%	15%	16%	17%	18%	19%	20%
1	0.900 9	0.892 9	0.885 0	0.877 2	0.869 6	0.862 1	0.854 7	0.847 5	0.840 3	0.833 3
2	1.712 5	1.690 1	1.668 1	1.646 7	1.625 7	1.605 2	1.585 2	1.565 6	1.546 5	1.527 8
3	2.443 7	2.401 8	2.361 2	2.321 6	2.283 2	2.245 9	2.209 6	2.174 3	2.139 9	2.106 5
4	3.102 4	3.037 3	2.974 5	2.913 7	2.855 0	2.798 2	2.743 2	2.690 1	2.638 6	2.588 7
5	3.695 9	3.604 8	3.517 2	3.433 1	3.352 2	3.274 3	3.199 3	3.127 5	3.057 6	2.990 6

（续）

n/i	11%	12%	13%	14%	15%	16%	17%	18%	19%	20%
6	4.230 5	4.111 4	3.997 5	3.888 7	3.784 5	3.684 7	3.589 2	3.497 6	3.409 8	3.325 5
7	4.712 2	4.563 8	4.422 6	4.288 3	4.160 4	4.038 6	3.922 4	3.811 5	3.705 7	3.604 6
8	5.146 1	4.967 6	4.798 8	4.638 9	4.487 3	4.343 6	4.207 2	4.077 6	3.954 4	3.837 2
9	5.537 0	5.328 2	5.131 7	4.946 4	4.771 6	4.606 5	4.450 6	4.303 0	4.163 3	4.031 0
10	5.889 2	5.650 2	5.426 2	5.216 1	5.018 8	4.833 2	4.658 6	4.494 1	4.338 9	4.192 5
11	6.206 5	5.937 7	5.686 9	5.452 7	5.233 7	5.028 6	4.836 4	4.656 0	4.486 5	4.327 1
12	6.492 4	6.194 4	5.917 6	5.660 3	5.420 6	5.197 1	4.988 4	4.793 2	4.610 5	4.439 2
13	6.749 9	6.423 5	6.121 8	5.842 4	5.583 1	5.342 3	5.118 3	4.909 5	4.714 7	4.532 7
14	6.981 9	6.628 2	6.302 5	6.002 1	5.724 5	5.467 5	5.229 3	5.008 1	4.802 3	4.610 6
15	7.190 9	6.810 9	6.462 4	6.142 2	5.847 4	5.575 5	5.324 2	5.091 6	4.875 9	4.675 5
16	7.379 2	6.974 0	6.603 9	6.265 1	5.954 2	5.668 5	5.405 3	5.162 4	4.937 7	4.729 6
17	7.548 8	7.119 6	6.729 1	6.372 9	6.047 2	5.748 7	5.474 6	5.222 3	4.989 7	4.774 6
18	7.701 6	7.249 7	6.839 9	6.467 4	6.128 0	5.817 8	5.533 9	5.273 2	5.033 3	4.812 2
19	7.839 3	7.365 8	6.938 0	6.550 4	6.198 2	5.877 5	5.584 5	5.316 2	5.070 0	4.843 5
20	7.963 3	7.469 4	7.024 8	6.623 1	6.259 3	5.928 8	5.627 8	5.352 7	5.100 9	4.869 6
21	8.075 1	7.562 0	7.101 6	6.687 0	6.312 5	5.973 1	5.664 8	5.383 7	5.126 8	4.891 3
22	8.175 7	7.644 6	7.169 5	6.742 9	6.358 7	6.011 3	5.696 4	5.409 9	5.148 6	4.909 4
23	8.266 4	7.718 4	7.229 7	6.792 1	6.398 8	6.044 2	5.723 4	5.432 1	5.166 6	4.924 5
24	8.348 1	7.784 3	7.282 9	6.835 1	6.433 8	6.072 6	5.746 5	5.450 9	5.182 2	4.937 1
25	8.421 7	7.843 1	7.330 0	6.872 9	6.464 1	6.097 1	5.766 5	5.466 9	5.195 1	4.947 6
26	8.488 1	7.895 7	7.371 7	6.906 1	6.490 6	6.118 2	5.783 1	5.480 4	5.206 0	4.956 3
27	8.547 8	7.942 6	7.408 6	6.935 2	6.513 5	6.136 4	5.797 5	5.491 9	5.215 1	4.963 6
28	8.601 6	7.984 4	7.441 2	6.960 7	6.533 5	6.152 0	5.809 9	5.501 6	5.222 8	4.969 7
29	8.650 1	8.021 8	7.470 1	6.983 0	6.550 9	6.165 6	5.820 9	5.509 8	5.229 2	4.974 7
30	8.693 8	8.055 2	7.495 7	7.002 7	6.566 0	6.177 2	5.829 4	5.516 8	5.234 7	4.978 9
n/i	21%	22%	23%	24%	25%	26%	27%	28%	29%	30%
1	0.826 4	0.819 7	0.813 0	0.806 5	0.800 0	0.793 7	0.787 4	0.781 3	0.775 2	0.769 2
2	1.509 5	1.491 5	1.474 0	1.456 8	1.440 0	1.423 5	1.407 4	1.391 6	1.376 1	1.360 9
3	2.073 9	2.042 2	2.011 4	1.981 3	1.952 0	1.923 4	1.895 6	1.868 4	1.842 0	1.816 1
4	2.540 4	2.493 6	2.448 3	2.404 3	2.361 6	2.320 2	2.280 0	2.241 0	2.203 1	2.166 2
5	2.926 0	2.863 6	2.803 5	2.745 4	2.689 3	2.635 1	2.582 7	2.532 0	2.483 0	2.435 6
6	3.244 6	3.166 9	3.092 3	3.020 5	2.951 4	2.885 0	2.821 0	2.759 4	2.700 0	2.642 7
7	3.507 9	3.415 5	3.327 0	3.242 3	3.161 1	3.083 3	3.008 7	2.937 0	2.868 2	2.802 1
8	3.725 6	3.619 3	3.517 9	3.421 2	3.328 9	3.240 7	3.156 4	3.075 8	2.998 6	2.924 7
9	3.905 4	3.786 9	3.673 1	3.565 5	3.463 1	3.365 7	3.272 8	3.184 2	3.099 7	3.019 0
10	4.054 1	3.923 2	3.799 3	3.681 9	3.570 5	3.464 8	3.364 4	3.268 9	3.178 1	3.091 5

（续）

n/i	21%	22%	23%	24%	25%	26%	27%	28%	29%	30%
11	4.176 9	4.035 4	3.901 8	3.775 7	3.656 4	3.543 5	3.436 5	3.335 1	3.238 8	3.147 3
12	4.278 4	4.127 4	3.985 2	3.851 4	3.725 1	3.605 9	3.493 3	3.386 8	3.285 9	3.190 3
13	4.362 4	4.202 8	4.053 0	3.912 4	3.780 1	3.655 5	3.538 1	3.427 2	3.322 4	3.223 3
14	4.431 7	4.264 6	4.108 2	3.961 6	3.824 1	3.694 9	3.573 3	3.458 7	3.350 7	3.248 7
15	4.489 0	4.315 2	4.153 0	4.001 3	3.859 3	3.726 1	3.601 0	3.483 4	3.372 6	3.268 2
16	4.536 4	4.356 7	4.189 4	4.033 3	3.887 4	3.750 9	3.622 8	3.502 6	3.389 6	3.283 2
17	4.575 5	4.390 8	4.219 0	4.059 1	3.909 9	3.770 5	3.640 0	3.517 7	3.402 8	3.294 8
18	4.607 9	4.418 7	4.243 1	4.079 9	3.927 9	3.786 1	3.653 6	3.529 4	3.413 0	3.303 7
19	4.634 6	4.441 5	4.262 7	4.096 7	3.942 4	3.798 5	3.664 2	3.538 6	3.421 0	3.310 5
20	4.656 7	4.460 3	4.278 6	4.110 3	3.953 9	3.808 3	3.672 6	3.545 8	3.427 1	3.315 8
21	4.675 0	4.475 6	4.291 6	4.121 2	3.963 1	3.816 1	3.679 2	3.551 4	3.431 9	3.319 8
22	4.690 0	4.488 2	4.302 1	4.130 0	3.970 5	3.822 3	3.684 4	3.555 8	3.435 6	3.323 0
23	4.702 5	4.498 5	4.310 6	4.137 1	3.976 4	3.827 3	3.688 5	3.559 2	3.438 4	3.325 4
24	4.712 8	4.507 0	4.317 6	4.142 8	3.981 1	3.831 2	3.691 8	3.561 9	3.440 6	3.327 2
25	4.721 3	4.513 9	4.323 2	4.147 4	3.984 9	3.834 2	3.694 3	3.564 0	3.442 3	3.328 6
26	4.728 4	4.519 6	4.327 8	4.151 1	3.987 9	3.836 7	3.696 3	3.565 6	3.443 7	3.329 7
27	4.734 2	4.524 3	4.331 6	4.154 2	3.990 3	3.838 7	3.697 9	3.566 9	3.444 7	3.330 5
28	4.739 0	4.528 1	4.334 6	4.156 6	3.992 3	3.840 2	3.699 1	3.567 9	3.445 5	3.331 2
29	4.743 0	4.531 2	4.337 1	4.158 5	3.993 8	3.841 4	3.700 1	3.568 7	3.446 1	3.331 7
30	4.746 3	4.533 8	4.339 1	4.160 1	3.995 0	3.842 4	3.700 9	3.569 3	3.446 6	3.332 1

参考文献

[1] 中华人民共和国财政部. 企业会计准则（2018年版）[M]. 北京：经济科学出版社，2017.
[2] 中华人民共和国财政部. 企业会计准则应用指南2017年修订版 [M]. 上海：立信会计出版社，2017.
[3] 中国注册会计师协会. 会计 [M]. 北京：中国财政经济出版社，2017.
[4] 张天河. 房地产开发企业会计实务 [M]. 广州：广东经济出版社，2014.
[5] 武玉荣. 房地产会计 [M]. 北京：首都经济贸易大学出版社，2017.
[6] 尹佳杰. 房地产建筑企业会计从入门到精通 [M]. 北京：化学工业出版社，2016.
[7] 刘迪，岳红. 财务管理学 [M]. 3版. 北京：中国电力出版社，2016.
[8] 俞文青. 房地产开发企业财务管理 [M]. 上海：立信会计出版社，2015.
[9] 陈玉洁，刘国新. 房地产开发企业会计与财务管理 [M]. 北京：中华工商联出版社，2014.
[10] 荆新，王化成，刘俊彦. 财务管理学 [M]. 7版. 北京：中国人民大学出版社，2017.
[11] 中国注册会计师协会. 财务成本管理 [M]. 北京：中国财政经济出版社，2016.
[12] 俞文青. 房地产开发企业财务管理 [M]. 上海：立信会计出版社，2015.